दीपक बजाज एक बेस्टसेलिंग लेखक, प्रेरक वक्ता, ब्रेकथ्रू ट्रेनर और हाई परफ़ॉरमेंस कोच हैं। दीपक ने जब 2007 में नेटवर्क मार्केटिंग शुरू की तो वे एक एमएनसी में क्षेत्रीय प्रबंधक थे। उन्होंने अपना व्यवसाय खड़ा करने के लिए नौकरी से इस्तीफ़ा दे दिया, और वास्तव में बेहद कम समय में ही बड़ी सफलता और शानदार जीवन शैली अर्जित कर ली।

दीपक अपना ज़्यादातर समय अपने निरंतर बढ़ रहे व्यापारिक साम्राज्य में लगाते हैं। उन्होंने पिछले 16 वर्षों में 7 लाख से अधिक लोगों को प्रशिक्षित किया है और सोशल मीडिया पर उनके वीडियो वैश्विक स्तर पर हर महीने 3 मिलियन से अधिक बार देखे जाते हैं। आज, व्यापार में कई फलते-फूलते वर्षों के बाद, दीपक बजाज स्वयं ही एक ब्रांड बन गए हैं, और उन्होंने नेटवर्क मार्केटिंग उद्योग में एक प्रतिष्ठित स्थान हासिल किया है। उन्होंने सफलता की वैसी तकनीकों को सिखाना अपने जीवन का मिशन बना लिया है जो उन्होंने कई वर्षों में लोगों के साथ प्रत्यक्ष बिक्री व्यवसाय करते हुए विकसित की हैं, जिससे उन्हें सफलता की राह पर लाने में मदद मिली है।

बनिए नेटवर्क मार्केटिंग मिलियनेयर

प्रमाणित सूत्र जो आपको कदम दर कदम
अपने सपनों की ज़िंदगी की तरफ़ तेज़ी से ले जाएँगे

दीपक बजाज

नवीन संस्करण

MANJUL
मंजुल पब्लिशिंग हाउस

MANJUL

मंजुल पब्लिशिंग हाउस

कॉरपोरेट एवं संपादकीय कार्यालय

• द्वितीय तल, उषा प्रीत कॉम्प्लेक्स, 42 मालवीय नगर, भोपाल-462 003

विक्रय एवं विपणन कार्यालय

• सी-16, सेक्टर 3, नोएडा, उत्तर प्रदेश, 201301

वेबसाइट : www.manjulindia.com

वितरण केन्द्र

अहमदाबाद, बेंगलुरू, भोपाल, कोलकाता, चेन्नई,
हैदराबाद, मुम्बई, नई दिल्ली, पुणे

यह हिन्दी संस्करण 2019 में पहली बार प्रकाशित
15वीं आवृत्ति 2024

ISBN 978-93-88241-66-3

कवर डिज़ाइन : भावी मेहता

मुद्रण व जिल्दसाज़ी : गोपसंस पेपर्स प्रा.लिमिटेड

यह पुस्तक हर उस मनुष्य को समर्पित है,
जिसके सपने हैं
और जो अपने सपनों को असलियत में बदलने के लिए
सब कुछ करने को प्रतिबद्ध है।

नए संशोधित संस्करण का परिचय

आपने अपने हाथों में नेटवर्क मार्केटिंग/डायरेक्ट सेलिंग उद्योग में नंबर 1 बेस्टसेलिंग पुस्तक का उन्नत और अपडेटेड हिन्दी संस्करण थामा हुआ है। इस पुस्तक की मदद से विभिन्न उत्पादों और आय योजनाओं के साथ सभी अलग-अलग कंपनियों में काम करने वाले लोगों ने अपनी आय में कई गुना वृद्धि की है और कई बार अपना व्यवसाय बढ़ाया है। सभी सफल टीमें इस पुस्तक का उपयोग एक आवश्यक गाइडबुक के रूप में कर रही हैं और इस पुस्तक में दिए गए सिद्धांतों और उपकरणों का उपयोग करके बड़े व्यापारिक साम्राज्यों का निर्माण कर रही हैं।

इस पुस्तक में नए अध्याय और नए टूल्स जोड़े गए हैं क्योंकि मैं अपने पाठकों को शीर्ष पर देखना चाहता हूं, उनके सपनों को जी रहा हूं और चाहता हूं कि वे रिकॉर्ड समय में अपनी कंपनी के शीर्ष उपलब्धि पाने वालों में शामिल हो जाएं।

मेरा मानना है कि किसी व्यक्ति के जीवन में समय सबसे महत्त्वपूर्ण संसाधन है और यह पुस्तक आपके जीवन के कम से कम 6-8 क़ीमती वर्षों को बचाने की मेरी कोशिश है। मैंने 12 साल से अधिक समय तक अपने हृदय और आत्मा के साथ नेटवर्क मार्केटिंग में काम किया है। मैंने आय और उपलब्धि के नए रिकॉर्ड बनाए हैं और उन्हीं सिद्धांतों, टूल्स और तकनीकों का उपयोग करके हज़ारों उपलब्धिकर्ताओं का निर्माण किया है, जो अब इस पुस्तक के रूप में आपके हाथों में हैं।

अब आपका समय है।
यह आपका क्षण है।
इस पुस्तक में दी गई सफलता प्रणाली का पालन करें।
अपने सभी साथियों को यह पुस्तक दें।
और शीर्ष पर पहुंचने तक रुकना मत।
मैं आपके साथ हूं।

आपकी सफलता का साथी,
दीपक बजाज

पाठक इस पुस्तक के बारे में क्या कह रहे हैं

प्रत्येक डायरेक्ट सेलर और हर वो इंसान जो करोड़पति बनने का लक्ष्य रखते हैं उन्हें इस पुस्तक को ज़रूर पढ़ना चाहिए।

—कैलाश भट्ट्ड़, सी.ई.ओ.,
एमआई लाइफ़स्टाइल मार्केटिंग ग्लोबल प्राइवेट लिमिटेड

नेटवर्क मार्केटिंग में बड़ी सफलता हासिल करने के तरीक़ों पर सबसे अच्छी किताबों में से एक। अपनी टीम के साथियों को बिज़नेस के लिए प्रतिबद्ध बनाने के लिए यह एक आदर्श उपहार है।

—मुबीन मुहम्मद

उत्कृष्ट किताब। सबको ज़रूर पढ़नी चाहिए। मैंने इतनी सारी किताबें पढ़ी हैं लेकिन इस पुस्तक के हर पृष्ठ जैसी कमाल की संरचना और जानकारी कभी नहीं आती है।

—गौरव मेहरा

इस पुस्तक के माध्यम से नेटवर्किंग के कौशल को विकसित करके आर्टिफ़िशियल इंटेलिजेन्स को भी हराया जा सकता है। लक्ष्यों और जीवन कौशल को शीर्ष पर ले जाने के लिए हर रोज़ पढ़ने वाली पुस्तक।

—पायल कोठारी

नेटवर्क मार्केटिंग का एक उत्कृष्ट मास्टरपीस। यह सिर्फ़ एक पुस्तक नहीं है बल्कि एक गुरु है जो अपने पाठकों को शीर्ष पर ले जाने की क्षमता रखता है। नेटवर्क मार्केटिंग के लिए सिर्फ़ यही एक पुस्तक काफ़ी है। इसी एक किताब में आपके बिज़नेस के सारे जवाब हैं। उन लोगों को यह ज़रूर पढ़नी चाहिए जो ग़लतियों से बचना चाहते हैं और नेटवर्क मार्केटिंग में सफलता प्राप्त करना चाहते हैं।

—विजय तेतरवाल

यह पुस्तक अद्वितीय है। दीपक सर, आपने इस पुस्तक के माध्यम से नेटवर्क मार्केटिंग उद्योग के लिए असाधारण एवं महान योगदान दिया है।

—डॉ. शिव गौतम

इस पुस्तक को पढ़ने के बाद मेरा आत्मविश्वास बढ़ा है, मैं अपने बिज़नेस पर गर्व महसूस कर रहा हूँ और अपने लक्ष्यों के लिए तेज़ी से ज़रूरी कार्यवाही करने लगा हूं। आप इस पुस्तक और श्री दीपक बजाज के अनुभव की मदद से एक मजबूत नेटवर्क बना सकते हैं और अपने लक्ष्यों को प्राप्त कर सकते हैं।

—रवि नंदन शर्मा

सामान्य से असाधारण। एक आम और साधारण मनुष्य असाधारण कैसे बन सकता है, इसके लिए बहुत बढ़िया किताब।

—निशांत चौधरी

यह किताब गीता के जैसी पवित्र है। यह सफलता पाने के लिए सही मेहनत करने वालों के लिए एक गाइड है।

—हिमांगी

यह सिर्फ़ एक किताब नहीं है बल्कि आत्म-जागरूकता के लिए एक कमाल का टूल है। करोड़पति बनने के लिए यह एक आवश्यक गाइड है।

—वरुण दुआ

यह पुस्तक उन लोगों की सच में मदद करेगी जो वास्तव में जीवन में कुछ करना चाहते हैं।

—महेंद्र सिंह रावत

मेरे पास शब्द नहीं हैं इस शानदार किताब के लिए। यह पुस्तक आपको वास्तव में समस्याओं का सामना करने का तरीक़ा देती है और इसे पढ़ने के दौरान आप अति उत्साहित रहेंगे।

—संजय सूर्यन

बहुत बढ़िया किताब। नेटवर्क मार्केटिंग को करियर के रूप में ले रहे हर किसी को पढ़नी चाहिए।

—समकित जैन

एक नया व्यक्ति इस पुस्तक में सिखाए आसान तरीक़ों से अपने लक्ष्यों को प्राप्त कर सकता है।

—नेहा राणा

नेटवर्क मार्केटिंग के सम्राट। एक ज़बरदस्त लीडर की ज़बरदस्त पुस्तक।

—ज़िशान

जीवन को बदलने वाली किताब। यह पुस्तक न केवल नेटवर्क मार्केटिंग के बारे में है बल्कि हर इंसान को अपने आपको, अपने हालातों को और अपने व्यक्तित्व को विकसित करने का तरीक़ा सिखाती है।

—रेखा शर्मा

लोगों की दीपक बजाज के बारे में राय

दीपक बजाज एक श्रेष्ठ लीडर हैं और नेटवर्क मार्केटिंग के क्षेत्र में चमत्कार कर रहे हैं। वह मेरे रोल मॉडल हैं और उन्होंने मेरी सफलता एवं विकास में एक महत्त्वपूर्ण भूमिका निभाई है। वह दुनिया को अपनी क्षमता एवं कठिन परिश्रम से बदलने के लिए प्रतिबद्ध हैं।

—गौरव मेहरा, टीवीएस कंपनी, नोएडा

मैंने संयोग से नेटवर्क मार्केटिंग शुरू की और दीपक बजाज के एक कार्यक्रम में सम्मिलित हुआ और उस प्रोग्राम ने मुझे ज़िंदगी का एक मक़सद दिया। आज मैं एक सफल नेटवर्क मार्केटर हूं और मैंने अपने बचपन के सारे सपने पूरे कर लिए हैं। इसका सारा श्रेय श्री दीपक बजाज को जाता है। कोई भी अपनी पूरी ज़िंदगी उनको सुनकर बदल सकता है। वह दुनिया को बदलने का बहुत अच्छा काम कर रहे हैं। मुझे पक्का विश्वास है कि करोड़ों लोगों को इस पुस्तक से फ़ायदा पहुंचेगा और यह उनकी ज़िंदगी को एक नई दिशा देगी। दीपक सर, हम आपसे बहुत प्यार करते हैं। मुझे नई ज़िंदगी देने के लिए आपका धन्यवाद।

—चिंतन अरोड़ा, रियल इस्टेट और इंश्योरेंस, गाज़ियाबाद

दीपक बजाज मेरी ज़िंदगी के कोच एवं गुरु हैं। उनकी बातें जैसे, “अपने कैलेंडर को व्यस्त रखें” और “सर्वश्रेष्ठ बनने से पहले तक कोई आराम नहीं,” मेरी ज़िंदगी का सार बन गई हैं। उनके पास न सिर्फ़ अपने लिए दूरदृष्टि है, बल्कि अपने आसपास के लोगों एवं देशहित के लिए भी यही दूरदृष्टि रखते हैं। इनकी मौजूदगी में कोई भी व्यक्ति ऊर्जा से भर जाता है। उन्होंने मुझे सिखाया कि असली मज़ा दूसरे लोगों को सशक्त करने एवं उन्हें कुछ देने में है।

—दिव्य सबरवाल, भारती वॉलमार्ट, गुड़गांव

दीपक बजाज की लीडरशिप मेरी ज़िंदगी में एक महान प्रेरणा समान है। वह नेटवर्क मार्केटिंग के हीरो हैं। मेरी ज़िंदगी उनके दिए ट्रेनिंग प्रोग्राम के बाद हमेशा के लिए बदल गई। मैंने 20 साल पुरानी अपनी सरकारी नौकरी से इस्तीफ़ा दे दिया और उनके दिशा-निर्देश में एंट्रेप्रेन्योरशिप का रास्ता चुना। आज दीपक बजाज मेरी ज़िंदगी में सबसे महत्त्वपूर्ण व्यक्ति हैं और मुझे बहुत ख़ुशी है कि मुझे उनके जैसे महान लीडर का आशीर्वाद मिला है।

—प्रताप सिंह आर्य, लेक्चरर, हरियाणा सरकार

15 जुलाई 2017 से पहले मेरी ज़िंदगी कुछ और थी और उसके बाद कुछ और। उस दिन मैं दीपक बजाज के ट्रेनिंग प्रोग्राम में शामिल हुई थी। मुझे और मेरी मां को उस दिन नई ज़िंदगी मिल गई। वह एक सहज, प्रेरक एवं उत्साही लीडर हैं जो सामान्य लोगों के साथ असामान्य काम कर रहे हैं। उनके ट्रेनिंग प्रोग्राम का प्रभाव जादुई है जिसका अहसास वहां रहकर ही हो सकता है। जो भी व्यक्ति उनके ट्रेनिंग प्रोग्राम में शामिल होता है, वह एक अलग व्यक्ति बनकर ही बाहर निकलता है। मेरी ओर से कृतज्ञता व्यक्त करने के लिए 'धन्यवाद' एक बहुत छोटा शब्द है। दीपक बजाज मेरे लिए और बहुत सारे और लोगों के लिए भगवान और गुरु हैं।

—नीतू जिंदल, वरिष्ठ लेक्चरर, सिरसा (हरियाणा)

दीपक बजाज को मैंने जब एक इवेंट में पहली बार सुना था, तो मैं ख़ुशी से झूम उठा था। वह सपना पूरा करने वाले एक उत्साही व्यक्ति हैं। वह गर्मजोशी से भरे, आगे बढ़कर कुछ करने वाले और दूसरों की समस्या का निवारण करने वाले व्यक्ति हैं। वो लोग बहुत भाग्यशाली हैं जिन्हें वह परामर्श देते हैं। मैं भगवान से प्रार्थना करता हूं कि वह उन्हें हमेशा ख़ुश रखें और लोगों को सशक्त बनाने, उन्हें एंट्रेप्रेन्योर बनाने और भारत को एक बेहतर मुक़ाम पर पहुचाने के उनके प्रयासों में उन्हें कामयाबी दें।

—गौरव वत्स, मैनेजिंग पार्टनर, हटस्मिश गॉरमेट एलएलपी, नई दिल्ली

जो कोई भी आपके सत्र में शामिल होता है, आपसे प्यार करने लगता है। मैं भी इससे अछूता नहीं हूं। जब मैं आपके पहले ट्रेनिंग प्रोग्राम में गया था, उसी दिन मैंने अपनी नौकरी से इस्तीफ़ा दे दिया और एंट्रेप्रेन्योरशिप का रास्ता अपनाया। आपको सुनने के बाद हज़ारों लोगों ने एंट्रेप्रेन्योरशिप का रास्ता अपना लिया। अन्य स्पीकरों से आप काफ़ी अलग हैं क्योंकि आप सभी को दिल की गहराई से कुछ करने के लिए प्रेरित करते हैं। दीपक बजाज को जानकर मैं धन्य हुआ।

—आशीष चड्ढा, आईटी प्रोफ़ेशनल, अमृतसर (पंजाब)

मैं ऑस्ट्रेलिया में बढ़िया से रह रहा था पर नई दिल्ली में एक बेहतर नौकरी की तलाश में था। मैंने बहुत शंका के साथ नेटवर्क मार्केटिंग का काम शुरू किया पर दीपक सर की ट्रेनिंग और उनके 24X7 बिना शर्त मदद ने मुझे एक सफल नेटवर्क मार्केटर बना दिया। उन्होंने मुझ जैसे नकारात्मक व्यक्ति को एक सकारात्मक व्यक्ति के रूप में परिवर्तित कर दिया। उनकी ट्रेनिंग ताज़ा हवा के झोंके जैसी है और हमेशा ही नयापन लिए असल ज़िंदगी के लिए प्रासंगिक है। अपने नाम की ही तरह दीपक, 'उजाला' बनकर वह अन्य लोगों को सही रास्ता दिखा रहे हैं।

—सौरभ मेहरा, होटलियर एवं सेल्स प्रोफ़ेशनल, ऑस्ट्रेलिया

वर्ष 2014 में मैंने दीपक बजाज के ट्रेनिंग प्रोग्राम को जब पहली बार सुना था, तो मैं हतप्रभ था और उसी दिन से मैं उनका अनुकरण कर रहा हूं। मैं चार साल पहले एक

बाइक चलाता था और आज मैं टॉप मॉडल वर्ना कार चला रहा हूँ। उनके प्रभाव से न सिर्फ़ मेरी आय बल्कि मेरा पूरा व्यक्तित्व एवं जीवनशैली बदल गई। उनकी ट्रेनिंगों का मुझ पर एवं मेरी टीम के हज़ारों सदस्यों पर अविश्वसनीय प्रभाव पड़ा है। उन जैसे गुरु को पाकर मैं धन्य हूं। मैं आपसे बहुत प्यार करता हूं सर।

—निशांत चौधरी, टेलिकॉम सेल्स, करनाल

मैं उसी पुरानी प्रथाओं के तहत पला-बढ़ा था जहां मुझे आगे बढ़ने के लिए अच्छे अंक लाने थे और एक अच्छी नौकरी पानी थी। जब मैं दीपक बजाज से पहली बार मिला तो मैंने उनमें एक सच्चा भारतीय पाया जो लोगों को उच्च नैतिक मूल्यों के साथ सफल बनाने के मिशन पर निकले हैं। मैं लोगों के प्रति उनकी प्रतिबध्दता और उन्हें सफल बनाने के उनके जज़्बे की प्रशंसा करता हूं। वह शब्दों के जादूगर हैं और उनकी ट्रेनिंग से मेरी टीम को स्थिरता एवं मजबूती मिली है। मैं और मेरी टीम उनके शब्दों का *भगवद् गीता* के श्लोकों की तरह आंख बंद करके पालन करते हैं।

—अभिषेक मिश्रा, इंजीनियर एवं एमबीए, ग्वालियर

दीपक बजाज एक दूरदर्शी हैं और आने वाली पीढ़ियों के लिए गुरु हैं। उन्होंने हज़ारों भारतीयों को अपने भाषणों एवं ज्ञान के जरिए प्रभावित किया है। उन्होंने मेरी ज़िंदगी बदल दी है और उनके दिशा-निर्देश में मैं अपनी टीम को भी बदल पाया हूं। वह भारतीयों को एक अलग मुक़ाम पर लेकर जा रहे हैं। उनकी ट्रेनिंग स्त्री एवं पुरुषों की ज़िंदगियों को पूरी तरह से बदल रही है।

—देबाशीष खुंटिया, मैकेनिकल इंजीनियर, ओडिसा

दीपक बजाज मेरे एवं मेरी टीम के लिए ऊर्जा का पावर हाउस हैं। वह मुझे हमेशा 'गुरु' फ़िल्म के लीडर की याद दिलाते हैं। उनकी ट्रेनिंग ने मेरी सोच को पूरी तरह बदल दिया है। मैंने उनके द्वारा दिए गए ज्ञान एवं ज़बरदस्त ट्रेनिंग के अनुसार ही अपनी पूरी टीम बनाई। मैं समाज के प्रति उनके अमूल्य योगदान और हज़ारों लोगों की ज़िंदगी को बदलने के लिए उन्हें सलाम करता हूं। वह एक महान स्वप्नदृष्टा हैं, जो सारे सपनों को पूरा कर सकते हैं।

—हरकेश अरोड़ा, टाटा कम्युनिकेशन्स, दिल्ली

मैंने नेटवर्क मार्केटिंग बिज़नेस एक दोस्त पर एहसान करने के लिए शुरू किया था। मैंने दीपक बजाज से मिलने से पहले कभी नहीं सोचा था कि मैं लोगों को इतना ऊपर उठाकर उन्हें बड़ा बना सकता हूं। आप एक बुद्धिमान व्यक्ति हैं, जिनकी एक दूरदृष्टि है और आपके दिशा-निर्देश में हम आसमान छुएंगे। मेरी ज़िंदगी में आपकी अमूल्य भूमिका के लिए धन्यवाद, दीपक बजाज।

—चंचल वत्स, आईसीआईसीआई बैंक, दिल्ली

श्री दीपक बजाज हमारे देश के एक बेशक़ीमती मोती हैं। मैंने अपनी ज़िंदगी में उन्हें एक सर्वोत्तम लीडर के रूप में पाया है जो स्वयं तो आगे बढ़ ही रहे हैं और साथ में अन्य लोगों को भी आगे बढ़ा रहे हैं। आपका एक ट्रेनिंग सेशन लोगों की सोच और मनोदशा को पूर्णतः बदल सकता है। आप एक ही प्रोग्राम में लोगों को हँसा सकते हैं, रुला सकते हैं और उन्हें पूरी तरह से एक अलग इंसान बनने के लिए प्रभावित कर सकते हैं। मेरी ओर से उन्हें उनके अगले बड़े प्रोजेक्ट के लिए हार्दिक शुभकामनाएं।

—राहुल चंदा, फ़ार्मास्यूटिकल सेल्स ऐंड मार्केटिंग, फ़रीदाबाद

दीपक बजाज के प्रोग्राम ने मेरी ज़िंदगी में बहुत ज़्यादा असर डाला है। वह एक स्वप्नदृष्टा, ईमानदार, दूरदर्शी एवं लोगों की मदद के लिए तैयार रहने वाले व्यक्ति हैं। मैं उनकी दी हुई बहुत सारी ट्रेनिंग में शामिल हुआ हूं और उन्होंने पूरी तरीक़े से मेरी ज़िंदगी बदल दी है। मेरे दिल में दीपक बजाज के लिए एक अलग ही स्थान है।

—इन्द्रजीत कटारिया, शिक्षक, दिल्ली सरकार

दीपक बजाज मेरे लिए सकारात्मक ऊर्जा के एक असीम स्रोत हैं। उनकी ट्रेनिंग में शामिल होने के बाद मैंने अपने सपनों पर भरोसा करना शुरू कर दिया। उनकी प्रभावी ट्रेनिंग ने मेरी पूरी टीम के रवैये को ही बदल दिया और उन सबने सही तरह से काम करना भी शुरू कर दिया। उन्होंने करोड़ों लोगों की ज़िंदगी बदल दी है और वह अभी भी वैसे ही सरल, ज़मीन से जुड़े और बहुत ही फ्रेंडली व्यक्ति हैं। अपनी ज़िंदगी में उन्हें पाकर मैं बहुत भाग्यशाली हूं।

—अमित अर्श, शिक्षाविद् और वास्तु सलाहकार, बोकारो (झारखंड)

यह पुस्तक आपके लिए क्या कर सकती है?

आपकी ज़िंदगी अचानक से बेहतर नहीं बनती, यह बदलाव से बेहतर बनती है।

—जिम रॉन

प्रिय पाठक,

अपने जीवन और व्यवसाय को बदलने के लिए इस पुस्तक को चुनने के लिए बधाई। इससे पता चलता है कि आपके सपने हैं और आप उनके बारे में गंभीर हैं। यह पुस्तक शक्तिशाली और समय की कसौटी पर खरे उतरे ज्ञान से भरी है जो इतने सालों में हज़ारों लोगों के जीवन को बदल चुकी है। इस पुस्तक में शामिल ज्ञान, उपकरण, तकनीक और सिद्धांत पहले ही हज़ारों करोड़पति बना चुके हैं और अब आपकी बारी है। चाहे आप एक पेशेवर, छात्र, कर्मचारी, व्यवसाय के स्वामी, सेवानिवृत्त व्यक्ति या कोई भी हों, यह पुस्तक आपके सपनों के लिए एक व्यावहारिक और चरणबद्ध मार्गदर्शिका है।

इस पुस्तक का उपयोग एक शब्दकोश या नेटवर्क मार्केटिंग के विश्वकोश की तरह करें। इसे एक बार पूरी तरह से पढ़ लें और हर बार जब भी आपको किसी चीज़ के लिए समाधान की आवश्यकता हो, तब फिर से पढ़ें। यहां दिए गए सिद्धांत और तकनीक दुनिया में हर जगह हर उत्पाद, हर कंपनी और हर आय योजना के लिए काम करेंगे। तो आप जिस भी कंपनी में काम कर रहे हैं, जो भी आपका उत्पाद या सेवा है, जो कभी भी आपकी टीम है, बस इन सिद्धांतों का उपयोग करें और वहां एक टॉप परफ़ॉर्मर बनें।

वास्तव में सफलता का कोई रहस्य नहीं है लेकिन सफलता के लिए एक प्रणाली है। कुछ भी करने से आपको सालों की मेहनत, प्रेरणा और प्रतिबद्धता के बावजूद परिण ाम नहीं मिलेंगे। लेकिन केवल सही तरीक़े से सही चीज़ें करने से आपको बड़े पैमाने पर सफलता मिलेगी। यह पुस्तक आपको रिकॉर्ड समय में आपके व्यवसाय में भारी सफलता के लिए सिद्ध प्रणाली सिखाएगी।

मैं एक तथ्य को जानता हूं कि सपने देखने वाले लाखों लोग हैं, जो अपने सपनों को प्राप्त करने के लिए एक सही अवसर, सही प्रशिक्षण और सही मार्गदर्शन की तलाश में हैं। मैं भी उनमें से एक था : एक साधारण लड़का, मध्यम वर्गीय परिवार, जो एक छोटे शहर में रहता था, जो इसे जीवन में बड़ा बनाना चाहता था। मुझे ये 3 चीज़ें

मिलीं - सही अवसर, सही प्रशिक्षण और सही कोचिंग और इसने मेरी ज़िंदगी हमेशा के लिए बदल दी। मैं इसे अपने जीवन में भगवान का उपहार मानता हूं।

अब समय आ गया है कि समाज को कुछ वापस दूं। ये मैं तब कर पाऊंगा जब मैं दुनिया भर के करोड़ों लोगों की उनके सपने पूरे करने में मदद करूंगा। मैं चाहता हूं कि मैं दुनिया को वो सारी चीज़ें बताऊं जिनकी वजह से मुझे असीमित ख़ुशी एवं वित्तीय प्रचुरता प्राप्त हुई है। इस पुस्तक के जरिए मैं पूरी दुनिया को धन्यवाद देना चाहता हूं। इस पुस्तक को लिखने का मेरा एक ही उद्देश्य है - दुनिया के करोड़ों लोगों की ज़िंदगी पर सकारात्मक प्रभाव डालना और लोगों के सपनों को पूरा करने के लिए उन्हें सशक्त करना। मैंने अपनी ज़िंदगी में अभी तक जो भी सीखा है, उसे इस पुस्तक में पूरा का पूरा शामिल करने की भरपूर कोशिश की है।

इस पुस्तक को लिखने का उद्देश्य आपको अपनी उपलब्धियों से प्रभावित करना कदापि नहीं है, मैं सिर्फ़ आपके दिलों में एक सत्य को स्थापित करना चाहता हूँ कि हम ज़िंदगी में वो सब कुछ हासिल कर सकते हैं जिसे करने का हम निर्णय लेते हैं। आप जो भी कर रहे हैं, जिस भी कंपनी में काम कर रहे हैं, और आपका कोई भी प्रोफ़ेशन है, मैं चाहता हूं कि आप वहां पर अपना नाम कमाएं और अपने परिवार, समाज, देश और दुनिया भर के लिए प्रेरणा के स्रोत बनें।

हम सब में सपने, प्रतिभा और यह क्षमता होती है कि जो चाहें उसे पूरा कर लें। पर हमने स्वयं को क़ैद कर रखा है और अपनी परिस्थितियों से समझौता कर लिया है। इस पुस्तक के जरिए मैं आपको अपने सपनों से भरी एक नई ज़िंदगी शुरू करने का निमंत्रण देता हूं। इसके लिए आज एक क़दम आगे बढ़ाएं। मैं आपके साथ हूं। अपने पंख फैलाइए, नए कौशल सीखिए, नई चीज़ें करने की कोशिश कीजिए, नए लोगों से मिलिए, नई जगहों में घूमिए, नए इवेंट्स में शामिल हों, चीज़ों को नए ढंग से करने की कोशिश करें और किसको क्या पता आपकी ज़िंदगी में कब कोई नया मोड़ आ जाए।

अगर आप नेटवर्क मार्केटिंग के क्षेत्र में नहीं भी हैं तो भी इस किताब में सिखाई गई बातें आपको प्रेरित और सशक्त करेंगी ताकि आप अपने सपनों को पूरा कर लें। अगर आप पहले से ही दुनिया के किसी भी कोने में, किसी भी कंपनी के साथ नेटवर्क मार्केटिंग कर रहे हैं, और अगर आप अगले 3-5 साल में मिलियनेयर नहीं बनते हैं तो इस काम को करने का कोई लाभ नहीं। यह पुस्तक आपको वो सबकुछ देगी जो आपको एक मिलियनेयर बनाएगा।

जिस चीज़ को हम आज हासिल कर सकते हैं, उस चीज़ को पाने के लिए पूरी ज़िंदगी इंतज़ार क्यों करें?

- दीपक बजाज

दुनिया से मेरा यह सवाल है कि इंतज़ार क्यों करना है? आपको एक ही ज़िंदगी मिली है। अगर किसी चीज़ ने 100 से ज़्यादा देशों में पिछले 70 सालों में करोड़ों लोगों के

सपनों को पूरा कर दिया है, तो आप क्यों नहीं उसका इस्तेमाल अपने सपनों को पूरा करने के लिए करते? किसी चीज़ को पाने के लिए 20-30 साल का इंतज़ार क्यों करना है, जब वह इन 3-5 सालों में कमाई जा सकती है। चीज़ें हमारी सोच से ज़्यादा तेज़ी से बदल रही हैं। नौकरियों और बिज़नेस की पुरानी अवधारणाएं अब बदल रही हैं। अगर आप अभी इस हेतु क़दम नहीं उठाएंगे, तो बहुत देर हो जाएगी। इसे आज़मा कर तो देखें। आप भी क्यों नहीं शुरुआत करते और आज ही शुरुआत क्यों नहीं करते?

इस किताब का एक गाइड के रूप में इस्तेमाल कीजिए और इसके अनुसार काम करना शुरू कर दीजिए। सारा ज्ञान बेकार है अगर उसका सदुपयोग न किया जाए। हमारे बिज़नेस में सही ट्रेनिंग व्यक्तियों के लिए ऑक्सीजन की तरह है। आंकड़े बताते हैं कि अधिकांश लोगों ने इसीलिए यह बिज़नेस छोड़ दिया, क्योंकि उन्हें सही ट्रेनिंग नहीं मिल पाई। इस किताब के जरिए, आपकी एवं आपकी टीम के लिए दुनिया की सबसे बेहतरीन ट्रेनिंग अब आपको हाथों में मौजूद है।

यह पुस्तक आपकी दोस्त और पार्टनर है और यह आपको अपने सपने पूरे करने में मदद करेगी।

मैं आपको अपार सफलता के लिए अग्रिम बधाई देता हूं। मल्टी मिलियनेयर बनिए और अपनी टीम में मिलियनेयर बनाइए।

सफलता में आपका पार्टनर,
दीपक बजाज

दीपक बजाज की नेटवर्क मार्केटिंग की यात्रा

क़रीब एक हज़ार लोगों के एक छोटे से गांव में पल-बढ़कर आज नेटवर्क मार्केटिंग उद्योग के क्षेत्र में टॉप परफ़ॉर्मर बनना और फिर इस क्षेत्र में #1 विशेषज्ञ बन कर उभरने वाले दीपक ने सफलता के लिए एक लंबा सफ़र किया है। आज दीपक इस बात की एक ज़िंदा मिसाल हैं कि अगर बुलंद इरादे, विश्वास, निश्चय एवं बिना किसी शर्त के कठिन परिश्रम किया जाए, तो कुछ भी हासिल किया जा सकता है।

दीपक का लालन-पालन भारत के हरियाणा राज्य के एक छोटे से गांव जाटूसाना में सरकारी कर्मचारियों के घर में हुआ। माता-पिता की नौकरी के कारण उनका परिवार विभिन्न स्थानों में रहा। दीपक ने सरकारी स्कूलों से शिक्षा पूर्ण की और बी.कॉम. गवर्नमेंट नेशनल कॉलेज, सिरसा से किया। वह किसी बड़े संस्थान से एमबीए करना चाहते थे, जिसका अर्थ था कि उन्हें कैट (CAT) की परीक्षा पास करनी पड़ती। जिस व्यक्ति ने हमेशा हिंदी मीडियम से पढ़ाई की हो, उसके लिए यह परीक्षा पास करना बहुत कठिन था। पर अपने अथक दृढ़ संकल्प से दीपक ने टी.ए. पाई मैनेजमेंट इंस्टीट्यूट, मणिपाल में एडमिशन पाया।

यह संस्थान भारत के 20 प्रमुख मैनेजमेंट संस्थानों में से एक है। चलाने के लिए एक साइकिल, फ़ीस के लिए एजुकेशन लोन और मां के आशीर्वाद एवं सहयोग से दीपक ने वर्ष 2003 में एमबीए पूर्ण किया।

दीपक का टीवीएस मोटर्स में कैंपस प्लेसमेंट हुआ और उन्होंने बहुत सारी जगहों जैसे बिहार, झारखंड, यूपी और दिल्ली एनसीआर में अलग-अलग पदों पर काम किया। अपने विशिष्ट परफ़ॉरमेंस के कारण वह सिर्फ़ 25 साल की उम्र में चंडीगढ़, पंजाब, एचपी और जम्मू एवं कश्मीर इलाक़े के रीजनल मैनेजर के पद पर पदोन्नत हो गए। वह इस पद को पाने वाले अपनी कंपनी के सबसे कम उम्र के व्यक्तियों में से एक थे और अपने परफ़ॉरमेंस से उन्होंने कई कीर्तिमान स्थापित किए।

वर्ष 2006 में उन्हें किसी अनजान व्यक्ति ने नेटवर्क मार्केटिंग बिज़नेस में आने के लिए आग्रह किया, पर वह उससे संतुष्ट नहीं थे। लेकिन 13 महीनों के बाद, एक नेटवर्क मार्केटिंग इवेंट में शामिल होने के बाद उन्होंने अपना नेटवर्क मार्केटिंग बिज़नेस शुरू किया। वह सफल होने के लिए आतुर थे, पर उन्हें अपनी नौकरी में समय ही नहीं मिलता था।

उन्होंने अपने अपलाइन से सलाह की और 90 दिनों की एक कार्य योजना बनाई। 90 दिनों के बाद, वह संपूर्ण उत्तर भारत में अपनी कंपनी के रिकॉर्ड हासिल करने वाले लीडर बन गए और फिर उन्होंने अपनी नौकरी से इस्तीफ़ा दे दिया।

दीपक एक टॉप परफ़ॉर्मर थे, पर उन्हें यह नहीं पता था कि किस प्रकार इस बिज़नेस को स्थापित किया। वह एक अचीवर थे, पर उनके पास अपनी टीम में अचीवर बनाने के लिए कोई ट्रेनिंग एवं सपोर्ट सिस्टम नहीं था। इसलिए उनका बिज़नेस डूब गया और अगले 9 महीनों तक उनका परिवार बहुत बुरे वित्तीय संकट से गुज़रा। पर उन्होंने हार नहीं मानी और सही बुनियाद के साथ बिज़नेस फिर से स्थापित किया।

उन्होंने ऐसे प्रोग्राम एवं सिस्टम बनाए जो इंडस्ट्री में पहले किसी ने कभी नहीं सुने थे, और वह बिज़नेस में रिकॉर्ड पर रिकॉर्ड बनाते चले गए। सभी को जल्दी एवं आसानी से सफलता मिले इसके लिए उन्होंने भारत का सबसे बेहतरीन नेटवर्क मार्केटिंग स्कूल-मल्टीप्लायर्स बनाया जो कि 11 वर्षों से भी अधिक का होने के बावजूद बड़ी संख्या में अचीवर्स का निर्माण कर रहा है।

आज, व्यापार में कई शानदार वर्षों के बाद, दीपक बजाज एक ब्रांड बन गए हैं और उन्हें नेटवर्क मार्केटिंग उद्योग की एक जीवंत हस्ती माना जाता है। उनके सिद्ध सिद्धांतों और तकनीकों के साथ, हज़ारों लोग अपने सपनों को पूरा कर रहे हैं, और उनका व्यवसायिक साम्राज्य उनकी सक्रिय भागीदारी के बिना भी हर रोज़ बढ़ रहा है।

उन्होंने इस बिज़नेस में करोड़ों रुपये कमाए और एक सुपर लक्ज़री लाइफ़स्टाइल का आनंद ले रहे हैं जिसमें उनके पास कई कारें एवं घर हैं। वह 10 सदस्यों के साथ एक संयुक्त परिवार में रहते हैं, जिसमें उनकी पत्नी डॉ. तनिमा और तीन बच्चे सक्षम, निर्भय एवं प्रशंसा हैं। वह ज़िंदगी में वित्तीय रूप से आज़ाद हैं और इन्हें घूमना, एडवेंचर स्पोर्ट्स, मैराथॉन एवं पढ़ना पसंद है। दीपक अभी तक 25 देशों में अपने परिवार के साथ छुट्टियां बिता चुके हैं।

आज दीपक बजाज नेटवर्क मार्केटिंग के क्षेत्र में भारत के #1 विशेषज्ञ हैं। वह प्रेरक वक्ता, ब्रेकथ्रू ट्रेनर और हाई परफ़ॉरमेंस कोच हैं। वह जीवन में अनूठे बदलाव लाने वाले लाइव प्रशिक्षण कार्यक्रमों के लिए प्रसिद्ध हैं जो हमेशा ज़बर्दस्त भीड़-भाड़ वाले होते हैं। वह एक अग्रणी सोशल मीडिया प्रभावकारी हैं, जिनके वीडियो को हर महीने 3 मिलियन से अधिक बार देखे जाते हैं।

उनका जुनून और जीवन मिशन लोगों को अपनी किताबों, वीडियो, भाषणों और प्रशिक्षण कार्यक्रमों के माध्यम से अपने सपनों को पूरा करने के लिए प्रेरित करना और उन्हें सशक्त बनाना है जिन तकनीकों और सिद्धांतों से उन्हें महान सफलता मिली।

दीपक का कहना है कि उनकी सबसे बड़ी आय वह नहीं है जो उनके बैंक खातों में पड़ी है, बल्कि यह अपने लोगों का प्यार और आशीर्वाद है। वह हमेशा कहते हैं, 'असली खुशी लोगों को अपने प्रेरणा, कोचिंग और प्रशिक्षण के साथ अपने सपने पूरे करने से मिलती है।' दीपक ने लोगों की सफलता को आसान और तेज़ बनाने

के लिए अपना जीवन टूल्स और तकनीकों का विकास करने के लिए समर्पित कर दिया है।

आप दीपक और उनके काम के बारे में अधिक जानकारी www.deepakbajaj.biz से पा सकते हैं।

अनुक्रम

भाग-I

नेटवर्क मार्केटिंग की दुनिया

नेटवर्क मार्केटिंग की दुनिया

मैं वह सब कुछ कर सकती हूँ जो आप नहीं कर सकते, आप वह सब कुछ कर सकते हैं जो मैं नहीं कर सकती, हम दोनों मिलकर महान चीज़ें कर सकते हैं।

– मदर टेरेसा

नेटवर्क मार्केटिंग की अपनी 11 साल की ज़िंदगी में मैंने इसे हर दिन जिया है और मुझे आज तक अमीर बनने का इससे ज़्यादा पवित्र, लोकतांत्रिक और सामाजिक विकास करने वाला और कोई तरीक़ा नहीं दिखा है। संयोगवश इंडस्ट्री के बाहर के लोगों के इस बारे में बहुत से विचार हैं, पर जो लोग इस इंडस्ट्री में हैं वो इस बिज़नेस को दिल से और सच्चाई से प्यार करते हैं। मैंने यह देखा है कि इस इंडस्ट्री के लोग ख़ुश, सकारात्मक, आशावादी, विकास उन्मुख, कठिन परिश्रम करने वाले और दूसरों को मदद करने के लिए तैयार रहने वाले हैं। इस बिज़नेस का सबसे बड़ा गुण है इसका यह आधारभूत सिद्धांत कि आप अपने साथी-सहकर्मियों की मदद किए बिना इस बिज़नेस को बड़ा नहीं बना सकते। इस बिज़नेस में आपका सिर्फ़ एक काम है – लोगों के सपनों को पूरा करने में मदद करना।

ज़िंदगी का सबसे ज़रूरी और हमेशा चलते रहने वाला प्रश्न है कि आप दूसरों के लिए क्या कर रहे हैं?

– मार्टिन लूथर किंग जूनियर

मैंने यह देखा है कि यह बिज़नेस करना आसान है पर बिज़नेस को करने का निर्णय लेना और अपने सपनों को पूरा करने की ज़द्दोज़हद करने के लिए प्रतिबद्ध होना बहुत कठिन है। पुस्तक के इस भाग में हम नेटवर्क मार्केटिंग इंडस्ट्री के स्कोप, भविष्य के आंकड़े, इससे मिलने वाले लाभ और बिज़नेस के इर्द-गिर्द की बहुत सारी बातें देखेंगे। आइए मिलकर पता लगाएं कि क्यों लोग इस बिज़नेस की ओर खिंचे चले आते हैं और कौन-से काम उन्हें सफल या असफल बनाते हैं। इससे पहले कि हम इस बिज़नेस को करने के विज्ञान पर जाएं, चलिए इस बिज़नेस को करने की आधारशिला बनाएँ और इसमें सफलता के लिए सही मानसिकता बनाएं।

नेटवर्क मार्केटिंग इंडस्ट्री को विभिन्न एजेंसियां और विभिन्न लोग डायरेक्ट सेलिंग, व्यक्तिगत फ्रेंचाइज़िंग एवं कंज़्यूमर डिस्ट्रिब्यूशन सिस्टम भी कहते हैं। इस प्रणाली में उत्पादों या सेवाओं का डिस्ट्रीब्यूशन उपभोक्ताओं के नेटवर्क के ज़रिए होता है। इसमें

जब उपभोक्ता उत्पाद का इस्तेमाल कर संतुष्ट हो जाता है तो वह अन्य लोगों को भी इसे प्रयोग करने की सलाह देता है। कुछ लोग उसे सीरियस बिज़नेस के रूप में लेकर डिस्ट्रीब्यूटर बनकर काम करना शुरू कर देते हैं, जबकि दूसरे उपभोक्ता ही बने रहते हैं।

नेटवर्क मार्केटिंग/डायरेक्ट सेलिंग इतिहास और वैश्विक परिपेक्ष्य

नेटवर्क मार्केटिंग या डायरेक्ट सेलिंग बिज़नेस अमेरिका में क़रीब सन् 1930 में शुरू हुआ और अपने विभिन्न गुणों एवं लाभ के कारण धीरे-धीरे सारे संसार में फैल गया। FICCI ने 5 दिसम्बर 2017 को 'ईज ऑफ़ डूइंग बिज़नेस इन इंडिया' नामक एक रिपोर्ट पेश की थी जिसमें बताया गया है कि विश्व भर में डायरेक्ट सेलिंग इंडस्ट्री ने वर्ष 2016 में 18,356 करोड़ अमेरिकी डॉलर का कारोबार किया और पूरे विश्व में क़रीब 10.7 करोड़ डायरेक्ट विक्रेताओं को पार्ट टाइम रोज़गार दिया। दुनिया के 10 प्रमुख देश जहाँ डायरेक्ट सेलिंग का कारोबार सबसे ज़्यादा होता है - अमेरिका, चीन, जापान, कोरिया, ब्राज़ील, जर्मनी, मैक्सिको, फ्रांस, मलेशिया और यूके हैं। दुनिया के कुल डायरेक्ट सेलिंग बिज़नेस का 78% इन देशों में हुआ हैं और कुल बिज़नेस का 93% हिस्सा ऊपर के 23 बड़े देशों से आता है।

नेटवर्क मार्केटिंग/डायरेक्ट सेलिंग भारतीय परिप्रेक्ष्य

भारत में डायरेक्ट सेलिंग कई सैकड़ों सालों से चल रहा है और आज भी चालू है। हमारी जानकारी के अनुसार डायरेक्ट सेलिंग/नेटवर्क मार्केटिंग का आधुनिक प्रारूप भारत में क़रीब 80 के दशक के बीच में शुरू हुआ था। कुछ बड़े अंतरराष्ट्रीय प्लेयर्स भारतीय मार्केट में नब्बे के दशक में आए। इंडस्ट्री धीरे-धीरे बढ़ती रही और साथ ही कई अवैध पिरामिड स्कीम्स इस बीच इंडस्ट्री का लाभ पाने के लिए मशरूम की तरह उभरती गई, जिससे इंडस्ट्री का नाम ख़राब हुआ।

पिछले कुछ सालों में बहुत-सी इंडस्ट्री बॉडी और सरकारी एजेंसियों ने मिलकर एक सकारात्मक माहौल पैदा करने की और एक मज़बूत रेगुलेटरी फ्रेमवर्क बनाने की कोशिश की ताकि भारत में इस इंडस्ट्री को अपार वृद्धि मिले। FICCI इस संदर्भ में महत्त्वपूर्ण भूमिका निभा रहा है और इस इंडस्ट्री से संबंधित कई रिपोर्ट्स FICCI की वेबसाइट पर भी उपलब्ध हैं। सरकार ने वर्ष 2016 में डायरेक्ट सेलिंग को लेकर गाइडलाइंस जारी कीं और तब से इंडस्ट्री को काफ़ी फ़ायदा हुआ है। FICCI और केपीएमजी (KPMG) के हाल-फिलहाल की रिपोर्ट से पता चलता है कि डायरेक्ट सेलिंग में रिटेल सेल्स वर्ष 2025 तक क़रीब 64,500 करोड़ रुपये तक पहुँच जाएगी और इससे क़रीब 1.8 करोड़ भारतीयों को स्वरोज़गार मिलेगा, जिसमें 60 फ़ीसदी महिलाएँ होंगी।

भारत में नेटवर्क मार्केटिंग इंडस्ट्री का स्वर्ण युग अभी शुरू हुआ है और इसमें सभी लोगों के लिए काफ़ी अवसर हैं।

नेटवर्क मार्केटिंग बिज़नेस आपको क्या दे सकता है?

लोग नेटवर्क मार्केटिंग बिज़नेस में बहुत सारे कारणों से आते हैं। आपका चाहे जो भी मुख्य कारण है, आप अगर एक बार इस बिजनेस को सफलतापूर्वक सही आधारशिला और सिस्टम के साथ बना लेते हैं तो एक साथ कई सारे लाभ पा सकते हैं।

- ✓ अतिरिक्त आय एवं आय का दूसरा स्रोत
- ✓ वित्तीय आज़ादी/अमीर होना
- ✓ परिवार की आने वाली पीढ़ियों के लिए सुरक्षा
- ✓ अपना बॉस स्वयं होना (कम जोखिम एवं कम लागत वाला बिज़नेस)
- ✓ अपने सपनों का मकान या बंगला बनाना
- ✓ आलीशान अंतरराष्ट्रीय छुट्टियाँ
- ✓ पब्लिक स्पीकिंग और स्टेज में मौजूदगी के अवसर
- ✓ आलीशान कारों को ख़रीदना
- ✓ नाम और पहचान/प्रतिष्ठित व्यक्ति बनाना
- ✓ अपने पसंद की लाइफ़ स्टाइल
- ✓ आपका अपना व्यक्तिगत विकास और व्यक्तित्व में निखार
- ✓ एक अच्छे समाज और देश की बेहतरी के लिए काम करना
- ✓ जल्दी रिटायरमेंट (सेवानिवृत्ति)
- ✓ परिवार के साथ बहुमूल्य समय बिताना
- ✓ अपने शौक़ को पूरा कर पाने की स्वतंत्रता एवं लचीलापन
- ✓ नए लोगों से मिलना और नया सामाजिक सर्कल विकसित करना
- ✓ दूसरों की मदद करना

नेटवर्क मार्केटिंग इंडस्ट्री की अद्वितीय विशेषताएं

इस इंडस्ट्री की कुछ प्रमुख विशेषताएं हैं जो लोगों को आसान और आकर्षक लगती हैं, फलतः वह नेटवर्क मार्केटिंग बिज़नेस को शुरू करते हैं।

1. कम प्रवेश लागत (कम एंट्री कॉस्ट) - यह बिज़नेस कुछ उत्पादों या कुछ सेवाओं को ख़रीदकर शुरू किया जा सकता है, जो हम सामान्यतः कहीं और से ख़रीदते हैं। आप यह बिज़नेस एक उपभोक्ता बनकर शुरू कर सकते हैं।
2. शून्य निकास लागत (ज़ीरो एग्ज़िट कॉस्ट) - आप इस बिज़नेस को ना करने का निर्णय लेकर ही इस बिज़नेस को छोड़ सकते हैं क्योंकि आपने बिज़नेस के लिए कोई सेटअप नहीं लगाया था और आप इसके उत्पादों और सेवाओं का इस्तेमाल कर चुके है तो असल में इसकी एग्ज़िट कॉस्ट ज़ीरो हुई।
3. व्यापार स्थापित करने का शून्य ख़र्चा (ज़ीरो सेटअप कॉस्ट) - इस बिज़नेस को

करने के लिए आपको कोई ऑफ़िस/ स्टाफ़/ कार्यशील पूंजी या किसी अन्य फ़िक्स कॉस्ट की भी ज़रूरत नहीं होती है।

4. परम्परागत बिज़नेस वाली कोई परेशानी नहीं - उधार, पेमेंट, पैसे फँसना, एकाउंटिंग, बैंक लिमिट, जगह का किराया, स्टाफ़ की कॉस्ट, स्टाफ़ के मुद्दे, कर्मशील पूंजी।
5. आपकी सुविधा के अनुसार काम करने के घंटे।
6. सिस्टम सपोर्ट - आपको एक ऐसे ट्रेनिंग और डेवलपमेंट सिस्टम से मदद मिलेगी जिसने पहले ही हज़ारों लोगों को एचीवर बनाया है।
7. कम निवेश - इस बिज़नेस को शुरू करने के लिए आपको थोड़ी-सी शॉपिंग ही करनी होती है।
8. ऐसे साथी मिलेंगे जो आपकी सफलता के लिए आपको पूरी मदद करेंगे।
9. सारा परिवार मिलकर यह बिज़नेस कर सकता है।
10. अपने मौजूदा प्रोफ़ेशन या नौकरी को छोड़ने की ज़रूरत नहीं है।
11. निष्क्रिय आय (पैसिव इनकम) बनाने की संभावनाएं - मेरी जानकारी के अनुसार एक साधारण व्यक्ति नेटवर्क मार्केटिंग बिज़नेस से आसानी से और बहुत अच्छी तरह से कमा सकता है।
12. जो लोग पहले से ही सफल हैं उनसे जानकारी और ट्रेनिंग मिलना।
13. ज़िंदगी बदल देने वाली शिक्षा, जिससे आप एक अलग व्यक्ति बनते हैं।
14. हर किसी के लिए समान अवसर - यहाँ कोई भी व्यक्ति सफल हो सकता है चाहे वो किसी भी आयु, शिक्षा, लिंग, स्थान, वित्तीय पृष्ठभूमि या धर्म से संबंध रखता हो।
15. टैक्स लाभ - इसमें भी अन्य बिज़नेस की तरह ही हैं।

लोग असफल क्यों हो जाते हैं?

जब यह बिज़नेस इतना अच्छा है और इसमें इतना सहयोग मौजूद है तो लोग इस बिज़नेस में असफल क्यों हो जाते हैं? इससे पहले कि मैं इस सवाल का जवाब दूँ, चलिए कुछ आधारभूत बातों पर चर्चा की जाए - "बिज़नेस में असफल होने से आपका क्या अर्थ है?" वैसे तो सफलता और असफलता की सबकी अपनी-अपनी परिभाषा है पर मोटे तौर पर असफलता वह है जिसने कई सालों तक बिज़नेस में अपना सर्वोत्तम दिया पर सब कुछ करने के बावजूद भी वो बिज़नेस से लाभ नहीं ले पा रहा है।

आम तौर पर, प्रत्येक व्यवसाय को लाभदायक होने के लिए कुछ साल लगते हैं और यहां तक कि एक ही उद्योग में, प्रत्येक बिज़नेस करने वाले को लाभ कमाने के लिए अलग समय लगता है। लोग किसी भी अन्य व्यवसाय में लाभ अर्जित करने के लिए कुछ सालों के इंतज़ार को सही मानते हैं, पर जब नेटवर्क मार्केटिंग की बात आती

है, तो वही लोग अचानक कुछ दिनों के भीतर या शुरू करने के कुछ घंटों के भीतर ही लाभ की उम्मीद करने लगते हैं।

आप ऐसे कई लोगों से मिलेंगे जो यह कहते हैं – "मैंने भी यह बिज़नेस करने का प्रयास किया पर यह मुझसे नहीं चला, ऐसे बिज़नेस चलते नहीं हैं, मुझे पता था, मेरे एक ममेरे/चचेरे भाई ने भी यह प्रयास किया था पर उसे अपना सब कुछ खोना पड़ा, इत्यादि।" इन सारे लोगों के लिए इन बातों का साधारणतः इनमें से कोई एक अर्थ है – 1. किसी ने उन्हें कुछ प्रोडक्ट भेंट कर दिए, 2. उन्होंने कुछ प्रोडक्ट ख़रीदे, 3. वह एक या दो मीटिंग में गए, 4. अधूरे मन से अपने अपलाइन के साथ दो-तीन मीटिंग्स कीं, 5. उन्होंने कुछ लोगों के साथ फ़ोन पर बिज़नेस को टेस्ट किया। इनमें से अधिकांश लोगों ने इस मुक़ाम पर बिज़नेस छोड़ दिया और यह ग़लत अवधारणा बना ली कि ये बिज़नेस नहीं चलते।

मैं अपने अनुभव से यह कह सकता हूँ कि जो लोग यह बोलते हैं कि उन्होंने इस बिज़नेस को चलाने का प्रयास किया, पर असफल हो गए उन्होंने इस बिज़नेस को कभी भी अपने 6-10 घंटे का समय नहीं दिया। उसमें से अधिकांश लोग 2-3 प्रोग्राम में भी शामिल नहीं हुए होंगे। आपको किसी चीज़ को क्रियान्वित करने के लिए उस पर पहले काम करना होता है। प्रोडक्ट ख़रीदना कोई बिज़नेस नहीं है या कुछ लोगों से बात कर बिज़नेस को टेस्ट करना बिज़नेस निर्माण करना नहीं है। मैं आपको विश्वास दिलाता हूँ कि अगर कोई कुछ महीनों से लेकर कुछ सालों तक नेटवर्क मार्केटिंग बिज़नेस के सिद्धांतों और काम करने के तरीक़ों का पालन करने के लिए तैयार है तो यह बिज़नेस सबसे ज़्यादा अनुपात में सफलता देता है। साधारणतः लोग ख़ुद को या बिज़नेस को कुछ सामान्य कारणों की वजह से असफल कह देते हैं –

1. अवास्तविक उम्मीदें

कुछ लोग यह बिज़नेस अवास्तविक उम्मीदों के साथ शुरू करते हैं और जब ये पूरी नहीं हो पातीं तो बिज़नेस पर दोष लगाकर उसे छोड़ देते हैं। कुछ लोग सोचते हैं कि यह एक लॉटरी है। जिस तरह हम लॉटरी का टिकट ख़रीदते हैं और अपने भाग्य की घंटी के बजने का इंतज़ार करते हैं, उसी तरह ये लोग कुछ उत्पाद ख़रीदते हैं और फिर अमीर होने का इंतज़ार करते हैं। कुछ अन्य लोग दो-तीन लोगों को लेकर आते हैं और फिर यह सोचकर काम करना बंद कर देते हैं कि अब उनका काम पूरा हो गया और अब ये लोग आगे काम करेंगे। ऐसा बिलकुल नहीं चलता। कुछ अन्य लोग सोचते हैं कि उनके अपलाइन या उनका सिस्टम अब उनके लिए सब कुछ करेगा क्योंकि उन्होंने तो कुछ उत्पाद ख़रीद कर पहले ही उन पर बड़ा उपकार किया है।

कुछ लोग चाहते हैं कि दुनिया उनके दरवाज़े पर आकर खटखटाए, वो भी तब जब उन्होंने किसी को इस बिज़नेस के बारे में बताया ही नहीं है। अगर किसी परंपरागत बिज़नेस में 3-5 साल में सफलता मिलती है तो लोग इसे सही समझते हैं और वही

लोग इस बिज़नेस में कुछ ही दिनों या सप्ताह में अपार सफलता की उम्मीद रखते हैं, वह भी पार्ट टाइम काम करते हुए। कई बार स्पॉन्सर भी कुछ चीज़ों को ओवरकमिट करके ग़लत अपेक्षा बना देते हैं, और बाद में उन अपेक्षाओं को पूरा भी नहीं कर पाते। कुछ लोग यह सोचकर बिज़नेस शुरू करते हैं कि इसमें ज़्यादा काम नहीं करना होगा। पर कुछ मीटिंग हो जाने के बाद वह महसूस करते हैं कि इसमें बहुत मेहनत करनी है और इसके लिए वो तैयार नहीं होते। मुश्किल यह है कि बहुत सारे लोग यह समझने से पहले ही काम करना छोड़ देते हैं कि यह बिज़नेस ज़िंदगी को बदलने वाला है। निराशा और काम छोड़ने का सबसे बड़ा कारण है ग़लत उम्मीदें।

2. कम प्रवेश लागत के कारण वैसे लोग काम शुरू करते हैं जो गंभीर नहीं हैं

इस बिज़नेस को शुरू करने के लिए लगभग नहीं के बराबर राशि लगती है और वो भी उत्पाद या सेवा के रूप में तुरंत वापस आ जाती है। इस कम प्रवेश लागत के कारण कोई भी यह बिज़नेस शुरू कर सकता है। उसमें से अधिकांश लोग यह भी नहीं जानते कि सफल होने के लिए क्या-क्या करना पड़ता है। उनको यह नहीं पता है कि इस बिज़नेस में हर दिन, हर हफ़्ते, कितनी कड़ी मेहनत और समर्पण की आवश्यकता होती है।

वास्तव में उन्होंने यह बिज़नेस शुरू ही नहीं किया, उन्होंने तो सिर्फ़ कुछ शॉपिंग की थी। उन्होंने एक लॉटरी टिकट ख़रीदा, जिसके साथ कुछ सामान सांत्वना के रूप में मिल गया। न तो उन्होंने सही से कोई ट्रेनिंग की होती है और न ही कोई मीटिंग आयोजित की होती है। उसमें से अधिकांश लोग कुछ ही दिन या हफ़्ते में यह काम छोड़ देते हैं और उस भीड़ का हिस्सा बन जाते हैं जो यह कहती है कि ये बिज़नेस नहीं चलते।

3. शून्य निकास लागत (ज़ीरो एग्ज़िट कॉस्ट) के कारण इसे छोड़ने आसान होता है

उतार-चढ़ाव बिज़नेस का एक हिस्सा है। हर बिज़नेस एक बुरे और अच्छे दौर से गुज़रता है, पर बिज़नेस करने वाले लोग उसे इसलिए नहीं छोड़ते क्योंकि उसमें भारी निवेश, स्टाफ़, कार्यशील पूंजी, मार्केट से पैसे लेना, स्टॉक, एक अच्छा ऑफ़िस और अन्य कई ढांचागत निवेश लगे होते हैं। अगर मालिक बिज़नेस छोड़ देगा तो यह सब ज़ीरो हो जाएगा। इसलिए कितनी भी हानि या संघर्षों के बाद भी यह बड़ा एग्ज़िट कॉस्ट लोगों को बिज़नेस में बनाए रखता है। चूँकि नेटवर्क मार्केटिंग एक ऐसा बिज़नेस है जिसकी ज़ीरो सेटअप कॉस्ट है, इसलिए इसे बंद करते समय कोई वित्तीय हानि नहीं होती है। इस ज़ीरो एक्ज़िट कॉस्ट के कारण लोगों का थोड़े-से संघर्ष को देखते ही बिज़नेस छोड़ देना आसान हो जाता है।

4. सपनों की कमी

वास्तव में अधिकांश लोगों के बड़े सपने नहीं होते। लोग अपने मौजूदा लाइफ़स्टाइल से ख़ुश भी नहीं हैं, पर वह इस स्थिति को बदलने के लिए काम भी नहीं करना चाहते।

उनमें से अधिकांश लोग अमीर बनना तो चाहते हैं, पर उसके लिए प्रतिबद्ध होने के लिए तैयार नहीं हैं। यह प्रतिबद्धता सपनों से और अपने उद्देश्यों की स्पष्टता से ही आती है।

5. ध्यान की कमी

अधिकांश लोग यह बिज़नेस अपने जॉब या प्रोफ़ेशन के साथ पार्ट टाइम के रूप में करते हैं। लोग इस बिज़नेस को अपने मूल काम, परिवार, मनोरंजन आदि से समय बचने के बाद ही करते हैं। लोगों की नौकरी, प्रोफ़ेशन और पारिवारिक जीवन में पहले से ही बहुत तनाव है इसलिए यह बिज़नेस नज़रअंदाज़ हो जाता है और इसके लिए समय नहीं मिल पाता। पौधा चाहे कितना भी अच्छा हो अगर उसे पानी न मिले तो उसका नष्ट होना तय है।

6. सिस्टम के तहत काम करना एवं सिस्टम को सीखने की इच्छा का अभाव

हर व्यक्ति की इस बिज़नेस को करने के बारे में अपनी एक अलग धारणा और सोच है तथा उन्हें लगता है कि उन्हें पता है कि इसे कैसे किया जाए। वह इस संबंध में सिद्धांतों और सही कार्यशाली को सीखने में अपना समय बर्बाद करना नहीं चाहते। ग़लत तरीक़े से बिज़नेस करने से ज़ीरो रिज़ल्ट और निराशा मिलती है और फलतः वह बिज़नेस छोड़ देते हैं।

सामान्यतः जो लोग इसे छोड़ देते हैं, वह इस संबंध में कभी कोई प्रोग्राम में शामिल नहीं होते, या उन्होंने बिज़नेस को सही से समझा ही नहीं होता है।

7. ग़लत धारणाओं के साथ काम करना

अधिकांश लोग इस बिज़नेस के बारे में एवं स्वयं के बारे में ग़लत धारणा रखते हुए इसे शुरू करते हैं। लोगों के भीतर जो कुछ ग़लत धारणाएँ हैं वे इस प्रकार हैं – मैं बिज़नेस नहीं कर सकता, बिज़नेस बहुत मुश्किल है, मैं लोगों से बात नहीं कर सकता, मुझे नहीं लगता कि कोई इस बिज़नेस के लिए तैयार होगा, मेरे दोस्त या रिश्तेदार मुझे यह बिज़नेस करते देखना नहीं चाहेंगे, मैं बिज़नेस करने के लायक़ नहीं हूँ, यह बिज़नेस मेरे लायक़ नहीं है आदि। अगर आप खुले दिमाग़ से अपने उन धारणाओं को टेस्ट करने का साहस रखते हैं तो आप आसानी से सच देख सकते हैं। जब आप बिज़नेस में लोगों से बात करते हैं, किताबें पढ़ते हैं, बिज़नेस के लिए खोज करते हैं और कुछ कार्यक्रमों में शामिल होते हैं तो आपको बिज़नेस की सच्चाई के बारे में स्वयं पता चल जाता है। इससे आप अपने मन की ग़लत धारणाओं को बाहर निकाल सकते हैं और अपने मन में स्वयं के लिए और बिज़नेस के लिए सही और सशक्त धारणाएं बना सकते हैं।

अधिकांश लोग अपनी ग़लत धारणाओं पर विचार ही नहीं करना चाहते इसलिए वह बिज़नेस छोड़ देते हैं, जिससे आगे चलकर उनकी ग़लत धारणाओं को और मज़बूती मिलती है।

पिछले 11 सालों से इस बिज़नेस को अपने दिल और आत्मा के साथ करते हुए मैं पूरे विश्वास और आस्था के साथ कह सकता हूं कि नेटवर्क मार्केटिंग अपने सपनों को पूरा करने के लिए सबसे बेहतर तरीक़ा है। आप किसी भी मापदंड पर इस बिज़नेस की तुलना अन्य बिज़नेस से करें जैसे कि शुरूआती निवेश, निवेश पर रिटर्न, लाभप्रदता, काम पूरी होने की अवधि, एक पीढ़ी से दूसरी पीढ़ी में ट्रांसफ़र होना, ज़ीरो रिस्क, निर्धारित लागत, स्थापना में आसानी, समय की स्वतंत्रता, पैसों की स्वतंत्रता, तनाव मुक्त संचालन आदि, आप हमेशा नेटवर्क मार्केटिंग को किसी अन्य बिज़नेस अवसर की तुलना में कहीं अच्छा पाएंगे।

इस इंडस्ट्री की विशेषताएं, इसके आधारभूत सिद्धांत, काम करने की प्रणाली और दूसरे बिज़नेस से कम समय में मिलने वाले लाभ बहुत अच्छे हैं और साथ में अविश्वसनीय भी हैं। सिर्फ़ इस विश्वास के साथ काम शुरू कीजिए कि आप सर्वोत्तम टीम के साथ, सही कंपनी में, सही समय में, सही बिज़नेस कर रहे हैं। सिस्टम का सौ फ़ीसदी पालन कीजिए और अपने काम को पूरी ईमानदारी के साथ कीजिए। संयम रखें, सफलता समय लेती है और सबसे अच्छी बात यह है कि एक बार इस यात्रा पर निकल जाने पर आपको मदद मिलती रहेगी और आप रास्ते में कई अच्छे दोस्त भी बनाएंगे।

इस बिज़नेस के लिए आपको तीन मुख्य चीज़ों की ज़रूरत है

1. आपके कुछ सपने हैं। आपके पास बिज़नेस करने का कारण होना चाहिए।
2. आप सीखने को तैयार हों और इस बिज़नेस की ज़रूरत के अनुसार ख़ुद को बदलने को तैयार हैं।
3. आप कुछ महीनों से लेकर सालों तक नए सिस्टम के अनुसार कड़ी मेहनत करने को तैयार हैं।

अगर आप उपरोक्त चीज़ें कर सकते हैं तो नेटवर्क मार्केटिंग में अपने सपनों को पूरा करने से आपको कोई नहीं रोक सकता। इस दुनिया के श्रेष्ठ मार्केट में सही समय पर आप सही बिज़नेस कर रहे हैं। दुनिया को आज इस बिज़नेस की ज़रूरत, पहले से ज़्यादा है और करोड़ों लोग इस बिज़नेस को सही व्यक्ति के साथ शुरू करना चाहते हैं।

मैं आपसे आग्रह करता हूँ कि आप वह सही व्यक्ति बनें और इस बिज़नेस के मार्फ़त करोड़ों लोगों की ज़िंदगी में संपन्नता का स्रोत बनें। यह पुस्तक आपको एक सफल नेटवर्क मार्केटर बनने के लिए सारी जानकारी, सभी कौशल और सही मानसिकता देगी। इस पुस्तक में लिखे गए सिद्धांतों का पालन करें, जब-जब आप कहीं अटक जाएं तो इस पुस्तक को फिर से पढ़ें, बहुत जल्द आपके सपने साकार होने लगेंगे।

मैं आशा करता हूँ कि आप बहुत जल्द अगले नेटवर्क मार्केटिंग मिलियनेयर बनेंगे और अपनी टीम में अपने जैसे कई मिलियनेयर बनाएंगे।

भाग-II

अपने बिज़नेस की आधारशिला रखने के कुछ सिद्धांत

अपने बिज़नेस की आधारशिला रखने के कुछ सिद्धांत

सैनिकों की फौज भी जिस बंकर को भेद नहीं पाती, सिद्धांतों की सेना उससे चीर कर निकल जाती है।

– थॉमस पाइने

सिद्धांत क्या हैं?

कैंब्रिज डिक्शनरी के अनुसार, "सिद्धांत वे नियम हैं, जो किसी भी कार्य के होने या पूर्ण होने पर नियंत्रण रखते हैं। सिद्धांत साधारणतः कारण एवं परिणाम के मॉडल पर काम करते हैं और अगर इनका सही से अनुकरण किया जाए तो यह हर बार किसी भी जगह, किसी भी व्यक्ति के लिए वही परिणाम लेकर आते हैं। अगर कोई व्यक्ति कारणों पर काम करेगा तो इच्छानुरूप परिणाम मिलना निश्चित है।" जैसे - गुरुत्वाकर्षण के नियम के अनुसार, जब किसी भी चीज़ को गिराया जाता है, चाहे वह कोई आभूषण हो या कोई पत्थर का टुकड़ा ही क्यों न हो, चाहे वह लंदन हो या दिल्ली या फिर सिडनी, चाहे उसे कोई भी गिरा रहा हो, वह नीचे ही गिरती है।

जिस तरह भौतिकी और गणित में फ़ॉर्मूले होते हैं, उसी तरह नेटवर्क मार्केटिंग बिज़नेस में सफलता के भी अपने नियम या सिद्धांत होते हैं। ये वो सिद्धांत जो दशकों से हर सफल नेटवर्क मार्केटर प्रयोग में ला रहा है, और इन्ही सिद्धांतों का अगर आप अपने बिज़नेस में प्रयोग करेंगे तो यह आपको भी वही सफलता देंगे। सिद्धांतों के साथ आप अपने लक्ष्यों तक तेज़ी से और निश्चित रूप से पहुंचेंगे। इस व्यवसाय में अनगिनत लोगों की सफलता और संघर्ष का निरीक्षण करते हुए, मुझे अहसास हुआ कि सभी बड़ी उपलब्धियों की सफलता में एक महत्त्वपूर्ण कारक है - सिद्धांतों का हर दिन हृदय और आत्मा में 100% पालन।

इस पुस्तक में प्रस्तुत 20 सिद्धांतों समय की कसौटी पर पूरे उतरे हैं और हर किसी के द्वारा इस्तेमाल किए जा सकते हैं। इन्हीं का पालन करके मैंने रिकॉर्ड समय में करोड़ों रुपये कमाए और मेरी टीम में सैकड़ों की संख्या में अचीवर्स बना पाया। इनके पास आपके बिज़नेस को तेज़ी से बढ़ाने की शक्ति है और आपको अपनी सपने की आय पर तेज़ी से ले जा सकते हैं।

आप इस बिज़नेस में अचानक आ तो सकते हैं, पर आप अचानक सफल नहीं हो सकते।

– दीपक बजाज

मैंने बार-बार देखा है कि ये सार्वभौमिक सिद्धांत हैं जो दुनिया में कहीं भी, किसी भी कंपनी में काम करने वाले प्रत्येक व्यक्ति को मनचाहे परिणाम देंगे। आपके पास कोई भी उत्पाद हों, कोई भी इनकम प्लान हो या कोई भी कार्य प्रणाली हो, इन सिद्धांतों के साथ आपको निश्चित रूप से रिकॉर्ड समय में सफलता मिलेगी।

1. अटूट विश्वास

इंसान अपने दिमाग़ में जो भी बना सकता है और जिस पर वह विश्वास करता है, वह उसे हासिल कर सकता है।

– नेपोलियन हिल

किसी भी व्यक्ति एवं वस्तु पर पूरी तरह से भरोसा करना ही विश्वास है। किसी भी चीज़ के होने से बहुत पहले ही उस पर भरोसा करना ही विश्वास है। विश्वास करना ही किसी उपलब्धि को पाने की ओर पहला क़दम है। सब कुछ हक़ीक़त में बदलेगा अगर आप उस पर भरोसा रखेंगे। अगर किसी काम के बारे में आपको यह लगता है कि वह होने वाला नहीं है, तो आप उसको करने की कोशिश ही क्यों करेंगे? हर काम विश्वास के साथ शुरू कीजिए और इसी से निर्धारित होगा कि आप उसमें कितनी दूर जाने वाले हैं।

किसी भी बात की हर बार पुष्टि, हमें विश्वास की ओर अग्रसर करती है और जब विश्वास में गहरी आस्था होने लगती है, तब चीज़ें अपने आप होने लगती हैं।

– मोहम्मद अली

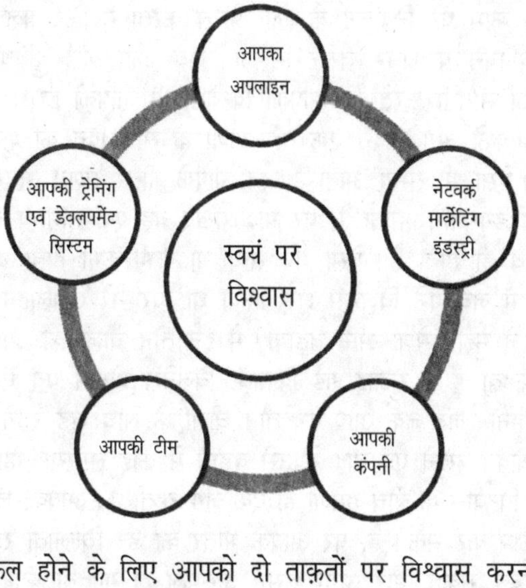

बिज़नेस में सफल होने के लिए आपको दो ताक़तों पर विश्वास करना ज़रूरी है – बाहरी ताक़तें और अंदरूनी ताक़तें।

आपको इन पांच बाहरी ताक़तों पर पूरी तरीक़े से और अटूट विश्वास रखना होगा। आपकी अपलाइन, आपकी टीम का ट्रेनिंग ऐंड डेवलपमेंट सिस्टम, आपकी अपनी टीम, आपकी कंपनी और नेटवर्क मार्केटिंग इंडस्ट्री। मेरा मानना है कि किसी पर भरोसा करना एक प्रक्रिया है और इसमें समय लगता है। जिस समय आपने यह काम शुरू किया होगा, तब हो सकता है कि आपको इस पर भरोसा ना हो, पर मुद्दे की बात यह है कि अगर आपने किसी व्यक्ति या किसी कंपनी के साथ बिज़नेस शुरू कर दिया तो इसका अर्थ यह है कि आपको कुछ तो भरोसा होगा, नहीं तो आप काम शुरू ही नहीं करते। आप अपने उसी विश्वास के साथ यह काम शुरू कीजिए। किताबों, वीडियो, टूल्स, प्रोग्राम एवं अपलाइन के साथ लगातार जुड़े रहने से आपका यही विश्वास ख़ुद-ब-ख़ुद बढ़ता जाएगा।

बहुत सारे लोग इस बिज़नेस की मूल बातें जानने से पहले ही इसे छोड़ देते हैं। अपने इस बिज़नेस को कम से कम एक साल ज़रूर दीजिए और अगर आप बिज़नेस के विद्यार्थी बनने को तैयार हैं, तो कुछ समय में आप भगवान का धन्यवाद करेंगे कि उन्होंने आपके जीवन में इस संसार का सबसे खूबसूरत बिज़नेस दिया।

हमारे पीछे क्या रह गया और हमारे आगे क्या छिपा है, ये सब बहुत छोटे-छोटे मुद्दे हैं, असली मुद्दा यह है कि हमारे अंदर क्या है।

– हेनरी डेविड थोरो

अपने आप पर भरोसा रखिए। यह आपको काम करने के लिए ऊर्जा देता है साथ ही जिस समय आप अस्वीकृति, उपहास एवं निराशा का सामना करते हैं, उस समय यह आपकी ताक़त बनकर मदद करता है। आपका विश्वास ही आपको प्रतिदिन एक नई उम्मीद के साथ काम पर निकलने के लिए प्रेरित करता है कि आज आपको अपनी टीम में एक चैंपियन परफ़ॉर्मर ज़रूर मिलेगा। जब आप कोई दुविधा, विफलता या असफलताओं का सामना करते हैं, आपका विश्वास ही आपको इससे बाहर निकालता है और फिर आपको अगले दिन एक नई आशा के साथ दिन की शुरुआत करने में मदद करता है। ऐसा भी समय आता है जब आपके भीतर संशय उत्पन्न होते हैं और आपका विश्वास डगमगाने लगता है, पर याद रखिए यह एक सामान्य-सी बात है और ऐसा सबके साथ ही होता है। ऐसा मेरे साथ भी कभी-कभी होता था ख़ासकर मेरे शुरुआती दिनों में जब मैंने बिज़नेस शुरू किया था, पर मेरे अपलाइन, किताबों, और अन्य कार्यक्रमों ने मुझे हमेशा आगे बढ़ाया। मैं इन तीन चीज़ों को आपके बिज़नेस के लिए वैक्सीन कहता हूँ - सुझाई गई किताबें, बिज़नेस प्रोग्राम एवं एक्टिव अपलाइन के साथ जुड़े रहना। जब तक आप इन तीन चीज़ों के साथ जुड़े रहेंगे, आपको अपने विश्वास को यथावत रखने एवं बाद में उसे बढ़ाने में कोई समस्या नहीं होगी। वैसे तो आपके डर एवं विश्वास के बीच हमेशा ही एक जंग रहती है। आपका विश्वास कहता है कि आप यह काम कर सकते हैं, पर आपके भीतर का डर चिल्लाता रहता है कि आप यह काम नहीं कर सकते और अगर उसमें असफल हो गए तो क्या करोगे। आपका विश्वास आपके डर से कहीं ज़्यादा बड़ा होना चाहिए।

अपने विश्वास से आप पहाड़ को गिरा सकते हैं, और अपने शक से उसी पहाड़ को पैदा भी कर सकते हैं।

- अज्ञात

साधारणतः नेटवर्क मार्केटिंग कंपनी में हर टीम के पास पहले से विकसित किया हुआ ट्रेनिंग ऐंड डेवलपमेंट सिस्टम होता है। आपका काम उस सिस्टम से जुड़कर, उस सिस्टम के तरीक़े से काम करना है। अगर कई सालों से वह ट्रेनिंग ऐंड डेवलपमेंट सिस्टम इतने सारे लोगों के लिए सफलता से कार्य कर रहा है, तो यह आपके लिए भी सही काम करेगा। इस बिज़नेस का सबसे महत्त्वपूर्ण हिस्सा है - आपके टीम का सिस्टम। अपने आप को उस सिस्टम के प्रति पूरी तरह समर्पित कर दीजिए। अगर आपकी टीम ने अभी ऐसा सिस्टम नहीं बनाया है, तो आप इस किताब में दिए गए सफलता के सिस्टम का अनुसरण करके अपने सपनों को पूरा कर सकते हैं। इस पुस्तक में लिखे गए नियमों ने पिछले ग्यारह साल में अनगिनत लोगों को उनके सपने पूरा करने में मदद की है। इसलिए विश्वास के साथ काम करो, सफलता देर से आ सकती है, पर उसे आने से कोई रोक नहीं सकता।

आप तब तक भगवान पर भरोसा नहीं कर सकते, जब तक आप ख़ुद पर भरोसा नहीं रखेंगे।

- स्वामी विवेकानंद

कुछ भी स्थाई नहीं है, समस्याएं भी नहीं

बिज़नेस में मुझे चार ही महीने हुए थे और मैं बहुत तेज़ी से आगे बढ़ रहा था, पर मैंने कुछ ग़लतियां की जिससे मेरी आय शून्य हो गई। मेरे पास दो विकल्प थे - या तो मैं अपने नौकरी पर वापस चला जाऊं या फिर अपनी ग़लतियों को स्वीकार करके उनसे कुछ सीखकर वह पाने की कोशिश करूं, जो मैं यहां पाने आया था। मैंने, मेरे भाई और मेरी पत्नी ने अपनी-अपनी नौकरियों से इस्तीफ़ा दे दिया था। हमने अपने सारे संसाधनों को ख़त्म कर लिया था और हमने अपने क्रेडिट कार्ड का भी पूरा इस्तेमाल कर लिया था। पर हमने हर दिन इस विश्वास के साथ काम किया कि आज तो हमें एक सही साथी मिलेगा। हम अपने अपलाइन से हर रोज़ बात करते थे, किताबें पढ़ते थे, बहुत सारे प्लान दिखाते थे और हर इवेंट में शामिल होते थे, यहाँ तक उस प्रोग्राम में भी जिसमें हमारे साथ जाने वाला कोई नहीं था। यह सिलसिला क़रीब नौ महीने चला पर आज मैं जो भी हूं वह इसलिए कि मैंने उन 9 महीनों में हार नहीं मानी थी।

2. सिस्टम को 100% समर्पण

सफलता के पीछे कोई राज़ नहीं होता, पर सफलता के पीछे एक सिस्टम ज़रूर होता है।

- दीपक बजाज

बिज़नेसडिक्शनरी.कॉम के अनुसार, "सिस्टम कई विस्तृत तरीक़ों, प्रक्रियाओं और दिनचर्याओं का एक समूह है जिससे आप कोई ख़ास कार्य करते हैं।" हमारे बिज़नेस में सिस्टम कार्यक्रमों, गतिविधियों एवं आपको मार्गदर्शन देने के लिए बनाए गए टूल्स का का एक समूह है, जिसमें यह बताया गया है कि क्या करना है और कैसे करना है ताकि आप अपने बिज़नेस में निवेश किए गए समय एवं प्रयासों से जल्द एवं अभूतपूर्व परिणाम पाएं। एक अच्छा सिस्टम कई सालों में हज़ारों लोगों की कड़ी मेहनत के बाद बनता है पर जब यह बनकर तैयार हो जाता है तो उस बिज़नेस में कार्यरत सभी डिस्ट्रिब्यूटर्स/असोसिएट्स को सफल बनाने के लिए एक महत्त्वपूर्ण मर्गदर्शक की भूमिका निभाता है।

नेटवर्क मार्केटिंग बिज़नेस में सफल होने के मौक़े किसी अन्य बिज़नेस की अपेक्षा कहीं अधिक होते हैं, क्योंकि इसके लिए यहां पूरी ट्रेनिंग ऐंड डेवलमेंट सिस्टम होता है, जो हर नए साथी को आगे बढ़ने में मदद करता है, ऐसा किसी अन्य क्षेत्र में अक्सर नहीं देखा गया है। सिस्टम का अनुसरण करके, नए सहयोगी अपने सपनों को कम समय में पूरा करते हैं और वो भी कम मुश्किलों एवं असफलताओं का सामना करते हुए। सिस्टम की एक सबसे अच्छी बात यह है कि यह हर किसी के लिए बराबर कार्य करती है। आपकी शिक्षा, डिग्री, वित्तीय पृष्ठभूमि, लिंग, स्थान, कार्य अनुभव आदि इस बिज़नेस में मायने नहीं रखता, सिर्फ़ एक चीज़ महत्त्व रखती है कि आप इस सिस्टम को कितनी जल्दी अपनाते हैं और सिस्टम के अनुसार कितनी जल्दी काम शुरू कर सकते हैं।

एक समय की बात है, संगीत के एक मशहूर शिक्षक थे जो सिर्फ़ अपने संगीत के ज्ञान के लिए ही नहीं पर अपने विवेक के लिए भी जाने जाते थे। एक दिन क़रीब चालीस साल का एक आदमी उनसे मिलने आया और उनके सामने संगीत सीखने की अपनी इच्छा रखी। शिक्षक ने उनसे पूछा कि वह संगीत के बारे में क्या जानते हैं। उन्होंने कहा कि पांच-छह साल तक उन्होंने संगीत सीखा है और वह एक ग्रुप में गाते भी थे, पर उसने पिछले कुछ सालों से गाना बंद कर दिया है। शिक्षक ने कहा कि उसे संगीत में महारत हासिल करने में पूरे तीन साल लगेंगे और इसकी क़ीमत 80,000 रुपये होगी। उस व्यक्ति को यह बहुत महँगा लगा और वह वहीं बैठकर विचार करने लगा। तभी एक 12 साल का लड़का उनसे मिलने आया और उनसे संगीत सीखने की

इच्छा ज़ाहिर की। शिक्षक ने उनसे पूछा कि वह संगीत के बारे में क्या जानता है? उसने कहा कि वह संगीत के बारे में कुछ नहीं जानता है। शिक्षक ने उससे कहा कि संगीत में पारंगत होने के लिए उसे एक साल लगेगा और 20,000 रुपये देने होंगे। जो आदमी अभी तक वहां बैठा था, ऐसा सुनकर गुस्से में वह भनभनाया और गुरु से पूछने लगा, "मैं संगीत के बारे में बहुत कुछ जानता हूं और मेरे पास इसका अच्छा ख़ासा अनुभव है, तो फिर संगीत के बारे में कुछ नहीं जानने वाला बालक मुझसे दो साल पहले और 60,000 रुपये कम में कैसे पारंगत हो जाएगा?" शिक्षक ने जवाब दिया कि महारत हासिल करने में तो केवल एक साल और बीस हज़ार रुपये ही लगेंगे, पर आपने जो पहले से सीखा है, उसे भुलाने में दो साल और साठ हज़ार रुपये लगेंगे।

आपने आज तक जो सीखा है अगर आप उसे भुलाने को तैयार हैं तो नई चीज़ों को सीखना आसान और जल्दी हो जाता है।

– दीपक बजाज

वास्तव में हर व्यवसाय या बिज़नेस में सफल होने के अपने अनूठे तरीक़े हैं। एक डॉक्टर, एक वकील, एक अकाउंटेंट, एक दुकानदार, एक पुलिस ऑफ़िसर, सभी के काम करने के अपने अलग-अलग सिद्धांत एवं कार्यशाली है। अगर आप किसी एक व्यवसाय में सफल हैं तो वो इसलिए हैं क्योंकि आप उस व्यवसाय के सिस्टम का पालन करते हैं ना कि किसी दूसरे व्यवसाय के सिस्टम का। आप किसी डॉक्टर या आर्किटेक्ट के तरीक़े से काम करते हुए एक सफल पुलिस अधिकारी नहीं बन सकते। उसी तरह, अगर आप नेटवर्क मार्केटिंग में सफल होना चाहते हैं, तो आपको अपने मौजूदा सिस्टम को किनारे रखकर एक नौसिखिए की तरह नेटवर्क मार्केटिंग के लिए सबसे अच्छे सिस्टम को सीखना होगा। आप जितना जल्दी अपनी नई कार्यप्रणाली सीखेंगे, उतनी ही जल्दी आप बिज़नेस में कुछ बड़ा कर पाएंगे।

वास्तव में बिज़नेस में अधिकांश लोगों के असफल होने का यही मुख्य कारण है। बिज़नेस में लोग अलग-अलग पृष्ठभूमि से आते हैं और अपने साथ अलग-अलग अनुभव, सिस्टम, सोच एवं काम करने के तरीक़ों को लेकर आते हैं। फिर वो उसी पुरानी सोच और तरीक़े से बिज़नेस चलाना शुरू करते हैं तथा असफलता और निराशा के शिकार हो जाते हैं। चूँकि इस बिज़नेस को करने या छोड़ने में कोई ज़्यादा पैसा नहीं लगता, शुरुआत में आने वाली इन नाकामयाबियों से घबराकर अधिकांश लोग बिज़नेस करना छोड़ देते हैं। अगर लोग बिज़नेस के नियमों को सीखने एवं उसका अभ्यास करने में कुछ समय बिताएं, तो उन्हें इस बात का अहसास होगा कि नेटवर्क मार्केटिंग का बिज़नेस सबसे आसान और दुनिया में सबसे ज़्यादा फ़ायदा देने वाला बिज़नेस है।

एक बीज के अंदर एक पेड़ छिपा होता है, पर वह एक सिस्टम के तहत ही बाहर आता है। पत्थर में एक प्रतिमा छुपी होती है पर वह एक सिस्टम के जरिए ही

लोगों के सामने आती है। यहां तक कि एक बच्चे को जन्म देने के लिए भी 9 महीने का एक सिस्टम बना हुआ है।

मैं हमेशा इस बात पर जोर देता हूं कि आप जिस भी टीम को चुनते हैं या जिस कंपनी के साथ काम करते हैं उनके पास एक पहले से स्थापित ट्रेनिंग ऐंड डेवलपमेंट सिस्टम हो। हज़ारों लोगों के साथ काम करने के बाद, मैंने एक सिस्टम विकसित किया है जिससे मुझे बिज़नेस में अच्छी सफलता मिली है और उन हज़ारों लोगों को भी महान सफलता मिली है जिन्होंने इसे अपनाया है। यह सिस्टम हर नेटवर्क मार्केटिंग कंपनी के साथ बराबर कामयाबी से काम करता है, चाहे उनका कोई भी प्रोडक्ट लाइन या इनकम प्लान हो।

यह पुस्तक आपको सफलता के सिस्टम के संबंध में सब कुछ देगी। मैं पूरी तरह से यह मानता हूं कि अगर आप इस पुस्तक में दी गई हर सलाह को समझ कर उसे कार्यान्वित करते हैं, तो आप ज़रूर अपने सपनों को पूरा कर पाएंगे और अपनी कंपनी के टॉप परफ़ॉर्मर बन जाएंगे। आप इस सिस्टम को ज्यों का त्यों इस्तेमाल कर सकते हैं और अपने अपलाइन से सलाह लेकर उसे अपनी ज़रूरतों के अनुरूप परिवर्तित भी कर सकते हैं। नीचे दिए गए चित्र से इस पूरे सिस्टम के बारे में समझा जा सकता है।

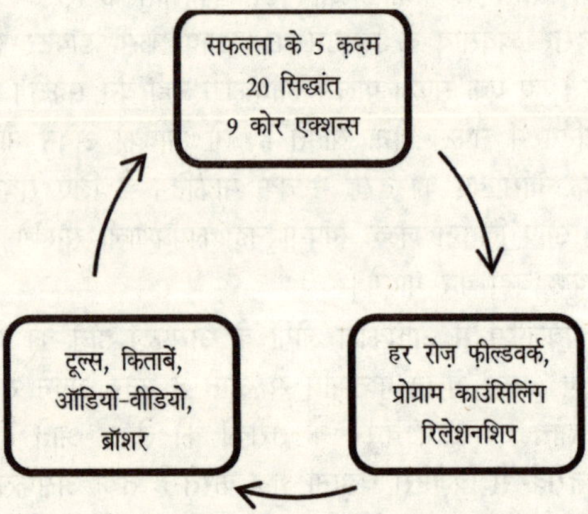

नेटवर्क मार्केटिंग सफलता सिस्टम

पहले आप सिस्टम के लिए काम करें और फिर सिस्टम आपके लिए काम करेगा।

एक अच्छा सिस्टम आपको बहुत प्रकार से मदद करता है :

✓ जब आप बिज़नेस शुरू करते हैं, आप लोगों को बिज़नेस में ला तो सकते हैं पर उन्हें प्रशिक्षण नहीं दे सकते। सिस्टम द्वारा दिए गए प्रोग्राम एवं टूल्स आपके टीम

के सदस्यों को विकसित एवं प्रशिक्षित कर सकते हैं और आपकी टीम को स्थापित करने में आपकी मदद कर सकते हैं।

✓ सिस्टम आपको अलग-अलग स्थानों में टीम विकसित करने में मदद करेगा।

✓ लोग नेटवर्क मार्केटिंग में और आय कमाने के मक़सद से आते हैं। अधिकांश कंपनियां नॉमिनेशन सुविधा भी देती है जिसका अर्थ है आपका कठिन परिश्रम आपके बच्चों एवं पोते-पोतियों को भी लाभ पहुंचाएगा। यह हमेशा आने वाली आय तब ही संभव है जब आप एक सशक्त सिस्टम के तहत काम कर रहे हैं।

✓ आप अपनी टीम को ख़ुद जो नहीं सिखा सकते, वह किसी ट्रेनिंग में कोई ट्रेनर या कोई वीडियो बेहतर तरीक़े से सिखा देता है।

इसलिए सिस्टम के प्रति 100 फ़ीसदी समर्पण एक समझदार क़दम है। बिज़नेस के विद्यार्थी बनें और एक स्थाई एवं विकासशील बिज़नेस स्थापित कीजिए।

आपकी अज्ञानता के विरुद्ध सिस्टम आपका बीमा है।

– दीपक बजाज

ज़िंदगी ने किस तरह मुझे सिस्टम की ताक़त सिखाई

मैंने अपने बिज़नेस में बहुत बहुत सारा काम किया और 14 हफ़्तों के भीतर उस इनकम लेवल तक पहुंच गया था जहां बड़े-बड़े लीडरों को पहुंचने में 2-5 साल का समय लगता है। पर 4 महीनों के बाद मेरा बिज़नेस धीमा होने लगा। मेरी लिस्ट ख़त्म हो गई, मेरी टीम में कोई नहीं बचा था, मेरी आय लगभग शून्य पर आ गई थी और मुझे कुछ भी समझ में नहीं आ रहा था कि यह सब क्या हो रहा है। मैंने अपने अपलाइन से बात की और उन्होंने मुझसे पूछा कि मेरे पास कितने ट्रेनिंग सेंटर हैं? मैं अचंभित था क्योंकि मैं यह सोचता था कि हमारा काम सिर्फ़ बेचना है और लोगों को साथ में जोड़ना है। असल में नए सेल्स लाने में मैं इतना व्यस्त था कि मैंने कभी भी मेरी टीम की ट्रेनिंग, काउंसलिंग और संबंध बनाने के बारे में नहीं सोचा। एक बड़ी टीम को खोना बहुत मुश्किल था। मैं शारीरिक, भावनात्मक एवं आर्थिक रूप से टूट चुका था, पर मैंने फिर से शुरुआत की। मुझे फिर से खड़े होने में 9 महीने लगे, पर इस बार मैंने बहुत सारी गतिविधियां और ट्रेनिंग सेंटर बनाए, जिसमें बहुत से अच्छे लोग मेरे साथ थे।

3. यह बिज़नेस है, इसमें समय लगता है

लंबे समय तक चलने वाली कोई भी चीज़ या कोई भी अच्छा काम समय लेता है और उसे पूरा करने के लिए पूर्ण आत्मसमर्पण ज़रूरी है।

– फ़ायन हिडिंजर

नेटवर्क मार्केटिंग किसी अन्य बिज़नेस जैसा ही है और इसे भी अन्य बिज़नेस की तरह ही हर दिन सींचने की ज़रूरत होती है। हर बिज़नेस में बहुत सारा निवेश, कार्यशील पूंजी, एक दृष्टिकोण, उत्साह, समर्पण, कड़ी मेहनत, उस इंडस्ट्री के बुनियादी नियमों का पालन करने की इच्छा, पुनर्निवेश, किसी भी प्रकार की मुसीबतों का डटकर सामना कर टिके रहने का दृढ़ संकल्प, लगातार सीखने की ललक, संयम इत्यादि की ज़रूरत होती है। नेटवर्क मार्केटिंग में व्यक्ति को बहुत सारे प्रारंभिक निवेश एवं कार्यशील पूंजी की ज़रूरत नहीं होती है, पर ऊपर बताए गए सारे गुण उसकी सफलता के लिए अनिवार्य हैं।

किसी भी कार्य में सफलता अचानक से नहीं मिलती। बल्कि यह परिणाम है एक ख़ास लक्ष्य पर केंद्रित निर्णय, सचेत प्रयास एवं विशाल दृढ़ता का।

– गैरी फ़ायन

नेटवर्क मार्केटिंग बिज़नेस स्वयं एक लीडर बनकर एवं अपनी टीम में लीडरों को तैयार करके ही बनाया जा सकता है। टीम में एक लीडर को तैयार करने का मतलब है एक पेड़ को बड़ा करना। एक वृक्ष को सही तरह से विकसित करने के लिए नियमित देखरेख एवं संयम की आवश्यकता होती है। एक बड़ी टीम बनाने के लिए स्वयं के विकास के अलावा, टीम में एक एक करके और लीडरों का भी विकास करना पड़ता है। जैसे एक डॉक्टर, वकील, इंजीनियर या चार्टर्ड अकाउंटेंट बनने के लिए 5-10 साल की कड़ी ट्रेनिंग एवं शिक्षा की आवश्यकता होती है, वैसे ही एक सफल नेटवर्क मार्केटिंग बिज़नेसमैन बनने के लिए भी कुछ सालों की मेहनत की ज़रूरत होती है। चूंकि आपने यह बिज़नेस शुरू किया है, इसलिए अपने अंदर यह संकल्प लें कि आप इस बिज़नेस को कम से कम एक साल तक नहीं छोड़ेंगे। यह संकल्प करें कि उससे संबंधित हर प्रोग्राम से आप जुड़ें रहेंगे और सफलता तक पहुंचाने के लिए अपनी सौ फ़ीसदी भूमिका निभाएंगे। बिज़नेस में आने के लिए एक विद्यार्थी की तरह पहले उसे सीखें और फिर उसमें पारंगत हो जाएं।

आपके बिज़नेस की बढ़त आपके निजी वृद्धि के सीधे आनुपातिक होगी। कभी-कभी कुछ लोगों को बहुत जल्दी बड़ी सफलता मिल जाती है पर अगर वो अपने चरित्र एवं क्षमताओं को विकसित नहीं करते, तो उनका बिज़नेस बंद हो जाता है। भगवान भी आपके सपनों को तभी साकार करेंगे, अगर आप यह साबित करेंगे कि आप उस लायक़ हैं और ये आप तब साबित कर पाएंगे जब कुछ सालों तक लगातार आप हर दिन सिस्टम के अनुसार काम करेंगे।

इसलिए नेटवर्क मार्केटिंग बड़े सपनों के साथ कीजिए एवं समर्पित हो जाइए कि आप उसे तब तक नहीं छोड़ेंगे, जब तक आपका दृष्टिकोण एक सच्चाई बनकर सबके सामने ना आ जाए।

चैंपियन्स, किसी रिंग में नहीं बनते, उन्हें वहां सिर्फ़ पहचान मिलती है।

– जॉन सी. मैक्सवेल

एक वृक्ष के बढ़ने में पौधे के उगने से काफ़ी लंबा समय लगता है

वर्ष 2008 में मैंने हरियाणा (भारत) के एक नए शहर से अपना बिज़नेस शुरू किया था, जहां मुझे मेरे घर से क़रीब 5 घंटे गाड़ी चला कर पहुंचना होता था। हमारी कंपनी का वहाँ अपना कोई स्टोर नहीं था, इसलिए उन उत्पादों को मुझे हर हफ़्ते मेरी कार में ही लेकर जाना पड़ता था। मैं एक ड्राइवर भी नहीं रख सकता था और अपना मुंह धोते-धोते और रास्ते में चाय पीते हुए देर रात पहुंचता था। पहले 13 महीने तो मेरे आने-जाने और रुकने का ख़र्च उस टीम से मिलने वाली कमाई से कहीं ज़्यादा था। क़रीब 2 साल तक मैं उस शहर में क़रीब 105 हफ़्ते लगातार बिना किसी छुट्टी के जाता रहा और फिर वह शहर मेरे बिज़नेस का सबसे बड़ा सेंटर बन गया।

4. प्रोग्राम हमारी जीवन रेखा हैं

प्रोग्राम नंबर हमारे ब्लड टेस्ट की रिपोर्ट की तरह हैं। मुझे यह पूछने की ज़रूरत ही नहीं है कि आपका बिज़नेस कैसे चल रहा है? आप अपने पिछले तीन महीने के प्रोग्राम नंबर्स दिखाओ और मैं आपको इस बिज़नेस में आपकी मौजूदा स्थिति एवं इसका भविष्य बता दूंगा।

– दीपक बजाज

चाहे कोई राजनीतिक पार्टी हो या कोई समाजसेवी संस्था या फिर कोई प्राइवेट कॉरपोरेशन, किसी भी संस्थान में कार्य करने व आगे बढ़ने के लिए टीम का हमेशा मिलते रहना ज़रूरी है। नौकरी के लिए किसी भी ऑफ़िस में लोग सप्ताह में 5-6 दिन रोज़ 8-12 घंटे साथ में काम करते हैं। चूंकि हम नेटवर्क मार्केटर्स ऑफ़िस से काम नहीं करते, इसलिए हमें प्रोग्राम/इवेंट्स चाहिए होते हैं ताकि हमारी टीम के सारे लोग नियमित तौर पर मिलते रहें। इससे सारी टीम को एक लक्ष्य या मिशन मिलता है और सबका मनोबल बढ़ता रहता है। प्रोग्राम इस बिज़नेस की जीवन रेखा हैं। नेटवर्क मार्केटिंग बिज़नेस सिर्फ़ प्रोग्राम से चलता है। नेटवर्क मार्केटिंग में प्रोग्राम तो बहुत सारे होते हैं लेकिन वो मूलतः दो श्रेणियों में आते हैं :

1. बड़े इवेंट्स जिसमें 500 से ज़्यादा लोग आते हैं : वे होटलों, ऑडिटोरियम या स्टेडियम में आयोजित किए जाते हैं। इस प्रोग्राम में ट्रेनिंग, अपने अनुभवों को बांटना, पुरस्कार वितरण समारोह आदि या इस सूची में वर्णित दो या उससे अधिक चीज़ें साथ में हो सकती हैं। साधारणतः ये बड़े इवेंट्स होते हैं जिसमें बहुत सारा उत्साह एवं ऊर्जा समाहित होती है।
2. ट्रेनिंग प्रोग्राम या वर्कशॉप : छोटे इवेंट्स जो ख़ास कर डिस्ट्रिब्यूटर्स के कौशल निर्माण पर केंद्रित होते हैं जैसे कि प्रोडक्ट ट्रेनिंग, बेचने की कला, स्टेज प्रदर्शन आदि।

जब मैं इस पुस्तक में प्रोग्राम शब्द का इस्तेमाल करता हूं, तो मैं आम तौर पर यह पहली तरह के इवेंट्स की ही बात करता हूँ।

मैंने ऐसा अनुभव किया है कि जब हम नेटवर्क मार्केटिंग के अवसर को अपने ऑफ़िस या घर के लोगों के साथ बांटते हैं तो हर कोई हमारे साथ काम करने का इच्छुक होता है, पर उनकी कुछ चिंताएं होती हैं जैसे कि क्या यह बिज़नेस सच में काम करता है? क्या यह सचमुच में एक बिज़नेस है? क्या सच में लोग पैसा कमा रहे हैं और

अपने सपनों को पूरा कर रहे हैं? क्या कुछ ही प्रकार के लोग इसमें सफल हो रहे हैं या हर कोई सफल हो रहा है? क्या मैं भी इस बिज़नेस में सफल हो पाऊंगा? इत्यादि।

आप वहीं पर इन सारे प्रश्नों का सही तरीक़े से जवाब दे सकते हैं, पर वहां मौजूद लोग आप पर पूरी तरह से भरोसा नहीं करेंगें। उनके प्रश्नों के सही जवाब आप लोगो को प्रोग्राम में शामिल करवा कर, स्वयं दिखाकर ही दे सकते हैं। यह ऐसा ही है जैसे अगर आप किसी को पानी की शक्ति के बारे में बताना चाहते हैं, तो आपको उसे समुद्र के किनारे ले जाना पड़ेगा। किसी के ड्रॉइंग रूम में बैठकर पानी के ग्लास को दिखाकर, पानी की असीमित क्षमताओं के बारे में बताना असंभव है। एक ग्लास पानी लेकर आप किसी को सुनामी के बारे में समझा नहीं सकते। जो काम कुछ घंटों का प्रोग्राम कर सकता है, वह एक आपसी बातचीत या किसी छोटे ग्रुप मीटिंग से संभव नहीं। मुझसे किए गए सारे सवालों का मैं सिर्फ़ एक जवाब देता हूँ, "आप प्रोग्राम में शामिल क्यों नहीं होते और अपने-आप जान लेते।" उनके जवाब से मुझे प्रश्न की प्रामाणिकता का पता चलता है और इससे प्रश्नकर्ता के मन में उठ रही रुचि भी ज़ाहिर होती है। हर बार जब लोग कार्यक्रम में आने के लिए राज़ी हो जाते हैं तो मेरा काफ़ी समय बचता है।

> *अगर आप किसी भी मार्केटिंग लीडर से पूछेंगे कि आपने कहां से यह बिज़नेस करने के बारे में गंभीरता से सोचा, तो उनमें से अधिकांशतः किसी एक प्रोग्राम के बारे में कहेंगे कि उस प्रोग्राम ने उनकी ज़िंदगी पूरी तरह से बदलकर रख दी।*
>
> **– दीपक बजाज**

चूंकि नेटवर्क मार्केटिंग में डिस्ट्रिब्यूटर्स अपने टॉप लीडर तक आसानी से पहुंच सकते हैं, इसलिए वह कभी कभी सारे सिस्टम को किनारे रखकर इस सोच के साथ अपनी टीम से टॉप लीडरों की एक व्यक्तिगत मुलाक़ात करवा देते हैं कि शायद ये प्रोग्राम की जगह काम करेगी। यह एक ग़लत सोच है। प्रोग्राम का कोई विकल्प नहीं है। एक अच्छे से अच्छे लीडर को भी अपनी पूरी क्षमता दिखाने के लिए एक कार्यक्रम का मंच एवं ऊर्जा चाहिए होती है। एक प्रोग्राम स्टेज से जो एक लीडर कर सकता है, वह किसी होम मीटिंग या फिर से लोगों की एक मीटिंग से कहीं ज़्यादा है।

इसे थर्मामीटर बनाम थर्मोस्टेट के सिद्धांत से समझा जा सकता है। इस बिज़नेस के लीडर थर्मामीटर और प्रोग्राम थर्मोस्टेट की तरह काम करते हैं। जिस तरह थर्मामीटर आपको सिर्फ़ तापमान बता सकता है पर उसे बदल नहीं सकता, उसी तरह एक लीडर भी सिर्फ़ आपको यह बता सकता है कि सामने बैठे व्यक्ति में एक बड़े बिज़नेस को चलाने के लिए आवश्यक ललक एवं प्रतिबद्धता है या नहीं। एक लीडर कितना भी प्रभावशाली और ताक़तवर क्यों न हो, वह एक छोटी मीटिंग के दौरान किसी व्यक्ति के भीतर की आग एवं जुनून को बदल नहीं सकता। पर एक प्रोग्राम एक थर्मोस्टेट की तरह

है, यह असल में व्यक्ति के अंदर की इच्छा, दृष्टिकोण एवं प्रतिबद्धता को बढ़ा देता है। मेरी टीम में जितने भी बड़े लीडर हैं, मुझे वह सब किसी न किसी प्रोग्राम से ही मिले हैं।

एक प्रोग्राम आपकी और आपके डिस्ट्रीब्यूटर की ज़िंदगी हमेशा के लिए बदल देगा, पर किसी को यह नहीं पता कि ऐसा किस प्रोग्राम में होगा। इसलिए हर प्रोग्राम में ज़्यादा से ज़्यादा डिस्ट्रिब्यूटर्स को लेकर जाएँ।

– दीपक बजाज

प्रोग्राम में वह ताक़त होती है जो आपकी धारणाओं को बदल सकती है

लोग अपने विश्वास के अनुसार परफ़ॉर्म करते हैं, और प्रोग्राम ग़लत अवधारणाओं को ध्वस्त करने में समय नहीं लगाते और साथ ही नई सशक्त धारणा बनाते हैं। जब आप एक छत के नीचे एक साथ 1000-2000 लोगों को देखते हैं जिन्होंने इवेंट के लिए टिकट ख़रीदे हैं, जो प्रोफ़ेशनल तरीक़े से तैयार होकर आए हैं, और जिनके अंदर ऐसी ऊर्जा, उत्साह एवं सकारात्मकता है जो हमने पहले कभी नहीं देखी तो हमारे सारे पुराने पूर्वाग्रह टूट जाते हैं और आप एक नए उत्साह एवं धारणाओं के साथ नज़र आते हैं। एक प्रोग्राम लोगों के बीच मुख्यतः तीन नई धारणाओं को स्थापित कर सकता है :

1. जब आप हज़ारों लोगों को एक इवेंट के लिए जमा हुआ पाते हैं, तो इतना तो विश्वास हो ही जाता है कि सिर्फ़ एक या दो आदमी यह काम नहीं कर रहे, सारा शहर इस बिज़नेस को करने के लिए जमा है। जो कंपनी कुछ दिन पहले तक कहीं मौजूद ही नहीं थी, वह अचानक से शहर की एक प्रसिद्ध कंपनी जैसी नज़र आती है। एक बात तो उनके दिमाग़ में बैठ जाती है कि, चाहे वह इस बिज़नेस को करें या न करें, **यह बिज़नेस तो अब बढ़कर ही रहेगा और अपने शहर में ज़रूर फलेगा-फूलेगा।**

   जब नए लोग मंच से बहुत सारे लोगों के जीवन के सच्चे अनुभव सुनते हैं, वह अपने भीतर यह विश्वास उत्पन्न करते हैं कि हर आदमी एक ख़ास तरह के संघर्ष एवं निराशा से होकर गुज़रता है। हर आदमी थोड़े-से शुरुआत करता है। हर किसी को शंका होती है, पर हर विजेता किसी एक दिन अपने डर, संघर्षों, अस्वीकृति या निराशा पर विजय पा लेता है और विजेता बन जाता है। उन्हें यह विश्वास होता है कि अगर वह हार नहीं मानेंगे, तो एक दिन वह विजेता जरूर बन जाएंगे। वे ऐसे कई प्रमाण देखते हैं जिसमें हर इंसान अपनी कमज़ोरियों से जीत कर ही लीडर बनता है। इसके अलावा विश्वास बढ़ाने के लिए एक और बात यह है कि वो अब उन सभी विजेताओं को जानते हैं और मंच पर आए सभी लीडर उनकी मदद करने के लिए भी हमेशा तैयार हैं। ये विजेता उन्हें वे सारी बातें बताएंगे जिससे वो लोग भी विजेता बन कर स्टेज पर आ सकते है।

2. जब वह अलग-अलग उम्र, लिंग, वित्तीय पृष्ठभूमि, स्थान, शैक्षणिक योग्यता,

प्रोफ़ेशनल डिग्री वाले विजेताओं को स्टेज पर खड़ा देखते हैं तो उन्हें यह भरोसा होने लगता है हर श्रेणी के लोग इस बिज़नेस में बराबर कामयाब हो रहे हैं। उनके भीतर भी यह विश्वास आने लगता है कि अगर इतने सारे लोग कर सकते हैं, तो मैं भी कर सकता हूँ।

एक बार जब प्रोग्राम ख़त्म हो जाए, तो लोगों की राय पर इस बात का आकलन मत कीजिए कि प्रोग्राम अच्छा रहा या बुरा। लोगों की राय लेकर अगली बार प्रोग्राम को और बेहतर किया जा सकता है, पर इससे इवेंट के प्रभाव को समझा नहीं जा सकता और न ही इससे कोई दीर्घकालिक प्रभाव पड़ने वाला है। मेरे अनुसार, एक प्रोग्राम विश्वास पैदा करता है और इससे लोग स्वयं व बिज़नेस के प्रति सशक्त बनते हैं। विभिन्न व्यक्तियों के लिए प्रोग्राम अलग अलग तरीक़े से अपना काम करता है। हमें यह तो नहीं पता कि यह प्रोग्राम किस के साथ कैसा काम करेगा, पर सभी लोगों को इससे ज़रूर प्रभाव पड़ता है। इसके परिणाम कुछ ही हफ़्तों या कुछ महीनों में दिखने लगते हैं।

अगर आपके इस प्रश्न का उत्तर 'हां' है, तो आप दुनिया के किसी भी कोने में हों, आपका उत्पाद लाइन और इनकम प्लान कुछ भी हो, आप इस बिज़नेस में बहुत ज़्यादा सफल होंगे - ***"क्या आपकी संख्या प्रोग्राम से प्रोग्राम बढ़ रही है? क्या इस प्रोग्राम में पिछले प्रोग्राम से आपके ज़्यादा लोग आए थे ?"***

यह एक पैमाना है और यह एक सटीक मापदंड है। इस बिज़नेस में इस एक चीज़ को आपको सबसे ज़्यादा गंभीरता से लेना चाहिए - प्रोग्राम में आपकी टीम के नंबर।

जब लोहा गरम हो, तभी वार करना चाहिए : जैसे ही आपको पता चले कि अगले 4-6 हफ़्ते में कोई बड़ा प्रोग्राम आने वाला है तो उस समय आपको काफ़ी मेहनत करनी चाहिए। ऐसे काम करें जैसे आपके नेटवर्क मार्केटिंग बिज़नेस का पीक सीजन हो। ज़्यादा से ज़्यादा लोगों को बिज़नेस में शुरू करवाइए। एक रिक्रूटमेंट ड्राइव (भर्ती अभियान) तैयार कीजिए और यह सुनिश्चित कीजिए कि आपकी टीम में सब अपनी लिस्ट पर काम कर रहें हैं। साथ साथ, इस प्रोग्राम को प्रमोट करने के लिए अपनी टीम में छोटे-छोटे इवेंट्स कीजिए। आपकी पूरी टीम इस प्रोग्राम को प्रमोट करनी चाहिए। आपके पास सारे प्रोग्राम प्रमोशन टूल्स हमेशा होने चाहिए जैसे वीडियो, ब्रॉशर, आदि। अपने प्रोग्राम के बारे में जहां जितना कह सकते हैं, कहिए। जल्द से जल्द प्रोग्राम की टिकट बेचने शुरू कर दीजिए। सिर्फ़ अगले प्रोग्राम के बारे में ही बात करिए। आपको एक बार में एक ही इवेंट प्रमोट करना चाहिए।

इवेंट के प्रमोशन के लिए किसी विशेष तकनीक की ज़रूरत नहीं है। अगर आपको सच में लगता है कि यह प्रोग्राम आपकी और उन सारे लोगों की ज़िंदगी बदल सकता है जो इसमें भाग लेंगे, तो आपकी बातों में वह उत्साह एवं दृढ़ विश्वास अपने आप चमक उठेगा और यह आपके हावभाव से पता लग जाएगा। आप हमेशा झूठ

नहीं बोल सकते। सब लोग झूठ पकड़ लेंगे। ज़्यादा से ज़्यादा लोगों के बीच पहुंचने की कोशिश करें और अधिकतम लोगों को व्यक्तिगत रूप से आमंत्रण दें। यही वह समय है जब पुराने डिस्ट्रिब्यूटर्स से फिर से संबंध बनाए जा सकते हैं। अपनी लिस्ट निकले और जितने लोगों को बुला सकते हैं, बुला लें। प्रोग्राम कभी छोटा या बड़ा नहीं होता, स्पेशल या रेगुलर नहीं होता, आपका प्रमोशन उसे बड़ा या स्पेशल बनाता है। आप उसे कैसे देखते हैं, आप उस विश्वास को लोगों तक कैसे पहुंचाते हैं, आप कैसे लोगों तक इस प्रोग्राम को प्रमोट करते हैं उससे यह प्रोग्राम बड़ा या छोटा बनता है। हर प्रोग्राम को लाइफ़ चेंजिंग इवेंट की तरह लें। हर प्रोग्राम के लिए अपनी ताक़त लगा दे और फिर आप बिज़नेस में तेज़ी से बढ़ेंगे और बड़े रैंक को प्राप्त करेंगे।

यह याद रखें कि जब आप किसी को एक घंटे के लिए बुलाते हैं तो 20 और लोग/चीज़ें उन्हें उसी घंटे के लिए पूछ रहे होते हैं। आपका निमंत्रण इतना मजबूत होना चाहिए कि वो बाक़ी सारे 20 निमंत्रणों पर भारी पड़े। याद रखिए सूचना देना और निमंत्रण दो अलग चीज़ें हैं। अधिकांश लोग सोचते हैं कि उन्होंने दूसरों को निमंत्रण दिया है, पर वह साधारणतः लोगों को सिर्फ़ सूचना दे रहे होते हैं। वाट्स एप, सोशल मीडिया, एसएमएस आदि पर मैसेज फ़ॉरवर्ड करना मात्र संदेश भेजना है। निमंत्रण हमेशा निजी एवं प्रेरक होना चाहिए। आपको अपने विशेष इवेंट के लिए लोगों को आमंत्रित करने के लिए उनके पास लगातार जाना भी पड़ सकता है।

अपनी कंपनी में सबसे ऊपर के रैंक पर पहुंचने के लिए सबसे ज़रूरी कौशल है लोगों को प्रोग्राम में लाने की आपकी क्षमता।

– दीपक बजाज

अपनी टीम के लिए बेहतरीन प्रोग्राम बनाने के लिए और अपने विकास की रफ़्तार बढ़ाने वाले प्रोग्राम्स के बारे में जानने के लिए आप हमारी वेबसाइट विज़िट कर सकते हैं – www.deepakbajaj.biz

एक प्रोग्राम आपके महीनों के कठिन परिश्रम को बचा सकता है

मुझे यह बिज़नेस मई 2006 में शुरू करने के लिए कहा गया था पर मैंने इसे जून 2007 में शुरू किया। आप इस देरी के लिए मेरी डिग्री, सेलरी, स्टेट्स, ईगो या नादानी को ज़िम्मेदार मान सकते हैं। मैं इस दौरान कई अच्छे लीडरों से भी मिला, पर मैंने इस बिज़नेस की शुरुआत जून 2007 में हिमाचल प्रदेश के मंडी में एक प्रोग्राम में शामिल होने के बाद ही की। मैं तो वहां ऐसे ही प्रोग्राम देखने गया था पर वहां लोगों की उपलब्धियां देखकर मैं हैरान रह गया। इस इवेंट ने मुझ पर जैसे कोई जादू कर दिया और मैंने उसी दिन वहां हस्ताक्षर किए और उत्तर भारत में अपनी कंपनी का सबसे तेज़ एचीवर बन गया। मैं आज भी उन बर्बाद किए हुए 13 महीनों को लेकर पछताता हूं, यह समय भी नष्ट नहीं होता अगर मैं पहले किसी प्रोग्राम में शामिल हो जाता। पर इसी इवेंट से मुझे 4 अच्छे दोस्त भी मिले - जैरो के जेम्स, आशीष मैथ्यू, डॉ. एआर मोहिते और डॉ. शिव गौतम।

5. बिज़नेस की नाड़ी : संख्याएं (नंबर) और अनुपात

जिस चीज़ की मॉनिटरिंग की जाती है, वह सुधर जाती है।

साधारणतः नेटवर्क मार्केटिंग एक नंबर गेम है। इस बिज़नेस के बारे में जो बात मैं सबसे ज़्यादा पसंद करता हूं वह है पूर्वानुमान। हर तरीक़े से, धरती पर किया जाने वाला यह सबसे सरल बिज़नेस है, क्योंकि कुछ ही नंबरों को ध्यान में रखकर आप अपने पूरे बिज़नेस को संभाल सकते हैं। इसके लिए बहुत सरल नियम हैं।

आपके बिज़नेस के मुख्य नंबर क्या हैं?

✓ आपकी प्रॉस्पेक्ट लिस्ट में कितने नाम हैं?

✓ हर सप्ताह आप अपनी प्रॉस्पेक्ट लिस्ट में कितने नए नाम जोड़ रहे हैं?

✓ हर सप्ताह कितने नए प्रॉस्पेक्ट आपके बिज़नेस प्रेजेंटेशन में आते हैं?

✓ आपकी टीम में प्रति सप्ताह कितनी होम मीटिंग हो रही हैं?

✓ इस महीने के लिए आपने कितने नए रैंक/पिन अचीवर्स प्लान किए हैं?

✓ इस महीने आपकी टीम में कितनी प्रोडक्ट ट्रेनिंग वर्कशॉप हो रही हैं, और कितने लोग इसमें शामिल हो रहे हैं?

✓ आपकी टीम में कितने लोगों को लगातार साप्ताहिक/मासिक आय मिल रही है?

✓ आपकी टीम में कितने लोग फुल टाइमर हैं और आप कितने लोगों को इस माह में फुल टाइमर बनाने की सोच रहे हैं?

✓ आपकी टीम में कितने डिस्ट्रिब्यूटर्स हर दिन प्लान दिखाते हैं?

अगर आप अपने नंबर जानते हैं और अगर उन नंबरों पर काम करके उन्हें सुधारने की कोशिश करते हैं, तो आप अवश्य ही एक स्थिर एवं विकासशील बिज़नेस की ओर बढ़ रहे हैं।

मैंने लोगों को कहानियां सुनाते हुए देखा है कि किस तरह वह रोज़ कड़ी मेहनत और त्याग करते हैं, पर जब आप उन्हें उन नंबरों को काग़ज़ में लिखने को कहते हैं, तो एक अलग ही सच्चाई सामने आती है। कई लोग आपको बताएंगे कि वे कितनी मेहनत कर रहे हैं, पर उन्हें सही रिज़ल्ट नहीं मिल रहे। आप उनके नंबरों को काग़ज़ पर लिखने को कहेंगे तो यह मालूम होगा कि समस्या रिज़ल्ट में नहीं है, बल्कि काम ही कम हो रहा है। मैंने इस बिज़नेस के अपने लंबे करियर में यह सीखा है कि किसी भी

व्यक्ति को बातों से मत आंको, उनसे नंबर्स से आंको। उनसे कभी भी यह नहीं पूछो कि उनका बिज़नेस कैसे चल रहा है सिर्फ़ उनके नंबर पूछिए।

इससे दो मुख्य लाभ होंगे।

1. जो चर्चा होगी वह विकास पर होगी न कि व्यक्ति केंद्रित, और
2. किसी प्रकार का कोई दोषारोपण या आलोचना नहीं होगी, नंबर स्वयं आईना दिखाएंगे। नंबर एकदम सही तसवीर दिखाते हैं।

नंबर ना सिर्फ़ टीम की समीक्षा करने के लिए अच्छे होते हैं, बल्कि इससे हम ख़ुद की समीक्षा भी कर सकते हैं और अपने आप को सुधार सकते हैं।

अनुपात

हम नंबर के बिज़नेस में हैं, विभिन्न संख्याओं के बीच के संबंधों को अनुपात कहते हैं। अनुपात दो विभिन्न संख्याओं के बीच के संबंधों को इस तरह परिभाषित करते हैं कि अगर आप अनुपात में एक नंबर को बदल देते हैं, तो दूसरा नंबर उसी अनुपात में अपने आप बदल जाता है। अनुपात आपकी सफलता के लिए रोडमैप तैयार करते हैं। हमें अनुपात के तीन पहलुओं को समझना होगा।

अपने अनुपातों को समझो, अपने अनुपातों के अनुसार काम करो और अपने अनुपातों को सुधारो।

अपने अनुपात को समझें

अगर आप अपने नंबर एवं अनुपात पर नज़र बनाकर रखते हैं, तो आप यह महसूस करेंगे कि इस बिज़नेस में आपकी सफलता और असफलता नंबर के अलावा किसी अन्य चीज़ पर टिकी नहीं है। वास्तव में आपकी सफलता बहुत हद तक आपकी बेचने की क्षमता पर नहीं टिकी है, यह आपके समय प्रबंधन कौशल पर टिकी है, जिससे आप ज़्यादा से ज़्यादा प्रेज़ेंटेशन दिखा सकते है।

> *सफलता एक खेल है – आप जितनी ज़्यादा बार खेलेंगे, उतनी ज़्यादा बार जीतेंगे और जितनी ज़्यादा बार आप जीतेंगे, आप खेल को उतने सफल तरीक़े से खेलेंगे।*
>
> **– एलन पीज़**

नेटवर्क मार्केटिंग के बिज़नेस में हमारे दो महत्त्वपूर्ण काम हैं :

1. लोग बिज़नेस को शुरू करें।
2. लोग बिज़नेस में लगन से काम करें।

चूंकि आपने यह निर्णय लिया है कि आप इस बिज़नेस को करेंगे, तो आपको अपने

बिज़नेस में इन दो प्रक्रियाओं के लिए बुनियादी अनुपात को समझना होगा।

पहले के लिए, **मैंने भर्ती अनुपात (Recruitment Ratio) देखा है - 10:7:2**

अगर आप 10 लोगों को फ़ोन करके मीटिंग रखते हैं तो आप वास्तव में 7 ही मीटिंग कर पाएंगे और उसमें से 2 लोग आपके साथ बिज़नेस शुरू करेंगे या आपके प्रॉडक्ट्स ख़रीदेंगे।

दूसरी प्रक्रिया के लिए **गतिविधि अनुपात (Activity Ratio) है - 10:5:2:1**

10 डिस्ट्रिब्यूटर्स जो आपके साथ काम शुरू करते हैं, उनमें से 5 किसी ट्रेनिंग प्रोग्राम में आएंगे, 2 प्रोडक्ट उपभोक्ता बन जाएंगे और 1 आपके साथ सही ढंग से बिज़नेस शुरू करेगा।

ये अनुपात एक औसत अनुपात है, जो पिछले 11 सालों के हज़ारों लोगों के साथ काम करने के मेरे तजुर्बे से बने हैं, पर अनुपात हमेशा व्यक्ति पर निर्भर करते हैं।

अनुपात के अनुसार काम करें

हम लोग नंबर के बिज़नेस में हैं और नंबर झूठ नहीं बोलते।

- दीपक बजाज

चूंकि हम इस बात को मानते हैं कि बिज़नेस की सफलता पूरी तरह से नंबर पर आधारित है, इसलिए हमारा सबसे बड़ा काम है कि नंबर के अनुसार काम करें। मुझे इस बात का अहसास तब हुआ, जब मेरे एक सहयोगी ने मुझसे एक सवाल पूछा, "मैं 10 लोगों को प्लान दिखाता हूं तो सिर्फ़ एक ही मेरे साथ बिज़नेस शुरू करता है। अब मुझे क्या करना चाहिए?" मैंने उससे पूछा कि उसे क्या चाहिए? उसने कहा कि वो चाहता है कि 10 लोग उसके साथ बिज़नेस शुरू करें। मैंने जवाब दिया - "तो 100 लोगों को प्लान दिखाओ, 10 तुम्हारे साथ बिज़नेस शुरू कर लेंगे।" अनुपात में बहुत शक्ति होती है और नंबर झूठ नहीं बोलते।

अनुपात से मैंने सीखा कि अनुपात में हर गतिविधि ज़रूरी है और लाभ देती है।

अगर आपको हर एक सेल करने से 1000 रुपये मिलते हैं और आपका अनुपात 10:7:2 है तो आप अपनी आय को इस प्रकार देख सकते हैं :

2 सेल से आपकी आय = 2000 रु.

1 सेल से आय = 1000 रु.

1 मीटिंग से आय = 286 रु. (2000/7)

1 फोन क़ॉल से आय = 200 रु. (2000/10)

इस अनुपात में आपके अपने कोई भी नंबर हो सकते हैं, पर जब आप इस अनुपात के अनुसार काम करते हैं तो आपको यह विश्वास है कि हर फ़ोन कॉल और हर

मीटिंग से आपको इनकम होती है, चाहे वह सेल में परिवर्तित हो अथवा नहीं। सोच के देखिए, अगर आप इस सोच से काम करेंगे तो आपके चेहरे पर हमेशा मुस्कराहट रहेगी। आपकी आय हमेशा सिर्फ़ सेल पर आधारित नहीं होती, पर मीटिंग करने व फ़ोन करने पर भी आधारित होती ही है। इसलिए आपका मुख्य काम ज़्यादा से ज़्यादा मीटिंग करना है।

> *फ़ोन कॉल करते रहें और मीटिंग्स करते रहें। आप इस दुनिया के सर्वश्रेष्ठ वक्ता या प्रेजेंटर हो सकते हैं, पर अगर आप ज़्यादा से ज़्यादा प्रेजेंटेशन्स नहीं देंगे, तो आप बिज़नेस से बाहर हो जाएंगे।*
>
> **– दीपक बजाज**

अपने अनुपातों को सुधारें

एक बार जब आप अनुपातों के अनुसार काम करना शुरू कर देते हैं, उसके बाद सबसे बुद्धिमान क़दम है स्वयं को एवं अपने नंबरों को सुधारना। अपने आपको बेहतर बनाइए, ऐसा कौशल विकसित ताकि जब आप 10 फ़ोन कॉल करें तो आप 10 मीटिंग कर पाए ना कि 7। क्यों ना हर 7 मीटिंग से 4 सेल करें ना कि 2। ऐसे नए तरीक़े खोजें जिससे आप रोज़ अपनी लिस्ट में और ज़्यादा लोगों को जोड़ सकें और हर दिन और ज़्यादा कॉल कर सकें।

दरअसल इस बिज़नेस में हमें बेचने की कोई दिक्कत नहीं होती, पर प्लानिंग की समस्या ज़रूर रहती है। नेटवर्क मार्केटिंग का बिज़नेस आने वाले दशकों तक तेज़ी से बढ़ेगा और वो लोग इसमें शीर्ष पर पहुंचेंगे जो ज़्यादा से ज़्यादा लोगों तक पहुचेंगे।

इस पूरी किताब का उद्देश्य आपको एवं आपकी टीम को मजबूत करना है, जिससे आप अपने नंबर सुधार सकें और कम समय में आपको अपार सफलता मिल सके। मेरी वेबसाइट www.deepakbajaj.biz में मौजूद टूल्स का ज़्यादा से ज़्यादा इस्तेमाल करें और मेरे लाइव ट्रेनिंग इवेंट – नेटवर्क मार्केटिंग मिलियनेयर्स एकेडमी में भाग लेकर नए टूल्स एवं नए तरीक़े सीखें और बड़ी सफलता के लिए अपने आपको तैयार करें।

अपने नंबर ट्रैक करें

नेटवर्क मार्केटिंग में सफलता के सिद्धांत खोजने के दौरान, मुझे अमेरिका के दो प्रमुख लीडरों से कमाल का ज्ञान प्राप्त हुआ - पॉल मिलर और एंजेलो नारदोने। मैंने यह जाना कि सही नंबरों से आपको बिज़नेस में पूरा कंट्रोल एवं ज़्यादा बढ़त मिलती है।

6. अपलाइन आपका सबसे अच्छा दोस्त है

इस बिज़नेस का सबसे बड़ा ख़ज़ाना वो पैसा नहीं है जो आप कमा रहे हैं पर वह दोस्त हैं जो आपके साथ हमेशा खड़े रहते हैं और जो आपको हर बार गिरने पर उठाते हैं।

– दीपक बजाज

आपका अपलाइन एक ऐसा इंसान है जो हमेशा आपके हित के बारे में सोचता है। अगर कोई ऐसा व्यक्ति है जो बिना शर्त आपकी मदद के लिए हमेशा तैयार है तो वह आपका अपलाइन ही है। वह एक ऐसा व्यक्ति है जो आपकी ग़लतियों पर आपको माफ़ करता है और आपके सपनों को पूरा करने के लिए आपके साथ खड़ा रहता है। अपलाइन आपका जिगरी दोस्त, पार्टनर, आपका शुभचिंतक और आपके बिज़नेस में आपका कोच है। अगर आपके पास एक अच्छा अपलाइन है तो समझो आप ने आधी जंग जीत ली।

अपने बिज़नेस में आप जिस व्यक्ति से सबसे पहले मिलते हैं, वह आपका अपलाइन है। वास्तव में आप उससे अपना बिज़नेस शुरू करने से पहले मिलते हैं। आपका अपलाइन वह व्यक्ति है जिसने आपके सपनों को उड़ान दी और आपको इस बिज़नेस को शुरू करने में मदद की। मैं कई बार सोचता हूं कि मेरे अपलाइन ने मेरे लिए जितना किया है उसके लिए कितने भी धन्यवाद कम हैं। मैं जब भी अपने अपलाइन के बारे में सोचता हूं, तो मेरा मन हमेशा उनके प्रति और भी कृतज्ञ हो जाता है।

नेटवर्क मार्केटिंग का बिज़नेस इस तरह से बनाया गया है कि लोगों का एक दूसरे की आगे बढ़ने में मदद करना इस बिज़नेस का आधारभूत सिद्धांत है। इस वजह से एक दूसरे के साथ मिलकर टीमवर्क में काम करना इस बिज़नेस की एक बड़ी ज़रूरत है और अपलाइन और डाउनलाइन हमेशा साथ मिलकर ही काम करते हैं। इस तरह साथ काम करते हुए अगर यह संबंध दोस्ती में परिवर्तित हो जाए तो यह आपके लिए सबसे अच्छी बात होगी और यह आपके बिज़नेस को 10 गुणा बढ़ा देगी।

अपने एक्टिव एवं आगे बढ़ने वाले अपलाइन पर भरोसा करें। अपने अपलाइन से हमेशा जुड़े रहें। उनके साथ हमेशा बात करें। जहां आपके अपलाइन की ज़रूरत हो, वहां उनका इस्तेमाल करें, पर उनका दुरुपयोग नहीं करें। उन्हें वह इज़्ज़त दें, जिसके वह हक़दार हैं और हर प्लेटफ़ॉर्म पर अपने अपलाइन से सीखें भी। यह आपकी टीम के लिए अच्छा उदाहरण पेश करेगा। जब आपकी टीम देखेगी कि आप अपने अपलाइन का अनुकरण कर रहे हैं, तो वह भी आपसे सीखने लगेगी। अपलाइन आपकी सोच से भी ज़्यादा आपको बहुत सारे तरीक़ों से मदद करते हैं। अपने अपलाइन का किस तरह

इस्तेमाल करना है, यह भी एक कला है, आप उस कला के माहिर हो जाइए। आपका अपलाइन आपका सबसे बड़ा संसाधन है, उसका समझदारी से इस्तेमाल कीजिए।

यह एक विडंबना ही है कि कुछ लोग जो एक ख़ास रैंक या आय पा लेने के बाद, अपने अपलाइन से सीखना बंद कर देते हैं और उनके उस योगदान को भूल जाते हैं, जो उन्होंने उस व्यक्ति को इस रैंक एवं आय पर पहुंचाने के लिए दिया था। कुछ तो घमंडी भी हो जाते हैं और अपने अपलाइन की आलोचना करने लगते हैं। आप अपने अपलाइन की निंदा कर सकते हैं, पर जिस समय आपको मदद की ज़रूरत होगी, आपकी टीम का मनोबल बढ़ाने के लिए आप उस व्यक्ति को कैसे लाएंगे, जिसकी आप ख़ुद निंदा करते हैं। इस बिज़नेस में मेरे कई सालों के अनुभव से मैं बता सकता हूं कि मैंने ऐसे कई अनुभव देखे हैं, जब ऐसी स्थिति आती है जब आपको अपने अपलाइन की आवश्यकता होती है जिससे वह आपकी टीम की स्थिति को ठीक कर सके। हमारा बिज़नेस बहुत अनोखा है और आप चाहें जितने भी स्मार्ट क्यों न हों, कुछ चीज़ें सिर्फ़ आपके अपलाइन की मदद से ही बहुत आसानी से और बहुत जल्दी संभाली जा सकती हैं।

जब तक आपको स्वयं पर विश्वास नहीं है, तब तक अपने अपलाइन के आप पर विश्वास के साथ आगे बढ़ें।

आप एवं आपके अपलाइन मिलकर एक विजेता टीम बन सकते हैं, आप दोनों मिलकर आपकी टीम को एक सही दिशा और सही गति दे सकते हैं।

सिर्फ़ एक अच्छे अपलाइन को ही मत खोजो, अपनी टीम के लिए एक अच्छे अपलाइन भी बनो।

– दीपक बजाज

एक अपलाइन आपके लक्ष्यों को बढ़ा सकता है

मेरे एक सहकर्मी चिंतन अरोड़ा ने एक हफ़्ते में 3.5 लाख रुपये कमाने के अपने सपने को पूरा किया। मेरे साथ सभी ने उसे बधाई दी। असल में यह एक बड़ी कामयाबी थी। जब चिंतन ने हमारे साथ बिज़नेस शुरू किया था तो यह उसके लिए पूरे साल की कमाई थी। उसने हमारे साथ पिछले कुछ ही सालों में अपनी आमदनी को 50 गुणा बढ़ाया है। अगले हफ़्ते मैंने चिंतन से पूछा, "तुम प्रति सप्ताह 4 लाख की आय कब पार करने वाले हो?" उसने तुरंत कहा, "दीपक सर, मैं आपसे बहुत प्यार करता हूं। हम सब इसलिए बढ़ पा रहे हैं क्योंकि आप हमें आगे बढ़ने के लिए प्रेरित करते रहते हैं और हमारे लक्ष्य को आगे बढ़ाते रहते हैं।" कभी-कभी आपको एक प्रेरणा की ज़रूरत होती है और आपके अपलाइन आपके लिए वह कर सकते हैं।

7. परामर्श की शक्ति

परामर्श असाधारण सफलता की कुंजी है।

– माइक मर्डाक

चाहे वह कोई खिलाड़ी हो, व्यवसायी हो या कोई राजनीतिज्ञ, किसी भी क्षेत्र में हर व्यक्ति के पीछे उसका कोई एक कोच या गुरु ज़रूर होता है। असल में हर सफल व्यक्ति यह सलाह ज़रूर देता है कि "एक कोच के साथ काम करें" यह इसलिए कि अगर आपके पास एक कोच है, जो आपको सलाह दे रहा है और आप पर नज़र रखे हुए है तो आप अपने लक्ष्य तक कई गुणा जल्दी पहुंच सकते हैं। *मरियम वेबस्टर डिक्शनरी* के अनुसार परामर्शदाता एक विश्वसनीय गाइड एवं गुरु होता है। एक परामर्शदाता आपको कई तरीक़ों से मदद करता है, जैसे –

- ✓ आपके प्रश्नों एवं शंका का जवाब देना।
- ✓ आपका लक्ष्य निर्धारित करवाने में मदद करना।
- ✓ इस बारे में सलाह देना कि किस प्रकार काम किया जा सकता है और विपरीत परिस्थितियों से कैसे लड़ा जा सकता है।
- ✓ वह आपको भावनात्मक सहयोग एवं सलाह देता है।
- ✓ वह आपके साथ एक दोस्त एवं शुभचिंतक की तरह खड़ा रहता है।
- ✓ वह आपके अंदर ज़्यादा से ज़्यादा हासिल करने के लिए प्रेरित करता है।

बहुत सारे शोधकर्ताओं ने भी यह साबित किया है कि अगर आपके पास कोई अच्छा गुरु है तो आपके सफल होने की संभावना कई गुणा बढ़ जाती है। वैसे तो एक अच्छे कोच के साथ काम करने के लिए लाखों रुपये की फ़ीस देनी पड़ती है, पर नेटवर्क मार्केटिंग व्यवसाय में आपको किसी कोच के लिए लाखों रुपये ख़र्च करने नहीं पड़ते, आपका अपलाइन आपकी बढ़ोत्तरी के लिए एक अच्छा कोच बनकर आपको मंज़िल तक पहुंचाने के लिए आपके साथ कंधे से कंधा मिलाकर काम करता है और इसके लिए एक रुपया फ़ीस भी नहीं लेता।

एक गुरु वह होता है जो आपके भीतर की प्रतिभा एवं क्षमता को आपसे ज़्यादा आप में देखता है और उसे बाहर निकालने की कोशिश करता है।

– बॉब प्रॉक्टर

नेटवर्क मार्केटिंग में एक परामर्शदाता के साथ काम करना दो कारणों से बहुत ज़रूरी है :

1. नेटवर्क गार्केटिंग में ना कोई बॉस नहीं होता है और ना ही कोई बड़ा सेटअप या निवेश। आप ख़ुद अपने बॉस होते हैं और आपकी सफलता की सारी ज़िम्मेदारी आप पर ही होती है। लगभग हर कोई अपना व्यवसाय अंशकालिक व्यवसाय (पार्ट टाइम) के रूप में शुरू करता है और आपका परिवार एवं आपका मौजूदा व्यवसाय या नौकरी आपको व्यस्त रखते हैं। इन हालात में अगर आपके पास कोई गुरु है जो आपको कठिन परिस्थिति में, संघर्ष में, निराशा के समय में आपको सलाह दे, सहायता करे और प्रेरित करे तो आप जल्दी सफल हो सकते हैं।
2. नेटवर्क मार्केटिंग कोई भौतिकी या गणित जैसा विषय नहीं है, जहां सिर्फ़ किताबी ज्ञान का होना आवश्यक है, यह एक खेल या संगीत वाद्य सीखने जैसा है, जहां हमें किसी के समक्ष निरंतर अभ्यास करते रहना चाहिए। ऐसे समय में एक अच्छा गुरु ही, उस व्यक्ति की भूमिका अदा कर सकता है।

यह याद रखना चाहिए कि परामर्श देना एक ऐसा काम है, जिसकी हमेशा अनदेखी की गई है। क्योंकि नेटवर्क मार्केटिंग में परामर्श मुफ़्त में मिल जाता है, इसलिए हम उसे उतनी अहमियत नहीं देते। फिर भी आपको हमेशा एक गुरु की ज़रूरत होती है, ख़ासकर तब जब आपका व्यवसाय अच्छा नहीं चल रहा हो, या कुछ दिनों से रुका हुआ हो।

इसलिए अपने लिए एक सजग एवं विकासशील अपलाइन को खोजिए और उसे अपना गुरु बनाइए। अपने गुरु के प्रति पूर्णतः समर्पित हो जाएं और उनके साथ योजना बनाकर उस पर काम करें।

हर महान एचीवर एक महान गुरु से प्रेरित होता है।

– लैला गिफ़्ती अकिता

गुरु जादू कर सकते हैं

मैंने मेंटरशिप की शक्ति अमेरिका के दो बड़े लोगों से सीखी है जिन्हें मैं बहुत पसंद करता हूं – कांति गाला और शिवराम कुमार। उन्होंने हमेशा ही सही सिस्टम के साथ सही गुरुओं के समक्ष अपने को पूर्णतः समर्पित करना सिखाया है।

8. स्वामित्व एवं निपुणता

जो लोग अपने जीवन पर अपना स्वामित्व रखते हैं, उनके सफल होने की संभावना ज़्यादा होती हैं।

- ग्बैटिस्ट

अपने बिज़नेस पर स्वामित्व रखना आपकी पूर्णरूपेण एवं सबसे अहम ज़िम्मेदारी है। आप अपने बिज़नेस का स्वामित्व सही मायने में तब लेते हैं जब आप उसकी सफलता एवं असफलता के लिए दूसरों को दोषी ठहराना बंद कर देते हैं और अपना बिज़नेस चलाने के लिए आप किसी और का सहारा भी नहीं लेते। यही आपके बिज़नेस का पहला मंत्र है। अधिकांश लोग जो एक बड़ा बिज़नेस बनाने में असफल होते हैं, वह उसे कर्मचारी की सोच के साथ करते हैं, पर अगर आप असल में एक बड़ा बिज़नेस बनाना चाहते हैं, तो आपको स्वामित्व की सोच के साथ काम करना होगा और यह आपके बिज़नेस को काफ़ी आगे ले जाएगा।

जिन लोगों ने अपने नेटवर्क मार्केटिंग बिज़नेस में पूरी तरह से स्वामित्व स्थापित किया, उनके क्या लक्षण हैं?

- ✓ आप अपना प्रेज़ेंटेशन खुद दिखाते हैं।
- ✓ आप स्वयं मीटिंग्स का फ़ॉलो-अप कर सकते हैं और बिना किसी की मदद के आप अपनी सेल क्लोज कर सकते हैं।
- ✓ आपके कैलेंडर मीटिंग की अपॉइंटमेंट से भरे हैं।
- ✓ आप अपनी सफलता एवं असफलता के लिए दूसरे को ज़िम्मेदार या उन पर कोई आरोप नहीं लगाते।
- ✓ आप वो सब करते है जो बिज़नेस के लिए ज़रूरी है और कभी कभी उससे भी ज़्यादा।
- ✓ अपनी टीम के साथियों एवं मेहमानों के साथ आप प्रोग्राम में समय से पहले पहुंच जाते हैं।
- ✓ आप समस्याओं से भागते नहीं हैं, उनके साथ आगे बढ़ते हैं।
- ✓ निराशा या अस्वीकृति के लक्षण दिखने पर भागते नहीं हैं।
- ✓ अपने अपलाइन को नियमित रूप से कॉल करते हैं एवं उनसे सलाह एवं समाधान लेते रहते हैं।
- ✓ कार्यक्रमों के आयोजन में योगदान देते हैं, उसमें सिर्फ़ एक प्रतिभागी नहीं बनते।

✓ आपने अपने लक्ष्य लिख कर रखे हैं जिन्हें पूरा करने के लिए जो कर सकते हैं, आप वो सब आप करने के लिए प्रतिबद्ध हैं।

आपका बिज़नेस आपका अपना है न कि आपके अपलाइन या डाउनलाइन का। यह आपका सपना है और यह उसी दिन से शुरू हो जाता है, जिस दिन से आप यह निर्णय ले लेते हैं कि कुछ भी हो जाए आप बिज़नेस के जरिए अपने सपने को पूरा करेंगे।

बिज़नेस स्वामित्व के साथ शुरू होता है। स्वामित्व नहीं तो बिज़नेस नहीं। स्वामित्व दिया नहीं जाता, इसे लिया जाता है।

– दीपक बजाज

आपको अपने भीतर यह स्वामित्व लेना पड़ेगा कि आप खुद को लगातार सुधारते जाएंगे और जिस तरह के व्यक्ति आप बनना चाहते हैं, वैसे बनकर रहेंगे। इसके लिए आपको प्रोग्रामों में भाग लेना होगा और इस संबंध में बताई गई किताबों को ख़रीदकर पढ़ना होगा। बहुत सारे लोग यह सोचते हैं कि ट्रेनिंग प्रोग्राम एवं टूल्स एक तरह का ख़र्च हैं, पर असलियत यह है कि ये किसी तरह का कोई ख़र्च न होकर निवेश हैं, जो आप अपने विकास के लिए करते हैं। अपनी टीम को किताबों, कौशल व ट्रेनिंग प्रोग्राम के जरिए सशक्त बनाइए। बहुत बार आप अपनी किताब या टूल्स जब किसी को देते हैं तो वह वापस आपके पास नहीं आते, यह भी बिज़नेस का एक भाग है। आप अपनी ज़रूरत से ज़्यादा टूल्स ख़रीदें, आपको अपनी टीम के लिए भी उसकी ज़रूरत है। अगर आपको इसके जरिए हर महीने एक नया अच्छा डिस्ट्रिब्यूटर मिलता है, तो आपके पैसे वसूल हो जाएंगे। इसलिए अपने आप में और बिज़नेस में नियमित रूप से पुनर्निवेश करते रहें।

भगवान आपको एक बड़ी टीम तभी देंगे, जब आप उसके लिए तैयार होंगे।

– दीपक बजाज

तीन प्रकार के अपलाइन कभी न बनें - 1. पोस्टमैन अपलाइन - ये ग्रुपों में संदेश फ़ॉरवर्ड करते रहते हैं या सिर्फ़ सूचना देते रहते हैं। इनका मुख्यतः काम है वाट्स एप या मैसेंजर पर प्रोग्राम्स के लिए मैसेज भेजना 2. चियरलीडर अपलाइन - ये ताली बजाने के विशेषज्ञ हैं। इनका काम है सोशल मीडिया पर मोटिवेशनल मैसेज फ़ॉरवर्ड करना, वाट्स एप पर लोगों के लिए ताली बजाना या लोगों का मनोबल बढ़ाना, पर कभी अपना काम या अपनी उपलब्धि नहीं भेजना। 3. रिश्तेदार अपलाइन - ये रिश्तेदार की तरह सिर्फ़ प्रोग्राम में ही दिखाई देते हैं। वे अपनी टीम के साथ कभी काम नहीं करते। पूरे स्वामित्व के साथ अपनी टीम को बताएं कि आप उन्हें कैसा बनाना चाहते हैं। आपकी टीम आपकी कॉपी होगी। अपने आपको कॉपी करने लायक़ बनाएं।

आप जब भी कहीं अटक जाते हैं और आपका बिज़नेस धीमा चलता हुआ या रुका हुआ लगे, तैयार हो जाओ और बिज़नेस प्लान दिखाओ। पूरी शक्ति के साथ आगे बढ़कर कमान संभालो और बिज़नेस के बुनियादी काम तेज़ी से करो।

– दीपक बजाज

स्वामित्व और निपुणता साथ साथ चलते हैं। बिज़नेस का पूर्ण स्वामित्व लेने के लिए बिज़नेस की मूल बातों पर निपुणता हासिल करनी होगी। नेटवर्क मार्केटिंग बिज़नेस की मूल बातें बेहद सरल हैं इसलिए सभी इस बिज़नेस को सफलता से कर सकते हैं। सिर्फ़ ज़रूरत है 'बुनियादी गतिविधियों' को लगातार करने की – बिज़नेस प्लान दिखाना, सवालों एवं आपत्तियों को संभालना, फ़ॉलो अप करना, रजिस्ट्रेशन, प्रोडक्ट्स का विवरण, बिज़नेस टूल्स का विवरण, बिज़नेस सिस्टम और बिज़नेस आचार संहिता आदि को सीखने की इच्छा एवं निरंतर अभ्यास। एक बार जब आप इन गतिविधियों में निपुण हो जाएंगे, तो आपका बिज़नेस एक बड़ा रूप ले लेगा।

निपुण बनने का एक ही तरीक़ा है – उन गतिविधियों को बार-बार करना। आप बस इन गतिविधियों को बार-बार दोहराते जाएं और कुछ ही दिनों में आप उनमें निपुण हो जाएंगे।

दोहराना हर कौशल की जननी है।

टूल्स का प्रयोग करने में महारत हासिल करें। सबसे अच्छे नेटवर्क मार्केटर्स अपना ज्ञान या कौशल दिखाने से ज़्यादा अच्छा टूल्स के इस्तेमाल को मानते हैं। वे अपनी बातें बताने के बदले दूसरे लोगों की प्रेजेंटेशन या बातें बताते हैं। सबसे अच्छे लीडर कभी भी खुद को विशेषज्ञ नहीं बताते, वे लोग दूसरे प्रसिद्ध लोगों की किताबें, वीडियो या अन्य टूल्ज़ (थर्ड पार्टी टूल्ज़) का इस्तेमाल करके बिज़नेस और उत्पाद के बारे में लोगों को बताने के लिए आमंत्रित करते हैं। सबसे अच्छे नेटवर्क मार्केटर्स उत्साह, भरोसा एवं दृढ़ विश्वास लाते हैं। उनकी ऊर्जा एवं प्रतिबद्धता संक्रमक-सी होती है। जुनून, भरोसा एवं दृढ़ विश्वास को अपनी प्राथमिकता बनाएं, आस्था के साथ लोगों को आमंत्रित करें और थर्ड पार्टी टूल्स को काम करने दें।

हर कोई नौसिखिए की तरह शुरू करता है, सतत प्रयास से महारत आ जाती है। नेटवर्क मार्केटिंग बिज़नेस को बड़ा करने के लिए जो भी स्किल या क्षमता चाहिए सब कुछ सीखा जा सकता है। अपने बिज़नेस का स्वामित्व लें और बिज़नेस के बुनियादी सिद्धांतों पर महारत हासिल करें।

मुझे उस आदमी से डर नहीं लगता जिसने 10,000 किक का अभ्यास एक बार किया है पर मैं उस इंसान से बहुत डरता हूं जिसने एक किक का अभ्यास 10,000 बार किया हो।

– ब्रूस ली

अपने लिए सही रोल मॉडल का चुनाव करें और स्वयं के लिए उच्च मानक स्थापित करें। आपके अपलाइन या अन्य कोई भी लीडर जिस भी रैंक या आय पर हैं वो अपने खुद के सपनों एवं कार्यशैली की वजह से हैं। अगर आप अपने आस-पास कुछ ऐसे लोगों को देखते हैं जो बहुत धीरे बढ़ रहे हैं और काफ़ी समय से नीचे के रैंक पर ही हैं तो ये उन लोगों की कमी की वजह से है ना कि इस बिज़नेस की कमी से। आपको इस मामले में इन लोगों का अनुसरण करने की ज़रूरत नहीं है। अपनी कंपनी में सबसे ज़्यादा आय कमाने वाले लीडर को खोजें एवं उनसे आगे बढ़ने का प्रयास करें। आपका बिज़नेस आपसे शुरू होता है।

खड़ें हों, साहसिक बनें, मजबूत बनें। सारी ज़िम्मेदारी अपने कंधों पर उठाएं और यह बात जान लें कि आप अपने भाग्य के निर्माता स्वयं हैं।

- स्वामी विवेकानंद

अभ्यास एवं धैर्य से आप ऊंचाइयों तक पहुंच सकते हैं

गौरव बजाज एक अग्रणी अमेरिकी कंपनी में पेशे से सॉफ़्टवेयर कंसल्टेंट थे, जिन्हें मैं वर्ष 2007 में बिज़नेस में लेकर आया। वह एक बेहद शांत व्यक्ति हैं जो सिर्फ़ कंप्यूटर से काम करना जानते थे। उनका सारा शरीर प्रेजेंटेशन के समय पसीने से भर जाता था। वह मुझसे 300 किमी की दूरी पर थे, और अपना प्रेजेंटेशन रिकॉर्ड किया करते थे ताकि मैं बाद में उस पर अपना फ़ीडबैक दे सकूं। वह हर सप्ताहांत पब्लिक बसों में जा-जाकर 14 घंटे यात्रा करते थे यह सीखने के लिए कि किस तरह इस बिज़नेस में सफल हुआ जाए। पर अपने लगातार एवं अथक प्रयासों से गौरव बजाज तीन सालों में अपनी कंपनी के सबसे युवा अचीवर बन गए और आज वह संपूर्ण भारत में सबसे ज़्यादा सम्मानित नेटवर्क मार्केटर बन गए हैं।

9. समय प्रबंधन - आपको जिताने वाली शक्ति

समय सबसे बड़ी चीज़ नहीं है। यही एक चीज़ है।

- स्माइल्स डेवी

हम सबके पास वही 24 घंटे होते हैं, और हमारी सफलता इस बात पर निर्भर करती है कि हम उन 24 घंटों का कैसे इस्तेमाल करते हैं। टेक्नोलॉजी, सोशल मीडिया और समय भ्रमित करने वाली हज़ारों चीज़ें के इस युग में सफलता का सबसे बड़ा मूल मंत्र है - समय प्रबंधन या टाइम मैनेजमेंट। हमारे बिज़नेस में ज़्यादा सफलता उन्हें नहीं मिलती जो बेचने में माहिर हैं बल्कि उन्हें मिलती है जो समय प्रबंधन के माहिर हैं। समय प्रबंधन कुछ और नहीं है, सिर्फ़ अपनी गतिविधियों को प्राथमिकता के अनुसार करना है और सुनिश्चित करना कि सबसे पहले सबसे महत्त्वपूर्ण काम को ख़त्म करेंगे फिर उसके बाद अन्य चीज़ें। मैंने इस बिज़नेस में सफल हुए लोगों के बीच एक ख़ासियत देखी है कि वह अपने समय का बहुत ख़याल रखते हैं।

अपने काम से काम रखो

सबसे मुख्य काम को मुख्य काम रखना है।

- स्टीफ़न आर. कवी

हमेशा यह याद रखें कि हमने यह बिज़नेस क्यों शुरू किया था : अपने सपनों को पूरा करने के लिए, अमीर बनने के लिए, एक पहचान पाने एवं एक विरासत छोड़ कर जाने के लिए। पर विडंबना यह है कि कुछ लोगों का बिज़नेस जैसे ही आगे बढ़ता है और उनकी एक टीम बनने लगती है वो लोग अपना समय उन गतिविधियों में लगाना शुरू कर देते हैं जो उन्हें उनकी मंज़िल तक पहुंचाने में कोई मदद नहीं करेंगी।

आपको पता है कि क्या करने से आपको सफलता मिलेगी? नए लोगों से बात करना, प्लान दिखाना, ज़्यादा सेल्स करना, अपलाइन्स से सीखना और आप अपने टीम के लोगों को परामर्श देना, लोगों को अपने इवेंट के लिए आमंत्रित करना और अपनी टीम के लिए इवेंट आयोजित करना। इसके अलावा सारी चीज़ें आपका ध्यान भंग करती हैं और अधिकांशतः अपने मूल काम से ज़्यादा लुभावनी एवं आसान लगती हैं। जब आप इस रास्ते पर चलने लगते हैं तो आपको बहुत से लोगों का साथ और दोस्ती मिलने लगती है।

उन लोगों की वजह से अपना रास्ता न बदलें जो खुद सही रास्ते पर नहीं हैं।

समय बर्बाद करने वाली गतिविधियां

✓ सोशल मीडिया/ वाट्स एप में ही व्यस्त रहना। सोशल मीडिया आपको बिज़नेस बढ़ाने में मदद कर सकता है, पर सामान्यतः हम फ़ेसबुक या इंस्टाग्राम पर जाते तो कुछ मिनटों के लिए हैं, पर उसी में घंटों-घंटे बिताने लग जाते हैं।

✓ बार-बार शिकायत करने वालों के व्यर्थ मुद्दे सुलझाते रहना। ये वही लोग हैं, जिनकी हमेशा एक ही प्रकार की, कभी ना ख़त्म होने वाली शिकायतें होती हैं।

✓ दूसरों के लिए वो काम करते हैं जो उन्हें ख़ुद करने चाहिए। उन लोगों को अपने पैरों पर खड़ा करें और उन्हें दूसरों पर आश्रित नहीं बनने दें।

✓ अन्य कंपनियों के बारे में बहस करते रहना। यह बहस ज़िंदगी भर चलती रहेगी।

✓ ज़्यादा से ज़्यादा लोगों को इवेंट में बुलाने का काम छोड़कर इवेंट आयोजन में ध्यान केंद्रित करना।

✓ क्रॉसलाइन्स से बहुत ज़्यादा मिलना।

✓ उन्हीं लोगों को अपने प्लान्स दिखाना, जिन्हें आपने पहले भी 4-6 बार प्लान दिखा चुके हैं।

✓ ऐसे कई मुद्दों में बिना मतलब के व्यस्त रहना, जिसका बिज़नेस से कोई मतलब ही नहीं है।

इस बिज़नेस की सबसे मुश्किल बात है कि आप जो करने के लिए आए हैं, उसी पर ध्यान केंद्रित रखना।

– दीपक बजाज

इस बिज़नेस में सफलता का कारण अपने लक्ष्य पर ध्यान केंद्रित रखना है। मेरे गुरु टॉनी रॉबिन्स का कहना है, "आप जिस चीज़ में ध्यान लगाते हैं, वहीं ऊर्जा प्रवाहित होती है।" जहां आपका ध्यान होगा, वहीं पर आपका समय लगेगा और ऊर्जा लगेगी, और आपको वहीं से परिणाम आने लगेंगे। अगर आप बिज़नेस में ध्यान लगाते हैं, तो आपको बिज़नेस से सफलता मिलने लगेगी; अगर आप कहीं और अपना ध्यान लगाएंगे तो आपको उस जगह से परिणाम मिलने लग जाएंगे। आपको हमेशा अपने बिज़नेस पर ही केंद्रित रहना चाहिए पर दो परिस्थितियों आती हैं जब बहुत सारे डिस्ट्रिब्यूटर्स बिज़नेस पर से अपना ध्यान हटा देते हैं जिससे उनका बिज़नेस ख़त्म होने लगता है।

1. बिज़नेस के शुरुआती दौर में जब आप पार्ट टाइमर होते हैं

पहले से अपनी जॉब या किसी काम में रहते हुए आप अपना नया बिज़नेस शुरू करते हैं। इसके अलावा आपके परिवार की जिम्मेदारियां आप पर हैं और कुछ अन्य चीज़े

भी हैं जो आप पहले से करते आ रहे हैं। इन सबके बीच, आपकी ज़िंदगी में एक नया बिज़नेस आ गया है और वह आप से नई चीज़ें सीखने और नई चीज़ें करने की मांग करता है। आप उनमें से कुछ चीज़ें पसंद नहीं कर रहे होंगे और उसके परिणाम भी शुरुआत में थोड़े ही मिल रहे होंगे। ऐसी परिस्थिति में अपनी दैनिक प्रतिबद्धता के साथ नए मार्केटिंग बिज़नेस में फ़ोकस करना एवं उसे आगे बढ़ाना थोड़ा मुश्किल होता है। शुरुआती दिनों में बिज़नेस में सही ढंग से ध्यान नहीं देने के कारण ही अधिकांश लोगों को बिज़नेस छोड़ना पड़ता है। सप्ताहांत में अपने बिज़नेस को बढ़ाना एवं इस पर ध्यान केंद्रित करने में तब तक कोई समस्या नहीं आती, जब तक आप सप्ताहांत में इस पर पूरा ध्यान लगा रहे हों।

2. जब आपका बिज़नेस आपके बिना भी ख़ुद-ब-ख़ुद बढ़ रहा होता है :

एक ऐसा भी समय आएगा जब आप के सक्रिय हुए बिना भी आपका बिज़नेस ऑटो मोड में चलने लगेगा। अगर आप पर्सनल स्पॉन्सरिंग कर रहे हैं और अपनी नई टीम बना रहे हैं तो आप उस में व्यस्त होंगे, अन्यथा आप ख़ाली हैं। जब आपने स्वयं को एक लीडर के रूप में स्थापित कर लिया हो और आपके पास ख़ाली समय हो, तो आप क्रॉसलाइन से या दूसरी कंपनी के लोगों से या तथा कथित बुद्धिमान लोगों या सलाहकारों से बात करने लगते हैं जो आपको कम समय में अत्यधिक लाभदायक पैसा बनाने वाले कई तरीक़े सुझाएंगे। ये लोग धीरे-धीरे आपके बिज़नेस में आपको कम समय लगाने देंगे और जब आप अपने बिज़नेस में ध्यान केंद्रित करना कम कर देंगे, तो आपका बिज़नेस धीमे होने लगेगा।

हमेशा याद रखिए कि बिज़नेस डेवलमेंट के किसी भी स्टेज में अपने बिज़नेस में ध्यान केंद्रित करके रखिए। आपका बिज़नेस आपकी सबसे बड़ी संपत्ति है। इसे बिना ध्यान भंग किए संभाले रखिए।

अपने दिन को फलीभूत करने के लिए निम्न बातों को हमेशा दिमाग़ में रखें :

- ✓ सोशल मीडिया के लिए अपना समय नियत करके रखें और उसका पालन करे।
- ✓ अपने कैलेंडर को अपने उत्पाद के बारे में बताने के लिए या बिज़नेस प्रेजेंटेशन्स हेतु अपॉइंटमेंट से भर दीजिए।
- ✓ उन लोगों से दूर रहें जो आपका समय बर्बाद करते हैं।
- ✓ अपने बिज़नेस को गति दें और इतना काम तैयार करके रखें कि आपको एक ही समय में दो लोग मदद मांगने के लिए या इवेंट में शामिल होने के लिए कॉल करें। फिर उसमें से आप चुनें कि किसे आपके समय की ज़्यादा ज़रूरत है। अपनी टीम को यह सिखाएं कि वो आपका समय लेने के योग्य बनें।
- ✓ पूरे दिन के लिए अपने दो प्रमुख कामों को याद रखें- ज़्यादा से ज़्यादा कॉल करें और ज़्यादा से ज़्यादा प्रेजेंटेशन्स दिखाएं।

उत्पादकता अचानक से नहीं आती। यह हमेशा उत्कृष्टता के लिए प्रतिबद्धता, बुद्धिमानी से की हुई प्लानिंग और ध्यान केंद्रित प्रयासों का ही परिणाम होती है।

- पॉल जे.मेयर

समय प्रबंधन एक सीखने योग्य कौशल है

मेरे एक जिगरी दोस्त हैं श्री विकास गर्ग और वह पंजाब, भारत में मेरे बिज़नेस सहभागी हैं। जब वह मुझसे वर्ष 2007 में मिले थे, तो वह पिछले दो दशकों से एक सफल बिज़नेसमैन थे। उन्हें अपना पुराना बिज़नेस बंद करने करने में लगभग तीन साल लगे और अब वह मेरे साथ नेटवर्क मार्केटिंग बिज़नेस में फुल टाइमर हैं। अपने इस निर्णय के तीन साल के भीतर वह अपनी फ़ैक्ट्रियों के मुक़ाबले नेटवर्क मार्केटिंग बिज़नेस से 10 गुना आय कमाने लगे और वह भी बहुत ही शांति एवं ख़ुशी के साथ। वह एक सक्रिय राजनीतिज्ञ हैं, विभिन्न सामाजिक सेवा संस्थानों के साथ भी सक्रिय तौर पर जुड़े हुए हैं, उनका एक बड़ा संयुक्त परिवार है और वह सामाजिक क्षेत्र में बहुत सक्रिय हैं। इस बिज़नेस में उनकी सफलता एक जीता-जागता उदाहरण है कि हम अपने समय प्रबंधन कौशल को सही तरह से विकसित करके जो चाहें वह पा सकते हैं।

10. दैनिक विकल्प : सफलता के अनदेखे पहलू

आपकी ज़िंदगी में आज जो कुछ भी है उसकी वजह है वो सभी विकल्प हैं, जो आपने चुने थे। अगर आपको अलग परिणाम चाहिए तो फिर अलग विकल्प चुनना शुरू कर दीजिए।

हम सभी ज़िंदगी में बड़े-बड़े निर्णय लेने में अच्छे होते हैं, पर हममें से अधिकांश लोग हर दिन सामने आने वाली, मामूली-सी दिखने वाली स्थितियों में सही निर्णय नहीं ले पाते हैं। पर वास्तव में यही निर्णय ही हमारे भविष्य को बनाते हैं। इस अध्याय में आपको दैनिक रूप से सही निर्णय लेने के लिए सशक्त किया जाएगा, जिससे आप एक विजेता बन पाएं।

मैंने सफलता को तीन स्तरीय प्रक्रिया में सरलीकृत किया है, जो नीचे दी गई है :

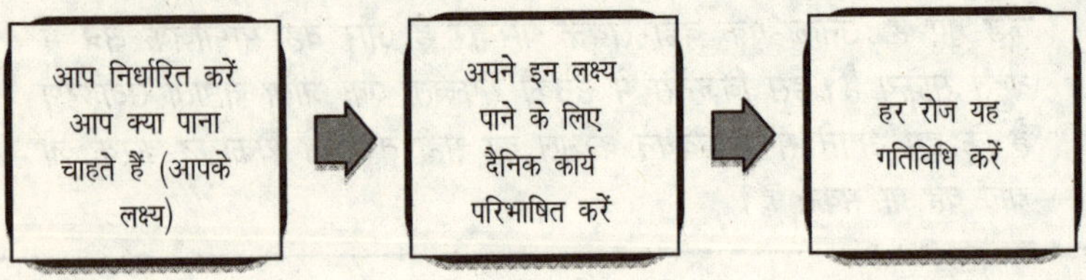

जो भी चीज़ें आपके दिल के बेहद क़रीब हैं, और जिन्हें आप कुछ महीनों से लेकर कुछ साल में पाना चाहते हैं, उन्हें जल्दी से लिख लें। आप जितनी बड़ी सूची बनाना चाहते हैं, बनाएं और अपने 3 प्रमुख लक्ष्य चुन लें जिनके बारे में आप सबसे ज़्यादा गंभीर हैं। अब अपनी दैनिक गतिविधियों के बारे में लिख लें, जो आपको अपने लक्ष्य को प्राप्त करने में मदद करेंगी और उन्हें आज से ही करना शुरू कर दीजिए।

आप मुझे अपना दैनिक कार्यक्रम दिखाएं और मैं आपकी प्राथमिकताओं एवं उपलब्धियों का आकार बता दूंगा।

– दीपक बजाज

एक विजेता और बाक़ी लोगों में एक ही चीज़ का फ़र्क़ है – ये लोग रोज़ क्या काम करते हैं। असल में लोग असफल इसलिए होते हैं क्योंकि वह लोग वे सारी चीज़ें नहीं करते जो सफलता के लिए आवश्यक हैं। असफल होने वाले ये सारी चीज़ें इसलिए नहीं करते, क्योंकि वे उन चीज़ों को पसंद नहीं करते। वहीं दूसरी ओर, विजेता हमेशा सफल होते हैं क्योंकि वह वही सारी चीज़ें करते हैं जो उनकी सफलता के लिए आवश्यक हैं।

विजेता भी वे सारी चीज़ें नहीं करना चाहते, पर वे फिर भी करते हैं। विजेता सफल होने के लिए सब कुछ करने को प्रतिबद्ध होते हैं, वह अपने हर दिन का सही इस्तेमाल करके जीवन में एक बदलाव ले आते हैं।

दो रास्ते जंगल की ओर जा रहे थे और मैंने वह रास्ता चुना जिससे कम लोग गए और उसी की वजह से सारा फ़र्क़ पड़ गया।

– रॉबर्ट फ्रॉस्ट

आप हर दिन सही विकल्पों का चयन करके अपने सपनों को पूरा कर सकते हैं। अगले एक साल के लिए आप इस बिज़नेस को अपने जीवन के केंद्र में रखिए और अपनी दिनचर्या को इस तरह बनाइए कि आप अपने सपनों के लिए अधिकांश समय निकाल पाएं। मैंने भी बिलकुल यही किया था जब मैंने 2007 में मेरा नेटवर्क मार्केटिंग बिज़नेस शुरू किया था। मुझे साफ़-साफ़ मालूम था कि मेरा नेटवर्क मार्केटिंग बिज़नेस मेरी सबसे बड़ी प्राथमिकता है और मैंने मेरी बाक़ी सभी गतिविधियां उसके इर्द-गिर्द समायोजित कर दीं। नीचे कुछ उदाहरण दिए गए हैं कि कैसे मैंने अपने हर रोज़ अपने लिए सही विकल्प चुने :

✓ चूंकि मुझे पता था कि मुझे अपना अधिकांश बिज़नेस सप्ताह के अंत में करना है, इसलिए मैं सप्ताह के अंत में किसी भी सामाजिक समारोह में नहीं गया।

✓ मैंने सप्ताह के अंत में अपने परिवार के साथ भी किसी तरह की कोई इवेंट नहीं मनाई।

✓ अगर किसी बिज़नेस सेमिनार/मीटिंग या कोई जन्मदिन की पार्टी/शादी के रिसेप्शन में जाने में से मुझे एक को चुनना था, तो बेशक मैं हर बार बिज़नेस सेमिनार में ही गया।

✓ क्योंकि मुझे पता था कि मेरे बिज़नेस में सफलता इसी बात पर टिकी है कि मैं हर दिन कितने प्लान दिखा सकता हूं, इसलिए अधिक से अधिक नए प्लान दिखाना मेरे पूरे दिन की सबसे पहली ज़िम्मेदारी होती थी।

✓ मैं यह समझ गया था कि मेरे बिज़नेस के लिए नए लोगों की लगातार ज़रूरत है, और मुझे मेरी लिस्ट में कई लोगों का नाम जोड़ना है, अतः मैंने अनजानों से बात करनी की नई आदत डाल ली और हर दिन एक नया रिश्ता बनाना शुरू किया।

✓ मैं किस तरह से दिखता हूं, यह मेरी मीटिंग का ज़रूरी हिस्सा है, तो मैंने फ़ॉर्मल्स पहनना शुरू किया और घर से बाहर निकलने पर अच्छा एवं प्रभावशाली रूप में दिखना मेरे जीवन का एक हिस्सा हो गया।

✓ मुझे जब किताबें पढ़ने के महत्त्व का पता चला और मैंने सफलता पाने के लिए अपना दिमाग़ को तैयार करना शुरू किया, तो मैंने अपनी दिनचर्या में हर दिन 15-30 मिनट पढ़ने की आदत डाली।

✓ मैं हर प्रोग्राम में समय से पहुंचता था और हर बार आगे की सीट पर बैठता था। मैं हर प्रोग्राम में मेरी टीम के साथियों को लेकर जाता था।

✓ मैंने स्वयं के लिए लक्ष्य लिखे और उन्हें अपने घर में उस जगह चिपकाया जहां से मैं उन्हें बार-बार देख सकूं।

आपका कैलेंडर आपकी प्राथमिकताएं बताता है।

– दीपक बजाज

मेरा कैलेंडर हर दिन सही गतिविधियों से भरा होता था और इससे मुझे बहुत सफलता मिली। अब समय आ गया है आपको अपने लिए कुछ कमाल का खोजने का जिसे मैं PDA (पीडीए) कहता हूँ – Primary Daily Actions (प्राथमिक दैनिक क्रियाएं)। आप इस बिज़नेस के अपने लक्ष्य को जानते हैं। अब आप निर्धारित करें कि आज से हर दिन आपको कौन-से ऐसे काम करने हैं, जिससे आप अपने लक्ष्य को हासिल कर सकते हैं। अगर आपने यह निर्धारित कर लिया तो समझ लें कि आधी जंग जीत ली गई है। इस दैनिक क्रियाओं की सूची में से तीन कामों को चुन लें जो सबसे ज़्यादा ज़रूरी हैं, जिससे आप अपना लक्ष्य पा सकते हैं और यही आपकी प्राथमिक दैनिक क्रियाएं (पीडीए) हैं। अपनी तीन पीडीए लिख लें और इन्हें हर दिन करने के लिए ज़िद्दी एवं जुनूनी हो जाएं।

दिखने में ये दैनिक काम छोटे, महत्त्वहीन और उबाऊ लग सकते हैं। कुछ दिनों तक लगातार हमारे हर दिन के यही काम यह निर्धारित करते हैं कि हम किस प्रकार की ज़िंदगी एवं जीवनशैली प्राप्त करेंगे। हर दिन की हमारी पसंद एक समय के बाद मिश्रधन के रूप में परिणत हो, आने वाले समय में अभूतपूर्व सफलता देती है। हम ज़रूरत से ज़्यादा इस बात का अंदाज़ा लगा लेते हैं कि हम एक साल में क्या कर पाएंगे पर इस बात को कम करके आंकते हैं कि हम एक दिन में क्या प्राप्त कर सकते हैं।

कुछ दिनों या हफ़्तों के लिए इन विकल्पों पर काम करना मुश्किल हो सकता है, पर अगर आप कुछ दिनों तक वही काम लगातार करते रहेंगे, तो वह आपकी आदत हो जाएगी और एक बार आपको अच्छी आदतें लग गईं तो आप स्वयं ही सफलता के रास्ते पर तेज़ी से बढ़ने लगेंगे।

लोग अपने महीनों एवं सालों का प्लान करते हैं, पर विजेता अपने दिनों की भी योजना बनाते हैं।

– दीपक बजाज

अपने हर दिन के काम पर ध्यान केंद्रित करें

एक सफल योद्धा एक औसत आदमी ही होता है, जिसका फ़ोकस लेज़र जैसा होता है।

– ब्रूस ली

एक बार जब आपके लक्ष्य निर्धारित हो गए हैं और आपके दैनिक काम नियत हो गए हैं, अब समय है कि इन कामों को लेज़र जैसे फ़ोकस के साथ करने का। याद रखें, फ़ोकस का अर्थ सिर्फ़ अपने पीडीए को 'हां' कहना ही नहीं है, पर उन बाक़ी सभी कामों को 'ना' कहना भी है, जिसमें आपके समय एवं ध्यान की ज़रूरत है। आपको पीडीए के तहत हर घंटे अपने समय एवं फ़ोकस की सुरक्षा भी करनी है। अन्य गतिविधियां जो ज़रूरी हैं, उन्हें भी करना है, पर उन्हें तब ही करना है, जब पूरे दिन के लिए आपके पीडीए सफलतापूर्वक कार्यान्वित हो चुके हैं।

फ़ोकस से आपको अपने निवेश किए गए समय पर उच्चतम उत्पादकता एवं उच्चतम लाभ मिलते हैं। एक औसत विद्यार्थी अपने होमवर्क के लिए नियत समय में से सिर्फ़ 20 फ़ीसदी में ही होमवर्क करता है और बचा 80 फ़ीसदी समय वह पेंसिल छीलने, खिड़की से बाहर देखने, भाई-बहनों से बहस करने, शिकायत करने, इंटरनेट में चीज़ें ढूंढ़ने, कुछ खाने को मांगने आदि में लगाता है। उसी तरह, एक औसत कर्मचारी हर दिन सिर्फ़ 8 में से सिर्फ़ 2-3 दिन घंटे ही सही से काम करता है। हर क्षेत्र में यह लगभग सभी लोगों के साथ यही होता है। पर अगर आप एक नेटवर्क मार्केटिंग मिलियनेयर बनना चाहते हैं, तो अपनी सही प्राथमिकताएं तय करें, अपने पीडीए निर्धारित करें और उन पर ध्यान केंद्रित रखें। सफलता आपकी ही होगी।

हर दिन एक प्रतिशत का सुधार, तीन महीनों में हमें पूर्णतः एक अलग व्यक्ति बना देगा। इससे साढ़े तीन महीनों में सौ फ़ीसदी सुधार होगा।

बड़े सपनों त्याग एवं प्रतिदिन सही कामों को करने की प्रतिबद्धता मांगते हैं

मैंने इस बिज़नेस की शक्ति देखी है और मुझे पता है कि यह बिज़नेस हमारे सारे सपनों को पूरा कर सकता है। पर सिर्फ़ जानने से हम अमीर नहीं बन सकते, इसके लिए कुछ करना भी पड़ता है। मैंने अपनी पत्नी से 24 महीने मांगे थे ताकि मैं दिन-रात लगकर इस बिज़नेस को स्थापित कर सकूं। मैंने उसे वादा किया कि अगले 24 महीने के बाद हर महीने मैं उसके सामने ग्लोब रखूंगा और वह जिस भी जगह पर अपनी अंगुली रखेंगी मैं उसे वहां अगले 24 घंटे में ले जाऊंगा। हमने साथ में मिलकर उन 24 महीने काम किया और पूरी ज़िंदगी के लिए ख़ुद को वित्तीय रूप से आज़ाद कर लिया। मैं अभी तक उन्हें एवं हमारे बच्चों को लेकर छुट्टियों में कुल मिलाकर 25 देशों का भ्रमण कर चुका हूं और ये सिलसिला जारी है।

11. SURGE की शक्ति का इस्तेमाल करें

नेटवर्क मार्केटिंग के साथ इतने सालों की मेरी ज़िंदगी में, मैंने पांच शक्तियों को हर दिन महसूस किया है। ये पांच शक्तियां ही निर्धारित करती हैं कि आप अपने बिज़नेस में कितना आगे जाएंगे। यह शक्तियां आसान हैं, करने लायक़ हैं, प्रभावशाली हैं, पर अधिकांश लोग उनमें से एक या ज़्यादा को भूल जाते हैं। मैं उन्हें एक साथ एक अनूठी संकल्पना/कॉन्सेप्ट के साथ लेकर आया हूं और इस का नाम है - 'सर्ज' (SURGE)। *कैंब्रिज डिक्शनरी* के अनुसार सर्ज का अर्थ है, 'अचानक, मजबूती के साथ बढ़ना या फूट जाना' और मैं इस बात में विश्वास करता हूं कि जैसे ही आप अपनी ज़िंदगी में सर्ज की ताक़त का इस्तेमाल करने लगते हैं, आपका बिज़नेस थोड़े ही समय में आकाश छूने लगता है।

सर्ज (SURGE) की ताक़त इन पांच शक्तियों के एक साथ जुड़ने से आती है :

1. आपके बोले हुए शब्दों से (Spoken Words)
2. एकता (Unity)
3. सही संगति (Right Association)
4. लिखित-लक्ष्य (Goals-Written)
5. बड़ी-उम्मीदें (Expectations-Big)

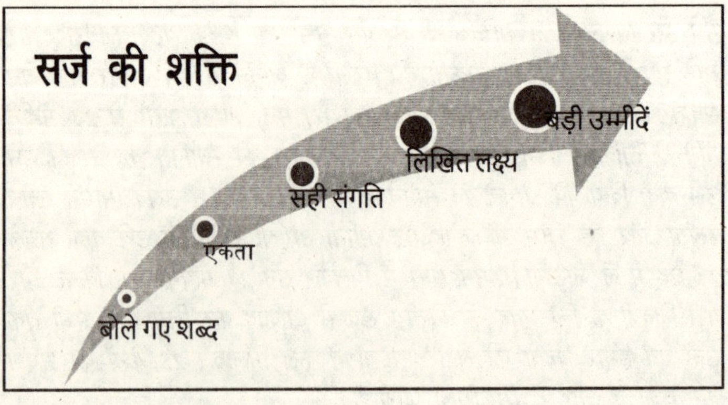

चलिए, सर्ज की शक्तियों का एक-एक कर विस्तार से अध्ययन करते हैं।

1. बोले गए शब्दों की ताक़त

आप अपनी दुनिया अपने शब्दों से बदल सकते हैं। यह हमेशा याद रखें कि ज़िंदगी और मौत आपकी जीभ के हवाले है।

– जोएल ऑस्टीन

इस दुनिया में मानवता का सबसे प्रभावशाली हथियार शब्द हैं। किसी ख़ास स्थिति में ख़ास लोगों द्वारा कुछ ख़ास शब्दों के चुनाव से बड़ी क्रांतियां, स्वतंत्रता संग्राम एवं जीवन बदल देने वाले निर्णय लिए गए। भाषणों ने ज़िंदगियां बनाईं और ज़िंदगियों ने भाषण बनाए। शब्द किसी को बिना छुए भी छू जाते हैं या उस व्यक्ति के साथ नहीं होने पर भी असर कर जाते हैं। हम उन लेखकों की किताबें पढ़ते हैं जिनसे हम कभी मिले भी नहीं है, या जो अब ज़िंदा भी नहीं है, पर उनके शब्द हमारे जीवन में बहुत प्रभाव डालते हैं। शब्दों में वह ताक़त होती है कि वह किसी को भी कितना ही ऊपर उठा दें या बर्बाद कर दें।

बेशक, शब्द मानवता द्वारा इस्तेमाल किया जाने वाला इस दुनिया का सबसे प्रभावशाली ड्रग है।

– रुडयार्ड किपलिंग

मैं जब बोले जाने वाले शब्दों के बारे में बात करता हूँ, तो मैं दो परिस्थितियों में कहे जाने वाले शब्दों की बात करता हूं – एक तो वह शब्द जो आप दूसरों से कहते हैं, और दूसरे वह शब्द जिनका आप स्वयं के लिए इस्तेमाल करते हैं। जब आप किसी से बात कर रहे हैं तो किसी से क्या कहें और कैसे कहें इस पर अनगिनत किताबें लिखी जा चुकी हैं, और मैंने भी अपनी इस किताब के विभिन्न अध्यायों में उन सारी बातों का समावेश किया है। पर जब हम स्वयं से बात करते हैं तो कैसे शब्दों का इस्तेमाल कर रहे हैं, इसकी हम अनदेखी कर देते हैं। यहां हम दोनों बातों पर अलग-अलग चर्चा करेंगे।

दूसरों से बात करना

हमारा लोगों को साथ ले चलने वाला बिज़नेस है और हम हमेशा लोगों से बात करते रहते हैं। हम लोगों से अलग-अलग माध्यम के जरिए बात करते हैं – स्टेज से, काउंसलिंग के दौरान, किसी से व्यक्तिगत मीटिंग में, संदेश द्वारा, फ़ोन पर बात करके और यहां कि उन जगहों में जहां बातचीत भी न हो पाती हो : खाना खाते हुए लोगों के साथ आम बातचीत या हवाई अड्डे पर या कार्यक्रम से पहले या बाद में या घर में मीटिंग/ भेंट के दौरान, बहुत सारे और अवसरों पर। दूसरों से बातचीत के दौरान एक अच्छा प्रभाव बनाने के लिए इन सिद्धांतों को अपनाएं।

- ✓ एक तरह की बात करें - स्टेज पर एवं स्टेज के बाहर एक जैसी बात करें। हर किसी के साथ एक तरह की बात करें। औपचारिक और अनौपचारिक दोनों तरह की मीटिंग में एक जैसे शब्दों का प्रयोग करें। उस स्थिति का बहुत ख़याल रखें जब आप किसी औपचारिक मीटिंग में न हों। आपको इस बात का अहसास भी नहीं होगा, पर लोग आपको बहुत ध्यान से देखे जा रहे होंगे। वे देखना चाहते होंगे कि आप कितने सच्चे एवं खरे हैं, और उनके लिए आपको जांचने का सबसे आसान तरीक़ा है कि आपकी स्टेज पर एवं स्टेज के बाहर कही बातों की तुलना करना।
- ✓ शिकायत, आलोचना या किसी की बुराई न करें, ख़ासकर किसी की पीठ के पीछे।
- ✓ आपके शारीरिक हाव-भाव (Body Language) आपके शब्दों से ज़्यादा बोलते हैं। आपके हाव-भाव, आपके कपड़े, आपकी साफ़-सफ़ाई और जिस तरह आप स्वयं को किसी के सामने रखते हैं, यह सब आपके शब्दों से ज़्यादा बोलता है। इन सबका ध्यान रखिए।
- ✓ विनम्र बनें, दूसरों का आदर करें एवं दयालु बनें।
- ✓ अपने शब्दों को मुंह से बाहर निकालने से पहले सोच लें।
- ✓ अपने शब्दों का सावधानी से चुनाव करें। आगे बढ़ने वाली शब्दावली का प्रयोग करें। आपके मुंह से उतने ही शब्द निकलने चाहिए, जिससे अन्य इंसानों का भला हो।
- ✓ नीचे दिए गए टेबल 'कुछ भी बोलने से पहले सोचें' सिद्धांत का प्रयोग करें।

कुछ भी बोलने से पहले सोचें (THINK)

T	क्या यह सही है?
H	क्या यह उपयोगी है?
I	क्या है प्रेरणादायक है?
N	क्या यह ज़रूरी है?
K	क्या यह उदार है?

अपने शब्दों के बारे में बेहद सावधान रहें। अगर वो एक बार बोल दिए गए तो माफ़ तो किए जा सकते हैं, पर भुलाए नहीं जा सकते।

अपने आप से बातें करना

आपके शब्द ब्रह्मांड से बातचीत करने का माध्यम हैं।

स्वयं से बातचीत करने का अर्थ आपके प्रमुख विचारों से है जिन्हें आप बार-बार

सोचते हैं। इसे ख़ुद से बात करना कहते हैं। जब आपका किसी कठिन परिस्थिति से सामना होता है, तो यह आपकी पहली प्रतिक्रिया होती है। यही आप अपने अंतर्मन को बार-बार कहते आए हैं। आप ज़िंदगी से यही चाहते हैं और ज़िंदगी भी आपको यही देती है। आप अपने दिमाग़ को अपने विचारों के जरिए आदेश देते हैं। हमेशा सशक्त एवं सकारात्मक विचार रखें। जब भी आप कुछ सोच रहे हों या ख़ुद से बातें कर रहे हों, तो हमेशा आगे बढ़ने वाले शब्दों का प्रयोग करें।

2. संगठन में शक्ति है

हम सब वह कहानियां सुनकर बड़े हुए हैं जिनमें यह पाठ पढ़ाया गया है कि संगठन में ही शक्ति है। हालांकि यह पढ़ने और उपदेश देने के लिए एक अच्छी कहानी है, पर असल में कुछ लोग ही इसे अपना पाते हैं। पर अगर यह सिद्धांत बिज़नेस में अपनाया जाए, तो इससे बिज़नेस में कई गुणा वृद्धि होती है। वैसे भी लोगों द्वारा लोगों की मदद करना ही नेटवर्क मार्केटिंग बिज़नेस का आधार है। इस बिज़नेस मॉडल के कारण लोगों का ग्रुप में मिलजुल कर काम करना आवश्यक हो जाता है।

लोगों के अकेले काम करने के अपने कई कारण हो सकते हैं, पर वह लोग जो मिलजुलकर एक टीम में एकता के साथ काम करते हैं उनका बिज़नेस स्थाई एवं आगे बढ़ने वाले होते हैं। जब हम एक टीम बनकर काम करते हैं तो चीज़ें बहुत आसान हो जाती हैं। हालांकि लोग बिज़नेस के शुरुआती दिनों में साथ होते हैं, फिर लोगों के बीच विवाद तब उठने लगता है जब लोग अपनी उपलब्धियों एवं रैंक में आगे बढ़ने लगते हैं। पर अगर आप अपनी टीम को एकजुट करके रख सकते हैं, तो यह संस्थान में सबके लिए अच्छा होता है। अगर आपने हमेशा अकेले ही काम किया हो, तो क्यों न अपनी आदत बदली जाए। अगर एक साथ काम करके ख़ूब मस्ती एवं लाभ कमाया जा सकता है, तो क्यों न पुरानी आदत बदली जाए।

महान लेखक डॉ. स्टीफ़न आर. कवी ने अपनी पुस्तक *अत्यधिक प्रभावशाली लोगों की सात आदतें* में नेतृत्व के तीन स्तरों का उल्लेख किया है : निर्भरता, स्वतंत्रता और परस्पर निर्भरता। डॉ. कवी के अनुसार, जब सभी स्वतंत्र नेता एक दूसरे के साथ परस्पर निर्भरता के साथ आते हैं, तो वे महान सफलता प्राप्त करने में सक्षम होते हैं। एकता बनाए रखने के लिए अच्छे संबंध महत्त्वपूर्ण हैं। मजबूत संबंधों के विकास पर प्रमाणित तरीक़ों के लिए इस पुस्तक में रिश्ते और संचार वाला अध्याय पढ़ें।

साथ ही, नेटवर्क मार्केटिंग व्यवसाय अत्यधिक लाभदायक तब होता है जब संगठन में गति होती है और गति केवल तभी संभव होती है जब सभी नेता संयुक्त रूप से मिलकर काम करते हैं और अपना सर्वश्रेष्ठ प्रयास करते हैं। तो जब एकता मुनाफ़ा, स्थिरता और उपलब्धि दे सकती है, तो एकजुट क्यों नहीं रहें। अपनी टीम में एकता और सहयोग की संस्कृति बनाएं और तेज़ी से बढ़ें।

3. संगति का प्रभाव

उन लोगों से स्वयं को जोड़कर रखें जिनसे आप कुछ सीख सकते हैं, जिन्हें ज़िंदगी से और भी उम्मीदें हैं, जो लोग ज़िंदगी में कुछ बेहतर खोज रहे हैं, जो अपने विकास के लिए प्रतिबद्ध हैं और जो शीर्ष पर पहुंचने के लिए अग्रसर हैं।

– लेस ब्राउन

संगति ही सब कुछ है। आज से पांच साल बाद आप कहां होंगे, यह साधारणतः इस बात पर निर्भर करता है कि आप कैसे लोगों से मिल रहे हैं, कैसी किताबें पढ़ रहे हैं, कैसी ऑडियो/वीडियो देख-सुन रहे हैं और किस तरह के प्रोग्राम में शामिल हो रहे हैं। इसलिए आप किन लोगों के साथ अपना समय बिताना चाहते हैं, उनके बारे में थोड़ा सचेत रहें। रवैया, विश्वास, आत्मविश्वास, भरोसा आदि एक आदमी से दूसरे आदमी तक ट्रांसफ़र होता है और यह ट्रांसफ़र तब भी होता है जब आपको इस बारे में पता होता है और तब भी जब पता नहीं होता है।

आप यह सोचते होंगे कि आप एक बहुत सकारात्मक, आशावादी एवं दृढ़ संकल्प वाले व्यक्ति हैं और आप पर किसी चीज़ का प्रभाव नहीं पड़ता। पर कोई भी सहयोगियों एवं उनकी बातचीत से होने वाले प्रभावों से मुक्त नहीं होता है। यह प्रभाव तुरंत न भी दिखें तो फिर भी एक समय के बाद दिखने लगेंगे।

ख़राब लोगों की संगत या कम सपने देखने वालों के बारे में एक दिलचस्प बात यह है कि ये बहुतायत में मौजूद होते हैं और आसानी से पाए जाते हैं। तो इस बात की काफ़ी संभावना है कि अगर आप सबसे अच्छा लोगों को खोजने के लिए गंभीर रूप से कोशिश नहीं करेंगे तो आप ऐसे लोगों से घिर जाएंगे जो आपको नीचे खींचते रहते हैं।

पर अगर आप पहले से ज़्यादा तेज़ जाना चाहते हैं, तो बड़े सपने देखने वाले और आगे बढ़ने वाले लोगों के सान्निध्य में रहें : जिन लोगों से आप प्रभावित हैं, जो आपके रोल मॉडल हैं, और वे जानते हैं कि वे कहां जा रहे हैं और किस लक्ष्य की ओर बढ़ रहे हैं। ऐसे लोगों को देखें जो इंडस्ट्री में सर्वोत्तम हैं, और वह उस जगह पर पहुंचे हुए हैं, जहां आप जाना चाहते हैं। कभी-कभी सही लोग आपको आगे बढ़ाने के लिए खींचते हैं और इसमें तकलीफ़ भी होती है, पर यह भी आगे बढ़ने के संकेत हैं। ऐसे समय में धैर्य रखें और नई ऊंचाई के मज़े लें। उनके साथ जुड़े रहें और वापस पुरानी संगति में मत जाएं। उन्हें भोजन के लिए आमंत्रण दें, उनके बीच कोई भी काम करने का मौक़ा मिले तो स्वेच्छा से करें, हर वह अवसर पाने की कोशिश करें जिससे उनके साथ समय बिता सकें। मैंने व्यक्तिगत रूप से यह देखा है, जो लोग इंडस्ट्री में उच्चतम स्थान पर होते हैं, वे लोगों के गुरु बनके उन्हें गाइड करने के लिए तैयार रहते हैं। वे अधिकतर अपनी सफलता के राज़ के बारे में सबको बताना चाहते हैं और अन्य लोगों को भी आगे बढ़ते हुए देखना पसंद करते हैं। पर वो आपको तभी सिखाएंगे अगर वो आपको पसंद

करेंगे। इसलिए सच्चे बनें, ख़ूब मेहनत करें, अपने काम के लिए उत्साही बनें, फिर सही लोग आपको ख़ुद ही पहचान लेंगे। आप अपने चुने गए फ़ील्ड में और अपनी ज़िंदगी में जितने अच्छे बनते जाएंगे, उत्कृष्टता की ओर पहुंचने के आपके मौक़े भी बढ़ते जाएंगे।

हर फ़ील्ड में सफलता पाने के वही मौलिक सिद्धांत होते हैं। दूसरे क्षेत्र के बड़े लोग भी आपको सिखा सकते हैं कि अपने क्षेत्र में कैसे सबसे अच्छा हुआ जाए। अन्य क्षेत्र के सर्वोत्तम लोगों से भी सीखने के लिए तैयार रहें। नेटवर्क मार्केटिंग के बिज़नेस में सही संगति ख़ुद-ब-ख़ुद आती है - सभी कार्यक्रमों में शामिल होकर, सही किताबें पढ़कर, सही ऑडियो/वीडियो कार्यक्रमों को सुनकर-देखकर और अपने सक्रिय अपलाइंस से निरंतर संपर्क में रहकर। इसलिए जब भी आपको सही लोग मिलें, उनके साथ जुड़े रहें, और शीर्ष पर पहुंचने का रास्ता बनाएं। यह याद रखें कि आपकी संगति आपकी क़िस्मत निर्धारित करती है।

ग़लत कंपनी घातक है

मैं बिना नाम बताए, अपनी टीम के कुछ ज़बरदस्त सहकर्मियों के बारे में बताऊंगा जो बहुत जल्दी आगे बढ़े और थोड़े ही समय में उन्होंने बड़ा पैसा कमाया। फिर अचानक हमारी टीम को छोड़ दिया और आज कंपनी छोड़ने के कई सालों के बाद भी ज़िंदगी जीने के लिए संघर्ष कर रहे हैं। जब मैंने इस संदर्भ में और ज़्यादा समझने की कोशिश की, कि क्यों लोगों ने अपने करियर के शीर्ष पर काम छोड़ दिया, तो उनमें से अधिकांश मामलों में मैंने पाया कि हमारी कंपनी छोड़ने के 3-6 महीने पहले, उन्होंने कुछ ग़लत लोगों से दोस्ती करनी शुरू की, और उन लोगों के संपर्क से उनके दिमाग़ के विचार दूषित होते गए और उन्होंने यह ग़लती कर दी। मैं अपनी सभी ट्रेनिंग में बार-बार यह सलाह देता हूं कि अपनी संगति का सावधानी पूर्वक चयन करें। इसमें आपके फ़ेसबुक फ़्रेंडस भी शामिल हैं।

आप उन पांच लोगों का औसत हैं जो आपके सबसे ज़्यादा नज़दीकी हैं।

- जिम रॉन

4. लिखित लक्ष्य की शक्ति

स्पष्ट एवं लिखित लक्ष्य के साथ काम करने वाले लोग, कम समय में इतना ज़्यादा हासिल कर लेते हैं जितना बिना लक्ष्य के साथ काम करने वाले लोग सोच भी नहीं सकते।

- ब्रायन ट्रेसी

साधारणतः, लक्ष्य वे सपने हैं जिनकी एक समय सीमा है। जहां सपने आपके दृष्टिकोण और जीवन में आपके लक्ष्य से पनपते हैं, लक्ष्य उन सपनों को अविलंब पूरा करते हैं।

लक्ष्य हमारे सपनों की यात्रा तक पहुंचने के लिए मील के पत्थर की तरह हैं। आप लक्ष्य को अपने गंतव्य तक पहुंचने के लिए आगे बढ़ाने वाले सिस्टम की तरह प्रयुक्त कर सकते हैं। लक्ष्य हमेशा अल्पकालिक, मध्यकालिक व दीर्घकालिक होने चाहिए।

समय-सीमा के भीतर पूरे किए जाने वाले लक्ष्यों के प्रकार

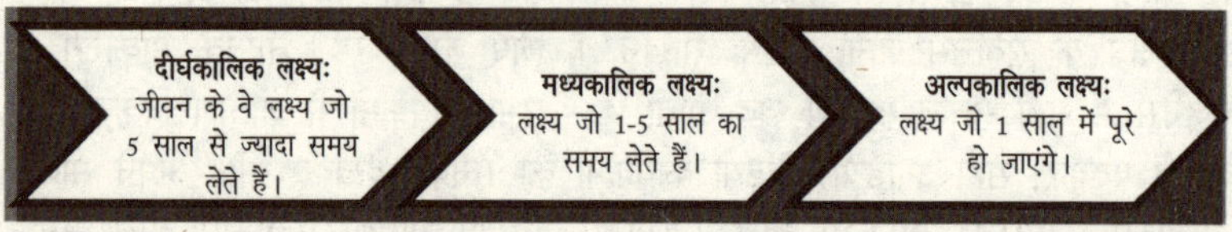

पहले अपने दीर्घकालिक लक्ष्य बना लें। यह लक्ष्य आपके सपनों, दृष्टिकोण एवं जीवन के लक्ष्य से प्रेरित होते हैं। एक बार अगर आपने अपने दीर्घकालिक लक्ष्य निर्धारित कर लिए तो आपकी दिशा और मंज़िल तय हो गई। अब आपको अपने लिए मील के पत्थर ख़ुद तैयार करने होंगे जो आप साल दर साल पूरे करेंगे जिससे आप अपने दीर्घकालिक लक्ष्य को पूरा कर सकें। ये आपके मध्यकालिक लक्ष्य हैं। अब अगला क़दम है कि आप अपने अगले 12 महीनों के लक्ष्यों की पहचान कर लें। अपने दीर्घकालिक, मध्यकालिक एवं अल्पकालिक उद्देश्यों को एक डायरी में या लैपटॉप में या अपने मोबाइल में अभी लिख लें और फिर आप आगे बढ़ने के लिए तैयार हैं।

स्मार्ट (SMART) लक्ष्य

अगर आपके लक्ष्य स्मार्ट हैं, तो उनके पूरा होने की संभावना बढ़ जाती है। आप आगे लिखे दिशा-निर्देशों का इस्तेमाल करके अपने लक्ष्य को स्मार्ट लक्ष्य में बदल सकते हैं। बहुत सारे लोग अपने लक्ष्य को पूरा नहीं कर पाते क्योंकि वह सिर्फ़ दिखावे के लिए ऊपरी तौर पर अपने लक्ष्य के लिए काम करते हैं, पर अगर आप इस पुस्तक के लिखे अनुसार काम करेंगे, तो आप निश्चित रूप से अपने लक्ष्य तक पहले की अपेक्षा ज़्यादा तेज़ गति से पहुंचेंगे।

निश्चित (Specific)	जितना संभव हो अपने लक्ष्य को परिभाषित करें। कौन, क्या, कहां, कब, क्यों, कैसे, आदि।
मापने योग्य (Measurable)	आपको कैसे पता चलेगा कि आपने लक्ष्य पा लिया है? क्या आप ट्रैक कर सकते हैं - आंकड़े, रुपया, समय, आदि।
पाने योग्य (Attainable)	संघर्षपूर्ण है पर असंभव नहीं। उपलब्धि के लिए समय सीमा भी सही होनी चाहिए।
प्रासंगिक (Relevant)	क्या यह लक्ष्य हासिल करके आप अपने दीर्घ कालीन लक्ष्यों एवं ज़िंदगी के मक़सद को पूरा कर पाएंगे?
समयबद्ध (Time bound)	आप कब तक अपने लिए इच्छित परिणाम चाहते हैं? नियत दिनांक महीना साल

आपका लक्ष्य जो भी हो, उसे ऊपर लिखे दिशा-निर्देशों के अनुसार स्मार्ट लक्ष्य की ओर परिणित करें और आप ज़िंदगी में जो भी पाना चाहते हैं उसके लिए स्मार्ट लक्ष्य ज़रूर बनाइए।

लिखित लक्ष्य :

> *उसे लिख लें। लिखित लक्ष्य अपनी इच्छाओं को अपनी ज़रूरत में बदलने का एक जरिया है, इससे 'ना', 'हां' में बदल सकती है, सपने, योजना में बदल सकते हैं और योजना सच्चाई में बदल सकती है। इसे सिर्फ़ सोचे नहीं, लिख भी लें।*
>
> **– माइकल कोरडा**

अपने लक्ष्य को परिभाषित करने के बाद, आपको उसे लिखना भी चाहिए। अपने लक्ष्यों को एक नोट बुक में या डायरी में, खुले पन्नों में या लैपटॉप में या स्मार्टफ़ोन में या पसंदीदा मोबाइल एप में लिख लें। सीधी-सी बात यह है कि आपके लक्ष्य लिखे होने चाहिए।

मार्क मैकक्रॉरमैक द्वारा लिखी एक पुस्तक है - *वाट दे डोंट टीच यू एट हार्वर्ड बिज़नेस स्कूल,* उसमें इस बात का उल्लेख किया गया है कि 1979 में एक स्टडी हुई थी, जिसमें पास किए गए विद्यार्थियों से पूछा गया, "क्या आपने अपने भविष्य के लिए लिखित लक्ष्य एवं उन्हें पूरा करने के लिए प्लान बना लिए हैं?" उनके जवाब कुछ इस प्रकार थे :

✓ 3% लोगों के पास लक्ष्य एवं प्लान थे।

✓ 13% लोगों के अपने लक्ष्य थे पर वह लिखे हुए नहीं थे।

✓ 84% लोगों के कुछ निश्चित लक्ष्य ही नहीं थे।

दस साल बाद, जिन तीन फ़ीसदी लोगों ने पास लिखित लक्ष्य और प्लान थे वह औसतन अन्य 97 फ़ीसदी की कुल आय से दस गुणा ज़्यादा कमा रहे हैं।

सिर्फ़ अपने लक्ष्यों को लिखने मात्र से उन्हें निश्चित रूप से पाने की संभावना में कई गुणा सुधार लाया जा सकता है। अपने लक्ष्यों को हमेशा लिखा करें। अपने परिवार को अपने लक्ष्य प्राप्ति में शामिल करें। आपके पति/पत्नी और बच्चे आपकी टीम का हिस्सा हैं और अपने लक्ष्य को पूरा करने में उनका सहयोग ज़रूरी है। अपना लक्ष्य बनाते समय उन्हें साथ में शामिल करें। वे जितना हो सकता है आपकी मदद करेंगे और जिस समय आप घर से बाहर हैं और अपने लक्ष्य के लिए काम कर रहे हैं, तो वह समझेंगे कि आप सिर्फ़ अपने लिए काम नहीं कर रहे हैं, आप पूरे परिवार के लिए काम कर रहे हैं। इससे आपको अपनी ज़िंदगी में संतुलन बनाने में भी मदद मिलेगी।

एक बार जब आपने अपने लक्ष्य लिख लिए, उसमें थोड़ी जान (SPARK) लेकर आइए। यह स्पार्क आपको उन्हें और जल्दी पूरा करने में मदद करेगा।

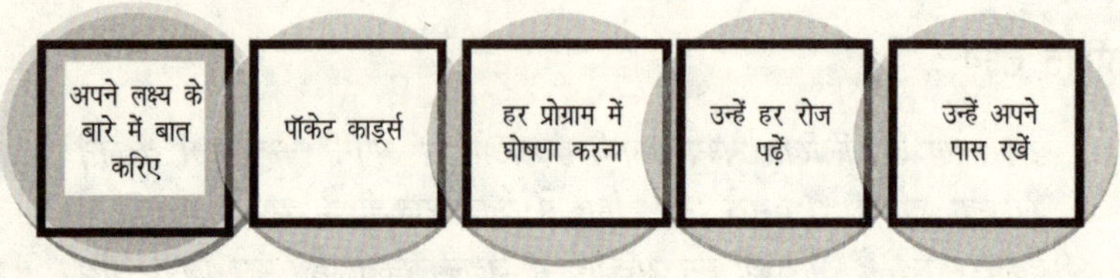

स्पार्क (SPARK) बहुत आसान है :

1. अपने लक्ष्य के बारे में बात करिए (Speak your goals) - चाहे आप अकेले हो या सबके बीच, अपने लक्ष्य के बारे में हमेशा बात करें।
2. अपने लक्ष्य को 2X4 व 3X5 साइज के पॉकेट काड्र्स (Pocket cards) में लिखें और उसे अपने साथ रखें। जहां भी आप घूमने या काम करने के लिए जाते हैं।
3. आपको जब भी लोगों से बात करने का मौक़ा मिलता है, उन्हें हर प्रोग्राम में अपने लक्ष्य के बारे में बताएं (Announce in every programme)। चाहे वह कोई बड़ा कार्यक्रम हो या घर की कोई मीटिंग है या आप किसी से आमने-सामने बैठ कर बातचीत कर रहे हों, हर जगह अपने लक्ष्य के बारे में बताएं। ऐसे लोगों के साथ हर कोई रहना पसंद करता है जिसे पता कि वह ज़िंदगी में किस तरफ़ जा रहा है। आप जब अपने लक्ष्य के बारे में बताते हैं। तो इससे आपका स्वयं के प्रति भरोसा एवं दृढ़ विश्वास झलकता है।
4. अपने लक्ष्य को रोज़ पढ़ें (Read your goals daily) - अपने दिन की शुरुआत एवं अंत अपने लक्ष्य को पढ़ कर करें। इससे आपके सचेत मन से आपके अवचेतन मन में आपके लक्ष्य जाते रहेंगे, और आपका अवचेतन मन, जो आपके चेतन मन से ज़्यादा प्रभावी है, अपने लक्ष्य को पूरा करने के लिए और काम करेगा।
5. अपने लक्ष्य को अपने आस-पास रखें (Keep your goals around you) - पोस्टर्स बनाएं और उन्हें जहां-जहां हो सकता है चिपकाएं चाहे अपने घर में या अपने स्टडी रूम में या काम करने वाली जगह पर। उसे अपनी कंप्यूटर स्क्रीन या मोबाइल के होम स्क्रीन या वाट्स एप का डीपी या तो चाहें फ़ेसबुक प्रोफ़ाइल बनाएं। उसे हर तरफ़ देख कर आपको अपने लक्ष्य के प्रति विश्वास और मजबूती मिलेगी और इससे यह आपके अव चेतन मन में भी जगह बना पाएगा।

निर्णायक लक्ष्य

अब मैं आपको लक्ष्य प्राप्ति के अगले लेवल में ले जाऊंगा जिसे निर्णायक लक्ष्य कहते हैं। जब आप अपने लक्ष्य तय कर ही रहे हैं, तो क्यों ना निर्णायक लक्ष्य तय किए

जाएं। वह लक्ष्य जिससे आप बहुत बेहतर बन सकते हैं और उन्हें पूरा करने के दौरान आप एक अलग एवं कमाल के इंसान बन जाएंगे। ऐसे लक्ष्य जो आपको हमेशा के लिए आज़ाद कर देंगे, लक्ष्य जिन्हें एक बार पा लिया जाए तो आप दुनिया को जिस नज़र रो देख रहे हैं, वह नज़रिया बदल जाएगा, यह लक्ष्य इतने बड़े हो कि एक बार उन्हें पा लिया जाए, तो आपकी ज़िंदगी पहले की तरह नहीं रहेगी।

एक डिक्शनरी के अनुसार, निर्णायक लक्ष्य वे लक्ष्य हैं, जिन्हें एक बार पा लिया जाए, तो वे आपकी ज़िंदगी या आपकी कंपनी की स्थिति को हमेशा के लिए बदलकर रख देते हैं। ये आपको गुमनामी से बेशुमार प्रसिद्धि तक ले आते हैं, ये आपके लिए वह दरवाज़े खोल देते हैं, जो पहले बंद थे, यह आपको चोटी के 1% अचीवर्स की श्रेणी में ले आते हैं और अचानक आप वह व्यक्ति बन जाते हैं जिसकी सब जगह चर्चा हो रही होती है। निर्णायक लक्ष्य प्राप्ति की सबसे अच्छी बात जो मुझे लगती है वो यह नहीं है जो लक्ष्य प्राप्ति से आपको मिलता है पर आप इस सफ़र के दौरान जो बन जाते हैं वो बेमिसाल है। जब आप एक सफल लक्ष्य प्राप्त करने की दिशा में काम करते हैं, तो आपको अपने जीवन के सभी क्षेत्रों में खुद को पूरी तरह से बदलना होगा। आपको उन लक्ष्यों को प्राप्त करने के लिए एक बड़े परिवर्तन के मार्ग से जाना होगा, और यह कमाल है।

जब आप नेटवर्क मार्केटिंग के बिज़नेस में हैं, तो मैं आपको गारंटी दे सकता हूं कि आप जिस भी चीज़ पर निगाह डालते हैं उन सारी चीज़ों को आप हासिल भी कर सकते हैं। नेटवर्क मार्केटिंग उद्योग के पास लोगों को सफलता एवं निर्णायक सफलता दिलवाने का कई दशकों का प्रमाण है। नेटवर्क मार्केटिंग में इस बात से कोई असर नहीं पड़ता कि आप कौन हैं, आपने अभी तक क्या हासिल किया है, आदि। फ़र्क़ सिर्फ़ इस बात से पड़ता है कि क्या आपके पास कोई सपना है और क्या आप अपने सपनों के लिए सिस्टम के तहत काम करने को तैयार हैं। अब आगे बढ़ने का समय आ चुका है। अब बड़ा सोचने का समय आ चुका है। अब आप कुछ बड़े, बोल्ड और ज़िंदगी बदल देने वाले लक्ष्य बनाएं और उनकी तरफ़ काम करना शुरू कर दें। आप क्यों नहीं शुरू करते, और अभी क्यों नहीं। जब आप अपने लक्ष्य पा लें तो मुझे ज़रूर कुछ लिखें। मैं आपकी कहानी सुनना चाहूंगा।

अविश्वसनीय लक्ष्यों से आपकी छिपी शक्तियां सामने आती हैं

मुझे मई 2006 में बिज़नेस शुरू करने के लिए आमंत्रित किया गया था पर मैंने इसे जून 2007 में शुरू किया। मुझे इस बात का हमेशा अफ़सोस था कि मैं 13 महीने पीछे रह गया। इसकी भरपाई करने करने के लिए मैंने एक ज़बरदस्त, असंभव-सा प्रतीत होने वाले लक्ष्य बनाया कि मैं 3 महीने में एक ख़ास लेवल हासिल करूंगा। एक ऐसा लेवल जिसे कंपनी के 99 फ़ीसदी लोग

कभी छू भी नहीं पाते और जो वहां पहुंचते हैं उन्हें इसके लिए 3-5 साल लगते हैं। मैंने धुआंधार तरीक़े से एक दिन में 16-18 घंटे प्रेजेंटेशन्स दिखाए। मैं नौकरी पर भी जाता था और मुझे अभी-अभी पहली संतान की प्राप्ति हुई थी। पर उन तीन महीनों में, मुझे ख़ुद यह नहीं पता कि मैंने कब खाया और क्या खाया। मैं कार में सोया, तो कभी ऑफ़िस कॉन्फ्रेंस टेबल पर। मैं अपनी ऑफ़िस मीटिंग में भी सोते हुए पकड़ा गया क्योंकि मैं पूरी रात काम कर रहा था। मैं 500 किमी की दूरी तय करके सिर्फ़ एक प्रेजेंटेशन देने के लिए जाता था। वो एक पागलपन और जुनून था। मुझे यह नहीं पता कि यह कैसे हुआ और मुझमें वह शक्ति कहां से आई, पर 14 हफ़्ते के भीतर मैंने उत्तर भारत में यह रिकॉर्ड क़ायम किया। जब मैं पीछे देखता हूं तो मुझे लगता है कि यह मेरे लक्ष्य की ही शक्ति थी। अविश्वसनीय लक्ष्य हमारे भीतर छुपी सर्वोत्तम क्षमता को बाहर निकालते हैं जो शायद अन्यथा कभी बाहर नही आती।

हमारे लाइव इवेंट - नेटवर्क मार्केटिंग मिलियनेयर्स एकेडमी के दौरान, हम आपके लक्ष्यों को परिभाषित करने के लिए बहुत सारे अभ्यास करते हैं और प्रत्येक प्रतिभागी एक अनुकूलित कार्य योजना के साथ वापस जाता है।

हम में से अधिकांश लोगों के लिए सबसे बड़ा ख़तरा, ऊंचे ख़्वाब देखना और उन्हें पूरा न कर पाना नहीं है, ख़तरा है छोटे सपने देखना और उन्हें पा लेना।

– माइकल एंजेलो

5. बड़ी उम्मीदों की शक्ति

लोगों से बड़ी उम्मीदें रखें और वास्तव में रखें। वह आपकी उम्मीदों पर खरा उतरने के लिए सब कुछ करेंगे।

– दीपक बजाज

जीवन में सब कुछ उम्मीदों से ही शुरू होता है। आप इस बिज़नेस में इसलिए आए क्यों कि आप अपनी ज़िंदगी से कुछ बड़ा करने की उम्मीदें रखते हैं। आप इस बिज़नेस को करते रहेंगे जबकि काफ़ी लोगों ने इसे छोड़ दिया क्योंकि आपको लगता है कि यह बिज़नेस आपके बड़ी-आशाएं एवं सपने पूरे करेगा। इसलिए स्वयं से बड़ी उम्मीद करें, ज़िंदगी से बड़ी उम्मीद करें, भगवान से बड़ी उम्मीद करें और दुनिया से भी। हर मीटिंग से बड़ी उम्मीद रखें। हर सहयोगी से बड़ी उम्मीद करें। हर प्रोग्राम में भी बड़ी उम्मीद करें। जब भगवान ने भी आपको चुनने की शक्ति दे रखी है, तो क्यों न बड़े की ही उम्मीद करें।

मैंने बार-बार यह देखा है कि लोग उनसे की गई अपेक्षाओं पर खरा उतरने की कोशिश करते हैं। जब आप लोगों से बार-बार यह कहते हैं कि वो यह कर सकते हैं और जो चाहें हासिल कर सकते हैं, धीरे-धीरे वह आपकी अपेक्षाओं पर विश्वास करने लगते हैं और उन पर खरा उतरने के लिए अपना सर्वोत्तम देते हैं। इसलिए यह हमेशा ही लाभदायक होता है कि बड़े की अपेक्षा करें।

बड़ी अपेक्षाएं आपके पूरे शरीर में दिखनी चाहिए, आपके चेहरे से, आपकी ऊर्जा से, आपके द्वारा प्रयुक्त शब्दों से, यहां तक कि आपके आस-पास की सभी चीज़ों से। आप में से दिन-रात, हर समय, बड़ी अपेक्षाओं की आभा निकले। हर कोई जो भी आपके पास से गुज़रे अपेक्षाओं से भरे आपके आभा मंडल से अछूता न गुज़रे। धीरे-धीरे आप अपने पास की चीज़ों को बदलता हुआ पाएंगे और इस रवैये में हुए बदलाव से आपकी ज़िंदगी पूरी तरह बदल जाएगी। ज़िंदगी से, बिज़नेस से या लोगों से बड़ी उम्मीदें, सकारात्मकता और आशावादी सोच का संकेत है और यही सारे गुण आपके बहुत सारे प्रशंसक बनाते हैं और इस कारण लोग आप से जुड़ते हैं।

तब क्या किया जाए, जब लोग आपकी अपेक्षाओं के अनुरूप काम नहीं करते? कृपया यह नोट करें कि आपकी टीम के हर व्यक्ति का प्रदर्शन एवं उसका काम, आप दोनों की अपेक्षाओं एवं कड़ी मेहनत का नतीजा होता है। अगर आप दोनों में से कोई एक कहीं पीछे रह जाता है, तो परिणाम इच्छानुसार नहीं आएंगे। आप लोगों के गुरु बन सकते हैं, उन्हें अच्छे-से-अच्छा समर्थन दे सकते हैं, आप अपनी सीमा से बाहर जाकर भी उनकी मदद कर सकते हैं पर अगर दूसरा व्यक्ति में सपने, समर्पण, कड़ी मेहनत करने या स्वयं से किसी प्रकार की कोई अपेक्षाएं ही नहीं हैं, तो सिर्फ़ आपकी अपेक्षाओं से सफलता नहीं मिलेगी। हर व्यक्ति से अच्छे की ही अपेक्षा करें, पर आप अपना समय एवं ऊर्जा उन लोगों पर केंद्रित रखें जो स्वयं से ज़्यादा उम्मीदें रखते हैं। कुछ लोग आपकी अपेक्षाओं के अनुसार आज काम नहीं कर रहे, पर याद रखें आपके बिज़नेस में समृद्धि आपसे एक क़दम दूर है और हमें नहीं पता हो कि कब किसका बिज़नेस और जीवन पलट सकता है। इसलिए अपनी आशाओं को हमेशा जीवित रखें।

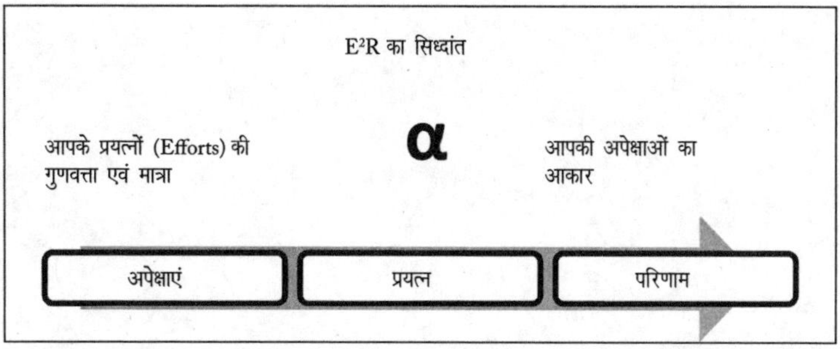

हज़ारों लोगों के साथ काम करने के अपने अनुभव से मैंने बेहतरीन परिणामों को पाने

के लिए एक प्रभावी तरीक़ा बनाया है, जिस मैं E^2R का नियम कहता हूं। किसी भी व्यक्ति द्वारा किए गए प्रयत्नों की गुणवत्ता एवं मात्रा उसकी अपेक्षाओं के सीधे आनुपातिक होती है, जो फलतः परिणामों को निर्धारित करती है।

आम तौर पर किसी काम के लिए हमारी प्रतिबद्धता और हमारे प्रयासों की गति, उस काम के परिणाम की हमारी अपेक्षा पर निर्भर करती है। अगर किसी काम पर से ज़ीरो परिणाम की उम्मीद है तो आप उसके लिए ज़ीरो प्रयत्न करेंगे, सामान्य परिणाम की उम्मीद के लिए सामान्य से प्रयत्न होंगे और बड़ी परिणाम की उम्मीदें हों तो आप अभूतपूर्व प्रयास करेंगे, जिससे अपार सफलता मिलेगी। आपकी अपेक्षाओं का आकार और अपनी अपेक्षाओं पर आपका विश्वास यह निर्धारित करेगा कि आप अपने लक्ष्य तक पहुंचने के लिए कितने प्रयास करेंगे। फिर आपकी कोशिशों की गुणवत्ता एवं मात्रा आपकी उपलब्धियों के आकार को निर्धारण करेगी। बड़ी उम्मीदों के साथ शुरू कीजिए और इससे हमेशा के लिए चीज़ें बदल जाएंगी। बड़ी आकांक्षाओं बड़े प्रयासों को जन्म देंगी और बड़े प्रयास अभूतपूर्व परिणामों को अंजाम देंगे।

12. संचार एवं रिश्ते

किसी रिश्ते में संचार, ज़िंदगी में ऑक्सीजन की तरह है, इसके बिना रिश्ते मर जाएंगे।

– टोनी गास्किन्स

अपलाइन एवं डाउनलाइन में बराबर संचार बिज़नेस का सर्वप्रथम अंग है। यह ऑक्सीजन की तरह है। हमारा बिज़नेस गतिशील है। हर व्यक्ति अलग है, हर मीटिंग भी अलग है और हमारे बिज़नेस में चीज़ें बहुत जल्दी बदलती हैं। अपलाइन एवं डाउनलाइन को हर समय पता रहना चाहिए कि टीम में एवं टीम के लोगों के साथ क्या हो रहा है। वही टीम बहुत अच्छे से बड़ी बनती है, जहां अपलाइन एवं डाउनलाइन आपस में हर रोज़ एक-दूसरे से बात करते हैं ख़ासकर बिज़नेस के पहले कुछ महीने। संचार किसी भी रिश्ते का आधार है और इससे रिश्ते एवं बिज़नेस दोनों ज़िंदा रहते हैं। हम किसी भी समय रिश्तों को शुरू कर सकते हैं और उन्हें आगे बढ़ा सकते हैं, पर वह तब एकदम ज़रूरी बन जाते हैं जब चीज़ें सही नहीं चल रही हों। मैंने यह अनुभव किया है कि जब समय कठिन हो, सबसे पहले वे लोग छोड़ कर चले जाते हैं, जिनके साथ रिश्ते सही नहीं चल रहे होते हैं और जिनसे कम बातचीत होती है। संचार बिज़नेस को मजबूत एवं स्थाई बनाता है।

पैसों से सुरक्षा नहीं मिलती, रिश्तों से मिलती है।

– टिम हैमिल्टन

अगर आप नेटवर्क मार्केटिंग से रिश्ते निकाल दें, तो यह सिर्फ़ सेल या बेचने का काम रह ज़ाएगा। इस बिज़नेस को रिश्ते ही इतना ख़ूबसूरत बनाते हैं। आपसी संबंध ही आपकी टीम को आपस में जोड़कर रखते हैं। यह गुण विकसित करें और आप देखेंगे कि आपका बिज़नेस आकाश छू रहा है। अपनी टीम के लोगों के साथ असली रिश्ते बनाएं। मैंने बहुत सारे मामलों में देखा है कि पहले रिश्ते बनते हैं और फिर उसके बाद वह व्यक्ति आपकी टीम का सदस्य बन जाता है। हर व्यक्ति अलग है और अनूठा है। उन सबके अपने अलग-अलग नीतियां, अनुभव और संघर्ष हैं। जब तक वह आप पर भरोसा नहीं करेंगे और आपसे एक अच्छा रिश्ता नहीं बनाएंगे, तब तक वह भलीभांति काम भी नहीं करेंगे।

रिश्ते बनाने में समय एवं प्रयास दोनों लगते हैं। इसके लिए संपर्क, भरोसा, इज़्ज़त, त्याग एवं वह सारे गुण चाहिए जो इस किताब में सफल नेटवर्क मार्केटर्स के

लिए लिखे गए हैं। लोगों को पहल दें, यह याद रखें कि व्यक्ति ही उत्पाद को बढ़ाते है न कि उत्पाद व्यक्ति को।

जब तक कोई यह नहीं जानता कि आप उनकी कितनी परवाह करते हैं,
तब तक उन्हें इस बात की परवाह नहीं कि आप कितना जानते हैं।

- थियोडोर रूज़वेल्ट

अपने लोगों की फ़िक्र करो और अपने रिश्ते संवारो। लोगों से बराबर संपर्क बनाए रखो। उनके घर जाओ। एक साथ त्यौहार मनाओ। उनके अच्छे एवं बुरे समय में उनके साथ खड़े रहो। टीम के एक सदस्य को संभालना, अभिभावक का अपने बच्चे को संभालने जैसा है। टीम के एक सदस्य को बनाना एक बच्चे को उसके शुरुआती दिनों में बड़े करने जैसा है और जल्दी ही यह रिश्ता एक पिता एवं जवान बेटे के बीच-सा हो जाता है। इस क्षमता को भी विकसित करें कि कब हस्तक्षेप करना है और कब स्थितियों को ऐसे ही चले जाने देना है। किसी के सम्मान को ठेस नहीं पहुंचनी चाहिए।

हमेशा एक सकारात्मक इमोशनल बैंक खाता (Emotional Bank Account) बनाए रखें - हम जब भी कोई अच्छा काम करते हैं तो उसका श्रेय 1 पॉइंट के रूप में हमारे इमोशनल बैंक अकाउंट में जमा हो जाता है और आप जब भी कुछ बुरा करते हैं तो आपके इस अकाउंट से 10 पॉइंट कम हो जाते हैं। आपको हमेशा यह सुनिश्चित करना होगा कि आपका बैंक अकाउंट सभी सहयोगियों के साथ हमेशा सकारात्मक कामों से भरा रहे।

लोगों को ऊपर उठाएं : एक ऊर्जा का स्रोत बनें। आशा एवं सकारात्मकता के प्रचारक बनें। आप लोगों को पहले से बेहतर बनाकर भेजें। नेटवर्क मार्केटिंग के बिज़नेस में हमारे एक मात्र संसाधन लोग हैं और हम जो भी करें, उन्हीं के साथ होते हैं। उनके साथ हर बातचीत हम पर उनका भरोसा, आशा, सकारात्मकता एवं विश्वास बढ़ाती है। हर बातचीत से आपको अपने सपने मजबूत करने और मुसीबत एवं नामंजूरी से निकलने में सहायता मिलती है। चाहे वह व्यक्तिगत बैठक हो या कोई फ़ोन कॉल, जिन भी लोगों से आप बात करते हैं उन पर अपनी सकारात्मकता का प्रभाव छोड़ें। लोगों की तारीफ़ करने की हर संभव कोशिश करें। जब भी लोगों से बात कर रहे हैं, उनका आकलन ना करें, उन्हें समझने की कोशिश करें।

यह याद रखें कि किसी रिश्ते को बनाना और उसका पालन करना एक कला है और इससे आपको ज़िंदगी में सब कुछ मिलेगा। आप इस कला में अभी जितने भी अच्छे हैं, पर इसमें और अच्छा बनने की संभावनाएं हमेशा लगी होती हैं। एक एक रिश्ता जोड़ते हुए अपना विकास करें।

अगर आप लोगों को आकलन करते रहेंगे, तो आपके पास उन्हें प्यार करने के लिए समय नहीं होगा।

- मदर टेरेसा

कोई भी परफ़ेक्ट नहीं है, न आप और न मैं। लोगों को प्यार करें। हर किसी में कुछ अच्छा देखें और उसे कहें। आपकी ज़िंदगी रुपयों एवं रिश्तों से अमीर बन जाएगी और दोनों ही ज़िंदगी भर चलते रहेंगे।

संबंध = लाभ एवं स्थिरता

मैंने अपने बिज़नेस के पहले ही दिन दो लड़कों को बिज़नेस में स्पॉन्सर किया था और उनमें से एक हैं गौरव मेहरा - गौरव एक शानदार इंसान हैं और उसने एक अग्रणी इंस्टीट्यूट से एमबीए किया है। गौरव मेरी कंपनी में क़रीब एक साल से काम कर रहे थे। हमारे बिज़नेस में वह सब कुछ सही कर रहा था, पर ना जाने क्यों उसका बिज़नेस लगभग दो साल तक सही नहीं चला। उनकी ज़िंदगी का टर्निंग पॉइंट तब आया जब उन्हें अपनी टीम के सबसे नए लीडरों से संवाद करने की शक्ति के बारे में महसूस हुआ। उसने टीम में सभी लोगों के साथ बातचीत करना शुरू किया, चाहे उसका कोई भी पद हो, स्थान हो या टीम हो आदि। फिर अगले 6 महीनों में उसका बिज़नेस ऐसा आगे बढ़ा कि उसने कभी पीछे मुड़कर नहीं देखा। संबंध किसी भी व्यवसाय का मुख्य तत्व है।

13. पर्सनल स्पॉन्सरिंग खेल परिवर्तक है

हर कोई अपना नेटवर्क मार्केटिंग करियर निजी स्पॉन्सरिंग से शुरू करता है। वो लोग जो इंडस्ट्री के शीर्ष पर पहुंचते हैं, वह पर्सनल स्पॉन्सरिंग का काम शुरू करने के बरसों बाद भी जारी रखते हैं।

– दीपक बजाज

अपनी निजी सूची में से नए लोगों को बिज़नेस में शामिल करना पर्सनल *स्पॉन्सरिंग* है। पर्सनल स्पॉन्सरिंग इस बिज़नेस की शुरुआत है और सभी इस बिज़नेस को निजी/पर्सनल स्पॉन्सरिंग से शुरू करते हैं। निजी स्पॉन्सरिंग के लिए आपको लोगों से मिलना होता है। उन्हें प्लान दिखाकर पैसों की बात करनी होती है। चूंकि इस बिज़नेस में नामंज़ूरी एवं उपहास की भी संभावना होती है, इसलिए लोग पहले पहल निजी स्पॉन्सरिंग में झिझकते हैं, और जिन लोगों ने पहले यह कर रखा है, वह दूसरी बार फ़िर से नहीं करना चाहते। इसलिए, जैसे ही टीम में 2-6 लोग हो जाते हैं, अधिकांश डिस्ट्रिब्यूटर्स अपनी टीम संभालने लगते हैं और उन पर पूरी तरह निर्भर हो जाते हैं। यह निर्भरता बहुत ही ख़तरनाक है क्योंकि तब आपका बिज़नेस 2-6 लोगों की मनोदशा पर आश्रित हो जाता है। इससे आप बिज़नेस में अपना कंट्रोल खो देते हैं और इससे टीम में ग़लत संदेश जाता है।

जब लोग नेटवर्क मार्केटिंग बिज़नेस शुरू करते हैं, पूरी दुनिया उनकी टीम होती है। जब टीम में 4-5 लोग हो जाते हैं, यही टीम उनकी दुनिया बन जाती है।

– दीपक बजाज

अगर आप एक मजबूत और हमेशा बढ़ने वाला बिज़नेस स्थापित करना चाहते हैं जो आपको पीढ़ी दर पीढ़ी अच्छी आमदनी देता रहे, तो आपको पर्सनल स्पॉन्सरिंग की आदत बनानी होगी। 1% से भी कम लोग इस कौशल को विकसित कर पाते हैं और वो अपनी कंपनी में शीर्ष स्थान पर पहुंच जाते हैं और बेशुमार इज़्ज़त, आय, मान-सम्मान और शानदार जीवनशैली का आनंद लेते हैं। एक बार सोचिए अगर आप इस कला को सीख गए तो पूरी ज़िंदगी आप इस बिज़नेस में शीर्ष पर रहेंगे। पर्सनल स्पॉन्सरिंग के 8 मुख्य फ़ायदे हैं।

1. यह बहुत ही फ़ायदेमंद है। दुनिया भर के सभी नेटवर्क मार्केटिंग प्लान्स में, अपनी पर्सनल स्पॉन्सरिंग से ज़्यादा लाभ होता है। अपने द्वारा स्पॉन्सर किए गए सारे नए

लोगों को एक योजनाबद्ध तरीक़े से अपनी टीम में सही विड्थ (फैलाव) और डेप्थ (गहराई) में लगाने से आपको ज़्यादा आय मिलती है और रैंक में वृद्धि होती है।

2. इससे टीम में काम करने का सही माहौल बनता है। इस बिज़नेस में हम अपने कोई अनुयायी नहीं बनाते, हम लीडर बनाते हैं। जब आप किसी को लीडर बनाते हैं, तो फिर वहां से अपने को थोड़ा दूर कर लीजिए और लीडर को ही अपनी टीम संभालने दीजिए। जब आप पर्सनल स्पॉन्सरिंग नहीं कर रहे होते हैं, तो आपके पास करने के लिए बहुत काम नहीं होता है और आप अपने ही लोगों के पीछे पड़े रहते हैं। जब आप पर्सनल स्पॉन्सरिंग कर रहे होते हैं तो आप नई टीम बनाते हैं और अपने पुराने सहयोगियों को थोड़ी आज़ादी देकर उन्हें एक बेहतर लीडर के रूप में विकसित होने देते हैं। इसलिए पर्सनल स्पॉन्सरिंग से काम का सही माहौल बनता है और इससे व्यक्ति सही प्रकार के काम करने में व्यस्त रहता है।
3. आपको अपने बिज़नेस में स्थिरता तब मिलती है, जब अलग-अलग स्थानों से, एक ही समय में आपकी कई टीमें एक साथ काम कर रही होती हैं। आपकी पर्सनल स्पॉन्सरिंग एक नई पर्सनल टीम बनाने के लिए सबसे आसान रास्ता है जिससे आपके बिज़नेस में स्थिरता आती है।
4. यह गति देता है : जब आपकी नई पर्सनल टीम होती है और आपके प्रयासों के साथ वह कमाल करने लगती है, तो इससे आपकी पूरी टीम को प्रेरणा मिलती है कि वह और उत्पादकता पूर्ण काम करें और पूरे संस्थान में एक सही गति लेकर आए। लगातार निजी स्पॉन्सरिंग की संस्कृति से आपके बिज़नेस में तीव्रता आने की गारंटी होती है।
5. मुझे पक्का विश्वास है कि आप अपनी टीम में सर्वश्रेष्ठ होंगे। अगर आप किसी को निजी रूप से स्पॉन्सर कर रहे हैं, तो आप उस व्यक्ति को एक कुशल नेता के रूप में विकसित करेंगे, क्योंकि वहां आप उनके रोल मॉडल होंगे और वह सीधे आपकी कॉपी बनना चाहेंगे। अगर आपके निजी व्यक्तित्व का प्रभाव आपके बहुत सारे डिस्ट्रिब्यूटर्स पर पड़ेगा, तो इससे आपकी टीम काफ़ी उत्पादक एवं क्षमतावान होगी।
6. हर बार जब आप कोई निजी स्पॉन्सरिंग करते हैं तो आप एक बार फिर एक नए डिस्ट्रिब्यूटर की ज़िंदगी को फिर से जीते हैं। इससे आप बिज़नेस से बुनियादी तौर पर जुड़े रहेंगे। इससे आपके बिज़नेस को जीवन भी मिलेगा। आप जब-जब स्टेज पर खड़े होकर फ़ील्डवर्क से संबंधित बात करेंगे, तो आपकी बातों का लोगों पर जादुई प्रभाव पड़ेगा। आप इस बिज़नेस में किसी भी चीज़ से नहीं डरेंगे और इससे आपमें भी एक नए स्तर का आत्मविश्वास एवं आशावाद भर जाएगा।
7. किसी व्यक्ति को कोई चीज़ सिखाने का सबसे अच्छा तरीक़ा है कि उस स्थिति को ख़ुद जीना। जब आप स्वयं निजी स्पॉन्सरिंग करते हैं, तो इसका व्यापक प्रभाव पड़ता है जिससे आपकी टीम के सारे लोग पर्सनल स्पॉन्सरिंग करनी शुरू कर देते

हैं। इससे आपकी टीम में सही माहौल तैयार होता है और कुछ हफ़्तों या महीनों में आप अपनी टीम के भीतर अविश्वनीय उन्नति देखेंगे।

8. हर नया व्यक्ति अपने साथ नई ऊर्जा एवं नई आशाएं लेकर आता है, तो हमारे साथ जितने नए लोग होंगे, उतनी ज़्यादा ऊर्जा एवं आशाएं साथ में होंगी। आप तभी प्रशिक्षण दे सकते हैं, जब आपके पास व्यक्ति हैं, और संस्थान में निजी स्पॉन्सरिंग से ही और लोगों को लाया जा सकता है।

निजी स्पॉन्सरिंग का संबंध हमारे रवैये एवं विश्वास से है। अगर आप धीरे-धीरे अपने विश्वास को बेचने से बांटने में और फिर बांटने से सेवा में बदलते हैं, तो आप स्वयं आश्चर्य में पड़ जाएंगे कि आप क्या-क्या कर सकते हैं।

– दीपक बजाज

अगर आपको पर्सनल स्पॉन्सरिंग मुश्किल लगती है, तो विश्वास मानिए सभी को यह मुश्किल ही लगती है इसलिए अधिकांश लोग इससे दूर ही रहना चाहते हैं पर टॉप के अचीवर्स इसे फिर भी करते हैं। यह वास्तव में अपने डर पर विजय पाना है और धीरे-धीरे यह आदत बन जाती है। अन्य आदतों की तरह निजी स्पॉन्सरिंग भी एक सीखने वाली कला है और अगर आपने कुछ हफ़्तों तक यह कर ली, तो यह एक आदत बन जाएगी। अगर आप कम से कम एक नए व्यक्ति की हर हफ़्ते या एक पखवाड़े में निजी स्पॉन्सरिंग कर रहे हैं तो इससे बिज़नेस में आगे बढ़ने की अनगिनत संभावनाएं बढ़ जाएंगी।

वही लोग इस बिज़नेस को सबसे पहले छोड़ देते हैं, जो निजी स्पॉन्सरिंग नहीं कर पाते।

– दीपक बजाज

अगर आप या आपकी टीम का कोई व्यक्ति इस बिज़नेस में स्वयं को रुका हुआ महसूस करता है, या बिज़नेस धीमा चल रहा है तो निजी स्पॉन्सरिंग को बढ़ा दें, आपका बिज़नेस बहुत तेज़ी से वापस उठने लगेगा। यह एक लत की तरह है, एक बार आप यह करने लग जाएं, तो इसे रोक नहीं सकते। हमेशा अच्छे लोगों की तलाश में रहा कीजिए।

अगुवाई करने का अर्थ इतनी तेज़ दौड़ना है कि आप अपने लोगों से काफ़ी आगे रहें।

– एसएम स्टथलग

पर्सनल स्पॉन्सरिंग करके अपने बिज़नेस को नए मुक़ाम पर लेकर जाएं। हर छह महीने में एक महीने निजी स्पॉन्सरिंग करें, जहां उस महीने 20-30 लोगों को स्पॉन्सर करें।

फिर बचे पांच महीनों में आप इन्हें सिखा कर अचीवर्स बना सकते हैं और अपने जैसा बना सकते हैं। मेरा विश्वास कीजिए पर्सनल स्पॉन्सरिंग इस बिज़नेस में सबसे सशक्त एवं उच्चतम लाभ देने वाली प्रक्रिया है। इसे कम से कम तीन साल तक करते रहें और जब तक हो सके इसे चालू रखें, इससे आप अपने बिज़नेस के राजा बन जाएंगे।

निजी स्पॉन्सरिंग एक मानसिक गेम है

एक समय मेरा बिज़नेस स्थिर था पर मेरी आय पर्सनल स्पॉन्सरिंग की कमी के कारण नहीं बढ़ नहीं रही थी। मैं एक कॉन्फ्रेंस में गया था और वहां मुंबई से संकेश वायल नामक एक ऐसे लीडर से मेरी बात हो रही थी, जिन्हें मैं बहुत पसंद करता हूं। उस समय मुझे इस बात का अहसास हुआ कि चूंकि मेरी आय बढ़ नहीं रही थी, इसलिए मैं अब तक पर्सनल स्पॉन्सरिंग को एक सज़ा के तौर पर लेता था। पर सच्चाई यह है कि अगर मैं सर्वश्रेष्ठ हूं और मैं लोगों को अपने साथ काम करने के अवसर नहीं दे रहा, तो वे किसी और के पास जाने के लिए मजबूर हो जाएंगे, जो उन्हें शायद मेरी तरह मदद नहीं कर पाएंगे, इसलिए यह मेरा कर्तव्य है कि मैं उन लोगों को सपोर्ट करूं। मैंने यह महसूस किया कि पर्सनल स्पॉन्सरिंग कोई सज़ा नहीं है, यह लोगों की ज़िंदगी में खुशी एवं संपन्नता लाने का एक तरीक़ा है। आज मैं निजी स्पॉन्सरिंग का मास्टर हूं और मैं निरंतर निजी तौर पर लोगों को स्पॉन्सर करता हूं और हर सप्ताह में कम से कम एक नए सहभागी को स्पॉन्सर करता हूं और उनके साथ काम करता हूं। मुझे इससे प्यार है और इसमें मुझे बहुत मज़ा आता है।

14. गहरी नींव

किसी इमारत की ऊंचाई उस इमारत की नींव एवं मजबूती के सीधे आनुपातिक होती है।

अगर आप ऊंची एवं ख़ूबसूरत बिल्डिंग बनाना चाहते हैं, तो उसके लिए आपको उसकी एक मजबूत एवं गहरी नींव रखनी होगी। उसी तरह जब आप एक बड़ा बिज़नेस बनाना चाहते हैं, जो आपको एवं आपके परिवार को तथा आने वाली पीढ़ियों के लिए लगातार एक स्थाई और हमेशा बढ़ते रहने वाली आय का स्रोत हो, तो आपको उसका निर्माण मजबूती एवं गहराई की एक सही नींव के साथ करना होगा।

गहरी नींव बिज़नेस के विकास की एक योजनाबद्ध प्रक्रिया है, जहां हम एक ही लाइन में एक के नीचे बहुत सारे लीडर की टीमें तैयार करते हैं जो एक मज़बूत लाइन ऑफ़ स्पॉन्सरशिप बन जाती है जिसमें सभी लोग स्वतंत्र होते हुए आपस में जुड़कर काम करते हैं। ये सारे लीडर अपनी अलग-अलग टीम को संभालते हैं और साथ में एक दूसरे से जुड़े रहकर एक मजबूत, स्थाई और हमेशा आगे बढ़ने वाला एक संस्थान बनाते हैं। गहरी नींव करने का उद्देश्य विभिन्न टीमों को एक-दूसरे के नीचे इस प्रकार काम कराना है कि सभी टीम लीडर एक-दूसरे से जुड़े रहें और साथ में आप से भी।

गहरी नींव के चार प्रमुख फ़ायदे हैं – स्थायित्व, तीव्र गति, सुरक्षा एवं सही डुप्लिकेशन।

स्थायित्व एवं तीव्र गति : आपके काम में उच्चतम स्तर का स्थायित्व तब आएगा जब आपके पास बहुत सारी टीम एक-दूसरे के नीचे काम कर रही होंगी। ये टीमें स्वतंत्रता से काम करते हुए एक-दूसरे से जुड़े हुए संस्थान के रूप में काम करेंगी। जब यह सारी टीमें एक साथ काम करना शुरू करती हैं, तो आपकी टीम रफ़्तार पकड़ लेती है। चूंकि ये सारी टीमें स्पॉन्सरशिप की एक लाइन में काम करती हैं, और एक-दूसरे के साथ जुड़ी रहती हैं, अगर कुछ टीमें तेज़ी से काम नहीं भी करतीं, तो वह अन्य टीमों को काम करते देख अपना सर्वोत्तम देने लगती हैं। मैंने देखा है कि हर टीम का अपना अच्छा एवं बुरा समय दोनों होता है। अगर कोई एक टीम कम काम कर रही है, तो आप उन्हें अन्य ग्रुप की तीव्रता के साथ मिलाकर उन्हें फिर से ऊपर ला सकते हैं। अगर आपने पुस्तक में दी गई सलाह के अनुसार सही तरीक़े से नींव रखी है, तो आपके बिज़नेस में पूरे साल तीव्रता रहेगी।

सुरक्षा एवं सही प्रतिरूप : चूंकि आपका हर टीम से एक व्यक्तिगत संबंध है और आप दैनिक रूप से उनकी असली सच्चाई भी जानते हैं, इसलिए आप हर टीम के

व्यक्तिगत विकास के लिए समय रहते कार्रवाई कर सकते हैं, जिससे टीम में आपकी पकड़ मजबूत बनी रहती है और बिज़नेस सुरक्षित रहता है। चूंकि आप अपनी सारी टीम और उसके सारे बड़े लीडरों को स्वयं देख रहे हैं, आप उन सबको एक क्वालिटी लीडर बना सकते हैं। उन सबके पास काम करने का एक सही माहौल होगा क्योंकि वे सब आप जैसी कर्तव्यनिष्ठा को कॉपी करना चाहेंगे। जब यही लीडर अपनी स्वयं की टीम में और लीडर बनाएंगे तो अपनी पूरी टीम में एक कमाल का प्रभाव पड़ेगा जो आपको सुरक्षा, शानदार लीडरशिप और काम में गति देगी।

किस प्रकार सही गहराई बनाएं

जैसे ही आपकी टीम में एक नया साथी जुड़ता है, सफलता की प्रक्रिया में समझाए गए नियमों के अनुसार, उनके साथ उनकी लिस्ट पर काम कीजिए और उनको अन्य लोगों को स्पॉन्सर करने में मदद कीजिए। जब आपको उस व्यक्ति के जरिए कुछ लोग स्पॉन्सर किए हुए मिलते हैं, तो आप उन नए लोगों को सफलता की प्रक्रिया समझाएं और फिर उन्हें, उनके पहले कुछ अपॉइंटमेंट लेने में मदद करें। इस स्टेज में आपके पास बहुत सारा काम होगा क्योंकि आपके पहले डिस्ट्रिब्यूटर एवं उनकी टीम लोग एक के बाद एक अपॉइंटमेंट लेते रहेंगे। अगर आप सबको बराबर सहयोग देते रहेंगे, उनमें से कुछ अपने आप लीडर बनकर निकलेंगे जिनके बड़े सपने होंगे, अलग रवैया होगा और साथ ही एक अलग स्तर की प्रतिबद्धता भी होगी। इन सारे गुणों को पहचान आप अपने पहले डिस्ट्रिब्यूटर की टीम से 2-4 अच्छे लीडर चुनेंगे और फिर उन लोगों के साथ भी वही प्रक्रिया अपनाएंगे, जो आपने पहले व्यक्ति के साथ की थी। तब तक आपने पहले डिस्ट्रिब्यूटर के साथ 10-15 मीटिंग्स कर ली होंगी और वह स्वतंत्र रूप से अपने प्लान दिखाने में लग जाएगा। जब वह अपनी टीम की मदद कर उनमें से लीडर बना रहा होगा, तब आप टीम की गहराई में जाकर और लीडर तैयार कीजिए।

> *लीडर बाज़ की तरह होते हैं। आप उन्हें झुंड में नहीं, एक बार में एक ही पाएंगे।*
>
> **- न्यूट रॉकने**

वास्तव में आप क्या कर रहे हैं, आप एक आदमी के साथ काम कर रहे हैं और उसे स्वतंत्र रूप से काम करने के लिए प्रशिक्षित कर रहे हैं। आप उस व्यक्ति को सिखाते रहें और निरीक्षण करते रहें कि वह व्यक्ति वही सारी चीज़ें कर रहा है जिसकी आपने उसे ट्रेनिंग दी है, साथ-साथ आप वही काम फिर उसी की टीम के दूसरे व्यक्ति के साथ भी शुरू कर दें और उस चुने गए डिस्ट्रिब्यूटर को प्रशिक्षित कर उसे एक स्वतंत्र लीडर बना दें। आप यह प्रक्रिया तब तक दोहराते रहेंगे जब तक एक स्पॉन्सरशिप की लाइन में 8-10 स्वतंत्र लीडर ना बन जाएं। स्पॉन्सरशिप की लाइन में एक-दूसरे के नीचे बहुत सारे डिस्ट्रिब्यूटर्स होंगे पर आप अपना समय, अपनी ऊर्जा और प्रतिबद्धता

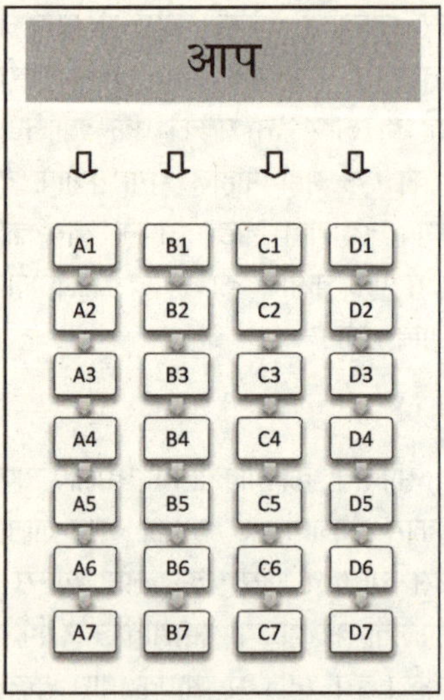

उन्हीं के साथ रखें जिन्हें आपने उनके सपनों, प्रतिबद्धता एवं आपके सिस्टम के प्रति समर्पण को देखकर चुना है।

आपको अपनी अन्य शाखाओं के लिए भी यह प्रक्रिया साथ साथ दोहरानी होगी। आप जैसे-जैसे इस बिज़नेस को विकसित करेंगे, वैसे-वैसे आपके अंदर इन नेताओं को चुनने की क्षमता अपने आप विकसित होती जाएगी और आप उन संकेतों को समझने लगेंगे कि कब वह तैयार हैं और पूर्णतः स्वतंत्र लीडर बन चुके हैं। हालांकि यह आपका निर्णय होगा कि आप उन्हें कब स्वतंत्र लीडर कहें, पर आप कुछ पैमानों के जरिए यह जांच कर सकते हैं कि वह एक माहिर स्वतंत्र लीडर बन चुके हैं।

कोई विशिष्ट रैंक, कम से कम साप्ताहिक/मासिक आय, बिज़नेस में फुल टाइमर्स, अलग-अलग स्थानों में बिज़नेस, सही बर्ताव, अपना प्रोजेक्टर एवं लैपटॉप, कार, ट्रेनिंग देने की क्षमता, सिस्टम के प्रति 100 फ़ीसदी समर्पण, स्वभाव, ईमानदारी, अपनी टीम एवं क्रॉस लाइन्स के साथ इज़्ज़त, सभी प्रकार के प्रॉस्पेक्ट एवं अपने टीम की शिकायतों को अपने स्तर पर दूर करने की क्षमता, अपनी टीम के लिए सही प्रोग्राम प्लान करने की क्षमता और आपका उनसे, और उनका आपसे और टीम से एक अच्छा रिश्ता।

एक तोला सोना पाने के लिए, आपको टनों मिट्टी हटानी पड़ती है।

सही लीडरों को पाने के लिए बहुत गहराई तक खोदने के पीछे एक और कारण है - सही लीडरों तक पहुंचना। नेटवर्क मार्केटिंग एक ऐसा बिज़नेस है जिसमें सभी का स्वागत है। मेरी जानकारी के अनुसार, हमारे यहां बिज़नेस शुरू एवं बंद करने की कोई ख़ास लागत नहीं है। नेटवर्क मार्केटिंग को शुरू करने के लिए साधारणतः किसी निवेश की ज़रूरत नहीं होती। कोई बायोडाटा नहीं, कोई बैकग्राउंड जांच नहीं, कोई इंटरव्यू नहीं, कोई सर्टिफ़िकेट नहीं, जो कोई भी डिस्ट्रिब्यूटर बनना चाहे उसका स्वागत है। यह इस इंडस्ट्री का मुख्य पहलू है और मैं स्वयं यह बहुत पसंद करता हूं। पर यही पहलू कभी-कभार बिज़नेस में एक कमी भी बन जाती है।

सामान्यतः लोगों को जब अपने पहले 2-6 लोग मिल जाते हैं तो वह यह सोचकर नए लोगों की भर्ती करना बंद कर देते हैं कि अब उनके सहकर्मी काम करेंगे। उसमें से कुछ काम करेंगे और कुछ नहीं। कभी-कभी वह सारे 2-6 लोग भी उस तरह काम नहीं करते जिस तरह आप शुरुआत के कुछ सप्ताहों में उम्मीद करते हैं। अपने पहले कुछ सहकर्मियों के आधार पर, लोग बिज़नेस के लिए अपनी राय बनाने लगते हैं।

हमें याद रखना चाहिए कि हर कोई बिज़नेस में आ तो सकता है पर हर कोई सफल नहीं हो सकता। इस बिज़नेस में किसी वित्तीय निवेश की ज़रूरत नहीं पड़ती, पर इसके लिए नियमित गतिविधियां, कठिन मेहनत, प्रतिबद्धता, समर्पण, त्याग आदि चाहिए होता है। जब आप अपनी टीम में गहराई में जाकर काम करते हैं, तो आप उन अच्छे लोगों को खोज पाएंगे, जिनके पास सही गुण हों। कभी-कभार ऐसे अच्छे लोग उच्च स्थान में बैठे लोगों के ध्यानाकर्षण में कमी के कारण बिज़नेस छोड़ देते हैं। एक बार जब गहराई में जाकर आप ऐसे लोगों की पहचान कर लेते हैं, तो आप ऐसे लोगों के लिए अपना सौ फ़ीसदी समय, ऊर्जा व ध्यान दे सकते हैं और उन्हें स्वतंत्र लीडर के रूप में विकसित कर सकते हैं।

आप एक प्रश्न पूछकर टीम में गहरी नींव की स्थिति का जायजा ले सकते हैं - "एक ही ब्रांच की अलग-अलग टीम (A1 to A7) से कितने लोग इस इवेंट में शामिल हो रहे हैं?" अपनी हर ब्रांच के लिए लगातार गहराई बनाते रहे और आप ज़्यादा समय गंवाए बिना अपनी कंपनी का टॉप परफ़ॉरमर बन सकते हैं।

कुछ लोग आपके साथ बिज़नेस करेंगे और कुछ आपके साथ बिज़नेस में इसलिए आएंगे ताकि वह आपको उनसे मिला दें, जिनके साथ मिलकर आप बिज़नेस करेंगे।

- दीपक बजाज

गहरी नींव = स्थिरता

गहरी नींव में हमारी टीम में सबसे बड़े विशेषज्ञ गौरव बजाज हैं। उनके भीतर सही आदमी की पहचान का गुण है और जैसे ही उन्हें एक सही व्यक्ति मिलता है, फिर उस व्यक्ति को एक बड़ा लीडर बनाना उनका मिशन बन जाता है। उनका मानना है कि यह बिज़नेस गहरी नींव से ही चलता है। गहरी नींव के लिए हम बार-बार वही करते हैं जो हमने अपने पहले सहभागी के लिए किया था। वह कहते हैं कि अगर हम पुस्तक में दी गई सफलता की प्रक्रिया का अनुसरण करते रहेंगे तो हम अपनी टीम में गहराई का निर्माण कर सकते हैं। यह बहुत सरल है - एक व्यक्ति को काम के लिए चुनें और फिर हम उसे जितना जल्दी हो सके एक स्वतंत्र लीडर बना दें। यह एक कोर प्रक्रिया है और जो डिस्ट्रिब्यूटर्स इससे अलग अपने गतिविधियां करते हैं, वह अपनी कम आय या काम ना करने वाली टीम की शिकायत ही करते रहते हैं।

मैंने गहरी नींव की शक्ति को अपने कुछ दोस्तों में बख़ूबी देखा है, वह हैं धयालन टीएच. और राजेश यादव। उनको एक नियत आय मिल रही है और संपूर्ण भारत में उनकी कई टीमें हैं जो एक-दूसरे के नीचे काम कर रही हैं।

15. डुप्लिकेशन - बिज़नेस की रीढ़

लोग वो कभी नहीं करेंगे जो आप उन्हें करने के लिए कहेंगे, लोग सिर्फ़ वो करेंगे जो आप ख़ुद करेंगे।

डुप्लिकेशन एक प्रक्रिया है जिसमें हम किसी चीज़ और किसी व्यक्ति के जैसी कॉपियां बनाते हैं। यह नेटवर्क मार्केटिंग सिस्टम का मूल सिद्धांत है। नेटवर्क मार्केटिंग बिज़नेस की एक चीज़ जो मुझे सबसे ज़्यादा पसंद है वो यह है कि यह लीडर से अनुयायियों के सिद्धांत पर काम नहीं करता है पर लीडर-से-लीडर के सिद्धांत पर काम करता है। आपको चाहे कोई भी इस बिज़नेस में लेकर आया हो, वह आपको अपनी जानकारी से थोड़ा ज़्यादा ही सिखाएगा। लीडर तैयार करने का इस बिज़नेस में कोई विकल्प नहीं है, यह इस बिज़नेस की ज़रूरत है। सच तो यह है कि डुप्लिकेशन के अभाव में नेटवर्क मार्केटिंग सिर्फ़ एक नौकरी के जैसा ही है।

हमने इस कॉन्सेप्ट को नहीं बनाया, भगवान ने बनाया है। चीज़ों को देखकर दोहराना मानव डीएनए का एक हिस्सा है और हम सब इस कौशल के साथ पैदा होते हैं और इसी को डुप्लिकेशन कहते हैं। क्या आपने किसी बच्चे को चलना/बात करते/खड़े होते आदि सीखते हुए देखा है। इसके लिए न कोई स्कूल, न कोई भाषा और ना ही कोई किताबें होती हैं, पर बच्चे बहुत आसानी से डुप्लिकेशन के सिद्धांत से सब कुछ ख़ुद ही सीख जाते हैं। बच्चे जब किसी को कुछ भी करते हुए देखते हैं तो वह तभी उनकी कॉपी करने लगते हैं। बच्चे जिज्ञासु होते हैं और वह हर नई चीज़ ट्राई करने की कोशिश करते हैं और जिस समय कोई कुछ नया करता हुआ दिखता है, तो बच्चे का मन कहता है "अरे, इसको करने में मज़ा आएगा, चलो इसे करें।" यह सीखने का सबसे सरल तरीक़ा है - आप जो भी सीखना चाहते हैं, तो कोई अन्य भी व्यक्ति जो इसे सही ढंग से कर रहा है, बस उसे कॉपी कर लें और आप कुछ समय में इसमें मास्टर बन जाएंगे। बस यही डुप्लिकेशन है।

लोग वैसा ही व्यवहार करेंगे जैसा आप चाहते हैं, अगर आप उसी व्यवहार को लंबे समय तक ख़ुद में प्रदर्शित करते रहेंगे।

- दीपक बजाज

एक नेटवर्क मार्केटिंग लीडर के पास सबसे मजबूत टूल डुप्लिकेशन है। यहां तक कि अकेले इस शक्तिशाली टूल के इस्तेमाल से आप सही वातावरण और मनपसंद गति वाली एक शक्तिशाली टीम बना सकते हैं। कोई भी देश हो, संस्थान हो या कोई भी

राजनीतिक पार्टी, हर जगह के लोग एक ख़ास तरीक़े से बर्ताव करते हैं - इसे वहां की संस्कृति कहते हैं। अगर कोई एक आदमी एक ही तरह से बर्ताव करता है, तो उसे व्यवहार कहते हैं और जब पूरा संस्थान एक खास तरह से व्यवहार करता है, तो उसे कार्य संस्कृति कहते हैं। आप अगर स्मार्ट हैं, सिलसिलेवार ढंग से काम करते हैं, कौशलपूर्ण हैं और ख़ूब मेहनत करते हैं तो आप सिर्फ़ कुछ हद तक ही कामयाब हो सकते हैं। पर अगर आपके संस्थान में अधिकांश लोग स्मार्ट बन जाते हैं, काम में लगे रहते हैं, कौशलपूर्ण हैं और मेहनत से काम करते हैं, तो वह एक बड़े बिज़नेस का स्वरूप ले लेगा। हर संस्थान में लीडर ऐसी ही कार्य संस्कृति की कल्पना करते हैं पर नेटवर्क मार्केटर्स के पास इस ताले की चाबी होती है और उन्हें पता होता है कि कैसे काम का सही कल्चर बनाया जाए। इसी चाबी को डुप्लिकेशन कहते हैं।

डुप्लिकेशन/प्रतिलिपि बनना बहुत आसान है, आप जो भी करते हैं, आपकी टीम भी वही कॉपी करती है। मज़ेदार बात यह है कि आप उन्हें जो भी सिखाएं, पर अंततः वह वही करेंगे जो आप करते हैं। इसलिए आप अपने सहकर्मियों से जो भी कराना चाहते हैं, आप उसे करना शुरू कर दीजिए और जब आप उसे लगातार लंबे समय तक करेंगे। आप देखेंगे कि आपका संस्थान वह ही सारी चीज़ें करेगा जो आप कर रहे हैं। आपके सहकर्मी आपकी सारी चीज़ें कॉपी करेंगे। जिस तरह आप चलते हैं, आप जैसे शब्दों का प्रयोग करते हैं, काम करने की आदतें, घूमने के तरीक़े, ख़र्च करने के तरीक़े, कार के संबंध में पसंद इत्यादि।

अच्छे व्यवहार की ज़िम्मेदारी सिर्फ़ लीडर पर होती है क्योंकि हर टीम अपने लीडर की कॉपी होती है। अगर आप कुछ बदलना चाहते हैं, तो आप अपनी टीम को बदलने की चिंता न करें, आप सिर्फ़ स्वयं को बदलें और फिर आप देखेंगे कि हर कोई आपके इस बदलाव को अपना रहा है।

एक समय की बात है एक बिलियन डॉलर कंपनी का अध्यक्ष था, जो किसी रविवार की दोपहर कोई बिज़नेस संबंधित अख़बार पढ़ रहा था। उनका 8 साल का बेटा उसका पिछले दो हफ़्तों से इंतज़ार कर रहा था। अब जब पापा घर आ गए थे, तो बेटा अपने पापा के साथ खेलना चाहता था और अपने पापा से लगातार उसके साथ खेलने को कह रहा था। पापा का अख़बार पढ़ने में ज़्यादा मन लग रहा था और चाहते थे कि बेटा किसी और चीज़ में अपना ध्यान लगाए ताकि अगले दो घंटे तक वह तसल्ली से अख़बार पढ़ सकें। अख़बार के एक पन्ने में विश्व का मानचित्र था। उन्होंने उस मानचित्र को कई टुकड़ों में फाड़ दिया और अपने बेटे को उस मानचित्र को एक साथ जोड़ने के लिए कहा और उससे यह वादा किया कि अगर उसने मानचित्र जोड़ दिया तो वह उसके साथ खेलेंगे। उन्हें पूरा विश्वास था कि पूरा दिन लगाकर भी इस दुनिया में कोई भी इस मानचित्र को जोड़ नहीं सकता और फिर वह पढ़ने लग गए। वह तब चकित रह गए जब उन्होंने देखा कि उनका बेटा 5 मिनट में वापस आ गया। वह हैरान थे। उन्होंने उस मानचित्र की कई बार जांच की पर उन्होंने सारे टुकड़े सही

जगह पर लगे पाए। उन्होंने अपने बेटे से पूछा कि उसने कैसे इस जटिल से मानचित्र को कुछ ही मिनटों में एक साथ जोड़ दिया। उनके बेटे का जवाब था, "इस मानचित्र के पीछे एक आदमी का चेहरा था, मैंने वह आदमी ठीक कर दिया, दुनिया अपने आप ठीक हो गई।" मैंने अपने कई सेमिनारों में सैकड़ों बार यह कहानी सुनाई है और हर बार मैं इससे एक अलग तरह से प्रेरित होता हूं। एक बार आप जब खुद में सुधार लाना शुरू करते हैं, तो आपकी टीम अपने आप सुधरने लगती है।

अगर कुछ लोग अन्य लोगों की अपेक्षा आपके व्यवहार के डुप्लिकेशन में थोड़ा ज़्यादा समय लगाते हैं, तो घबराइए नहीं। दोहराना, कॉपी करने का समानार्थक है और हमारे स्कूल सिस्टम की कार्यप्रणाली में हमें यह सिखाया जाता है कि कॉपी करना ग़लत बात है। स्कूल में जिसे अनैतिक माना जाता है उसे असली दुनिया में सहयोग कहते हैं। कभी-कभी इसे टीमवर्क भी कहा जाता है। पर दशकों से मिली ऐसी सीख के कारण कुछ लोगों को कॉपी करने में तकलीफ़ होती है, पर अगर उन्होंने इससे होने वाले लाभ देख लिए तो वह भी करना शुरू कर देंगे। पर ऐसे लोगों को किसी व्यक्ति की अपेक्षा किसी संस्थान की ओर से आए दिशा-निर्देशों का पालन करने में आसानी होती है। आप ऐसे लोगों को अपने वरिष्ठ लीडर द्वारा आयोजित ट्रेनिंग प्रोग्राम में शामिल करने के लिए तैयार कर सकते हैं, और जब ये लोग पूरे संस्थान के लोगों को ट्रेनिंग प्रोग्राम में आया देखते हैं और सारे सीनियर्स को एक ही प्रकार के दिशा-निर्देश पालन करते देखते हैं, तब वह भी तुरंत उसका अनुकरण करने लगते हैं। इसलिए एक अच्छा अपलाइन और आपकी टीम का एक मजबूत और उच्च्व क्षमताओं वाला सफलता सिस्टम एक विजयी जोड़ी के रूप में आपकी टीम में सही कार्य संस्कृति विकसित करने के लिए काम करेगा।

कुछ अच्छे लोग इस बिज़नेस में इसलिए असफल हो जाते हैं क्योंकि वह इसमें अपने ज़बरदस्त आइडिया लगाना शुरू कर देते हैं। इन आइडिया को कामयाब करने के लिए एक सही स्तर की क्षमता चाहिए होती है, जो हर कोई नहीं कर सकता। ऐसे लोगों के लिए यह आइडिया काम कर सकते हैं पर अगर उनकी टीम उन्हीं आइडिया पर काम करती है, तो उन्हें वही रिज़ल्ट नहीं मिलेंगे। इससे लोग भ्रमित हो जाते हैं और काम करना छोड़ देते हैं। इसलिए हम इस बिज़नेस में ज़्यादा अलग काम नहीं करते; हम साधारणतः वही काम करते हैं जो अनुकरण किए जा सकें।

सब कुछ सही करने के बाद भी, कुछ तो ऐसे लोग होंगे जिनका व्यवहार बहुत अजीब होता है। ऐसे में सिद्धांतों पर शक नहीं करना चाहिए क्योंकि कुछ लोग कुछ समय अजीब-सा व्यवहार करते हैं। हम लोगों के बीच बिज़नेस करते हैं और उनका स्वभाव, रवैया और परिस्थितियां बदलते रहते हैं। अलग-अलग प्रकार के लोगों को संभालने की कला सीखें और आगे बढ़ते रहने के साथ यह भी सीखें कि आपके बिज़नेस के लिए क्या सही है।

अपनी टीम की बड़ी सफलता के लिए कुछ अच्छे आइडिया का डुप्लिकेशन करवाएं, जैसे :

1. मैं अपनी टीम का सबसे कठिन परिश्रम करने वाला इंसान हूं।
2. मैं अपना पूरा काम अपने संस्थान के सिस्टम के अनुसार ही करता हूं।
3. मुझे जो करना चाहिए, मैं उससे थोड़ा ज़्यादा ही करता हूं।
4. मैं वह नहीं करता जो अच्छा है, मैं वह करता हूं जो दोहराया जा सके।

हमेशा यह याद रखें कि डुप्लिकेशन एक दोधारी तलवार है। अगर आपकी अच्छी गतिविधियां दोहराई जाएंगी, तो ग़लत गतिविधियां भी दोहराई जाएंगी। यहां तक कि आपके अच्छे काम को 25-30 फ़ीसदी लोग ही दोहराएंगे, वहीं आपने जो काम ग़लत किया होगा उसे लोग ज़्यादा मात्रा में दोहराएंगे। आपकी जानकारी में हो भी या जब आपको यह नहीं पता होता, तब भी लोगों की नज़र हमेशा आप पर होती है। आप स्टेज से जो भी कहते हैं लोग उसे सुनते हैं, पर उसे शुरू करने एवं अपनाने से पहले, वह आपको वैसा करते हुए देखना चाहेंगे। आपके उस बर्ताव को लोग बहुत जल्द कॉपी करने की कोशिश करते हैं जो आप तब करते है जब आप स्टेज पर नही होते।

कभी-कभी लोग फ़ोटोकॉपी मशीन की ख़राब क्वालिटी की शिकायत करते हैं। याद रखें कि अगर फ़ोटोकॉपी ख़राब है, तो असली के भी ख़राब होने की संभावनाएं हो सकती हैं। आप कभी भी एक ख़राब ओरिजिनल से अच्छा फ़ोटोकॉपी नहीं निकाल सकते, सबसे अच्छी बात यह है कि इस ओरिजिनल पर आपका पूरा कंट्रोल है।

लोगों की नेतृत्व करने के तीन प्रमुख तरीक़े हैं - उदाहरण द्वारा, उदाहरण द्वारा, उदाहरण द्वारा।

- अलबर्ट श्वाइट्ज़र

इंजन की गति = ट्रेन की गति

कई लोग मुझसे पूछते हैं कि मेरी टीम इतनी तेज़ कैसे काम करती है? इसका जवाब बहुत सरल है - क्योंकि मैं भी बहुत तेज़ काम करता हूं। मैं एक के बाद एक नए रिकॉर्ड बनाता रहता हूं और मेरी टीम मेरा अनुकरण करती रहती है। इसका परिणाम यह है कि एक तेज़ आदमी से मैं एक तेज़ टीम बन गया। अभी भी, मेरे पास कई नए लोग एक ही कारण से हर हफ़्ते आते रहते हैं - वह तेज़ अचीवर बनना चाहते हैं और रिकॉर्ड समय में अपने सपनों को पूरा करना चाहते हैं।

16. नसीहत - टीम को आपस में जोड़कर रखने वाली गोंद

दूसरों को उठाकर ही खुद उठा जा सकता है।

- रॉबर्ट इंगरसोल

नेटवर्क मार्केटिंग में आने से पहले मैं 'नसीहत' शब्द के बारे में जानता भी नहीं था पर अब मैं यह समझता हूं कि अगर आपने नसीहत के विचार को नहीं अपनाएंगे, तो आप नेटवर्क मार्केटिंग के बिज़नेस में रह ही नहीं पाएंगे। नसीहत सिर्फ़ एक सिद्धांत नहीं है, यह जीवन जीने का एक तरीक़ा है और जिसे आपको अपने जीवन के हर घंटे इसका पालन करना चाहिए। मैंने अपने बिज़नेस को और बेहतर बनाने के लिए नसीहतों के सिद्धांत को सीखा और इससे नेटवर्क मार्केटिंग क्षेत्र के अलावा भी मेरी पूरी ज़िंदगी बदल गई। मैं तो कहूंगा कि आप आपकी ज़िंदगी में नसीहत को एक मार्गदर्शन मूल्य की तरह अपनाइए। इससे ज़िंदगी में नए दरवाज़े खुलते हैं, नए दोस्त बनते हैं, बहुत सारा सुख एवं ख़ुशी मिलती है और इससे आपका बिज़नेस आपके सपनों से भी बड़ा बनता है।

नसीहत देना = ऊंचा उठाना, ज्ञान देना और प्रोत्साहित करना

नसीहत देने से हम लोगों को ऊपर उठाते हैं। नसीहत के जरिए हम अपने आसपास के लोगों को आदर, प्रोत्साहन, प्यार एवं स्नेह देते हैं। हम ऐसा कभी भी कर सकते हैं, चाहे उन्होंने कोई अच्छा काम किया हो अथवा बिना किसी काम के भी। हम लोगों के साथ बिज़नेस करते हैं और व्यक्ति ही हमारा एकमात्र संसाधन है। हम हमेशा लोगों से ही मिलते हैं, व्यक्तिगत रूप से, स्टेज से, फ़ोन पर, वाट्स एप पर, सोशल मीडिया में आदि। मैं आपसे अनुरोध करूंगा कि हर बार आप जितना हो सके लोगों से बात करके उन्हें वह अवसर दें कि वह ऊंचा उठ सकें। अपनी ज़िंदगी में एक सिद्धांत अपनाएं - लोग किसी भी दशा में आपके पास आएं, पर आपसे मिलकर बेहतर होकर ही जाने चाहिए।

सशक्त लोग अन्य लोगों को नीचे नहीं गिराते, बल्कि उन्हें ऊपर उठाते हैं।

- माइकल पी.वॉटसन

हर व्यक्ति में किसी भी परिस्थिति में हमेशा कुछ अच्छा ही देखें। अच्छे की तलाश करना भी एक प्रकार का रवैया है और मैं आपको गारंटी के साथ कहता हूं कि आप गहराई में देखेंगे तो आपको बहुत कुछ अच्छा मिल जाएगा। जब आपको कुछ अच्छा मिल जाए, तो यह सुनिश्चित करें कि आप उसे उस व्यक्ति को भी बताएंगे। लोगों को

अच्छे कामों के लिए श्रेय दें और कुछ ग़लत हो जाए, तो उसका ज़िम्मा अपने सिर पर ले लें। वे जिस लायक़ हैं उन्हें उससे भी ज़्यादा श्रेय दें। हमेशा ऊपर उठाने वाले और उत्साहजनक शब्दों का इस्तेमाल करें। 'हेलो' से शुरू हुई बात से 'बाय' कहने तक, उन शब्दों का इस्तेमाल करें जिससे उनका मनोबल बढ़े। जीवन में हमेशा ऊपर उठाने वाली शब्दावली का इस्तेमाल करें।

थोड़े-से भी सुधार की तारीफ़ करें और हर सुधार की तारीफ़ करें। किसी की भी प्रशंसा दिल से करें और खुलकर तारीफ़ करें।

– डेल कारनेगी

अपने अपलाइन को इज़्ज़त दें, उन्हें और ऊपर उठाएं। हो सकता है कि आपके अपलाइन कुछ मामलों में आप से ज़्यादा स्मार्ट ना हों, उनकी उम्र आपसे कम हो, आपकी अपेक्षा इतना पढ़ा-लिखा या ज़्यादा पैसे वाले न हों, पर आपके अपलाइन ने आपका बिज़नेस आपसे थोड़ा पहले से देखा है, क्योंकि ये वही व्यक्ति हैं जो आपको इस बिज़नेस में लाए थे। अपने अपलाइन के प्रति विनम्रता दिखाएं, आप जो देंगे आपको वही वापस मिलेगा। आपको अपने डाउनलाइन से कभी इज़्ज़त नहीं मिलेगी अगर आप अपने अपलाइन को इज़्ज़त नहीं देंगे। दिलचस्प बात यह है कि आप एक व्यक्ति को इज़्ज़त देंगे और आपको कइयों से इज़्ज़त मिलेगी। साथ में अपने अपलाइन की नसीहत और उनके लिए विनम्रता तब भी जारी रहनी चाहिए, जब आप अपने अपलाइन से भी ज़्यादा ऊंची रैंक या आय पर पहुंच जाएं।

अपने अपलाइन के लिए एक संपत्ति बनें। एक ऐसी संपत्ति बनें जिस पर हर अपलाइन गर्व महसूस करे। मैं तो यह सलाह दूंगा कि आप कुछ ऐसे व्यक्ति बनें कि अपने अपलाइन को भी प्रेरित करते रहें।

हमेशा प्रोत्साहित करने वाला बनें, दुनिया में पहले से ही बहुत आलोचक बैठे हुए हैं।

नसीहत देकर आप लोगों के साथ अपने रिश्ते बना सकते हैं और आदर पा सकते हैं। नसीहत देना और अच्छी बातें कहना अपनी ज़िंदगी का अहम हिस्सा बना लीजिए और आप लोगों के पसंदीदा बन जाएंगे। लोग आप के सुझावों का अनुसरण करेंगे, आप इज़्ज़त कमाएंगे, आपके बहुत सारे दोस्त बनेंगे और आप अपने बिज़नेस के लिए सही लोगों को आकर्षित करेंगे। नसीहत देते रहें और ज़िंदगी में ऊंचा उठते रहें।

खुशी एक ऐसा इत्र/परफ़्यूम है जो आप खुद पर कुछ बूंद डाले बिना, दूसरों पर छिड़क नहीं सकते।

– राल्फ़ वाल्डो एमर्सन

प्यार और सम्मान दें, प्यार और सम्मान लें

मेरी टीम में इसके लिए चिंतन अरोड़ा एक विशेषज्ञ हैं। उनके पिछले जन्मदिन पर मैंने कई अन्य लीडरों के मुक़ाबले उनके पास ज़्यादा लोगों की ओर से शुभकामनाएं आती देखीं। लोग फ़ेसबुक पर बधाई संदेश लिख रहे थे और केक काट रहे थे। मुझे आश्चर्य हुआ कि ऐसा क्यों हुआ। थोड़ा सोचने पर मुझे अहसास हुआ कि चिंतन यही सब अपने अपलाइन्स के लिए हमेशा करता है। वह जो अपने अपलाइन्स को सबसे ज़्यादा सम्मान और आदर देता है, इसलिए उसे भी अपनी टीम से वही इ़ज़्ज़त कई गुणा वापस भी मिलती है। मैंने भी लोगों को ऊपर उठाने के लिए अमेरिका के एक बड़े लीडर जिम डॉरनेन से बहुत कुछ सीखा है।

17. उधार न करने की नीति

किसी दुश्मन को पैसा उधार दे दो, आपको उस से फ़ायदा ही होगा, किसी दोस्त को दोगे, तो उसे खो दोगे।

- बेंजामिन फ्रैंकलिन

इस बिज़नेस का एक अनूठी ख़ूबी है - इसमें कोई उधार या खाता नहीं होता। नेटवर्क मार्केटिंग के बिज़नेस में किसी भी प्रकार का कोई अकाउंट रिसिवेबल और पेयेबल्स (प्राप्तियां एवं देय) जैसी चीज़ नहीं होती। आप कुछ लेते हैं तो आपको उसी समय उसके लिए पैसे दे देने चाहिए, इसके लिए कोई अकाउंट रखने की ज़रूरत ही नहीं है। पर कुछ लोग कुछ फ़ालतू से बहाने देकर इस नियम को तोड़ देते हैं। इस बिज़नेस को बहुत सालों से देखने के बाद मैंने यह अनुभव किया है कि अगर अपलाइन एवं डाउनलाइन के बीच पैसों के मामलों में कुछ गड़बड़ हुई है तो यह बिज़नेस जल्द ही ख़त्म हो जाएगा। मैंने कई होनहार बिज़नेस लीडर के हाथों से उनका बिज़नेस जाते देखा है, इसका कारण है टूल्स, प्रोडक्ट्स, प्रोग्राम टिकट एवं अन्य चीज़ों के लिए पैसा उधार लेना या देना।

ऐसा करने के पीछे आपके कई कारण हो सकते हैं और वो सारे कारण उस समय आपको उचित भी लगते हैं। पर मैं दृढ़ता से आपको बताना चाहूंगा कि किसी भी स्थिति में अपलाइन और डाउनलाइन को किसी प्रकार का कोई लोन या उधार मत दीजिए और ना ही लीजिए। इस बिज़नेस में किसी के पास भी अकाउंट बुक/खाता नहीं होना चाहिए। सारी पेमेंट साथ के साथ की जानी चाहिए।

कोई भी कंपनी डिस्ट्रिब्यूटर्स को अपने उत्पाद उधार पर नहीं देती, तो आपका अपलाइन टीम के सदस्यों को किसी प्रकार का उधार क्यों दे? सारे टूल्स एवं प्रोग्राम टिकटों की एक क़ीमत होती है जिसकी एडवांस में क़ीमत अदा की जाती है, तो क्यों कोई एक डिस्ट्रिब्यूटर प्रोग्राम के टिकट और टूल्स किसी को उधार पर दे? इसकी ज़रूरत क्यों है? सबसे बुरी बात यह है कि जब यह होता है तो लगता है कि यह एक छोटा-सा, ना बताने लायक़, या कोई नुक़सान नहीं करने वाला काम है, पर थोड़े ही समय में यही काम लोगों के बीच ग़लत उम्मीदें पैदा करता है और इससे टीम में ग़लत संस्कृति पनपती है। हम डुप्लिकेशन के बिज़नेस में हैं, और ग़लत आदतों को दोहराने की आदत, अच्छी आदतों को अपनाने से दस गुणा ज़्यादा जल्दी लगती है। एक बार आपके संस्थान में लोगों ने यह आदत अपना ली, तो यह बरसों की कोशिशों से बने पूरे संस्थान को बर्बाद कर देती है।

मैं आपको सलाह देना चाहता हूं कि किसी प्रकार के कोई प्रोग्राम टिकट/उत्पाद/टूल को किसी भी डिस्ट्रिब्यूटर को उधार पर मत दें। इससे सबसे बड़ा नुक़सान उस बिज़नेस को होगा, जो वह और उसकी टीम आपके लिए करेगी। इसलिए सिर्फ़ एक वित्तीय सिद्धांत पर काम कीजिए - अपलाइन एवं डाउनलाइन के बीच किसी भी तरह का कोई अकाउंट नहीं। किसी भी तरह से उधार न लीजिए, न दीजिए। कोई भी उत्पाद या इवेंट का टिकट सिर्फ़ सामने से पैसा लेकर ही दिया जाएगा।

जब आप अपने सहकर्मी को पैसा उधार देते हैं, तो आप अपना पैसा और सहकर्मी दोनों को खो देते हैं।

अगर पैसा उधार दिया तो पैसा, लीडर, टीम और भविष्य का सारा बिज़नेस खो देंगे

लोग मुझे सबसे तेज़ लीडर कहते हैं। मैं लोगों पर भरोसा करने में भी सबसे तेज़ हूं, यही कारण है कि मैंने टीम के कई सदस्यों को बहुत बार लोन दिया है, ख़ासकर मेरे बिज़नेस के शुरुआत के सालों में। हर बार मैंने यह सोचकर लोन दिया है कि इससे लोगों की मदद हो जाएगी और मैं उस व्यक्ति को टीम में बचाए रखूंगा। रोचक बात यह रही कि उनमें से अधिकांश लोग बिज़नेस छोड़कर चले गए और काफ़ी हानि भी हुई - मेरा पैसा गया, मेरी टीम गई और साथ ही वह बिज़नेस भी जो टीम भविष्य में ला सकती थी। इसलिए मैंने बहुत मुश्किलों से यह पाठ सीखा कि अपने अपलाइन से कभी पैसा न लें, और अपने डाउनलाइन को भी कभी पैसा उधार न दें।

18. बहुतों को स्पॉन्सर करो, पर कुछ को ही चुनो

अगर आप सही लोगों को चुनते हैं और उड़ने के लिए उन्हें पंख पसारने का अवसर देते हैं, तो आपको उन्हें संभालने की ज़रूरत नहीं है।

- जैक वल्च

अगर आप मुझसे पूछेंगे कि मैंने अपने बिज़नेस में सबसे बड़ी ग़लती क्या की, जिससे मुझे कई करोड़ का नुक़सान हुआ एवं कई महीने/साल बर्बाद हो गए, तो मेरा साधारण-सा जवाब होगा - ग़लत लोगों के साथ लंबे समय तक काम करते रहना। यह ख़याल रहे, मैं लोगों को बुरा नहीं कह रहा हूं। मैं एकदम भी किसी का यह आकलन नहीं कर रहा कि कौन सही है कौन ग़लत है, मैं सिर्फ़ यह चुन रहा हूं कि मुझे किसके साथ ज़िंदगी का एक भाग बांटना चाहिए और बिज़नेस में किसके साथ अपना क़ीमती समय बिताना चाहिए। मैं ऐसा कहते हुए थोड़ा निष्ठुर लग सकता हूं, पर यही सच है। कुछ लोगों के सपने या प्रतिबद्धता बड़ी नहीं होती या उनका बर्ताव सही नहीं होता। कुछ अन्य घमंड से भरे होते हैं, जो टीम भावना और समर्पण के साथ काम करना ही नहीं चाहते। तो इससे पहले कि मैं यह निर्णय लूं कि मैं अपनी ज़िंदगी का एक भाग किसी अन्य को देना चाहता हूं, मुझे यह सुनिश्चित कर लेना चाहिए कि क्या वे इस लायक़ हैं।

हालांकि आप अनगिनत लोगों को स्पॉन्सर कर सकते हैं, पर आप मुट्ठीभर लोगों के साथ ही काम कर सकते हैं। उन्हें बुद्धिमानी के साथ चुनें।

- दीपक बजाज

यह बहुत ही दिलचस्प बात है कि इससे पहले कि आप लोगों को चुनें, लोग ख़ुद ही कंपनी छोड़ देते हैं या वे ख़ुद ही यह संकेत दे देते हैं कि वे इसके लिए सही नहीं हैं। उन दो लोगों के बीच एक खासा अंतर होता है जो बिज़नेस को एक शौक़/रुचि की तरह करते हैं और जब कोई इसे बिज़नेस की तरह करता है या कोई पूरे समर्पण या सिर्फ़ समर्पण का दिखावा करता है। अगर आप अपनी आंखें एवं कान खुले रखते हैं तो यह अंतर साफ़ दिखाई देता है। जो लोग आपके साथ काम शुरू करते हैं, उन सबको आपको अपना पूरा सहयोग देना चाहिए, पर धीरे-धीरे आप यह ग़ौर करें कि आपको उन लोगों पर अपना समय लगाना चाहिए जो इसके सुपात्र हों। यहां कुछ ऐसे संकेत दिए गए हैं जिससे हम यह पता लगा सकते हैं :

- ✓ उनके कुछ सपने होते हैं और उन सपनों को पूरा करने के लिए वे प्रतिबद्ध होते हैं।
- ✓ वह सीखने के लिए तैयार रहते हैं और टीम के सिस्टम को फ़ॉलो करते हैं।

- ✓ वह अपनी पूरी टीम के साथ सारे इवेंट में शामिल होते हैं।
- ✓ वह सारे 9 कोर एक्शन बिना किसी की मदद से ख़ुद कर सकते हैं।
- ✓ वह अपने शब्दों की इज़्ज़त करते हैं और उन्हें पूरा करने के लिए प्रतिबद्ध होते हैं।
- ✓ उन्होंने इस बिज़नेस को अपनी प्राथमिकता बना लिया है और इस बिज़नेस के लिए समय निकालने के लिए तैयार हैं।
- ✓ वह अस्वीकृति एवं उपहास के बावजूद अपने सपने के लिए काम करना जारी रखते हैं।
- ✓ अपने सिस्टम एवं अपने अपलाइन के प्रति 100% समर्पण।
- ✓ अपनी टीम एवं अपलाइन के साथ अच्छे रिश्ते।
- ✓ अच्छा स्वभाव और किसी के साथ कोई बक़ाया खाते नहीं।

ग़लत आदमी के साथ काम करना समय ख़र्च करना है और सही लोगों के साथ काम करना उस समय का वहां निवेश करना है जहां आने वाले सालों एवं दशकों तक सबसे अच्छे रिटर्न मिलेंगे।

– दीपक बजाज

तो अब नेटवर्क मार्केटिंग के लिए दुनिया की इस सबसे अच्छी किताब आपके हाथ में आने के बाद, आप उन सर्वश्रेष्ठ लोगों को चुन सकते हैं, जो तेज़ी से बिज़नेस करेंगे। ज़रूरत है कि आप उन लोगों के संकेतों को पढ़ सके और इस कौशल को विकसित करना सही भी है, क्योंकि इससे आपकी कई महीनों एवं सालों की कड़ी मेहनत और बहुत सारे पैसे बचेंगे।

मैंने कई लोगों को बिज़नेस छोड़ते देखा है, पर उनमें से अधिकांश मामलों में कई हफ़्ते पहले ही इसके संकेत मिलने लगते हैं। लोग कुछ भी बोलें, पर उनके काम से उनके असली इरादों का पता चल जाता है। आपके साथ उनकी बातचीत और अन्य लोग भी उनके बारे में आपको बता देंगे। आपको उन संकेतों को समझना चाहिए और उन्हें सही सलाह एवं सही इवेंट में लेकर जाना चाहिए।

अगर आप अपने समय की इज़्ज़त नहीं करेंगे तो कोई और भी नहीं करेगा। दूसरों को अपना समय और टेलेंट मुफ़्त में देना बंद कीजिए।

– किम गार्स्ट

टीम के सदस्यों की प्रगति की समीक्षा करते समय अपने टीम के सदस्यों की हर संभव मदद करें, पर याद रखे कि बड़ा सुधार सिर्फ़ प्रोग्राम में ही होता है। यह सुनिश्चित करें कि हर कोई प्रोग्राम में शामिल हो। नेटवर्क मार्केटिंग इवेंट्स बहुत ही प्रभावी है, वह विश्वास एवं आत्मविश्वास दोनों बढ़ाते हैं। हर सफल लीडर की ज़िंदगी में एक

ऐसा प्रोग्राम होता है जिससे हमेशा के लिए उसके लिए चीज़ें बदल जाती हैं। इवेंट में सबसे मिलिए और उन लोगों की मदद कीजिए जो अपना काम सही कर रहे हैं। सभी को प्रोत्साहित कीजिए पर अपना निजी ध्यान उन्हें दीजिए जो आपको अपने काम और प्रतिबद्धता रो राही देते हैं।

जब आप कुछ चुने हुए लीडरों के साथ काम करते हैं तो नए लीडरों की खोज में अपने कान और आंखें खुले रखें। आप जितने लीडरों को ख़ुद से सिखाएंगे, आपका संस्थान उतना ही बेहतर बनेगा। एक साथ कई लीडरों के साथ काम कीजिए, पर अपना समय विवेकपूर्ण तरीक़े से बांटिए।

अपनी टीम को समय की क़ीमत पहचानने के लिए सिखाइए। उन्हें यह साबित करने के लिए प्रशिक्षित करें कि वह आपके समय के लायक़ हैं।

– दीपक बजाज

जब आप सही लोगों की खोज में हैं, तो याद रखें कि आप एक चुंबक है। अच्छे लोग सिर्फ़ अच्छे लोगों की ओर ही आकर्षित होते हैं। इसलिए अपनी निजी बढ़त के लिए लगातार काम करते रहिए और अच्छे से सर्वोत्तम बन जाइए। अच्छे लीडर आपकी ओर खिंचे चले आएंगे। चील की नज़र विकसित करें और खुद के लिए हीरा खोजें। इस यात्रा को आप अपनी पूरी ज़िंदगी में याद रखेंगे।

हम इस बिज़नेस में जो कुछ भी करते हैं, वह उन गिने-चुने लोगों तक पहुंचने के लिए करते हैं, जो उनके जीवन और इस बिज़नेस की अच्छी ज़िम्मेदारी उठा सकें।

– दीपक बजाज

एक महान टीम बनाने के लिए सर्वोत्तम विचार पाने के लिए मेरे सोशल मीडिया चैनलों से जुड़े रहें - फ़ेसबुक, इंस्टाग्राम, यूट्यूब इत्यादि।

सफलता एक सोची-समझी अस्वीकृति है

मेरे अपलाइन मुबीन मोहम्मद का कहना है कि किसी व्यक्ति को चुनने से पहले 1000 बार सोचें, पर एक बार जब आपने उस व्यक्ति चुन लिया फिर उसे सफल बनाने के लिए सब कुछ कीजिए। उन्होंने इसी सिद्धांत के दम पर इतना बड़ा संस्थान खड़ा किया। उन्हीं से सीखकर, मैंने भी इसी गुण को विकसित किया है और जब भी कोई ऊंचे सपने देखने वाला व्यक्ति मेरे पास आया है और वह मेरे सिस्टम को सौ फ़ीसदी पूरा प्रतिबद्धता के साथ मानता है तो मैंने हर उस व्यक्ति को कुछ ही महीनों में मिलियनेयर बनाया है।

19. सकारात्मक एवं सशक्त आत्म-छवि

हमारी दृढ़ता से बनी आत्मछवि ही दर असल निर्धारित करती है कि हम क्या बनेंगे।

– मैक्सवेल माल्ज़

तीन मजदूर एक साथ एक कंस्ट्रक्शन साइट पर काम कर रहे थे, तो किसी ने उनसे पूछा, "आप क्या कर रहे हैं?" पहले मजदूर ने जवाब दिया कि उसके पास कोई काम नहीं था और उसे यही पहला जॉब मिला तो उसने यहीं काम करना शुरू कर दिया। दूसरे मजदूर ने कहा, "मैं एक कंस्ट्रक्शन कंपनी में काम करता हूं और मैं अपने जॉब एवं कंपनी के प्रति अपना कर्तव्य निभा रहा हूं।" तीसरे मजदूर ने कहा, "मैं एक राष्ट्रीय स्मारक बना रहा हूं।" वे तीनों एक ही तरह का जॉब कर रहे थे पर अंतर उस बात में था कि वे अपने काम को कैसे देखते थे। क्या आपको पता है कि उन तीनों में से कौन सबसे अच्छा काम कर रहा होगा और किसे उस काम से सबसे ज़्यादा मज़े, रिवॉर्ड और संतुष्टि मिल रही होगी।

असल में यह आपका काम नहीं बल्कि काम के प्रति आपका रवैया ही है जो आपके भीतर मज़ा, संतोष एवं उत्कृष्टता लाता है। आप अपने काम को कैसे देखते है, उसी से आपकी प्रेरणा का स्तर और आपकी काम करने की गुणवत्ता और घंटे निर्धारित होते हैं। फिर इसी से से आपके रिज़ल्ट एवं रिवॉर्ड निर्धारित होते हैं।

अगर आपके भीतर आत्मविश्वास नहीं है, तो आप ज़िंदगी की दौड़ में दो बार हार जाएंगे।

– मारकस गार्वे

आप स्वयं के बारे में क्या सोचते हैं, आपका काम, किसी काम के प्रति आपकी भूमिका और आप उसमें क्या ख़ास कर रहे हैं, यह सारी चीज़ें मिलकर 'आत्म-छवि' बनाती है। लोग आपके एवं आपके बिज़नेस के बारे में क्या सोचते हैं यह ज़रूरी नहीं है, ज़रूरी यह है कि आप अपने बिज़नेस के बारे में स्वयं क्या सोचते हैं। अलग-अलग प्रकार के लोग हैं और उनके अनुभव एवं विचार भी अलग-अलग हैं। जब आप इस नेटवर्क मार्केटिंग बिज़नेस के लिए लोगों से मिलते हैं तो आप उनके अलग-अलग विचार सुनते हैं। आप उन लोगों के संपर्क में भी आते हैं जो नेटवर्क मार्केटिंग को एक बिज़नेस ही नहीं समझते। ऐसे में अपने बिज़नेस के शुरुआती दिनों में अगर आप ऐसी बातें सुन लें, तो आपको भी अपने इस बिज़नेस के बारे में शंका होगी। कोई भी अनसुलझी शंका

से स्वयं के लिए आपके मन में नकारात्मक छवि बनेगी और इस नकारात्मक आत्म-छवि के साथ आप कभी भी एक बड़ा बिज़नेस नहीं बना पाएंगे।

मैंने इस बिज़नेस में कई लोगों को, एक के बाद एक, कई मीटिंग हो जाने के बाद भी बिना किसी परिणाम के संघर्ष करते देखा है। ऐसे अधिकांश मामलों में समस्या किसी उत्पाद में, बिज़नेस से संबंधित जानकारी या तकनीक में नहीं बल्कि आपकी ख़ुद की छवि में होती है। कृपया इस बात को समझें आपका बिज़नेस आपकी जानकारी और कौशल के अलावा आपकी ख़ुद की छवि एवं रवैये पर भी निर्भर करता है।

आप जैसे हैं वो आपको आगे बढ़ने से नहीं रोक रहा बल्कि आप क्या सोचते हैं कि आप क्या नहीं हैं, वो आपको रोकता है।

– अज्ञात

मैं सबसे यही गुज़ारिश करूंगा कि इस बिज़नेस में काम करने वाले सभी लोग एक सकारात्मक एवं सशक्त छवि के साथ काम करें। आप जो भी कर रहे हैं अपने बारे में अच्छा सोचें। यह एक ऐसा बिज़नेस है हर किसी को आगे बढ़ने का अवसंर देता है और अपनी और दूसरों की ज़िंदगियों को बदलने का एक मौक़ा देता है। इस बिज़नेस में ऐसी कई करोड़ों कहानियां है जहां इस बिज़नेस के कारण लोगों की दुनिया ही बदल गई। इस संबंध में अच्छी किताबें पढ़ो, प्रोग्राम में शामिल हो, अपने सीनियर/अपलाइन से मिलो, और स्वयं पर अपना विश्वास एवं निश्चय बढ़ाने के लिए सफल लोगों के वीडियो देखो। अगर इतने सारे देशों में अलग-अलग उम्र, लिंग, प्रोफ़ेशन, शैक्षणिक योग्यता एवं आर्थिक पृष्ठभूमि वाले लोग दशकों से इस बिज़नेस में सफल होते आ रहे हैं तो आप क्यों नहीं। अपने बिज़नेस पर विश्वास रखिए, उसमें आत्मविश्वास के साथ आगे बढ़िए और अपने सपनों का जीवन बनाइए।

आप ऐसे लोगों से ज़रूर मिलेंगे, जिनके अलग तरह के विचार एवं दृष्टिकोण हैं। मैंने अपने बिज़नेस के पहले दिन से विचार एवं तथ्य में अंतर समझने की कोशिश की है। तथ्य वह सामान्य सत्य है जिसके लिए प्रमाणित डाटा एवं भरोसेमंद सूचनाएं उपलब्ध हैं, पर विचार किसी का अपना निजी दृष्टिकोण होता है जो कोई किसी व्यक्ति या बिज़नेस के बारे में बिना किसी डाटा, जानकारी या सबूतों के बिना देते हैं। मैं इस बात पर पक्का यक़ीन करता हूं कि हमें अपने निर्णय तथ्यों को सामने रखकर लेने चाहिए न कि किसी के विचारों को जानकर। इस बिज़नेस के बारे में अधिकांश लोग जो भी विचार रखते हैं वह सत्य से परे होते हैं। सबकी सुनें पर तथ्यों की सही जानकारी लेकर ही किसी निष्कर्ष पर पहुंचें।

आप ऐसे कई लोगों से मिलेंगे जो आपको कहेंगे कि उन्होंने यह बिज़नेस किया और इसमें असफल रहे या उनका बिज़नेस नहीं चला इत्यादि। कृपया यह समझें कि एक कक्षा में अगर 100 विद्यार्थी होते हैं, पर एक ही शिक्षक, एक ही जैसी किताबें, एक स्कूल, एक सिलेबस और यहां तक कि प्रश्नपत्र भी एक जैसा ही होता है, पर हर

किसी को अलग-अलग अंक मिलते हैं। सभी इस बात को समझते हैं कि इन सब चीज़ों के साथ एक व्यक्ति के अंक उसकी ख़ुद की प्रतिबद्धता, कठिन परिश्रम एवं तैयारी पर निर्भर करते हैं। उसी तरह नेटवर्क मार्केटिंग या किसी अन्य बिज़नेस में सफलता उस व्यक्ति की क्षमता, तैयारी, प्रतिबद्धता और सिस्टम के अनुसार काम करने की इच्छा पर निर्भर करती है।

आपको बिज़नेस को समझना चाहिए, उसके सिद्धांतों और बिज़नेस को खड़ा करने की तकनीकों पर महारत हासिल कर अपने सिस्टम के अनुसार पूरी ईमानदारी से काम करके स्वयं के साथ-साथ अपने अपलाइन पर भी पूरा भरोसा करना चाहिए। यह याद रखें कि आप उस चीज़ को बढ़ावा नहीं दे सकते, जिसे आप अच्छा नहीं समझते। उत्कृष्टता तभी संभव है जब आप अपने और अपने काम के बारे में बहुत अच्छा सोचते हों। अपने बिज़नेस को अपनी सकारात्मक छवि के साथ विकसित कीजिए और फिर जादू देखिए।

आप या तो अपने विश्वास से नीचे प्रदर्शन करेंगे या उसके बराबर लेकिन आप कभी अपने विश्वास से ऊपर नहीं कर पाएंगे।

– टी.टी. रंगराजन

अपने बिज़नेस के बारे में ऊंचा सोचें

हम सारे सर्वोच्च नेटवर्क मार्केटर्स बहुत ऊंची आत्म-छवि के साथ काम करते हैं, पर मैं अपने तीन दोस्तों से बहुत प्रभावित हूं जो इस काम को एक अलग ही मुक़ाम पर लेकर गए, उनके नाम हैं : चंचल रस्तोगी, दुर्गेश त्रिपाठी और मोहित टंडन। इन तीनों की सफलता के पीछे इनकी ख़ुद के प्रति और अपने बिज़नेस के प्रति इनकी आत्म-छवि का बहुत हाथ है। मुझे यह पता चल चुका है कि आप अपने बिज़नेस के बारे में जो सोचते हैं वह आपके भीतर नहीं छुपा रहता है, वह हर मीटिंग में आपके शब्दों एवं व्यवहार से झलकता है।

20. कस्टमर बेस बढ़ाना

डिस्ट्रिब्यूटर्स काम को कई गुणा बढ़ा देते हैं और ग्राहक काम में स्थिरता एवं गुणी डिस्ट्रिब्यूटर्स की एक लंबी पाइपलाइन देते हैं।

– दीपक बजाज

विकीपीडिया के अनुसार, "कस्टमर बेस उपभोक्ताओं का एक समूह है जो बार-बार किसी उत्पाद अथवा सेवाओं को ख़रीदते रहते हैं।" जितना बड़ा कस्टमर बेस होगा, उतनी ही ज़्यादा आय होगी। हो सकता है डिस्ट्रिब्यूटर्स कुछ हफ़्तों/महीनों के लिए नई नियुक्तियां नहीं कर पाएं, पर अगर आपके पास एक बड़ा कस्टमर बेस है तो वह आपके उत्पाद का लगातार इस्तेमाल करते रहेंगे और आपके बिज़नेस में बिक्री स्थाई बनी रहेगी।

हर अच्छी एवं वैध नेटवर्क मार्केटिंग कंपनी के पास अच्छे उत्पाद एवं सेवाएं होती हैं जिसे बार-बार ख़रीदा जा सकता है। ऐसी कंपनी जो अपने उपभोक्ताओं से पैसे लेकर उन्हें अच्छी सेवाएं या उत्पाद नहीं देती, उन कंपनियों से दूर ही रहें। जो बिज़नेस अपने उपभोक्ताओं की इज़्ज़त नहीं करता, वह लंबा नहीं चल सकता। अगर आपके बिज़नेस का एक अच्छा हिस्सा आपके पुराने डिस्ट्रिब्यूटर एवं उपभोक्ताओं की फिर से उत्पाद एवं सेवाओं को ख़रीदने से आता है तो आपका बिज़नेस स्थाई है।

नीचे कुछ तरीक़े दिए गए हैं, जिससे आप अपना कस्टमर बेस विकसित कर सकते हैं :

1. अपने सारे उत्पादों का स्वयं भी इस्तेमाल करें। आपकी कंपनी जो भी बनाती है, उसका इस्तेमाल अपने घर में ज़रूर करना चाहिए।
2. अपने उत्पाद के बारे में अधिकतम जानकारी रखें। अपने उत्पाद के लिए जितनी ज़्यादा जानकारी होगी, उतना ही ज़्यादा आत्मविश्वास होगा।
3. उत्पाद के बारे में हर संभव मौक़े पर बात करें लेकिन एक आतुर सेल्स पर्सन बनकर नहीं बल्कि एक संतुष्ट उपभोक्ता बनकर।
4. जब भी आप अपने उपभोक्ता को कोई नया उत्पाद दे रहे हों, तो उसे उस संबंध में सारी ज़रूरी जानकारियां दें और इस संबंध में ब्रॉशर/वीडियो/संतुष्ट ग्राहकों के नाम भी दें। उत्पाद के बारे में जानकारी से उनका उत्पाद में विश्वास बढ़ेगा और वह जब भी उस उत्पाद का इस्तेमाल करेंगे तो उन्हें जादुई परिणाम मिलेंगे।
5. कुछ उत्पादों को कुछ हफ़्तों या महीनों तक एक कोर्स के रूप में लिया जाना चाहिए, इसका संपूर्ण कोर्स ही दें। अगर उपभोक्ताओं ने कोर्स पूरा नहीं किया तो

उन्हें इसके परिणाम नहीं मिलेंगे और वह इसके लिए आपको या आपके उत्पाद को ज़िम्मेवार मानेंगे।

6. कभी भी ओवरकमिट न करें या वह गारंटी न दें जिसे आप बाद में पूरा नहीं कर सकते। उपभोक्ता सब कुछ जानते हैं, वह सिर्फ़ आपकी परीक्षा लेते हैं।
7. अपने उपभोक्ताओं को सर्वश्रेष्ठ सेवाएं दें। उन्हें अगले ऑर्डर के लिए याद दिलाएं, उनसे फ़ीडबैक मांगें, और समय पर डिलीवरी दें इत्यादि।
8. अगर आपको अपने उत्पाद के बारे में कोई सकारात्मक फ़ीडबैक नहीं मिलता है, तो अपने उन ग्राहकों को निजी तौर से मिलें। यही वह समय है जब आप हमेशा के लिए अपने उपभोक्ताओं का दिल जीत सकते हैं। अगर वह दूसरे शहर में हैं, तो किसी को उनके वहां भेजने का बंदोबस्त करें या वीडियो कॉल करें।
9. आप अपने ग्राहक से हमेशा संपर्क बनाए रखें चाहे ग्राहक उस समय आपसे उत्पाद ले रहे हों अथवा नहीं।
10. आपको जब भी किसी उत्पाद के लिए अच्छी प्रतिक्रिया (Testimony) मिले, तो उसे यथासंभव सभी ग्रुपों एवं प्रोग्रामों में शेयर करें। यह एक बहुत अच्छा अभ्यास है। आपके संतुष्ट ग्राहक आपके बारे में बात करते होने चाहिए।
11. अपने मौजूदा उपभोक्ताओं से अन्य लोगों का रैफ़रेंस लें। आपको यह देखकर आश्चर्य होगा कि अपने मौजूदा उपभोक्ताओं के रैफ़रेंस से आपकी बिक्री में कितनी वृद्धि हो सकती है।
12. जो मौजूदा उपभोक्ता आपको रैफ़रेंस देते हैं उसके बदले आप उन्हें मुफ़्त में कुछ उपहार या उन्हें कुछ उत्पाद मुफ़्त में दें।
13. जब भी आपके पास कोई नया उत्पाद आता है, उसे सबके साथ अपने ग्रुप या सर्कल में शेयर करें।
14. अपने उत्पादों के प्रचार के लिए सोशल मीडिया का इस्तेमाल करें।

अपने उत्पादों/सेवाओं के नंबर 1 फ़ैन बनें और उसे आप अपनी अधिकतम क्षमता तक प्रमोट करें। आपका कस्टमर बेस उत्पाद के स्वयं इस्तेमाल और आपके उत्पादों को अधिक से अधिक लोगों तक पहुंचा कर आपको स्थाई बिज़नेस देगा। आपके संतुष्ट उपभोक्ता धीरे-धीरे आपके सहकर्मी भी हो जाएंगे। डिस्ट्रिब्यूटर्स की टीम बनाते हुए अपने कस्टमर बेस का पोषण करते रहिए, और अपने बिज़नेस को स्थाई और आगे बढ़ते रहने वाला बनाइए।

अगर आप अपने उपभोक्ता का ख़याल नहीं रखेंगे, तो आपका प्रतियोगी यह काम करेगा।

– बॉब हुई

अपनी पुनः ख़रीद (*Repurchase*) को ना गंवाएं

मैंने यह देखा है कि बहुत सारे लीडर नए सहभागियों की बहाली पर ही ध्यान केंद्रित रखते हैं। वह अपनी ट्रेनिंग में सिर्फ़ बहाली के बारे में बताते हैं। यह बुरा नहीं है और हमारे बिज़नेस का मुख्य सिद्धांत भी है। पर अगर हम सिर्फ़ बहाली ही करते रहेंगे तो हम एक बड़ी पुनः ख़रीद मात्रा को तीन जगहों पर खो देंगे –

1. *सभी बहाली करने के लिए तैयार नहीं होते और जब उन्हें पता चलता है कि यह बिज़नेस सिर्फ़ उसी के लिए है, तो वो लोग इसे छोड़कर चले जाते हैं।*
2. *हमें बहुत सारा अतिरिक्त बिज़नेस मिल सकता है अगर हमारी टीम के अपने सदस्य अपनी ही कंपनी के उत्पादों को अपने ख़ुद इस्तेमाल के लिए लगातार ख़रीदेंगे।*
3. *लगातार प्रोडक्ट के इस्तेमाल से हमारे सहभागियों और उनके परिवार का हम पर विश्वास बढ़ेगा। जब लोग हमारे साथ विश्वास के साथ काम करते हैं तो परिणाम बेहतर होते हैं।*

   मैं अपने प्रिय मित्र विनोद सोलोमन एवं मोहनन को धन्यवाद देना चाहता हूं जिन्होंने पुनः ख़रीद की शक्ति में मेरे विश्वास को बाली, इंडोनेशिया में हुई हमारी मीटिंग के दौरान मजबूती दी।

भाग-III

सफलता की प्रक्रिया

सफलता की प्रक्रिया

कोई तितली कैसे बन जाता है? तुम्हारी उड़ने की इच्छा इतनी प्रबल हो कि तुम केटरपिलर की ज़िंदगी छोड़ने के लिए तैयार हो।

- ट्रिना पॉलस

सफलता एक यात्रा है। यह आगे बढ़ने की एक यात्रा है, जिसमें हम सकारात्मक उद्देश्यों के लिए आगे बढ़ते हैं। आपकी कुछ इच्छाएं होती हैं और आप अपनी इच्छाओं की पूर्ति के लिए एक निर्णय लेते हैं। आप जितनी ज़्यादा इच्छाएं रखेंगे, आप उतनी ज़्यादा चीज़ों को प्राप्त करेंगे। एक बार जब आप काम करना शुरू कर देते हैं तो आप बहुत कुछ सीखते हैं और स्वयं को एक बेहतर व्यक्ति बनाने के लिए बदलने की प्रक्रिया में लगे रहते हैं। हर दूसरे फ़ील्ड में, यहां तक कि नेटवर्क मार्केटिंग के क्षेत्र में भी, आप अपने लक्ष्य तय करते हैं और फिर उन्हें पूरा करने के लिए एक कार्य प्रणाली तैयार करते हैं। इसे 'सफलता की प्रक्रिया' कहा जाता है और इसी प्रक्रिया को अपनाकर बिज़नेस में बहुत सारे लोगों ने ऊंचाई प्राप्त कर ली है। इस प्रक्रिया में मास्टरी पाना एक यात्रा-सा है। इस प्रक्रिया में होने वाले काम के लिए प्रतिबद्ध होकर आप हर बीतते दिन के साथ एक बेहतर नेटवर्क मार्केटर बनते जाएंगे, जिस से आप ख़ूब ऊंचाइयां पाएंगे और ख़ूब पैसा कमाएंगे।

जो प्रक्रिया इस किताब में बताई गई है वह नेटवर्क मार्केटिंग बिज़नेस का मूल है। दुनिया के सर्वश्रेष्ठ मार्केटिंग लीडरों की सफलता का गहन अध्ययन के बाद इस प्रक्रिया को तैयार किया गया है। लोगों ने 11 सालों से ज़्यादा इन सिद्धांतों को अपनाया है और असीमित सफलता प्राप्त की है।

बिज़नेस में सफलता के लिए ट्रेनिंग, अनुशासन एवं कड़ी मेहनत की आवश्यकता होती है। पर अगर आपको इन चीज़ों से डर नहीं लगता, तो पहले जैसे अवसर आज भी मौजूद हैं।

- डेविड रॉक फ़ैलर

मैंने हमेशा इस सिद्धांत पर काम किया है कि सफलता का कोई राज़ नहीं होता; सफलता पाने का सिर्फ़ एक सिस्टम होता है। मुझे यह देख कर बहुत ही दुख होता है कि आज के दिन हज़ारों लोग इस बिज़नेस में सफलता पाने के लिए अपने दिन-रात एक किए हुए हैं, पर उनको वह सफलता नहीं मिल रही जितने के वे अधिकारी हैं। वे सारी चीज़ों से प्रेरित हैं, मेहनत करने वाले हैं, उनके सपने हैं और वे लगातार काम करते

रहते हैं। पर उन्हें सही सिस्टम के अभाव में वह सब नहीं मिलता, जो वे चाहते हैं। मैं यहां इस पुस्तक में ठीक वही सफलता की प्रक्रिया बताने जा रहा हूं, जिसने मुझे एवं हज़ारों अन्य नेटवर्क मार्केटरों को पिछले 11 सालों में बेहद सफलता प्रदान की है। नेटवर्क मार्केटिंग में अपने सपनों को पूरा करने के लिए यह एक पक्का शॉर्टकट तरीक़ा है। अधिकांश लोग जो 10 सालों में नहीं कर पाते, आप इस प्रक्रिया के इस्तेमाल से उसे 2-5 साल में पूरा कर सकते हैं।

आप इनमें से कुछ प्रक्रियाओं को पहले से ही जानते होंगे और शायद आप उनमें से कुछ भागों का अनुकरण भी कर रहे होंगे, चूंकि आप यह पुस्तक पढ़ रहे हैं, तो असली बात यह है कि आप में बिज़नेस में आगे बढ़ने की प्रबल इच्छा है। पुस्तक के इस भाग में जो सिद्धांत एवं तरीक़े बताए गए हैं उससे नेटवर्क मार्केटिंग बिज़नेस की कोर एक्टिविटी में आप अपने कौशल को बढ़ा पाएंगे और इससे आप अपने बिज़नेस एवं उससे होने वाली आय को नई ऊंचाइयों पर ले जाएंगे।

आप जो करते जा रहे हैं, उसे अगर आप करते जाएंगे तो आपको वही मिलता रहेगा, जो आपको हमेशा से मिल रहा था।

मैं यहां आपको पूरी तरीक़े से बदलने में मदद करना चाहता हूं। यहां बताई गई कुछ चीज़ें शायद आपको मुश्किल दिख सकती हैं और कुछ बातें शायद आपको पसंद भी नहीं आएंगी। आप शायद उनमें से कुछ कामों को नहीं करना चाहेंगे, पर अगर आप अपने सपनों को सच में पूरा करना चाहते हैं, तो आगे बढ़ें और मैं जैसा बताने जा रहा हूं वैसा ही करें। आप जो पाएंगे, उसे पाकर आप स्वयं हैरान हो जाएंगे। यह याद रखें कि हर तितली एक कैटरपिलर थी और कैटरपिलर को देख कर कोई यह विश्वास नहीं कर सकता था कि एक दिन एक तितली बन जाएगी। पर उसने चुपचाप बढ़ने की उस प्रक्रिया का अनुसरण किया और वह बदलाव अपने आप हो गया।

जब एक कैटरपिलर ने यह सोचा कि दुनिया ख़त्म हो गई है, तब वह एक तितली बन गई।

इसलिए आप जो बनने जा रहे हैं, उसके बारे में ख़ुश हो जाइए और सोचिए कि एक बार आप बिज़नेस में सफल हो गए तो क्या-क्या सपने पूरे करेंगे।

1. आइए सेलिंग नामक पहेली को सुलझाएं

बेचना वह नहीं है, जो आप किसी को करते हैं, यह वह काम है जो आप किसी के लिए करते हैं।

– जिग जिगलर

भगवान ने हम सभी को एक बेचने वाला बनाया है। हर व्यक्ति पैदाइशी बेचने वाला व्यक्ति है और सभी लोग आसानी से बेच सकते हैं। यह भगवान द्वारा जन्मजात दिया गया एक कौशल है, जिसे सिर्फ़ चमकाने की ज़रूरत है और उसे आज हम जहां भी प्रयोग कर रहे हैं उसके अलावा और परिस्थितियों में प्रयोग में लाए जाने की ज़रूरत है। हर कोई हर समय कुछ न कुछ बेच ही रहा है।

- ✓ एक लड़के द्वारा एक लड़की को प्रेम प्रस्ताव देना।
- ✓ जॉब के लिए किसी अभ्यर्थी का साक्षात्कार देना।
- ✓ एक राजनीतिक नेता का वोट मांगने के लिए भाषण देना।
- ✓ एक वकील का अपने क्लाइंट के केस में बहस करना।
- ✓ आपका अपनी बीवी को थोड़ी कम क़ीमत की ड्रेस या हीरा लेने के लिए समझाना।
- ✓ आपके बेटे द्वारा पार्टी में जाने के लिए आपको समझाना।
- ✓ किसी धार्मिक कार्य के लिए फ़ंड जमा करना।
- ✓ आपका अपने बच्चे को फ़ालतू चीज़ें कूड़ेदान में डालकर कमरा साफ़ करने के लिए कहना।

यह सब कुछ बेचना ही तो है। किसी के साथ हमारी कोई भी बातचीत और कोई भी अन्य क्रियाकलाप जो भी हम कर रहे हैं, सबमें बेचना जारी है। मैं इस बात पर पूरा भरोसा करता हूं कि यह दुनिया का सबसे अच्छा प्रोफ़ेशन है। बिक्री करने वाले लोग राजस्व उत्पन्न करते हैं। हर डिपार्टमेंट पैसा लेता है, पर सेल्स डिपार्टमेंट पैसा लाता है। सारे सेल्स प्रोफ़ेशनलों में, मैं कमीशन वाले सेल्समैन को ज़्यादा पसंद करता हूं, क्योंकि उनके पास आत्मविश्वास होता है और काम करने की एक फ़िलोसॉफ़ी होती है, "अगर मैं सेल्स न लेकर आऊं, तो मुझे कुछ भी पैसे मत देना।" इस कारण सेल्स के लोग बिज़नेस की दुनिया में सबसे ज़्यादा कमाने वाले व्यक्ति होते हैं और सेलिंग को दुनिया में #1 प्रोफ़ेशन माना जाता है।

समस्या सिर्फ़ यह है कि सेल्स के लोगों के बारे में हम लोगों ने सही अवधारणा नहीं बनाई है। अभी जब आप सेलिंग के बारे में सोचते हैं तो जो छवि आपके दिमाग़

में उभर कर आती है वह है दरवाज़ा खटखटाना, कार की खिड़कियों पर हाथ मारना या स्टोर काउंटरों पर ज़बरदस्ती बेचने वाले सेल्समैन। यह छवि कुछ दूसरे बड़े सेल्समैन में बदलनी चाहिए, जैसे - महात्मा गांधी, नरेंद्र मोदी, स्टीव जॉब्स या जैक मा। ये सब दुनिया के सर्वश्रेष्ठ सेल्समैन हैं।

आप कभी कोई जंग नहीं जीत सकते, अगर आप यह सोचें कि आप घोड़े पर बैठे अजीब लगते हैं।

- नेपोलियन बोनापार्ट

जब बेचना इतना अच्छा है, तो लोग इससे डरते क्यों है? यह कुछ नहीं है, बस लोगों ने सेल्स के बारे में अपने मन में कुछ ग़लत धारणाएं बना रखी हैं :

1. मैं सेल्स में अच्छा नहीं हूं। मैंने सेल्स कभी नहीं की है

हां, हो सकता है आप सेल्स में अच्छे न हों, पर सेल्स सीखने वाली एक कला है। क्या आप किसी एक व्यक्ति को जानते हैं जो सेल्सपर्सन के रूप में पैदा हुआ हो। आप इसमें जब चाहें अच्छा काम कर सकते हैं। इसके लिए बहुत सारी किताबें, ट्रेनिंग प्रोग्राम और वीडियो मौजूद हैं। असल में यह नहीं है कि आपमें बेचने की क्षमता नहीं है, बात यह है कि आप बेचना सीखना नहीं चाहते। सीखने के लिए प्रतिबद्ध हो जाएं और फिर सेल्स कीजिए। लगातार अभ्यास एवं ज़िद आपको कुशल बना देंगे।

2. मैं किसी को समझा नहीं सकता

यह एक कल्पना है कि आप लोगों को समझाएंगे। समझाने जैसी कोई चीज़ होती ही नहीं है। आपका काम है अपने उत्पादों/सेवाओं के बारे में दूसरों को अच्छी तरीक़े से बताना। आप सिर्फ़ इस उद्देश्य के साथ जाएं कि आप उनकी समस्याओं को हल करने में उनकी मदद कर रहे हैं, बाक़ी सामने वाले व्यक्ति एवं उसकी ज़रूरतों पर निर्भर करता है।

3. लोग नकारात्मक होते हैं

मेरे 15 साल के बेचने के अनुभव ने मुझे यह सिखाया है कि किसी चीज़ को बेचने के लिए ग्राहक के रवैये से ज़्यादा सेल्सपर्सन का रवैया ज़रूरी है। एक अच्छा सेल्स प्रोफ़ेशनल कभी भी अपने व्यवसाय को लेकर शर्मिंदा नहीं होता। आपकी भूमिका हल प्रदान करने वाले की होनी चाहिए, जिससे लोग आपका धन्यवाद करें कि आपने उस उत्पाद के बारे में उन्हें बताया।

4. मैं सेल्स के ट्रिक्स नहीं जानता

असल में सेल्स के कोई ट्रिक्स नहीं होते। व्यापार के बारे में सीखें, ट्रिक्स के बारे में नहीं। ट्रिक्स अल्पकालीन धोखेबाज़ों के लिए हैं, इस बिज़नेस में लंबे समय तक चलने वालों के अपने मजबूत आधार होते हैं। सेलिंग बेचने वाले से ख़रीदार तक सिर्फ़ अपने

विश्वास और उत्साह का ट्रांसफ़र करना है। आपको सिर्फ़ यह पता होना चाहिए कि आप क्या बेच रहे हैं। अगर आप में बुनियादी शिष्टाचार और सामान्य बुद्धि है तो आप चमत्कार कर सकते हैं।

5. मुझे सेल्स पसंद नहीं है

जब लोग मुझे कहते हैं कि "मुझे सेल्स पसंद नहीं है" तो मैं उनसे एक ही सवाल करता हूं - "क्या तुम सिर्फ़ वही काम करते हो, जो तुम्हें पसंद है? क्या तुम अपनी नौकरी से प्यार करते हो? क्या तुम्हें सारी ज़िंदगी हर सुबह ऑफ़िस के लिए तैयार होकर जाना पसंद है? क्या तुम्हें अपनी लाइफ़ स्टाइल पसंद है? जो कार तुम ड्राइव करते हो, क्या तुम्हें वह पसंद है या तुम जिस घर में रहते हो, क्या वह तुम्हें पसंद है? क्या तुम्हें यह बात अच्छी लगती है कि तुम्हारे पास कोई फ़ाइनैंशियल सिक्योरिटी नहीं है? क्या तुम्हें हर दिन त्याग एवं समझौता करके जीना पसंद है?" हम में से अधिकांश लोग अपनी ज़िंदगी में वही करते हैं, जो उन्हें पसंद नहीं है। बात यह नहीं है कि क्या किया जाए, बात यह है कि क्यों वह किया जाए और फिर कैसे किया जाए। अगर एक नया कौशल जिस का नाम 'बेचना' है को सीख कर आप अपने सपने जल्दी पूरे कर सकते हैं तो फिर क्यों न इसे सीखा जाए। क्या यह कमाल नहीं होगा कि यह नया कौशल आपको इतनी वित्तीय बहुतायत देगा कि कुछ सालों तक काम करके आप ज़िंदगी भर के लिए आज़ाद हो जाएंगे और जैसा चाहें आप वैसा कर पाएंगे।

6. मुझे सेल्स कॉल से डर लगता है

हर बार कोई नया काम शुरू करते समय सभी को पहले-पहल डर लगता है या घबराहट होती है - जैसे बाइक या कार ड्राइव करना, पहला प्रेजेंटेशन, पेंटिंग, कोई खेल खेलना, कोई नया साज़ बजाना आदि। अतः यह बहुत सामान्य-सी बात है कि कुछ लोग अपने पहले सेल्स कॉल पर डर जाते हैं और कुछ लोग बाद में भी डरते हैं। तैयारी, आत्मविश्वास और रिवॉर्ड्स ही डर का इलाज हैं। अच्छी तरह से तैयारी करें, अपने कौशल को साथ साथ बढ़ाते चलें और आगे बढ़ते जाएं। आप जिनको भी पसंद करते हैं, उन सबने ऐसे ही शुरू किया था।

नेटवर्क मार्केटिंग बिज़नेस के बारे में सबसे अच्छी बात यह है आपको सेलिंग के लिए प्रोग्रामों के जरिए अच्छी-ख़ासी ट्रेनिंग मिलती है। इस क्षेत्र में आपके अपलाइन और आपके सारे सीनियर्स आपको निजी रूप से सहयोग करते हैं और आपके इस क्षेत्र में माहिर बनने तक आपका हाथ पकड़े हुए रहते हैं। ट्रेनिंग एवं ग्राउंड वर्क में सहयोग से कोई भी सेलिंग का मास्टर बन सकता है।

चूंकि, आपको सेल्स करना पसंद आने लगा है और आपकी बुनियादी चिंताएं दूर हो चुकी हैं, तो अब हम अपनी सरल, हमेशा से टेस्ट की हुई, पहले से साबित हुई, उच्च रिवॉर्ड देने वाली सफलता की प्रक्रिया को समझते हैं।

इस के तहत 5 गतिविधियां हैं जिन्हें बार-बार किया जाना है।

1. लिस्ट बनाना एवं सही लोगों का चयन करना
2. संपर्क करना एवं अपॉइंटमेंट्स लेना
3. अपने बिज़नेस प्लान को शेयर करना
4. फ़ॉलोअप एवं सेल्स क्लोज़िंग
5. नए सहयोगी की सही उड़ान

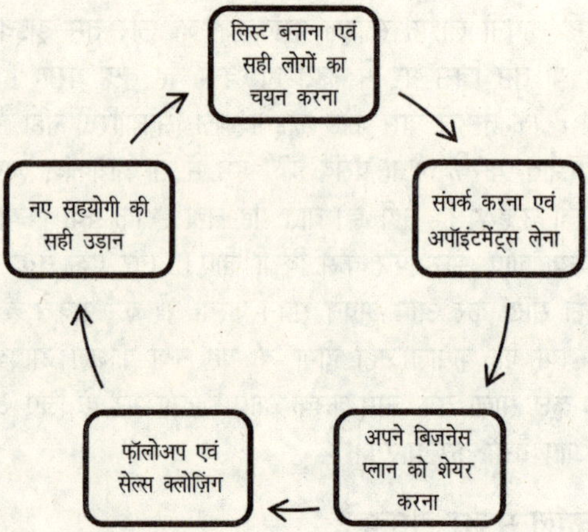

सीखने का सिर्फ़ एक ही तरीक़ा है - करते रहो, और उस पर महारत करने का एक ही तरीक़ा है कि उसे बार-बार करो।

- दीपक बजाज

2. लिस्ट बनाना एवं सही लोगों को चुनना

एक मजबूत मार्केटिंग बिज़नेस बनाने के लिए पहला क़दम है भावी सहभागियों की एक बड़ी-सी लिस्ट तैयार करना। आपकी लिस्ट इस बिज़नेस में आपका सबसे बड़ा संसाधन है।

लिस्ट = आशा

हमारे बिज़नेस में लिस्ट बनाना सबसे आसान प्रक्रिया है और इसे बनाने में क़रीब 30-60 मिनट लगते हैं। पर यह अजीब बात है कि जो लोग यह बिज़नेस शुरू करते हैं उनमें से 80% लोग अपनी लिस्ट नहीं बनाते। अतः अगर आप लिस्ट बनाते हैं तो आप नेटवर्क मार्केटिंग के टॉप 20% लोगों में शामिल हो जाते हैं और सबसे अच्छी बात यह है कि आपको लिस्ट बनाने के लिए घर से निकलने की या किसी और से बात करने की ज़रूरत नहीं है। आपकी मीटिंग का परिणाम कुछ भी हो, कोई आपके या आपके बिज़नेस के बारे में कुछ भी कहें, जब तक आपकी लिस्ट में लोग हैं और आपको यह पता है कि आपने अभी तक कई लोगों को बिज़नेस के लिए संपर्क नहीं किया है, तो आप अपना बिज़नेस नहीं छोड़ेंगे।

इसलिए, जल्दी से अपनी लिस्ट बनानी शुरू कर दें। अगर आप थोड़ी देर के लिए इस किताब को रख कर अपनी लिस्ट अभी बना लें, तो मुझे बहुत ख़ुशी होगी।

लिस्ट बनाने के फ़ायदे

✓ आपके सहभागी आपके साथ बिज़नेस शुरू करेंगे। अगर आप अपनी लिस्ट में अपने लोगों के नाम नहीं लिखेंगे, तो हो सकता है कि आपके अच्छे सहभागी छूट जाएं। आंकड़ों के अनुसार आने वाले सालों में यह बिज़नेस बहुत तेज़ी से बढ़ेगा, ऐसे में कोई अन्य व्यक्ति आपके सहभागियों तक कभी न कभी पहुंचेगा और आपको तब और अधिक बहुत बुरा लगेगा, जब आप अपने दोस्तों को दूसरी कंपनी या इसी कंपनी की अलग टीम में काम करते देखेंगे।

✓ बहुत बड़ी लिस्ट का सबसे बड़ा लाभ है कि आप लोगों के नकारात्मक प्रतिक्रियाओं से निराश नहीं होते। जरा सोचें आपने 10 लोगों को अप्रोच किया और उन सबने नकारात्मक प्रतिक्रिया दिखाई। कुछ ने तो आपको बिज़नेस छोड़ने की भी सलाह दे डाली। ऐसे नकारात्मक विचारों को सुनकर आपको कैसा लगेगा, यह इस बात पर निर्भर करता है कि आपकी लिस्ट में कितने लोग हैं। अगर आपकी 10-20 लोगों की लिस्ट है, तो यह प्रतिक्रिया कोई सुनामी से कम नहीं है, जो आपके बिज़नेस को बहाकर ले जाएगी पर इसी परिस्थिति में अगर आपकी लिस्ट 300 या ज़्यादा लोगों की है, तो आपको फ़र्क़ भी नहीं पड़ेगा क्योंकि आपने तो अभी तैयारी मात्र की है, लिस्ट के अधिकांश लोगों को अप्रोच करना तो अभी बाक़ी है।

लोग अन्य लोगों के नकारात्मक रवैये के कारण यह बिज़नेस नहीं छोड़ते, वह बिज़नेस इसलिए छोड़ देते हैं क्योंकि उनकी लिस्ट बहुत छोटी होती है।

✓ आपको सर्वोत्तम लोगों को चुनने की आज़ादी मिल जाती है। जब आपके पास बड़ी लिस्ट होती है, तो आप अपनी कुछ पहली मीटिंगों के लिए सबसे अच्छे प्रॉस्पेक्ट चुन सकते हैं। चूंकि आप अपने बेस्ट प्रॉस्पेक्ट को चुन रहे हैं, तो आपके सेल को क्लोज करने की ज़्यादा संभावना है। अगर आपके पास बिज़नेस की शुरुआत में ही कुछ क़ाबिल लोग आ गए, तो आपके बिज़नेस की शुरुआत काफ़ी अच्छी होगी। इस बिज़नेस में काम करने का अर्थ अपनी ज़िंदगी का एक भाग किसी और को दे देना है। अपनी ज़िंदगी को किसी के नाम करने के लिए आप अच्छे लोगों का चुनाव क्यों नहीं करते?

✓ बड़ी लिस्ट से आपकी गंभीरता का पता लगता है और यह फ़ॉलोअप करने के समय का सबसे अच्छा टूल है। आप लोगों को यह साक्ष्य के रूप में दिखा सकते हैं कि इस बिज़नेस के जरिए आप अपने सपनों को पूरा करने के लिए कितने गंभीर हैं।

✓ बड़ी लिस्ट से आपका मनोबल ऊंचा रहता है और आपको आगे बढ़ाता रहता है क्योंकि आपके पास एक बहुत बड़ा संसाधन है।

जब इसके इतने फ़ायदे हैं तो लोग सूची बनाने के लिए इतने अनिच्छुक से क्यों होते हैं? इसका कारण आसान है क्योंकि उन्हें अपने बिज़नेस में भरोसा नहीं है। उन्हें असल में यह भरोसा ही नहीं है कि इस बिज़नेस से उन्हें या उनके कुछ लोगों को कुछ फ़ायदा हो सकता है। कुछ लोगों की मनोवृत्ति ऐसी होती है कि उन्हें ऐसा भ्रम होता है कि उन्हें पता है कि इस बिज़नेस कैसे किया जाए और वो कोई सिस्टम फ़ॉलो नहीं करना चाहते। ऐसे मामलों में इन लोगों को 1-3 इवेंट में शामिल होने के लिए कहिए, और फिर लिस्ट बनाने की प्रक्रिया शुरू करें। आप उनमें हुए बदलाव को देख कर आश्चर्यचकित हो जाएंगे।

बड़ी सफलता के लिए लिस्ट बनाने की प्रक्रिया

अब मैं आपको सरल, सशक्त एवं पहले से साबित हुई लिस्ट बनाने की प्रक्रिया बताने जा रहा हूं जो मैंने सालों के अनुभव से विकसित की है। आप जैसे ही लिस्ट बनाने का काम शुरू करें तो लिस्ट को विकसित करने के इस गोल्डन फ़ॉर्मूले BEST का इस्तेमाल करें -

BEST लिस्ट

B-Build - लिस्ट बनाएं

E-Expand - उसे बड़ा करें

S-Select - अपनी सूची में से लोगों को चुनें

T-Train - हर रोज़ अपनी लिस्ट में लोगों को जोड़ने के लिए ख़ुद को तैयार करें।

लिस्ट बनाएं, उसे बड़ा करें, अपनी सूची में से सर्वश्रेष्ठ लोगों को

संपर्क करने के लिए चुनें और अपनी सूची में लोगों को हर रोज़ जोड़ने के लिए स्वयं को तैयार करें। आइए, इन चारों को विस्तार से समझते हैं।

1. लिस्ट बनाएं :

> *आज जिन लोगों से मिलने में आप झिझक रहे हैं, वो आपको कुछ महीनों में धन्यवाद ज़रूर देंगे क्योंकि आपने उनका नाम अपनी लिस्ट सूची में रखा था।*
>
> **– दीपक बजाज**

✓ अपनी सूची को जितनी हो सके उतनी बड़ी बनाएं और सबको इसमें शामिल करें। इससे कुछ फ़र्क़ नहीं पड़ता कि वह आपके साथ बिज़नेस शुरू करेंगे अथवा नहीं, या वह आपसे मिलेंगे भी या नहीं। बस अपनी लिस्ट में लोगों के नाम लिखते जाओ। हम लिस्ट में से शायद सबसे संपर्क नहीं करेंगे पर हमें लिस्ट में सब लोगों की ज़रूरत है। हमारे बिज़नेस में एक संपर्क से कई अनगिनत संपर्क बन सकते हैं। हमें यह नहीं पता कि हमारा स्टार परफ़ॉर्मर कहां से आएगा पर यह याद रखें कि वह बहुत जल्दी आप को धन्यवाद देंगे कि उनका नाम आपकी सूची में है।

✓ अपना नज़रिया बदलें : जब मैंने बिज़नेस शुरू किया था, तो मैं लिस्ट बनाने में झिझकता था, पर जब मैंने अपना नज़रिया बेचनें से शेयर करने एवं मदद में बदला तो, मुझे अचानक इस बिज़नेस में कई सैकड़ों लोग याद आने लगे। तब से लेकर आज तक, मेरी लिस्ट कभी ख़त्म नहीं हुई। यहां तक कि अब तो मुझे ऐसा लगता है कि हर कोई मेरा साथी या ग्राहक बन सकता है।

✓ कुछ लोग जो ख़ुद को बहुत स्मार्ट समझते हैं वे आप से हमेशा बहस करेंगे कि उनके दिमाग़ में हमेशा लिस्ट रहती है और उन्हें उसे पेपर में लिखने की कोई ज़रूरत नहीं है। मैं आपको डायरी में लिस्ट बनाने की सलाह क्यों देता हूं क्योंकि जब आपका दिमाग़ ख़ाली हो जाएगा तो वह अपने आप लिस्ट में लिखने के लिए नए नामों को खोजने लगेगा। आपको आश्चर्य होगा कि कैसे एक के बाद एक नाम आपके दिमाग़ में आते जा रहे हैं। लिस्ट बनाकर हम यह चाहते हैं कि अपने दिमाग़ को एक्टिवेट करके नए नामों को एक के बाद एक जोड़ते चले जाएं। हालांकि डायरी में नाम लिखना मेरे लिए जादू का काम करता है, पर अगर आप चाहें तो अपनी लिस्ट अपने टेबलेट में या किसी मोबाइल एप में भी बना सकते हैं। याद रखें कि आपका मुख्य उद्देश्य है एक बड़ी-सी लिस्ट बनाना।

✓ किन लोगों को लिस्ट में होना चाहिए : कोई भी ज़िंदा व्यक्ति जो एक बिज़नेस मीटिंग के लिए 45-60 मिनट दे सकता है, उसका स्वागत है। दोस्त, रिश्तेदार, सहकर्मी, पड़ोसी, कॉलेज के दोस्त, स्कूल के दोस्त, आपके क्लब के दोस्त, अलग-अलग मौक़ों पर मिलने वाले लोग आदि आपकी शुरुआती लिस्ट में हो सकते हैं।

- ✓ उन लोगों को ढूंढ़े जिनके सपने आप से बड़े हैं। जब ये लोग आपके साथ बिज़नेस करना शुरू करेंगे तो वह आपकी सोच से कहीं दूर आप के बिज़नेस को ले जाएंगे।
- ✓ यदि आप शादीशुदा हैं तो पति या पत्नी एक साथ बैठ कर लिस्ट बनाएं। अगर आप अकेले हैं तो अपने भाई-बहनों या माता-पिता को शामिल करें। वह आपको कुछ संकेत दे सकते हैं जिससे आपको नाम याद करने में मदद मिले और उनकी अपनी अलग लिस्ट भी होगी जो आपकी लिस्ट में जुड़ सकती है। अब आपके पास एक बड़ी फ़ैमिली लिस्ट होगी।
- ✓ लिस्ट बनाते समय लोगों का आकलन नहीं करें - हम उन लोगों की तलाश में हैं, जो ख़ुद किसी चीज़ की तलाश में हैं, हमे पता नहीं कौन किस चीज़ की तलाश में है। इस बिज़नेस में वास्तव में सभी के लिए कुछ न कुछ है।
- ✓ शक्ति का एक घंटा (An Hour of Power) : अब मैं आपको अपना सीक्रेट फ़ॉर्मूला बताता हूं, जिसे शक्ति का एक घंटा कहते हैं। अपनी सबसे पहली लिस्ट बनाने के लिए एक घंटा विशेष रूप से निकाल कर रखें। अपने पति/पत्नी या परिवार के किसी एक सदस्य के साथ सुविधापूर्ण आरामदायक जगह पर बैठें। अपने मोबाइल को एयरप्लेन मोड में डाल दें, सारे विकर्षण दूर रखें और जल्दी नाम लिखना शुरू कर दीजिए। हमारा दिमाग़ साथ जुड़े लोगों एवं चीज़ों को याद रखता है। अब एक क्रम में शुरू कीजिए जैसे अपने जन्म से लेकर आज तक के दिन तक, या उल्टा। आपने जितनी भी कंपनियों में काम किया है उसमें आप के साथ काम करने वाले लोगों के नाम एक-एक कर लिखें, आप जितने भी स्कूल एवं कॉलेज गए उनके नाम भी एक-एक कर लिखें। अपने दिमाग़ को कुछ सेकेंड का वक्त दीजिए और वह आपको नामों की लिस्ट दे देगा। कुछ भी विश्लेषण या बहस नहीं करें। उद्देश्य यह है कि जितने ज़्यादा हो सकता है उतने नाम लिखें। इस काम को अच्छे से करें और इस काम के समाप्त होते ही इस बड़ी-सी सूची के साथ आप ख़ुद को आश्चर्यचकित कर देंगे। घड़ी मत देखिए। आपके दिमाग़ में जितने ज़्यादा नाम आ सकते हैं, उतने लिखते जाइए। लिस्ट बनाने में बिताया हुआ समय आपके निराशापूर्ण समय को बचाएगा।
- ✓ मैंने देखा है कि इस अभ्यास के बाद लोगों को हज़ारों नाम याद आ जाते हैं, पर मैं आपको यह सलाह दूंगा कि आप तब तक नहीं रुकें जब तक आपकी सूची में 300-500 नाम न हो जाएं। एक रिसर्च के अनुसार एक औसत 20 साल का व्यक्ति क़रीब 2000 लोगों को उनके मूल नाम से जानता है, इसलिए 2000 नाम लिखने का लक्ष्य लें।

2. अपनी लिस्ट बढ़ाएं

समृद्धि आपसे बस एक सहभागी दूर है।

- दीपक बजाज

शुरुआती सूची बनाने के बाद अपने सूची को आगे बढ़ाने में लग जाएं और मेरा ऐसा पक्का मानना है और ऐसे हज़ारों सबूत हैं कि असली ख़ज़ाना यहां छुपा होता है। आप इसे कैसे करेंगे?

- ✓ यह रवैया और विश्वास रखें कि सारी दुनिया आपकी टीम हो सकती है और आप अपनी सूची में उन्हें जोड़ कर उनकी मदद कर रहे हैं।
- ✓ हम इस सहयोग के लिए अपने दिमाग़ की अविश्वसनीय शक्ति का इस्तेमाल करना चाहते हैं। आप जब अपनी लिस्ट में एक-एक करके देखेंगे तो आपको लोगों के चेहरे दिखाई देंगे, जब उनके चेहरे देखेंगे तो कई और लोगों को देखेंगे जिन्हें आप जानते हैं। ये वह लोग हैं जिन्हें हमारे लोग जानते हैं। अब हम उन लोगों के नाम लिखना चाहते हैं जो हमारी सूची के नाम वाले लोगों के साथ दिखते हैं या उनके आसपास होते हैं। उनको कॉल करने के बारे में सोचकर परेशान मत होइए और ना ही अभी उनसे मीटिंग के बारे में सोचिए। हो सकता हमें इसकी ज़रूरत ना ही पड़े, पर अभी अपनी लिस्ट में उन लोगों के नाम जोड़ लीजिए। अगर आपकी शुरुआती सूची में 500 लोग हैं और आपने प्रत्येक के जान-पहचान के 10 और नाम जोड़ दिए, तो आपकी लिस्ट 5000 तक हो जाएगी।
- ✓ जिस तरह आपने अपनी शुरुआती लिस्ट बनाई थी, ठीक उसी तरह फिर कुछ समय निकालें और बिना किसी विकर्षण के अपने पति/पत्नी, भाई-बहनों, माता-पिता के साथ बैठ कर लिस्ट को बढ़ाने के लिए काम कीजिए।
- ✓ आप नामों को जोड़ने के लिए बहुत सारे संसाधनों की मदद ले सकते हैं, जैसे : फ़ेसबुक, लिंक्डइन, इंस्टाग्राम, वाट्सएप, फ़ोन बुक, पुरानी फ़ोटो और एलबम आदि।
- ✓ अपने सारे नए सहकर्मियों को उनकी सूची बनाने में मदद कीजिए। जो कोई भी आपके साथ काम शुरू कर रहा है वह बिज़नेस शुरू करने के एक हफ़्ते के भीतर अपनी सूची बना ले। आपने अभी जो BEST लिस्ट सिद्धांत सीखें हैं, उन्हें भी सिखा दीजिए।
- ✓ लोग बहुत सारे ग़ैरज़रूरी कारणों से लिस्ट नहीं बनाते हैं, पर इसे आसानी से संभाला जा सकता है। लिस्ट नहीं बनाने का एक कारण यह भी हो सकता है कि वह लिस्ट बनाने की शक्ति को ही नहीं समझते हों या सिस्टम को फ़ॉलो करने की शक्ति नहीं समझते हों। उन्हें और अच्छे से समझाने के लिए अपने अपलाइन या आगामी ट्रेनिंग प्रोग्राम का इस्तेमाल कीजिए। याद रखें : कोई प्लान तभी काम करेगा कि जब आप उस प्लान के अनुसार काम करेंगे।

3. चयन

इस बात से फ़र्क़ नहीं पड़ता कि कौन प्लान दे रहा है, फ़र्क़ इस बात से पड़ता है कि प्लान दिया किसे जा रहा है।

– दीपक बजाज

अच्छा चुनाव उतना ही ज़रूरी है जितना एक बड़ी लिस्ट बनाना। सही चुनाव करने से आधा काम ख़त्म हो जाता है। हमारी सफलता की प्रक्रिया में चुनाव एक बहुत महत्त्वपूर्ण भाग है। आपके बिज़नेस के शुरुआती कुछ हफ़्ते बहुत ही चुनौतीपूर्ण एवं रोमांचक होंगे। यह निर्णय लेना बहुत ज़रूरी है कि अपने सपनों की यात्रा की शुरुआत में आप किसके साथ रहना चाहते हैं। अपने बिज़नेस को शुरू करने के लिए सर्वोत्तम लोगों का चुनाव करें। जैसे ही आपकी लिस्ट पूरी हो जाएगी अपने अपलाइन से परामर्श लें और आप दोनों मिलकर इस संबंध में उन लोगों की पहली लिस्ट बनाएं जिनसे मिला जा सकता है और अपने बिज़नेस का प्लान शेयर किया जा सकता है। इस संबंध में मेरे द्वारा निर्मित गाइडलाइन नीचे लिखी गई है - अपनी श्रेणियों को 3 भागों में बांटें : हॉट, वार्म, कोल्ड।

- ✓ हॉट (HOT) - ये वे लोग हैं जिनके साथ आप नियमित रूप से संपर्क में होते हैं। आप अक्सर उनसे मिलते हैं और एक अच्छी घनिष्ठता रखते हैं। आपके उनके साथ अच्छे संबंध हैं और चूंकि यह प्रस्ताव आपकी ओर से आ रहा है तो वह इसको गंभीरता से लेंगे। हर किसी के पास इस कैटेगरी में 20-30 लोग होते हैं।
- ✓ उन्हें अपनी हॉट लिस्ट में रखने के दो कारण हैं - चूंकि वह लोग आपके नज़दीकी हैं, इसलिए आप लोगों की पसंद और सोचने की प्रक्रिया भी एक जैसी होगी। अगर आपको कुछ पसंद आया है तो संभावना है कि उन्हें भी वो विचार पसंद आएगा। दूसरा, नेटवर्क मार्केटिंग बिज़नेस लोगों के लिए नया नहीं है। पूर्व में कुछ लोगों ने भी उनसे इस संबंध में बात की होगी और उनके इस बारे में अपने कुछ विचार होंगे। चूंकि यह प्रस्ताव आपकी तरफ़ से आ रहा है, तो वह इसे विश्वसनीयता से सुनेंगे और गंभीरता से लेंगे। हम सिर्फ़ यह चाहते हैं कि लोग खुले दिमाग़ से हमारा प्रपोज़ल सुनें और हॉट कैटेगरी के लोग उसके लिए सबसे अच्छे हैं।
- ✓ वार्म (WARM) - कुछ लोग ऐसे होते हैं जिन्हें आप जानते हैं और वो आपके बिज़नेस के लिए सही भी होते हैं। अक्सर ऐसे लोग सकारात्मक, ऊंचे ख़्वाब देखने वाले, ऊर्जावान व्यक्ति होते हैं। उनका व्यक्तित्व काफ़ी अच्छा होता है और उनकी सोशल छवि भी अच्छी होती है, पर उनसे आपके संबंध इतने मज़बूत नहीं होते। आप उनसे पारिवारिक उत्सवों या अपने बच्चे के स्कूल या अपने पड़ोस में मिलते हैं, जिन्हें आप चेहरे से तो पहचानते हैं पर असल में जानते नहीं है या तो बहुत सारे संस्थानों के लोगों जो आपके संपर्क में आते हैं। जिनसे आपने काम के

अलावा कभी बातचीत नहीं की। आपके कुछ सोशल मीडिया फ्रेंड भी इसी श्रेणी में आते हैं।

✓ कोल्ड (COLD) - बाक़ी बचे लोग इस कोल्ड श्रेणी में आते हैं। जिन लोगों को आप ऊपर लिखी गई दोनों श्रेणियों में नहीं डालते हैं, उन्हें आप ठंडी कैटेगरी में डाल देते हैं। कुछ लोग जो रिश्तेदार होते हैं या रिश्तेदारों के दोस्त हों या फिर दोस्तों के दोस्त हैं या वे लोग जिनसे हमने कभी बात नहीं की है या हमारे अधिकांश सोशल मीडिया दोस्त इस श्रेणी में फ़िट बैठते हैं।

ऊपर लिखी गई लिस्ट उन लोगों के बारे में है, जिनसे हम अपने बिज़नेस प्लान के बारे में बात करेंगे। पर कुछ लोगों के साथ हम सिर्फ़ उत्पाद के बारे में बात करना चाहेंगे, ऐसे लोगों को हम एक अलग लिस्ट में रखते हैं जिसे प्रोडक्ट ग्राहक कहते हैं। वह आपके प्रोडक्ट का इस्तेमाल करते हैं और उसकी सिफ़ारिश करते हैं। तो आप अपने उत्पाद ग्राहकों को भी उन्हीं तीन श्रेणियों में विभाजित कर सकते हैं - हॉट, वार्म और कोल्ड।

4. अपनी लिस्ट में रोज़ नए लोगों को जोड़ने के लिए ख़ुद को तैयार करें

याद रहे कि हर कौशल की तरह लिस्ट बनाना भी एक सीखने लायक़ कौशल है, जिसे विकसित किया जा सकता है। चूंकि हमने नेटवर्क मार्केटिंग को अपने व्यवसाय के रूप में चुना है और इस बिज़नेस के जरिए हम अपने सपनों को पूरा करना चाहते हैं इसलिए अपनी लिस्ट में लगातार नए नाम जोड़ते रहिए।

✓ अपनी शुरुआती लिस्ट और उसमें जोड़े गए नामों के बाद अब समय है लिस्ट में अनजान लोगों को जोड़ने का। आपके बिज़नेस में एक बड़ा उछाल उन्हीं अनजान लोगों से आ सकता है जिन्हें आपने अभी तक दोस्त नहीं बनाया है और वह आपके लिए एक बड़ा मौक़ा हैं। अनजान लोग सोने की ख़ान की तरह हैं और अधिकांश लोगों के लिए सबसे मज़बूत टीम अनजान लोगों से ही बनी है। मुझे भी इस बिज़नेस में एक अनजान व्यक्ति ही लेकर आए थे। इसलिए पूरी दुनिया आपके लिए एक बाज़ार है। अब बाहर निकलें और सब को बताएं कि हमारे पास अपने सपनों को शीघ्र पूरा करने के लिए एक बेहतर तरीक़ा है।

✓ आपका व्यक्तित्व, अनुभव, व्यवसाय या बैकग्राउंड जो भी रहा हो, मैं आपको सलाह दूंगा कि नए दोस्त बनाने की कला को विकसित कीजिए। लोगों से बात करने एवं संबंध बनाने की कला को बढ़ाइए। क्या यह उत्साहजनक बात नहीं है? सोचिए, कोई आपसे पूछे कि आपके बिज़नेस में आपका जॉब क्या है तो आप कहेंगे नए दोस्त बनाना। थोड़े बहुर्मुखी बनें, किसी भी आयोजन में शामिल हों तो लोगों से बात कीजिए (पार्टी, बर्थडे, सालगिरह, क्लब मीटिंग, क़ॉलेज रियूनियन, स्थानीय कम्युनिटी इवेंट आदि) स्कूल में पेरेंट्स टीचर मीटिंग, स्पोर्ट्स इवेंट, कोई त्योहार या जब बाहर यात्रा कर रहे हों और ऐसे किसी भी अन्य अवसर पर लोगों से बात कीजिए।

✓ मेरा विश्वास कीजिए बात सिर्फ़ इतनी होती है कि पहले कौन मुस्कराता है। मनुष्य एक सामाजिक प्राणी है। हमारे डीएनए में यह पहले से ही है कि हम आपस में मिले-जुलें और एक-दूसरों के सहयोग से काम करे। हर कोई आपस में हर व्यक्ति से संपर्क करना चाहता है। कोई भी यह नहीं कहता कि मुझे अब एक और दोस्त नहीं चाहिए। लोग इसलिए बस शुरुआत नहीं करना चाहते हैं क्योंकि उनके अंदर घमंड, शर्म या ग़लत धारणाएं होती है। आप स्वयं निश्चय कर लीजिए कि आप पहले मुस्कराएंगे और बातचीत शुरू करेंगे। फिर सब कुछ अपने आप चलने लगेगा। अगर कुछ मामलों में बात आगे नहीं बढ़े तो सोच लीजिए कि यहां इतना ही होना था और आगे बढ़ जाइए।

✓ मैं दृढ़ता से आपको यह कहना चाहता हूँ कि जब आप लोगों से मिलने के लिए आगे बढ़ें तो वास्तविकता में उन्हें समझने के लिए और दोस्ती करने के लिए ही मिलें; उन्हें बिज़नेस में जोड़ने के लक्ष्य से मत जाइए। इस बारे में परेशान मत हों कि अगली मीटिंग में क्या होगा या हमारे संबंधों का क्या होगा। एजेंडा सिर्फ़ इतना-सा है कि यह जानें कि सामने वाला व्यक्ति कितना अच्छा है। इसका साधारण-सा नियम है नए दोस्त बनाएँ और उनसे संपर्क में रहने के तरीक़े खोजें। अब सोशल मीडिया और लेटेस्ट टेक्नोलॉजी जो आपकी अंगुलियों में है, ने इसे और आसान बना दिया है। लोगों पर अचानक से टूट मत पड़िए और अपनी पहली ही मीटिंग में किसी से अपने बिज़नेस प्लान को शेयर मत करिए। हम प्लान तब दिखाएंगे जब सही समय होगा और अगर प्लान दिखाने की ज़रूरत होगी।

✓ यह सुनिश्चित करें कि आप लिस्ट में हर दिन कम से कम एक नाम ज़रूर जोड़ें। ऐसे तो ज़्यादा नाम भी जोड़ सकते हैं पर अपने न्यूनतम मानक के अनुसार हर दिन एक नाम तो ज़रूर डालें। इस सूची में कब तक नाम जोड़ने होंगे? ईमानदारी से कहूं तो जब तक आप बढ़ना चाहते हैं या तब तक, जब तक आपकी टीम में 20 लोग ऐसे ना हां जो कम से कम आपकी आय का आधा ना कमा रहें हो, वो भी सही ढांचे में।

✓ नेटवर्क मार्केटिंग बिज़नेस में अपनी लिस्ट बढ़ाना आपकी सर्व प्रमुख प्राथमिकता है। मैं अभी भी ऐसी नेटवर्क मार्केटिंग कंपनी देखना चाहता हूं जहां आपकी इनकम आपकी गहराई और फैलाव के साथ न बढ़े। बढ़ती लिस्ट का अर्थ है आय और स्थिरता में बढ़ोत्तरी। हमारे पास अपनी सूची बढ़ाने के बहुत सारे कारण हैं इसलिए बाहर जाएं और लोगों तक पहुंचने के रास्ते ढूंढ़ें। एसोसिएशन, क्लब, कम्युनिटी सर्विस, सोशल वर्क संस्थाएं आदि से जुड़ें या इवेंट में स्वयंसेवक बनें। यह प्राथमिकता तय कर लें कि आप हर दिन एक नए व्यक्ति से मिलेंगे और नए संबंध बनाएंगे।

✓ अपनी जेब में एक छोटा नोट पैड रखने की आदत डालें और जब भी आपको

कोई नाम सूझे, तो उसे लिख लें। आजकल मैं यह काम अपने मोबाइल एप पर करता हूं।

यह याद रहे कि नेटवर्क मार्केटिंग बिज़नेस में वह व्यक्ति नहीं जीतता, जिसके पास बहुत बढ़िया बेचने का कौशल हो या स्टेज परफ़ॉर्मेंस का कौशल हो। यहाँ वह व्यक्ति सफल होता है जिसके पास एक बड़ी और बढ़ती हुई लिस्ट हो और जो बिज़नेस के लिए अधिकतम लोगों तक पहुंच सके।

लिस्ट = दृढ़ विश्वास एवं उत्साह

मैंने दो श्रेणी के लोगों को इस बिज़नेस में बहुत उत्साहित एवं ख़ुश देखा है - जो लोग बहुत पैसा कमा रहे हैं और जिन लोगों की लिस्ट बहुत बड़ी है। मैं अपनी टीम में दो लोगों को जानता हूं, जिनकी लिस्ट हमेशा ही बढ़ती रहती है, वे हैं - देबाशीष खुंटिया और निशांत चौधरी। वह हमेशा ही मुस्कराते रहते हैं और उन्हें मैं दो सबसे सकारात्मक लोगों के रूप में जानता हूं। इसका कारण बड़ी लिस्ट एवं बड़ी आय है। देबाशीष ओडिसा में एक इंजीनियर है और निशांत ने जब हमारे साथ 3-4 साल पहले बिज़नेस शुरू किया था, तब वह करनाल के एक टेलिकॉम स्टोर में 11,000रु. प्रतिमाह की आय कमाता था। अब वह एक प्रीमियम कार ड्राइव करता है और अपनी जॉब से 30 गुणा ज़्यादा आय कमाता है।

3. संपर्क करना और अपॉइंटमेंट लेना

जब आपकी लिस्ट तैयार है और आपने चुनाव भी कर लिया है, तो अब अगला कदम है अपनी लिस्ट के लोगों से संपर्क करना। हम लोगों से दो उद्देश्यों के लिए संपर्क करते है - अपने बिज़नेस प्लान को शेयर करने के लिए अपॉइंटमेंट लेने या भविष्य में उन्हें प्लान बताने या प्रॉस्पेक्टिंग करने के लिए।

यह याद रखें कि लिस्ट बनाने का और लोगों को चुनने का कोई फ़ायदा नहीं है, अगर आप तुरंत उनसे संपर्क नहीं करते। मैंने जब यह बिज़नेस 11 साल पहले शुरू किया था, तो मुझे लोगों से संपर्क करने में बहुत दिक्कत होती थी। मैं सच में अपनी एक बड़ी बिज़नेस टीम बनाना चाहता था, पर मैं कहीं रुक-सा गया था और अपनी लिस्ट के साथ आगे नहीं बढ़ पा रहा था। मुझे सच में यह नहीं पता था कि क्या वह किसी अस्वीकृति का डर था, या अपनी छवि या इज़्ज़त खो देने का डर था या ख़ुद में अथवा बिज़नेस में आत्मविश्वास की कमी थी। या हो सकता है यह मेरे घमंड/स्टेटस/शिक्षा के कारण था क्यों कि मुझे बहुत अच्छा वेतन मिलता था, मैं सीनियर लेवल मैनेजर था जिसकी एक मल्टीनेशनल कंपनी में एक अच्छी साख थी। पर कारण कुछ भी हों, ये मेरे सपने पूरे होने की राह में आड़े आ रहे थे।

एक दिन एक ट्रेनिंग प्रोग्राम के दौरान एक घटना ने मुझे बहुत बुरी तरह आहत किया जिस से मेरी ज़िंदगी ही बदल गई। **"अगर भगवान ने आपको एक बहुत अच्छे अवसर के साथ नवाजा है, तो आपको उस अवसर को सिर्फ़ अपने तक सीमित रखने का कोई हक़ नहीं है।"** उस लीडर ने आगे इस बात पर ज़ोर देकर बताया कि अगर मैं इस सुअवसर को अन्य लोगों के साथ नहीं बांटूंगा तो मैं स्वार्थी कहलाऊंगा। धीरे-धीरे मुझे इस बात का आभास होने लगा, और यह मेरे भीतर ऐसे समाहित हो गई कि अगली बार जब भी मैं यह अवसर दूसरों के साथ बांटता, तो मुझे ऐसा लगता कि मैं भगवान का ही कोई काम कर रहा हूं। हर प्लान प्रेजेंटेशन के दौरान, मुझे ऐसा लगता कि मैं अपने अवसरों को दूसरों के साथ बांट कर सामाजिक कल्याण का कोई काम रहा हूं।

जब आप अपनी लिस्ट के लोगों से संपर्क करने लगते हैं, तो मेरी यह गाइडलाइन अवश्य ध्यान में रखें। मेरी टीम के हज़ारों पार्टनर और मैंने विभिन्न प्रकार के लोगों के साथ अलग-अलग प्रकार की युक्तियां अपनाने की कोशिश कीं, हर बार मैंने यह पाया कि सबसे पहले हॉट कैटेगरी के लोगों से मिलना चाहिए और फिर वार्म। कोल्ड श्रेणी के लोगों को पहले वार्म श्रेणी में लाइए और फिर उनके साथ अपने अवसरों को शेयर कीजिए। अपनी लिस्ट के लोगों को अप्रोच करने के सर्वोत्तम दिशा-निर्देश :

कैटेगरी	कार्यवाही
हॉट (Hot)	इस पाठ में दिए गए 6 प्रकार के संपर्क के तरीक़ों में से किसी एक का प्रयोग कर लोगों को तुरंत कॉल करें और उनसे अपॉइंटमेंट लें।
वार्म (Warm)	उनके साथ तुरंत मीटिंग या फ़ोन कॉल करके पहले उनके साथ अपने संबंधों को बेहतर करें। इस मीटिंग/कॉल के दौरान बिज़नेस की कोई बात ना करें। जब ऊपर लिखी बात हो जाए, तो उन्हें कॉल करें और 6 प्रकार के संपर्क के तरीक़ों में एक का उपयोग कर अपॉइंटमेंट लें।
कोल्ड (Cold)	उनके साथ बातचीत शुरू कीजिए और अपने संबंध सुधारिए। जब लोगों से संबंध आगे बढ़ने लगें और वह वार्म कैटेगरी में चले जाएं तो फिर ऊपर सुझाई गईं 6 अप्रोचों का उपयोग कर अपने प्लान को शेयर करने के लिए अपॉइंटमेंट लें। उन लोगों के साथ जहां रिश्ते आगे बढ़ने की कोई गुंजाइश नहीं दिखती, उन्हें अपनी लिस्ट में अगले साल के लिए डाल दीजिए।

जिन लोगों को आपने अपने उत्पाद शेयर करने के लिए चुना है, उन्हें हॉट, वार्म या कोल्ड की श्रेणी में डाल दीजिए और हॉट एवं वार्म कैटेगरी के लोगों के साथ अपने उत्पादों को तुरंत शेयर करना शुरू कर दीजिए।

आप हॉट एवं वार्म कैटेगरी के लिए किसी भी सुझाई गई अप्रोच का इस्तेमाल कर उनसे अपॉइंटमेंट ले सकते हैं। अगर आपके अपलाइन किसी और अप्रोच को सुझाते हैं, तो आप उसे भी इस्तेमाल कर सकते हैं। अनुभव सबसे बड़ा टीचर है। हर अप्रोच के साथ प्रयोग करके देखें कि आपके लिए क्या सबसे सही है। आपका मुख्य उद्देश्य होना चाहिए कि अपॉइंटमेंट मिले और वह भी इस तरह कि हमारे प्रॉस्पेक्ट के हमारे पार्टनर बनने के मौके बढ़ जाएं।

अपॉइंटमेंट लेने के लिए सुझाए गए तरीक़े

1. सीधी अप्रोच

इस अप्रोच का इस्तेमाल तब होता है जब आप लोगों को एक बिज़नेस में काम शुरू करने के लिए आमंत्रित करते हैं। इसका मैसेज बहुत साफ़ है कि यह बिज़नेस शुरू करने के लिए एक आमंत्रण है। इसके लिए संभावित आलेख/स्क्रिप्ट इस प्रकार हैं :

- ✓ आपके मौजूदा जॉब/प्रोफ़ेशन को बिना अस्त-व्यस्त किए, क्या आप किसी अतिरिक्त पैसा कमाने वाले एक बिज़नेस प्रस्ताव को देखना चाहेंगे?
- ✓ मुझे लगता है कि मैंने अपनी वित्तीय चुनौतियों को सुलझाने के लिए एक रास्ता तलाश कर लिया है। क्या आप वह देखना चाहेंगे जिससे शायद आप भी अपनी चुनौतियों को सुलझा सकें।
- ✓ "जब आपने मुझसे कहा था (किसी एक को चुनें - आपको ज़्यादा पैसे चाहिए, अपने परिवार को सुरक्षित रखना चाहते हैं, एक बेहतर जीवन शैली चाहते हैं, ज़्यादा बचाना चाहते हैं, अपने जॉब से घृणा करते हैं, नया घर चाहते हैं) क्या आप उस समय गंभीर थे या सिर्फ़ मज़ाक़ कर रहे थे? (सब इस सवाल का उत्तर 'हां' में ही देते हैं)। मुझे लगता है कि मैंने कुछ ऐसा ढूंढ़ लिया है जो आपको (उस बात को दोहराएं जिसे उसने आपसे अभी कहा है) पाने में मदद कर सकता है।"
- ✓ "क्या आपको एक बेहतर जॉब मिल गया है? मुझे लगता है कि मैंने आपके लिए कुछ ऐसा अच्छा ढूंढ़ा है जिसके बाद आपको अपने लिए किसी जॉब की ज़रूरत नहीं होगी।"
- ✓ "आख़िरकार, मुझे कुछ ऐसा मिल गया है जहां हम दोनों एक साथ पार्टनर बन कर अपने सपनों की ज़िंदगी जी सकते हैं।"
- ✓ "सबको पता है कि हमारे पास कम से कम आय के दो स्रोत होने चाहिए। क्या आप करने लायक़, जांची-परखी और प्रमाणित आय का दूसरा स्रोत अपने लिए देखना चाहेंगे?"
- ✓ "बहुत सालों की रिसर्च के बाद, मैंने एक बिज़नेस ढूंढ़ा है, जहां आप अपने घर से पार्ट टाइम काम कर सकते हैं, पर आप अपनी फुल टाइम जॉब/प्रोफ़ेशन से ज़्यादा कमा सकते हैं।"

2. राय

यह एक बहुत सशक्त अप्रोच है, जिसमें आप आपके प्रॉस्पेक्ट के अहंभाव को बढ़ाते हैं। चूंकि आप उनसे ओपिनियन, सलाह या मशविरा लेना चाहते हैं, तो वह भी एक बड़े आदमी की तरह मीटिंग के लिए आएंगे और अपनी सलाह देंगे। यह अधिकांशतः नौजवानों के लिए कारगर है, जब वह अपने से ज़्यादा उम्र के लोगों से अपॉइंटमेंट लेना चाहते हैं या फिर जब भी कोई किसी ऐसे व्यक्ति से अपॉइंटमेंट लेना चाहता है जिन्हें वह अपना वरिष्ठ मानता है या अपने से किसी मामले में बेहतर मानता है।

- ✓ "मैंने एक ऐसे प्रोजेक्ट में काम करना शुरू किया है, जिससे मेरी सभी वित्तीय चिंताएं दूर होने वाली हैं। मुझे इसमें आपकी सलाह चाहिए। क्या आप यहां आकर मुझे इस बारे में अपनी सलाह देंगे?"

✓ "मुझे एक ऐसा तरीक़ा पता चल गया है जहां से मैं अपने सपनों को जल्दी पूरा कर सकता हूं, पर उसमें पूरी तरह से डूब जाने से पहले मैं चाहता हूं कि आप उसे एक बार देख लें और अपनी एक्सपर्ट सलाह दें।"

✓ "मेरे पिताजी हमेशा कहा करते थे कि कोई भी बिज़नेस शुरू करने से पहले आप उन व्यक्तियों से सलाह लें, जिनकी आप इज़्ज़त देते हैं और पसंद करते हैं। अगर मैं आपको अपने नए बिज़नेस के बारे में बताऊं तो क्या आप मेरे नए बिज़नेस के लिए मुझे अपनी क़ीमती सलाह देना चाहेंगे?"

✓ "मेरी कंपनी आपके शहर में भी काम शुरू करने जा रही है। क्या आप मुझ पर एक अहसान कर देंगे? क्या आप मेरे काम की समीक्षा कर मुझे यह बता सकते हैं कि क्या यह आपके इलाक़े में काम करेगा?"

✓ "मैंने एक साबित हुआ, जांचा-परखा और करने लायक़ बिज़नेस पा लिया है जिससे मैं अमीर एवं प्रसिद्ध हो जाऊंगा। क्या आप मुझे बता सकते हैं कि क्या यह मेरे लिए सही है?"

3. भ्रांति

जैसा कि नाम से समझ आ रहा है, इस अप्रोच में हम अपने प्रॉस्पेक्ट को एक मीटिंग के लिए आमंत्रित करते हैं जिसमें हम उन्हें यह नहीं बताते कि असली में हम क्या करते हैं। हम उन्हें अपने बिज़नेस का नाम नहीं बताएंगे, पर हम उन्हें बिज़नेस की सारी विशेषताएं एवं लाभ बताएंगे। जैसा असली में अधिकांश पारंपरिक विज्ञापनों में विश्व पर्यंत हो रहा है। याद रहे जो कुछ भी हो जाए आप किसी से झूठ नहीं बोलेंगे और किसी तरह से कोई झूठे दावे पेश नहीं करेंगे। लोगों को सिर्फ़ पार्टी के नाम पर या दोस्तों की पार्टी के नाम पर आमंत्रित नहीं करें। यह अप्रोच उन लोगों के साथ अच्छी बैठेगी, जो लोग आपके हम उम्र हों या आप से कम उम्र के हों, या आपके सहकर्मी हों या आपके जूनियर हैं।

✓ "मेरे एक मित्र ने मेरे लिए एक फ़ाइनैंशियल प्लान बनाया है जिससे मैं अगले 5 सालों में एक बड़ी मासिक आय के साथ रिटायर हो सकता हूं। अगर आप भी इसे देखना चाहते हैं तो मैं आपसे वह शेयर कर सकता हूं।"

✓ "मैंने हमेशा यह सोचा कि बिज़नेस करना जोख़िम भरा काम है और इसके लिए बहुत पैसों की ज़रूरत होती है। पर मैं ग़लत था। मैंने एक आश्चर्यजनक, कम निवेश और ज़ीरो रिस्क वाला एक बिज़नेस देखा है जिसमें अविश्वसनीय रिटर्न मिल सकते हैं। मैं इस बारे में बहुत उत्साहित हूं। चलो मिलते हैं और मैं आपको यह दिखाता हूं।"

✓ "क्या आपने आपका करियर ऑप्शन खुला रखा है? (उत्तर की प्रतीक्षा करें, सभी का जवाब 'हां' होगा, और जैसे ही वह 'हां' कहें...) मेरे एक बहुत अच्छे मित्र ने एक बहुत अच्छे करियर अवसर के बारे में मुझे बताया है वो भी एक तेज़ी से

बढ़ती हुई इंडस्ट्री में। आप इसे एक बार क्यों नहीं देखते शायद कोई बात बन जाए?"

✓ "आप जो अभी कर रहे हैं, क्या ज़िंदगी भर आप वही करना चाहेंगे?" (इस अर्थ व्यवस्था में हर कोई अच्छे अवसर एवं काम के आगे के अवसर तलाशता है।) एक तेज़ी से बढ़ती हुई इंडस्ट्री के बारे में मेरा एक दोस्त एक बेहतरीन अवसर की बात कर रहा था। हम तो अगले सप्ताहांत मिल रहे हैं, मैं उससे पूछ सकता हूं कि क्या आप भी मीटिंग में शामिल हो सकते हैं।"

✓ "मौजूदा अर्थ व्यवस्था में सिर्फ़ एक आय के स्रोत पर रहना क्या सुरक्षित है? आपने अपनी आय के स्रोत को बढ़ाने की कभी नहीं सोची? (साधारणतः उत्तर होता है, 'हां, मैं सोच रहा हूं,' आदि।) मेरे एक बहुत अच्छे दोस्त जो आपकी तरह ही जॉब करते हैं, ने एक करने लायक़, जांचा-परखा और पहले से साबित हुए बिज़नेस को आय का दूसरा स्रोत बनाने की बात की है। मैं अगले सप्ताहांत उससे मिल रहा हूं। क्या आप उसे मेरे साथ देखने चलेंगे?"

✓ आप संगठित रिटेलिंग, प्राइवेट फ्रेंचाइजिंग, रिटेलिंग, ई-कॉमर्स, हेल्थकेयर या जिस इंडस्ट्री का वह उत्पाद या सेवाएं हैं उन शब्दों का इस्तेमाल कर सकते हैं। मैंने अपने दोस्त के साथ एक ई-कॉमर्स बिज़नेस शुरू किया है। यहां आगे बढ़ने के बहुत ज़्यादा अवसर हैं और हम मिल कर काम कर रहे हैं। हमें एक पार्टनर की ज़रूरत है। क्या आप एक बार देखेंगे कि आपको यह कैसा लगा और क्या यह आपको सूट करता है?"

इन अप्रोच में हम डिस्ट्रिब्यूशन मॉडल का नाम नहीं ले रहे, पर जिस इंडस्ट्री में हमारे उत्पाद या सेवाओं का इस्तेमाल हो रहा है उसका नाम ले लेते हैं। जब तक आप झूठ नहीं बोलते तब तक यह एकदम सही अप्रोच है।

मूलतः नेटवर्क मार्केटिंग क्या है? यह वितरण का एक साधन है। नेटवर्क मार्केटिंग एवं अन्य चैनलों में अंतर सिर्फ़ उत्पादों के वितरण के कारण आता है। एक साधारण से उत्पाद जैसे टूथपेस्ट को ले लेते हैं।

✓ अगर वह आपके घर के पास किसी छोटे-से स्टोर में बेचा जा रहा है, तो वह किराना/रिटेल स्टोर सेल्स है।

✓ अगर बड़े रिटेल स्टोर जैसे बिग बाज़ार में बेचा जाए तो हम इसे ऑर्गनाइज़्ड रिटेलिंग कहते हैं।

✓ अगर यह बड़े डिस्ट्रिब्यूटर के जरिए बेचा जाए तो इसे होलसेलिंग कहते हैं।

✓ अगर इसे एमेज़ॉन या फ़्लिपकार्ट के जरिए बेचा जाए तो ई-कामर्स कहते हैं।

✓ अगर इसे हमारा द्वारा बेचा जाए तो इसे डायरेक्ट सेलिंग कहते हैं।

एक रिटेल दुकान वाला जो एक टूथपेस्ट और पर्सनल केयर की चीज़ें बेचता है, वह

अपने बिज़नेस को इन तरीक़ों से बेच सकता है - मैं एक रिटेल स्टोर ऑनर हूं या मैं पर्सनल केयर बिज़नेस में हूं या मैं डिस्ट्रिब्यूशन बिज़नेस में हूं। ये सभी बातें सही हैं।

4. फैलाव

यह अप्रोच बहुत आसान है।

✓ "जिस कंपनी में मैं काम कर रहा हूं वह आपके इलाक़े में अपना बिज़नेस शुरू करने वाली है। हम कुछ ऐसे लोगों के सहयोग की खोज में हैं जो महत्त्वाकांक्षी हों और बड़े सपने देखते हों। अगर आप महत्त्वाकांक्षी हैं और नए अवसर तलाशने के लिए तैयार हों, तो मैं उनके साथ आपकी मीटिंग करा सकता हूं। देखते हैं, शायद कोई बात बन जाए।"

✓ "जैसा कि आप जानते हैं कि मैं सफलतापूर्वक एक अच्छा बिज़नेस चला रहा हूं। मेरे पास इस साल के लिए कुछ बड़े प्लान हैं और मैं चाहता हूं कि मैं किसी अच्छे आदमी को इस काम में पार्टनर बनाऊं। अगर आप बड़े सपने देखते हैं और कुछ बड़ा करना चाहते हैं तो हम एक मीटिंग रख सकते हैं। चलिए, एक साथ मिल कर कुछ संभावनाएं तलाशें।"

5. अभ्यास

यह तरीक़ा क़रीबी दोस्तों एवं रिश्तेदारों के साथ ही काम करता है।

✓ "मैंने अभी एक नया बिज़नेस शुरू किया है और मैं थोड़ा नर्वस हूं। किसी और से बात करने से पहले मैं अपने किसी क़रीबी/दोस्त के साथ इसका अभ्यास करना चाहता हूं। आपको बुरा तो नहीं लगेगा अगर मैं आपके साथ इसकी प्रैक्टिस करूं?"

6. संदर्भ एवं सिफ़ारिशें

यह अप्रोच कमाल की है और अधिकांश लोगों के लिए काम करती है। यह बहुत प्रभावशाली भी है क्यों कि यह बहुत सारे मनोवैज्ञानिक लेवल पर काम करती है। इस अप्रोच में आप अपने प्रॉस्पेक्ट को ये बताते हैं कि वो प्रॉस्पेक्ट हैं ही नहीं और आप कुछ ऐसे लोगों की तलाश में हैं जिन्हें वो जानते हैं और वह इस बिज़नेस को करने के लिए सही व्यक्ति हो सकते हैं।

✓ "जो बिज़नेस मैं अभी कर रहा हूं, हो सकता है वह आपके लिए न हो। मैं कुछ ऐसे लोगों की तलाश में हूं जो महत्त्वाकांक्षी हों, ऊंचे ख़्वाब देखने वाले हों और कुछ ज़्यादा पैसा कमाना चाहते हों। पर इससे पहले कि आप उसे मुझे रैफ़र करें, आपको पता होना चाहिए कि मैं क्या कर रहा हूं। मैं जो करता हूं क्या मैं उसे आप के साथ शेयर कर सकता हूं, जिससे आप मुझे एक सही व्यक्ति रैफ़र कर पाएं?"

✓ "आपको अभी मेरे बिज़नेस की ज़रूरत नहीं होगी, पर जैसा इंडस्ट्री का आकलन है, मेरा बिज़नेस देश के सबसे तेज़ी से बढ़ने वाले बिज़नेस में से है। मुझे पता है कि आपके पास इसी तरह के बिज़नेस प्लान के प्रस्ताव के साथ कोई और व्यक्ति भविष्य में ज़रूर आएगा या आप उसे शुरू करने में रुचि दिखाएंगे। अभी मैं आपको सिर्फ़ अपने बिज़नेस मॉडल के बारे में बताऊंगा ताकि आप जब चाहें इसका विश्लेषण कर लें, और सही से तुलना कर लें और उस समय सही निर्णय ले लें।"

✓ "आप ऐसे किसी को जानते हैं जो अपने जॉब से नाखुश हैं और जॉब बदलना चाहते हैं?"

✓ "आप किसी एक ऐसे व्यक्ति को जानते हैं जो किसी बिज़नेस मौक़े की तलाश में है जिसमें कम से कम रिस्क हो, कम निवेश हो और वह अपने जॉब या प्रोफ़ेशन में रहते हुए भी काम कर सकता हो।"

✓ "आप क्या कुछ ऐसे लोगों को जानते हैं जो अपने मौजूदा बिज़नेस में परेशान हैं और अपनी आय के अन्य स्रोत की तलाश में हैं?"

✓ "वे कौन लोग हैं जो अपने मौजूदा प्रोफ़ेशन के साथ आय का दूसरा स्रोत बनाना चाहते हैं?"

✓ "मैं ऐसी कंपनी के साथ काम कर रहा हूं जो आपके इलाक़े में आना चाहते हैं और मैं कुछ ऐसे लोगों की तलाश में हूं जो ऊंचे सपने देखते हों, काम की ओर उन्मुख हों, और अपनी आय में कुछ बढ़ोतरी चाहते हों, इस जगह का फ़र्स्ट मूवर्स बनना चाहता हो। क्या आप किसी ऐसे व्यक्ति को जानते हैं, जो इस व्याख्या में सही बैठता है?"

ऊपर दिए गए 5 सवालों में बिना किसी जवाब की अपेक्षा किए बिना आप कहें, "किसी और से मिलने से पहले (या उनका नाम जानने से पहले) मैं अच्छे से आपको अपना बिज़नेस मॉडल बता देना चाहता हूं। क्या हम शनिवार की शाम क़रीब 6 बजे मिल सकते हैं?" (कोई ऐसा दिन या समय सुझाएं जो सामान्यतः उन के लिए फ़्री हो।)

यह वो तरीक़े हैं जिन्हें मैंने अधिकांश लोगों के साथ काम करते देखा है। आप किसी दूसरी अप्रोच का भी इस्तेमाल कर सकते हैं अगर वह आपके काम आए। अगर आप झूठ नहीं बोलेंगे और अपने अपलाइन की सलाह से काम करेंगे तो मैं किसी भी रचनात्मक अप्रोच को सही मानता हूं।

यह याद रखें कि आप ऊपर लिखे किसी भी तरीक़े से उन्हें बुलाएं, अगर वे आप के पास आ गए और आपकी मीटिंग शुरू हो गई तो वे यह भूल जाएंगे कि आपने उन्हें क्या कह कर बुलाया था और वह एक बाक़ी मीटिंग जैसी सामान्य मीटिंग होगी।

हालांकि कुछ लोग आप से मुलाक़ात करेंगे और कुछ आपसे जानकारी मांगेंगे। अगर आप फ़ोन पर या ई-मेल पर या वाट्स एप पर उन्हें सारी सूचनाएं दे देंगे, तो

मीटिंग में आने का कोई मतलब ही नहीं रहेगा और आपसे व्यक्तिगत रूप में मिलने का भी कोई अर्थ नहीं रहेगा। हमारा उद्देश्य है कि हम मीटिंग के लिए अपॉइंटमेंट लें, इसलिए हम सिर्फ़ वही सूचनाएं देंगे जिससे और जानने की इच्छा पैदा होगी और आपको अपॉइंटमेंट जल्द मिलने में मदद मिलेगी।

अपने निमंत्रण इतने आत्मविश्वास से भरे एवं प्रेरक हों कि आपका प्रॉस्पेक्ट मीटिंग के लिए ज़रूर आए। अगर कोई आदमी मीटिंग में आने से पहले आप से कोई और सूचना मांगता है तो अपने अपलाइन से कोई वीडियो लिंक मांगिए या कोई ऐसा टूल जो आप अपने प्रॉस्पेक्ट को इस स्टेज पर भेज सकते हैं।

अपॉइंटमेंट लेने की सही प्रक्रिया

मैंने अपॉइंटमेंट लेने के कई संभव अप्रोच बता दिए हैं। अब आप अलग-अलग परिप्रेक्ष्य और हालात के अनुसार सबसे उपयुक्त तरीक़े का इस्तेमाल कर सर्वोत्तम रिज़ल्ट्स ले सकते हैं। अब आप कॉल करने के लिए तैयार हो जाइए, पर अपॉइंटमेंट मिल जाए इसके लिए सुनिश्चित करें कि आप इसके लिए सही तरीक़े का इस्तेमाल कर रहे हैं। नीचे दी गई प्रक्रिया से आप अच्छा निमंत्रण दे पाएंगे जिससे आपके अपॉइंटमेंट मिलने की उम्मीदें कई गुणा बढ़ जाएंगी और यह भी सुनिश्चित हो जाएगा कि आपका प्रॉस्पेक्ट अपने सही सोच के साथ आएगा।

क्वालिटी अपॉइंटमेंट लेने के 9 साधारण क़दम :

1	एक सकारात्मक एवं आनंदमय मनोदशा में आएं
2	उसी मनोदशा को बनाए रखते हुए, मुस्कराते हुए कॉल करें
3	अभिवादन एवं हालचाल
4	सराहना करना
5	निमंत्रण देना
6	प्रॉस्पेक्ट से पुष्टि
7	प्रतिबद्धता
8	मुस्कराते हुए कॉल समाप्त करें
9	अगर कोई जानकारी भेजनी है तो भेजें

1. एक सकारात्मक एवं आनंदमय मनोदशा में आएं : मेरे अंतरराष्ट्रीय मास्टर एनएलपी सर्टिफ़िकेशन के दौरान, मैंने सीखा कि आपकी मनोदशा आपकी जानकारी से ज़्यादा महत्त्वपूर्ण है। इसलिए हर कॉल या मीटिंग से पहले, यह सुनिश्चित करें कि आप सही मनोदशा में हैं। मैं जब यह कहता हूं, तो इससे मेरा तात्पर्य उस मौक़े पर मेरी

मानसिक स्थिति से है। आपकी मानसिक स्थिति आपके विचारों, स्वयं से बातचीत और उस ख़ास समय पर आपकी उन भावनाओं से है, जिनसे हो कर आप उस समय गुज़र रहे हैं। पहले हमेशा मनोदशा होती है फिर जानकारी होती है।

किसी भी प्रकार की नेगेटिव भावनाओं जैसे आत्मविश्वास का अभाव, शक, परेशानी, चिंता आदि को छोड़ दें। यह कोई जीने-मरने का सवाल नहीं है। यह पार्टनरशिप के लिए एक निमंत्रण है जिससे उस व्यक्ति की ज़िंदगी हमेशा के लिए बदल सकती है। यह कॉल कुछ देने के लिए है, कुछ लेने के लिए नहीं है। अपने शरीर को हिलाएं-डुलाएं, कुछ अच्छा संगीत सुनें, उत्थान वाली कुछ वीडियो देखें और स्वयं के भीतक सकारात्मक, आशावादी विचारों के साथ अपना दिमाग़ सर्वोत्तम स्थिति में रखें।

हो सकता है कि आप पहली बार किसी से ऐसी बातें सुन रहे होंगे पर ये सालों की ट्रेनिंग और कई सालों से लोगों के बीच काम करते-करते आई हैं। आप भी इनका इस्तेमाल कीजिए और आपको पहले कॉल से ही सुधार दिखने लगेगा।

2. उसी मनोदशा को बनाए रखते हुए, मुस्करा कर कॉल करें : अब अपना फ़ोन उठाएं और कॉल लगाएं। जितना ज़्यादा मुस्करा सकते हैं उतना मुस्कराइए और उसी मनोदशा में बने रहिए। विश्वास मानिए, आपकी मुस्कराहट फ़ोन की दूसरी ओर देखी जा सकती है।

3. अभिवादन एवं हालचाल : अपना फ़ोन सामान्य अभिवादन के साथ शुरू कीजिए और पूछिए कि उनकी तरफ़ क्या सब ठीक चल रहा है। उनके परिवार एवं काम के बारे में पूछिए और उनके जवाब का इंतज़ार कीजिए। अगर वह व्यक्ति किसी गंभीर काम में फंसा हुआ है तो नए बिज़नेस के बारे में बात करने का यह सही समय नहीं है। बिज़नेस अप्रोच को अगली बार के लिए रखें और उस व्यक्ति के साथ अपनी कॉल को पहले की तरह जारी रखें।

4. प्रॉस्पेक्ट की सराहना करें : हर व्यक्ति एक अच्छी सराहना पसंद करता है। वह सामने वाले व्यक्ति के मनोबल को ऊंचा करती है और मीटिंग के माहौल में ऊर्जा डालती है। प्रॉस्पेक्ट की कम शब्दों में पर अच्छी तरह से सराहना कीजिए।

5. इन 6 अप्रोचों में से किसी का भी इस्तेमाल कर के निमंत्रण दें : किसी भी अप्रोच का इस्तेमाल कर अपने प्रॉस्पेक्ट को मीटिंग के लिए बुलाएं। जब ऊपर दिए 4 क़दम पूरे हो जाएं तो सिर्फ़ यह कहें - "मैंने आपको आज एक ख़ास काम के लिए फ़ोन किया है।" फिर उसके बाद उस व्यक्ति को मीटिंग के लिए निमंत्रण दें। इसके बाद हम अगले 2 मिनट में कॉल समाप्त कर देना चाहेंगे। इसलिए नीचे लिखे गए अनुक्रम का ध्यान रखें।

अगर पहले 4 स्टेप्स में ज़्यादा टाइम लग रहा है तो कोई बात नहीं लेकिन निमंत्रण आप कॉल के अंतिम 3-5 मिनट में ही दें। उसी आनंदमयी मनोदशा में रहें जैसे शुरुआत में थे और एक सही भाव के साथ निमंत्रण दें।

यह निमंत्रण आमने-सामने की मीटिंग के लिए हो सकता है या ग्रुप मीटिंग के लिए या हॉल मीटिंग के लिए भी हो सकता है। यह देखना होगा कि कौन-सी मीटिंग उपलब्ध है और सामने वाले व्यक्ति के लिए क्या सही है।

इस स्थिति में प्रॉस्पेक्ट कुछ और सूचनाओं के बारे में पूछ सकते हैं। अपने आप पर नियंत्रण रखें और फोन पर ज़्यादा सूचनाएं नहीं दें। बातचीत को वापस व्यक्तिगत मीटिंग के लिए मोड़िए। अगर आपको कुछ सूचना देनी भी है तो वह सूचना दीजिए जिससे आपका एक या दो उद्देश्य पूरे हो जाएं - a) इससे आपको जल्दी अपॉइंटमेंट मिलने में मदद मिलेगी। b) मीटिंग में आने से पहले यह प्रॉस्पेक्ट के दिमाग़ में सही सोच बनाएगी।

6. प्रॉस्पेक्ट से पुष्टि : अब समय है कि उस व्यक्ति से समय की पुष्टि कर लेने का। चाहे वह ग्रुप मीटिंग हो या हॉल मीटिंग, आपको समय देना होगा और उनसे उसकी पुष्टि भी करनी होगी। अगर यह आमने-सामने की मीटिंग भी है तो भी मैं चाहूंगा कि आप अपना एक दिन एवं समय उन्हें दें। बस थोड़े लचीले बनें और कुछ विकल्प दें, पर इन सबमें पुष्टि सबसे महत्त्वपूर्ण है।

7. प्रतिबद्धता : प्रतिबद्धता अपने अपॉइंटमेंट्स की व्याख्या को संक्षेप में व्यक्त करने एवं उसे अपने प्रॉस्पेक्ट के दिमाग़ में सही से डालने के अलावा कुछ नहीं है। इसके लिए यह कह सकते हैं :

"तब तो सही है। हम लोग शनिवार की शाम 7 बजे हमारे घर पर मिल रहे हैं। (या कोई अन्य जगह जो आपने निर्धारित की है।) अगर संभव हो तो 10-15 मिनट पहले पहुंच जाना और यह सुनिश्चित करना कि अगले एक घंटे के लिए आपकी कोई और व्यस्तताएं नहीं हों।"

8. मुस्कराते हुए कॉल समाप्त करें :

अब समय आ गया है फ़ोन काटने का। बहुत उत्साह के साथ अलविदा कहें।

9. अगर कोई जानकारी भेजनी है, तो भेजें :

अगर आपने अपने कॉल के दौरान कोई सूचना देने का वादा किया है, तो वह सूचना फ़ोन कट करने के तुरंत बाद या कुछ घंटों के भीतर दे दीजिए। अपने अपलाइन के साथ बात कर लीजिए कि अपने प्रॉस्पेक्ट को इस स्टेज में क्या-क्या भेज सकते हैं। कभी भी किसी को पूरा बिज़नेस प्रेजेंटेशन मेल नहीं करें।

किसी से अपॉइंटमेंट लेने से पहले निम्नलिखित दिशा-निर्देशों को फ़ॉलो करें

1. हमेशा फ़ोन से अपॉइंटमेंट लें। यह आसान भी है और जल्द भी।
2. सिर्फ़ अपॉइंटमेंट लें, अपना प्लान न समझाएं। 'किस (KISS)' सिद्धांत को अपनाएं - Keep It Short And Simple. फ़ोन पर ज़्यादा जानकारियां नहीं दें, जितना ज़्यादा आप फ़ोन पर बातें बताएंगे, मीटिंग के लिए अपॉइंटमेंट मिलने के मौक़े उतने कम हो जाएंगे। मुझे पता है कि समय बदल रहा है और लोगों ने

असली मीटिंग के बदले वीडियो कॉन्फ्रेंसिंग या स्काइप का प्रयोग करना शुरू कर दिया है। मेरे विचार से आप पहले आमने-सामने की मीटिंग में महारत हासिल करें फिर दूसरी तकनीक पर जाएं। वैसे भी यह बिज़नेस दोहराव का है, इसलिए ऐसा काम करें जिससे आसानी से दोहराया जा सके।

3. आप अपने आपको भावनात्मक रूप से इस फ़ोन कॉल के परिणाम से अलग कर लें। मुझे पता है यह कहना आसान है पर करना मुश्किल। पर याद रखिए हम सिर्फ़ सेल्स नहीं करते, हम सलाहकार हैं जो लोगों को सशक्त कर सकते हैं, एक बेहतर ज़िंदगी जीने के लिए। वैसे भी शुरुआती मीटिंग में हम जानकारी और प्रोत्साहन देना चाहते हैं, तो जैसे भी परिणाम हों ख़ुशी से इस अनुभव का आनंद लें और आए बढ़ते जाएं।
4. यह एक नंबर गेम है। शुरुआत के कुछ कॉलों को मत आंकिए और जल्दबाजी में ग़लत धारणा मत बनाइए। अगर आप बहुत सारे कॉल करेंगे तो आपको जितने चाहिए उतने अपॉइंटमेंट मिलेंगे।
5. झूठ नहीं बोलें। ऐसा कभी ना करें कि आपने लोगों को जन्मदिन की पार्टी या किसी अन्य पार्टी कहकर आमंत्रित किया और वहां उन्हें अपना बिज़नेस प्लान दिखाना शुरू कर दिया। यह करना सबसे बुरी चीज़ है। वे आपको धोखेबाज़ मानेंगे और कोई भी धोखेबाज़ों के साथ अपना भविष्य बनाना नहीं चाहता।
6. जैसे आप हैं, वैसे ही बने रहिए। किसी दूसरे की तरह बनने की कोशिश मत कीजिए। आप जैसे भी हैं आपके प्रॉस्पेक्ट आपको वैसा ही जानते हैं और प्यार करते हैं। लोगों से सीखें, लोगों की प्रशंसा करें, पर किसी और की तरह मत बनें। आप जैसे है बहुत अच्छे हैं।
7. एक सकारात्मक आत्म-छवि के साथ काम करें। मजबूत एवं विश्वासी बनें। इस बिज़नेस अवसर से आप सबको एक अच्छा-सा उपहार दे सकते हैं जिससे उनकी ज़िंदगी हमेशा के लिए बदल जाए। आपके पास एक बेहतर तरीक़ा है जिसे आपको अपने आत्मविश्वास एवं भरोसे के साथ सारी दुनिया के साथ शेयर करना चाहिए।
8. थोड़ी जल्दी में रहें। जो लोग व्यस्त हैं और जो लोग थोड़ा जल्दी में होते हैं उन्हें सफल माना जाता हैं। अगर आप अपने फ़ोन कॉल से यह दिखाते हैं कि आपको जल्दी है, तो आपका कॉल एक बेहतर एवं जल्दी रिज़ल्ट के साथ समाप्त हो जाएगा। आप कम प्रश्नों के साथ जल्दी अपॉइंटमेंट पा सकते हैं। यहां तक कि लोग आपसे मिलने के लिए इच्छुक भी होंगे।

प्रॉस्पेक्टिंग (भावी सहभागी तैयार करना)

हमने अभी तक जिसको भी अप्रोच किया है वो हॉट एवं वार्म की श्रेणी से हैं जिनसे हमें अभी अपॉइंटमेंट लेना चाहते हैं। पर अभी हमारी लिस्ट की कोल्ड कैटेगरी में कई लोग है और कई अनगिनत अनजान लोग हैं, जिन्हें हमें भविष्य में अपनी लिस्ट में

जोड़ना है। इन लोगों के साथ अच्छे संबंध बनाना और उसके बाद उन्हें अपना प्रेजेंटेशन दिखाना, नेटवर्क मार्केटिंग बिज़नेस की लाइफ़लाइन है और यह हमें कभी ना ख़त्म होने वाले प्रॉस्पेक्ट की पाइपलाइन दे सकता है। इसे कहते हैं प्रॉस्पेक्टिंग और यह हमें नेटवर्क मार्केटिंग बिज़नेस में एक ऊंचा मुकाम हासिल करा सकती है।

शब्दकोष की परिभाषा के अनुसार, प्रॉस्पेक्टिंग का अर्थ 'किसी काम के लिए लगातार की गईं गतिविधियां हैं जिससे संभावित उपभोक्ताओं के साथ आमने-सामने की मीटिंग हो जाए।' इसके तहत वे सब गतिविधियां आती हैं जो एक अपॉइंटमेंट लेने के लिए की जाती हैं। मूलतः इसका मतलब किसी अजनबी या दूर की पहचान वाले को एक भावी सहभागी में बदलना होता है।

अच्छी प्रॉस्पेक्टिंग के लिए सुझाव

1. धीरे-धीरे कोल्ड कैटेगरी के लोगों के साथ अपनी बातचीत बढ़ाएं। उनसे व्यक्तिगत रूप से मिलकर, एक अनौपचारिक फ़ोन करके, त्यौहारों में शुभकामनाओं, वाट्स एप पर संदेशों और उनके सोशल मीडिया पोस्ट को लाइक करके इसकी अच्छी शुरुआत की जा सकती है। इसे लगातार जारी रखें और अपने रिश्ते मजबूत बनाने के लिए काम करते रहिए।
2. ऐसे अवसरों की हमेशा तलाश में रहिए जिसमें आप लोगों की सराहना कर उनकी प्रशंसा कर सकें।
3. लोगों की सुनें। सहानुभूतिपूर्वक किसी की बात सुनकर लोगों से आसानी से संबंध बनाए जा सकते हैं।
4. हमेशा इस इरादे के साथ काम करें कि दूसरों की मदद हो सके। जहां तक हो सकता है लोगों की गदद करने की आदत बनाओ। लोगों को रैफ़रेन्स दें जिससे उनके बिज़नेस को सहायता मिले, लोगों को आपस में जोडें और फिर एक समाधान देने वाले व्यक्ति के रूप में अपना नाम कमाएं जो हर किसी की समस्या का समाधान करता है। इससे लोग आपकी तरफ़ खुद-ब-ख़ुद खिंचे चले आएंगे और आपकी विश्वसनीयता भी बढ़ेगी।
5. हर रिश्ता अलग होता है तथा अलग समय और आकार लेता है। असल में हमारा उद्देश्य आपके रिश्तों को एक ऐसे मुक़ाम पर लेकर जाना है, जहां वह व्यक्ति ख़ुद बिज़नेस में आने के लिए कहता है। ऐसा हमेशा करते रहें और इससे आपकी अपनी ज़िंदगी में हमेशा के लिए अच्छे पार्टनर एवं ज़िंदगी भर के लिए दोस्त बन जाएंगे।
6. क्या आप हर आदमी के साथ रिश्ते निभा पाएंगे? एकदम नहीं। कुछ लोगों के साथ अगर चीज़ें आगे नहीं बढ़ रहीं तो परेशान मत हों। आपका उद्देश्य है ऐसे सही लोगों को चुनना जो आपके बिज़नेस को शेयर कर सकें और याद रखें कि रिश्ते भी तभी आगे बढ़ते हैं, जब दोनों तरफ़ के लोग इसके लिए प्रयास करें और इसके लिए इच्छुक हों।

7. जिन लोगों के साथ रिश्ते आगे बढ़ते हैं और वे वार्म श्रेणी में आ जाते हैं, तो सुझाए गए किसी भी तरीक़े से अपने प्लान को शेयर करने के लिए उनसे अपॉइंटमेंट लें।
8. जिन लोगों के साथ आपके रिश्ते रुक से गए हैं और आगे नहीं बढ़ रहे हैं, उन्हें अगले साल तक के लिए एक किनारे में रख दीजिए। किसी को अपनी पहली मीटिंग में ही प्लान मत दिखाइए। अपने रिश्तों के लिए काम कीजिए और जब सही समय होगा, तो आप अपने बिज़नेस का प्लान उनसे शेयर कर सकते हैं।
9. अपने बिज़नेस के पहले 6-9 महीनों में नकारात्मक प्रवृति के लोगों से दूर रहें। हर जगह आपको ऐसे लोग मिलेंगे जिनके साथ हमेशा कुछ न कुछ ग़लत होता ही रहता है और दूसरों में ग़लतियां ढूंढ़ने के अलावा वह कुछ दूसरा अच्छा काम नहीं कर सकते। वे भगवान में भी ग़लती ढूंढ़ लाएंगे। बेहतर है कि ऐसे लोगों से दूर ही रहें।
10. हमेशा एक खोजी रुख़ रखें। अपने बिज़नेस के लिए सही लोगों की खोज में रहिए। बातचीत करने की कला को विकसित कीजिए और ऐसे लोगों की तलाश में रहें जो इन अवसरों की तलाश में हैं। हमेशा ढूंढ़ने की क्रिया को अपनी ज़िंदगी का एक हिस्सा बनाइए। लगातार ढूंढ़ते रहने से कभी न ख़त्म होने वाली भावी सहभागियों की एक बड़ी कतार आपके पास होगी।

4. बिज़नेस प्लान को शेयर करना

अपॉइंटमेंट मिल जाने के बाद अब समय है तैयार होने का और अपना शानदार बिज़नेस प्लान शेयर करने का। आप 3 तरीक़ों से बिज़नेस प्लान शेयर कर सकते हैं :

I. आमने-सामने की मीटिंग

II. ग्रुप मीटिंग

III. हॉल मीटिंग

ये सारे तरीक़े अच्छे हैं और आप अपने प्रॉस्पेक्ट और अपनी स्थिति को ध्यान में रखते हुए किसी एक का प्रयोग कर सकते हैं। हमेशा अपनी आनंदमयी मनोदशा के साथ ही बिज़नेस प्लान बताएं। आइए, समझते हैं किस मीटिंग में क्या-क्या बेहतर है।

I. आमने-सामने की मीटिंग

नाम के अनुसार एक व्यक्ति अकेला या अपने अपलाइन के साथ इस प्लान को प्रॉस्पेक्ट से शेयर करता है। यह घर, ऑफ़िस, कैफ़े या किसी सुविधाजनक स्थान पर जल्दी और व्यक्तिगत रूप से किया जा सकता है। हॉल मीटिंग्स और ग्रुप मीटिंग्स पहले से निर्धारित समय पर ही हो सकती हैं पर आमने-सामने की मीटिंग आप पूरे सप्ताह जितनी चाहें उतनी कर सकते हैं। इन मीटिंग्स को करने के लिए कुछ बातों का ध्यान रखना ज़रूरी है :

1. प्रॉस्पेक्ट को अपने घर या दोनों लोगों की सुविधानुसार किसी उचित स्थान पर जैसे कैफ़े, रेस्टोरेंट आदि में बुलाएं

कभी भी अपने प्रॉस्पेक्ट के ऑफ़िस या घर पर जाकर अपना बिज़नेस प्लान शेयर नहीं करें। जब प्रॉस्पेक्ट आप के स्थान पर या आपस में तय किए गए स्थान पर आता है तो इससे एक संकेत मिलता है कि वह आपके काम-काज में कितनी रुचि रखता है, स्पॉन्सर द्वारा दिए गए निमंत्रण की क्वालिटी कैसी है एवं स्पॉन्सर और प्रॉस्पेक्ट के रिश्ते कैसे हैं। वास्तव में प्रॉस्पेक्ट को अपने घर या ऑफ़िस से बाहर बुलाकर मीटिंग करने से ही आधी जीत पक्की हो जाती है। पर जब आप प्रॉस्पेक्ट के घर जाते हैं तो मीटिंग की परिस्थिति पर आपका कोई नियंत्रण नहीं होता है, जैसे कि टीवी की आवाज़ें, पालतू जानवर, आस-पास खेलते हुए बच्चे, अन्य विकर्षण और साथ में मीटिंग में कौन अन्य लोग बैठे हैं, तथा प्रॉस्पेक्ट की मानसिक स्थिति।

2. अपना प्रेजेंटेशन ख़ुद दिखाना शुरू करें

आमने-सामने के पहले कुछ प्रजेंटेशन के लिए अपने अपलाइन को साथ ले जाएं, पर जल्दी से जल्दी अपना प्रेजेंटेशन ख़ुद दिखाने लग जाएं। 5+5 के प्लान का पालन करें। पहली पांच मीटिंग में आपके अपलाइन अवसर शेयर करेंगे और आप देखेंगे और उसके बाद अगली पांच मीटिंग में अब आप अवसर शेयर करेंगे और आपके अपलाइन देखेंगे। आप पहली पांच मीटिंग ख़त्म होने से पहले भी अपने प्रेजेंटेशन दिखाना शुरू कर सकते हैं। 5+5 की मीटिंग के बाद आप अपने सारे प्लान्स ख़ुद दिखाएं। विशेष परिस्थितियों में अपने अपलाइन से विचार-विमर्श कर लीजिए। याद रखें आपका बिज़नेस आपका तब बनेगा जब ख़ुद प्रजेंटेशन दिखाएंगे।

3. माहौल पर नियंत्रण

यह सुनिश्चित करें कि आपकी मीटिंग की जगह पर कोई टीवी, म्यूज़िक, बच्चे, मोबाइल फ़ोन, आस-पास लोग और बिना बात की आवाज़ें ना हों। स्पॉन्सर की यह प्राथमिक ज़िम्मेदारी है कि वह वातावरण सही रखें, पर अगर आप एक अपलाइन के तौर पर गए हैं तो और आपके सहकर्मी ने इन बातों का ध्यान नहीं रखा है तो प्रेजेंटेशन शुरू करने से पहले आप वातावरण को उस लायक़ बनाएं।

4. अपलाइन और प्रॉस्पेक्ट का सही परिचय

एक सकारात्मक परिचय से दोनों सही मनोदशा में आ जाते हैं। अगर अपलाइन आपकी मीटिंग में उपस्थित हैं तो यह स्पॉन्सर का काम है कि वह दोनों अपलाइन एवं प्रॉस्पेक्ट का परिचय बिज़नेस प्रेजेंटेशन होने से पहले करवा दें।

5. उत्साह आपकी जानकारी से ज़्यादा ज़रूरी है

बहुत सारे नए लोग बिज़नेस प्लान दिखाने में झिझकते हैं क्योंकि उन्हें लगता है कि उन्हें उत्पाद या इनकम प्लान की अच्छे से जानकारी नहीं है। मेरा विश्वास कीजिए आपका उत्साह आपके इनकम प्लान और उत्पाद की जानकारी से कहीं ज़्यादा ज़रूरी है। अगर बात सिर्फ़ उत्पाद और प्लान की जानकारी की होती है तो वीडियो के ज़रिए प्रजेंटेशन देकर या एक ई-मेल से भी यह किया जा सकता था। हम यह पर्सनल मीटिंग अपना विश्वास और उत्साह दिखाने के लिए कर रहे हैं। यह याद रखें कि यह मौक़ा उनकी ज़िंदगी बदलने वाला है, इसलिए आगे बढ़ें और विश्वास के साथ इसे शेयर करें।

6. बिना अपॉइंटमेंट के कभी मत जाइए

यह बहुत ख़तरनाक है और कभी काम नहीं करता। यहां तक कि अपॉइंटमेंट लेते समय आपने जो कहा था वह मीटिंग में कही गई बात से ज़्यादा ज़रूरी है। आप हमेशा मीटिंग के लिए 45-60 मिनट का अपॉइंटमेंट लेकर जाइए।

7. समय से पहुंचें और अच्छी तरह से कपड़े पहनें

चूंकि यह आमने-सामने की मीटिंग है, इसलिए सारा ध्यान आप पर होगा। आप अपनी कंपनी का प्रतिनिधित्व कर रहे हैं और आप ही का बिज़नेस है। मीटिंग के नियत समय से 5 मिनट पहले ही पहुंचे। स्मार्ट कपड़े पहनें। आपका पहनावा सामने वाले व्यक्ति को आपसे जोड़ने की शुरुआत करता है। जब आप अपने चाचा से मिलने के लिए उनके घर जाते हैं तो आपके कपड़े कुछ और होते हैं और जब आप एक नए गिटार बजाने वाले फ़्रेंड से एक कैफ़े में मिलने जाते हैं तो कुछ और पहनते हैं। इस बात का साधारण-सा नियम यह है कि जब आप किसी से बड़ा बिज़नेस अवसर शेयर करने जाते हैं तो जिस तरीक़े से तैयार होने की लोग उम्मीद करते हैं आप वैसे ही तैयार हों।

8. मीटिंग के लिए अच्छी तैयारी करें

अपने प्रेजेंटेशन का अभ्यास करें। अपने सारे टूल्स, फ़ॉर्म्स, ब्रॉशर, मैगज़ीन, प्रोडक्ट से संबंधित जानकारी और विभिन्न प्रकार के वीडियो, कंपनी प्रोफ़ाइल, एक बड़े इवेंट्स का वीडियो, सफलता की कहानी आदि साथ रखें। अपना उत्साह, ऊर्जा व विश्वास हमेशा ऊंचा रखें।

मीटिंग के दौरान सही व्यवहार

दो प्रकार की मीटिंग होती हैं, पहली जिसमें आप ख़ुद अपने प्रॉस्पेक्ट से अपना प्लान शेयर करते हैं और दूसरी जिसमें आप अपने अपलाइन के साथ जाते हैं। हालांकि नीचे लिखे गए स्टेप्स क़दम तब के लिए हैं जब स्पॉन्सर और अपलाइन एक साथ होते हैं। पर दोनों मामलों मे ये स्टेप्स फ़ॉलो किए जा सकते हैं। अगर आप अपने नए सहभागियों के साथ जा रहे हैं तो मीटिंग में जाने से पहले उन्हें इन स्टेप्स की जानकारी दे दें।

1. एक सकारात्मक एवं आनंदमय मनोदशा में आएं

इस मीटिंग से आपको वह सही व्यक्ति मिलेगा जिसकी आपको हमेशा से तलाश थी। अपना सर्वोत्तम देने के लिए तैयार रहें। अगर कुछ छूट भी जाता है तो घबराएं नहीं। अपने आत्मविश्वास और आस्था बनाए रखें। यह पहली मीटिंग है आख़िरी नहीं।

2. एक दृढ़ एवं मैत्रीपूर्ण तरीक़े से हाथ मिलाना

हाथ मिलाना किसी रिश्ते की शुरुआत करना है। अच्छे से हाथ मिलाइए। हाथ मिलाते समय किसी के ऊपर हावी मत हों, डरें नहीं, सही मात्रा में दबाव डालें। कुछ समुदायों में विपरीत लिंग के लोगों में हाथ मिलाना अच्छा नहीं माना जाता। अगर ऐसी जगह पर हो तो किसी और उपयुक्त तरीक़े से अभिनंदन करें।

3. मुस्कराएं

हमेशा मुस्कराते रहिए; इससे आपको मदद मिलेगी।

4. अपने प्रॉस्पेक्ट की सराहना कीजिए

हर कोई दिल से प्रशंसा सुनना चाहता है। दूसरों व्यक्तियों में, स्थान में और उनकी उस स्थिति में हमेशा अच्छा खोजने की कला विकसित कीजिए। अगर आप उन स्थितियों को गहराई से देखेंगे तो आपको बहुत सारी चीज़ें सराहने लायक़ मिलेंगी। इसलिए अपने प्रॉस्पेक्ट की दिल से सराहना करें।

5. मीटिंग के लिए सही माहौल बनाएं

कैफ़े में ऐसी टेबल चुनिए जहां कम आवाज़ें आ रही हों और ध्यान कम बंट रहा हो। जब टेबल के पास बैठें तो ऐसे बैठें कि प्रॉस्पेक्ट आपकी एवं दीवार की ओर हो। अगर मीटिंग घर में चल रही है तो टीवी बंद करें और बच्चों को भी संभाले। यह सुनिश्चित करें कि मोबाइल भी स्विच ऑफ़ या साइलेंट मोड में हो। कुछ ऐसा कहें, "हम एक-दूसरे की इज़्ज़त करते हैं और एक-दूसरे के समय की भी इज़्ज़त करते हैं। अपने मोबाइल को अगले कुछ मिनटों के लिए, मीटिंग ख़त्म होने तक साइलेंट मोड में कर देते हैं।"

फिर अपने मोबाइल को सबसे पहले स्विच ऑफ़ कर दीजिए। मीटिंग के लिए एक सकारात्मक ऊर्जा और अच्छा लगने वाला माहौल बनाइए।

6. अपलाइन का परिचय एवं अभिनंदन

स्पॉन्सर को अपलाइन का एक छोटा-सा परिचय देना चाहिए जिसके बाद उनका सही अभिनन्दन करना चाहिए। वैसे तो इसके लिए सही समय मीटिंग से पहले ही है, जब आपके अपलाइन वहां मौजूद न हों। फिर भी मीटिंग शुरू होने से पहले एक बार अपने अपलाइन के बारे में कुछ अच्छी बातें कहते हुए उनकी छवि को ऊपर उठाएं। अगर आपको अपने अपलाइन एवं प्रॉस्पेक्ट में किसी भी प्रकार की समानता दिखती है, तो आप उसे भी ज़रूर कहें।

7. प्रॉस्पेक्ट का परिचय एवं अभिनन्दन

अब समय है अपने प्रॉस्पेक्ट के परिचय का, ख़ासकर अपने एवं प्रॉस्पेक्ट के संबंधों को उजागर करने का और उनके उन गुणों को फिर से बताने का जिससे बिज़नेस को शुरू करने में सहायता मिले। उनके लिए इस तरह के शब्दों का प्रयोग करें जैसे वह काफ़ी खुले विचारों वाले हैं, नए विचारों के साथ प्रयोग करने वालों में से हैं, मुझ पर भरोसा करते हैं, अपने निर्णय स्वयं लेते हैं, वित्तीय रूप से अभी अपना काम शुरू कर सकते हैं, पहले भी मुझे इन्होंने सहयोग किया है, बड़े सपने देखते हैं, मेरी सलाहों को गंभीरता से लेते हैं, आदि।

8. प्रॉस्पेक्ट को प्लान सुनने के लिए तैयार करें

इसे इस तरह शुरू कीजिए, "इससे पहले कि हम आपसे कहें कि हम क्या करते हैं, मैं आपको जल्दी से बता देना चाहता हूं कि हम यह क्यों करते हैं? यहां एक लिस्ट दी

हुई है जिसमें बताया गया है कि लोग नेटवर्क मार्केटिंग क्यों करते हैं।" अपने विजिटिंग कार्ड या मोबाइल में या लैपटॉप या प्रिंटेड टीएसडी कार्ड के जरिए **टॉप सक्सेस ड्राइवर्स** (TSD) की लिस्ट दिखाइए। इस पुस्तक के टूल सेक्शन में टीएसडी कार्ड मौजूद है और आप इसे मेरी वेबसाइट www.deepakbajaj.biz से भी डाउनलोड कर सकते हैं।

- फिर कहें, "मैं यह जानने के लिए इच्छुक हूं कि आप इस सूची में से कौन-से टॉप तीन सक्सेस ड्राइवर्स बताने वाले हैं। आपके लिए ज़िंदगी में क्या पाना ज़्यादा ज़रूरी है?" और फिर प्रॉस्पेक्ट को कहने दीजिए।
- फिर पूछें, "आपके लिए ये तीन इतने ज़रूरी क्यों हैं?" फिर से प्रॉस्पेक्ट को जवाब देने दें।
- इस प्रकार बात समाप्त करें, "इस बिज़नेस में काफ़ी लोगों के साथ काम करने के बाद मैं यह कह सकता हूं कि, अगर आप खुले दिमाग़ से एवं गहनता के साथ इस बिज़नेस प्लान को समझेंगे तो मुझे पक्का विश्वास है कि आप यह पाएंगे कि इस बिज़नेस से आप इन तीन चीज़ों को कैसे एक बेहतर रूप में जल्दी पा सकते हैं।"

9. बिज़नेस प्लान दिखाएं

अब अपने बिज़नेस प्लान को स्वयं पूरे उत्साह के साथ शेयर करें या अपने अपलाइन से बड़ी विनम्रता के साथ कहें कि वह इस बिज़नेस प्लान को लोगों के बीच शेयर करें। अगर आपके पास आपकी कंपनी या उत्पाद या किसी अवसर का परिचय देने वाले कोई छोटा वीडियो या मैगजीन अथवा कोई अन्य टूल है जिससे आपकी टीम या कंपनी सबसे अलग एवं अन्य लोगों से भिन्न लगे तो उसे अभी शेयर करें।

10. अपनी कहानी शेयर करें

बिज़नेस प्लान पूरा हो जाने के बाद, अपनी कहानी शेयर करें। इस बैठक का यह सबसे महत्त्वपूर्ण भाग है और यहीं पर निर्णय भी लिया जाना है। हमने मीटिंग में अभी तक जो भी किया उसे कॉपी किया जा सकता है पर आपकी कहानी एक कमाल कर सकती है। यह याद रखें कि लोग किसी कंपनी या उत्पाद से नहीं जुड़ते हैं, वे लोगों से जुड़ते हैं। कहानी बताने की कला सीखिए।

सभी महान नेटवर्क मार्केटर महान कहानीकार होते हैं।

– दीपक बजाज

किसी अच्छी कहानी के 7 मुख्य तत्व हैं और उन्हें इसी क्रम में रखें –

✓ इस बिज़नेस को शुरू करने से पहले आप क्या कर रहे थे?

✓ आपकी स्थिति उस समय कैसी थी? उस समय क्या अच्छा था और क्या आपको परेशान कर रहा था?

- ✓ इस बिज़नेस प्रेजेंटेशन को पहली बार देखने पर आपकी क्या प्रतिक्रिया थी?
- ✓ आपने क्या देख कर इस बिज़नेस को करने का निर्णय लिया और आपने किन मानसिक बाधाओं को अपने दिमाग़ से निकाला?
- ✓ आपकी अब तक की यात्रा कैसी रही?
- ✓ इस बिज़नेस से आपके दीर्घकालिक एवं अल्पकालिक लक्ष्य क्या हैं?
- ✓ आपकी तरफ़ से भावी सहभागी के लिए सर्वोत्तम मदद की निजी प्रतिबद्धता जताई जाए।

इस पुस्तक के एक अन्य पाठ से आप अपनी कहानी में महारत हासिल करने की प्रक्रिया को विस्तार से सीख सकते हैं। यह मेरी वेबसाइट www.deepakbajaj.biz पर भी मौजूद है।

11. अलविदा कहने का समय

अधिकांश लोग यह जानते हैं कि मीटिंग कब शुरू करनी है, पर बहुत से लोग ये नहीं समझते कि मीटिंग को कब ख़त्म करना है। मीटिंग के लिए 60 मिनट का समय काफ़ी है। अगर ज़रूरत हो तो अपने लिए एक रिमांइडर सेट करें, पर इससे पहले कि प्रॉस्पेक्ट चाहे कि मीटिंग ख़त्म हो, उससे 5 मिनट पहले आप मीटिंग समाप्त कर दें। इससे यह प्रभाव पड़ता है कि आपको समय की फ़िक्र है और यह एक अच्छी प्रैक्टिस है जिसे आपकी टीम भी सीखेगी। अपनी मीटिंग से बेहतर परिणाम लेने के लिए इस पुस्तक में दिए गए पाठ - पावर कनेक्टर्स को ज़रूर पढ़े।

इस मीटिंग का सबसे प्रमुख उद्देश्य यह है कि उक्त व्यक्ति को अपनी टीम में अभी ही शामिल कर लेना। पर कुछ लोग तभी शुरू कर लेते हैं और कुछ बाद में। 15 साल सेल्स के प्रफ़ेशन को जीने के इस शानदार सफ़र में हर लेवल पर लाखों लोगों के साथ काम करके मैंने एक सशक्त एवं जीवन परिवर्तन करने वाली बेशक़ीमती चीज़ सीखी है जो आपके साथ शेयर कर रहा हूं :

> *"अपनी मीटिंग इस प्रकार करें कि वह लोगों के दिमाग़ में एक ऐसी सकारात्मक एवं सशक्त छवि छोड़े कि जब भी कोई व्यक्ति उनके पास वैसे ही किसी बिज़नेस या उत्पाद की जानकारी के लिए जाए, तो लोग सर्वप्रथम इस बिज़नेस से संबंधित सलाह लेने के लिए आपको ही कॉल करें। आपके द्वारा दिए गए हर बिज़नेस प्रेजेंटेशन से लोगों के दिमाग़ में ऐसे बीज डालें कि वह भविष्य में एक अच्छी फ़सल बनकर निकले।"*

II. ग्रुप मीटिंग

यह मुझे सबसे ज़्यादा पसंद है। जैसा कि नाम है उस अनुसार ग्रुप मीटिंग का अर्थ है, वैसी मीटिंग जिस में हम दो या दो से ज़्यादा प्रॉस्पेक्ट से एक साथ मिलते हैं। साधारणतः

हमें एक ग्रुप मीटिंग में 3-30 लोग मिलते हैं और यह घरों, रेस्टोरेंट, किसी संस्थान या किसी आसानी से मौजूद जगह में होती है, जहां अधिकांश डिस्ट्रिब्यूटर्स अपने प्रॉस्पेक्ट को बिज़नेस प्रेजेंटेशन के लिए लेकर आते हैं। ग्रुप मीटिंग्स के बहुत सारे फ़ायदे हैं :

✓ आप एक ही बार में कई प्रॉस्पेक्ट के साथ मीटिंग कर सकते हैं, जिससे आपका बहुत सारा समय बचता है।

✓ कभी-कभी आमने-सामने की मीटिंग अंतिम समय में रद्द हो जाती है, जिससे बहुत सारा समय बर्बाद होता है। जब आप कई लोगों को एक साथ आमंत्रित करते हैं, तो उसमें से कुछ तो आ ही जाते हैं और आपकी मीटिंग ज़रूर होती है।

✓ चूंकि मीटिंग के लिए यह कोई बड़ा हॉल या होटल नहीं है इसलिए यहां कम समय में पहुंचा सकता है और इसका वातावरण पारिवारिक है और यहां लोगों को बुलाना भी आसान है।

✓ यह लीडरों को तैयार करने का अच्छा प्लेटफ़ॉर्म है। आप उन नए सहकर्मियों को प्रेजेंटेशन देने के लिए या उनके अनुभव शेयर करने के लिए मौक़ा दे सकते हैं जो मंच पर जाने में थोड़े संकोची हैं या जिन्हें बड़ी मीटिंग्स में उनकी नई रैंक के कारण बोलने का कभी मौक़ा नहीं मिला।

✓ लगातार की गई ग्रुप मीटिंग्स से बिज़नेस में स्थिरता आती है। धीरे-धीरे लोग इन मीटिंग्स के अभ्यस्त हो जाते हैं।

✓ अगर आप एक नए डिस्ट्रिब्यूटर हैं तो आपको हर हफ़्ते 2-3 ग्रुप मीटिंग रखनी चाहिए। इससे आपके बिज़नेस को अविश्वसनीय गति मिलती है।

वह टीम जो अधिकतर घरों में मिलकर मीटिंग करती है उनका बिज़नेस बड़ा, तेज़ एवं स्थाई होता है। अगर आप यह मीटिंग घर में या रेस्टोरेंट में कर रहे हैं तो ज़्यादा मेहमानदारी में नहीं पड़ें। मीटिंग को 90 मिनट या उससे कम समय में समाप्त करें। आप इस मीटिंग में चाय/कॉफ़ी/पानी आदि बिस्कुट के साथ खिला सकते हैं, पर स्नैक्स या खाने के चक्कर में ना पड़ें।

III. हॉल मीटिंग

यह ग्रुप मीटिंग का एक बड़ा रूप होता है जो होटल, ऑडिटोरियम, या सेमिनार हॉल में बड़ी संख्या में प्रॉस्पेक्ट और डिस्ट्रिब्यूटर्स के साथ होती है एवं इसमें कई सीनियर लीडरों अपने बिज़नेस के अनुभव शेयर करते हैं। यह मीटिंग बहुत प्रभावी होती है और इसके बहुत सारे फ़ायदे हैं :

✓ यह सिस्टम पर आधारित मीटिंग है। हॉल मीटिंग की ख़ास बात यह है कि यह नियमित होती है और आपके बिना भी चल सकती है। यहीं से असली में बिज़नेस शुरू होता है। इस जगह से बिज़नेस में डुप्लिकेशन एवं कई गुणा बढ़ोत्तरी हो सकती है। एक बार जब आपकी टीम हॉल मीटिंग में नियमित रूप से आना शुरू

कर देती है, तो आपका बिज़नेस तेज़ी से बड़ा होने लगता है।

- ✓ हॉल की ऊर्जा और माहौल सेल्स बंद करने में मदद करते हैं। कई लोग काम करने का निर्णय वहीं से लेते हैं।
- ✓ प्रॉस्पेक्ट, जब अलग-अलग प्रोफ़ाइल, प्रोफ़ेशन, लिंग, आयु आदि के लोगों को वहां एक साथ सफलतापूर्वक काम करते देखते हैं तो उनका विश्वास और बढ़ता जाता है।
- ✓ हॉल मीटिंग में बहुत सारे अचीवर्स स्टेज से अपनी सफलता की कहानी सुनाते हैं। इससे यह संभावना बहुत बढ़ जाती है कि आपके प्रॉस्पेक्ट को किसी न किसी की बात तो ज़रूर समझ में आएगी और वह आपके बिज़नेस के प्रति सकारात्मक रुख़ लेकर जाएंगे।
- ✓ आप उन सभी लोगों को वहां आमंत्रित कर सकते हैं जिनके साथ ग्रुप मीटिंग या आमने-सामने की मीटिंग हो चुकी है पर उन लोगों ने आपके साथ अभी तक बिज़नेस शुरू नहीं किया है। यह मीटिंग उन सबके लिए एक फ़ॉलो-अप मीटिंग की तरह होगी।
- ✓ बहुत सारे सीनियर लीडर एवं आपके अपलाइन आपके प्रॉस्पेक्ट से मिलने और उनके सवालों का जवाब देने के लिए वहां होंगे।

हॉल मीटिंग को सफल बनाने के लिए निम्नलिखित बातों का ख़याल रखें :

- ✓ पुष्टि एवं प्रतिबद्धता के साथ एक सशक्त निमंत्रण दें।
- ✓ अपना प्रॉस्पेक्ट को एक दिन पूर्व मीटिंग की याद दिलाएं।
- ✓ अगर आपके पास कुछ लोगों की टीम है, तो एक दिन पहले ही उनसे गेस्ट लिस्ट ले लें।
- ✓ हॉल में ही मीटिंग के तुरंत बाद फ़ॉलो-अप करना न भूलें। यह सुनिश्चित करें कि आपके मेहमानों के सारे सवालों का जवाब दिया गया हो। मीटिंग को एडवांस राशि लेकर या अगले 4 दिनों में फ़ॉलो अपमीटिंग की तारीख़ लेकर ही ख़त्म करें।

जब भी आप एक ऐसी जगह काम शुरू करें जहां पहले से ही मीटिंग होती हो, तो वहां अपने नए सहकर्मियों और नए प्रॉस्पेक्ट के साथ जल्द से जल्द जाना शुरू कीजिए। पूरे हफ़्ते काम कीजिए और यह सुनिश्चित कीजिए कि आपके सहकर्मी अपने अधिकतम प्रॉस्पेक्ट के साथ वहां आ रहे हैं। अगर कोई अपने साथ मेहमान नहीं ला पा रहा है, तो वह अकेले ही आ जाएं।

जब आप एक नए स्थान में एक नई टीम शुरू करते हैं जहां कोई हॉल मीटिंग नहीं है, वहां आमने-सामने की मीटिंग से शुरू कर अगले 2-4 हफ़्तों में ग्रुप मीटिंग में आ जाएं, और एक बार जब आपकी टीम 20 से ज़्यादा सहकर्मियों की हो जाए, तो एक छोटे हॉल में ही मीटिंग करनी शुरू कर दें।

गुणात्मक परिणाम के लिए हॉल मीटिंग सर्वोत्तम है

मैंने व्यक्तिगत रूप से हॉल मीटिंग्स से बिज़नेस के कई गुणा बढ़ने के स्वाद को चखा है। हॉल मीटिंग में मेरा इतना दृढ़ विश्वास है कि जब मैं सीनियर लीडरों की कोचिंग करता हूं तो उनसे सिर्फ़ दो सवाल पूछता हूं - आप अपनी टीम में कितनी साप्ताहिक हॉल मीटिंग करते हैं और क्या आपको मालूम है कि पिछले तीन महीनों में आपकी साप्ताहिक हॉल मीटिंग में कितने लोग आए थे? मेरे मुंबई में कई दोस्त हैं और मैं जब भी उन दोस्तों से मिलता हूं जैसे - मृणाल फालशंकर, हरीश शेट्टिगार, बाबू थॉमस, सुनील सागवेकर, बद्रेश चौहान, डीएच कदम, किशोर अहिरे और बहुत सारे लोग, वे हॉल मीटिंग्स के मेरे विश्वास को और मजबूती प्रदान करते हैं।

5. फ़ॉलो-अप और सेल्स क्लोजिंग

बेचना बहुत आसान है। यह आपकी आस्था एवं भावनाओं का दूसरे व्यक्ति में ट्रांसफ़र है।

– दीपक बजाज

अब समय आ गया है कि हम अपनी कोशिशों को नक़दी में बदलें। अब समय आ गया है कि हम अपने परिवार में नए पार्टनर को लेकर आएं। बिज़नेस अवसरों के प्रेजेंटेशन के बाद एवं सेल्स क्लोजिंग के पहले किए जाने वाले कामों को फ़ॉलो-अप कहते हैं। हमारे बिज़नेस में लिस्ट बनाने वाले या प्लान दिखाने वाले को कुछ नहीं मिलता; हमारे हाथ में सेल्स क्लोज होने के बाद ही कुछ आता है। लिस्ट बनाने से लेकर प्लान शेयर करने तक की यात्रा सेल्स क्लोजिंग के लिए एक मील का पत्थर है। नीचे वह तरीक़े दिए गए हैं, जिससे आप शानदार फ़ॉलो-अप कर सकते हैं :

✓ सेल्स की प्रक्रिया में फ़ॉलो-अप मीटिंग्स एक महत्त्वपूर्ण भाग है। सेल्स क्लोजिंग फ़ॉलो-अप मीटिंग्स के बाद ही होती है। यह वो जगह है जहां आप पैसे के लिए बात करते हैं और अपने प्रॉस्पेक्ट को अपना पार्टनर बनाने के लिए आमंत्रित करते हैं। यह याद रखें कि अगर आप नहीं मांगेंगे तो आपको कुछ नहीं मिलेगा। यह कभी नहीं सोचें कि आपका प्रॉस्पेक्ट आपसे कहेगा, "मैं तैयार हूं।" हमें पैसे मांगने पड़ेंगे। प्लान शेयर करने के एक हफ़्ते के भीतर अगर हम फ़ॉलो-अप मीटिंग नहीं करते तो प्लान दिखाने का कोई फ़ायदा नहीं।

✓ फ़ॉलो-अप मीटिंग कोई छोटी-सी औपचारिक मीटिंग नहीं है जिसमें हमें अपने प्रॉस्पेक्ट से सिर्फ़ 'हां' या 'ना' पूछना है। यह बिज़नेस अवसर के प्रेजेंटेशन से भी ज़्यादा ज़रूरी है, क्योंकि यहां आपका प्रॉस्पेक्ट आपसे सवाल पूछेंगे और आपके साथ बिज़नेस शुरू करने का फ़ैसला लेंगे। इसलिए इस मीटिंग को गंभीरता से लें।

✓ पहला फ़ॉलो-अप प्लान शेयर करने के तुरंत बाद कर लिया जाना चाहिए। प्रेजेंटेशन के तुरंत बाद, उन्हें कोई भी सवाल या शंका पूछ लेने के लिए कहें और एक बार जब सारे बिंदुओं पर चर्चा हो जाए, आपको उन्हें तुरंत बिज़नेस शुरू करने के लिए कहना चाहिए। उनसे पैसे देने को कहें।

✓ दूसरा फ़ॉलो-अप अगले 2-4 दिनों में होना चाहिए। अगर आपके पास सिर्फ़ सप्ताहांत में ही समय है, तब भी मैं आपको सलाह दूंगा कि फ़ॉलोअप मीटिंग अगले 4 दिनों में ही रख लें। अगर आप उसे नहीं कर सकते तो याद रखें कि

आपको आने वाले सप्ताहांत में एक फ़ॉलोअप मीटिंग ज़रूर करनी है। अगर और मीटिंग्स की ज़रूरत लगे, तो उसे अगले 4-7 दिनों में कर लें।

- ✓ **बार-बार फ़ॉलो करने का मुख्य नियम यह है कि हर मीटिंग या तो पैसे लेकर ख़त्म होती है या अगली मीटिंग के लिए एक निश्चित अपॉइंटमेंट के साथ।**
- ✓ संयम रखें। किसी को भी बिज़नेस शुरू करने के लिए क़रीब 2-5 मीटिंग्स करनी पड़ती हैं। यह एक प्रक्रिया है। हर मीटिंग से आपके प्रॉस्पेक्ट का विश्वास एवं जानकारी बढ़ती है और आप इससे सेल्स क्लोज करने के क़रीब आते जाते हैं। जब आप इसे कई बार कर लेंगे, तो आपको यह ख़ुद से समझ आने लगेगा कि किस व्यक्ति के साथ फ़ॉलो-अप को कितनी देर जारी रखा जाए, पर मैं चाहूंगा कि आप इसे अगली 5 मीटिंग्स तक के लिए तो ज़रूर रखें।
- ✓ तैयारी सफलता की कुंजी है। अपना बिज़नेस किट हमेशा अपने साथ ले जाएं। जो कुछ भी प्रॉस्पेक्ट मांग सकता हो और जो चीज़ भी उनका विश्वास जीतने के लिए आवश्यक है, वह आपके पास तैयार रहनी चाहिए और आपके किट में होनी चाहिए। यहां तक कि आपके मोबाइल/लैपटॉप/टेबलेट में भी होनी चाहिए।
- ✓ फ़ॉलो-अप प्रक्रिया के दौरान इन टूल्स का इस्तेमाल करें। उन्हें इस संबंध में कुछ किताबें, मैगजीन या अन्य टूल्स हर मीटिंग में समीक्षा करने के लिए दें। आप उन्हें वीडियो, अख़बार क्लिपिंग्स, आलेख, टेस्टिमनी या कुछ अन्य महत्त्वपूर्ण जानकारियां भी दे सकते हैं जिससे वह अपना निर्णय जल्दी ले सकें। जब आप अपने प्रॉस्पेक्ट के पास नहीं हैं, तब टूल्स को यह काम करने दें।
- ✓ फ़ॉलो-अप मीटिंग्स स्वयं मिलकर करें ना कि फ़ोन पर। फ़ोन या चैट तब भी करें, जब आपको मीटिंग के लिए अपॉइंटमेंट लेने हों। अगर प्रॉस्पेक्ट किसी दूसरे शहर में है, तो हमें वीडियो कॉलिंग के मार्फ़त फ़ॉलो-अप करना चाहिए।
- ✓ यह याद रखें कि लोग किसी कंपनी या किसी प्लान से नहीं जुड़ते, वह लोगों के साथ जुड़ते हैं। वह आपके साथ काम शुरू करने का निर्णय आपके कारण ही लेंगे। इसलिए आपको हमेशा अच्छा होना होगा और आप को अपनी ओर से पूरा विश्वास देना होगा कि आप इस बिज़नेस को बनाने के लिए जितना संभव हो सके, उतना सपोर्ट करेंगे।
- ✓ आपका उत्साह एवं विश्वास किसी उत्पाद या प्लान की जानकारी से ज़्यादा आवश्यक है। हमारे मुख्य प्रोडक्ट हमारा कोई उत्पाद या सेवा नहीं है जो हम बेचते हैं, पर अपने सपनों को पूरा करने के लिए पहले से साबित एवं करने योग्य बिज़नेस है।
- ✓ आप जो नहीं कर सकते उसके लिए कोई वादा नहीं कीजिए। ऐसा कुछ भी मत कहिए जिसका आपसे कोई सरोकार नहीं है, या आप उसे पूरा नहीं कर सकते। बिज़नेस में उन्हें क्या करना होगा एवं सारी ज़रूरी बातें उनके सामने ईमानदारी से रखिए। सच हमेशा जीतता है।

✓ व्यर्थ के सवाल मत पूछिए, जैसे - आपको यह कैसा लगा, आप इस बारे में क्या सोचते हैं, आदि। सही प्रश्न पूछें। ऐसे प्रश्न पूछिए जिससे बातचीत सेल्स क्लोजिंग की ओर जाए। अपने प्रॉस्पेक्ट को निर्णय लेने में मदद करें।

✓ इन सारी प्रक्रियाओं के दौरान अपने प्रॉस्पेक्ट से सही संबंध बनाकर रखें। हमारा उद्देश्य हमारी समझ और जानकारी ट्रांसफ़र करना है, किसी बहस में जीतना नहीं है। जब आप दिल से बात करते हैं और आपकी इच्छा दूसरों की मदद करना और उन्हें सशक्त बनाना है, आपकी बात सीधे दिल तक पहुंचेगी।

✓ एक अच्छे श्रोता बनें और धैर्य रखें। सिर्फ़ जवाब देने के लिए मत सुनें, दूसरे व्यक्ति के विश्वास एवं मनोदशा को समझने के लिए सुनें। अगर आप प्रॉस्पेक्ट को सुनेंगे और उनसे सही प्रश्न करेंगे तो प्रॉस्पेक्ट स्वयं सेल्स की क्लोजिंग करते हैं।

✓ कुछ लोग नहीं कह देंगे। उसे दिल पर मत लें। वह आपको 'ना' नहीं कह रहे हैं पर आपके प्रस्ताव को ना कर रहे हैं अगर वह आज ना कह रहे हैं, तो इस का यह अर्थ नहीं कि वह भविष्य में आपके साथ बिज़नेस नहीं करेंगे। अभी उनके लिए समय सही नहीं है। इस मामलों को अब किनारे रखें और अगले 6 महीने के बाद फ़ॉलो करें। न का अर्थ अगले अवसर से है।

✓ किसी भी परिणाम से भावनात्मक रूप से दूर रहें। हम उन लोगों को खोज रहे हैं जो ज़िंदगी में कुछ बेहतर खोज रहे हैं। अगर वह बिज़नेस में आना चाहते हैं, तो यह सबसे अच्छा है, नहीं तो आगे बढ़िए।

फ़ॉलो-अप एवं सेल्स क्लोजिंग एक बहुत ही गतिशील क्षेत्र है और इसके तकनीक एवं टूल्स लगातार बदलते रहते हैं। अपने और अपनी टीम के सेल्स कौशल को बढ़ाने के लिए नवीनतम एवं अत्याधुनिक टूल्स और रणनीतियों को प्राप्त करने के लिए आप मेरे सोशल मीडिया चैनलों और मेरी वेबसाइटद www.deepakbajaj.biz *पर मुझसे जुड़े रहें।*

अक्सर पूछे जाने वाले प्रश्नों को संभालना

सेल्स की हर मीटिंग में, जब भी आप बिज़नेस प्रेजेंटेशन पूरा करते हैं, तो प्रॉस्पेक्ट आपसे बहुत सारे प्रश्न पूछते हैं और मेरी मानें तो तभी असली काम शुरू होता है। हर मीटिंग में बिज़नेस प्रेजेंटेशन एक जैसा ही होता है। प्रश्न एवं बातचीत ही इसे उत्साह जनक बनाते हैं। यह याद रखें कि प्रश्न पूछना एक अच्छा संकेत है। प्रश्न पूछने से प्रॉस्पेक्ट की इच्छा का पता चलता है। प्रॉस्पेक्ट अपने सवालों से अपने दिल की बात पूछेंगे और आपसे खुलेंगे।

आपको उनमें से कुछ सवाल अच्छे नहीं लगेंगे और जिस तरह से वे पूछे गए हैं, वह भी शायद कभी कभी अच्छा नहीं लगेगा। किसी भी प्रश्न से परेशान न हों और इस का कभी बुरा न मानें कि कौन सवाल पूछ रहा है और क्यों इस तरीक़े से पूछ रहा है। ये प्रश्न आपके या आपके बिज़नेस के लिए नहीं हैं बल्कि ये पूछने वाले

का रवैया एवं मानसिकता दर्शाते हैं। प्रॉस्पेक्ट से कभी भी बहस नहीं करें। आप यहां बहस जीतने के लिए नहीं है, आप यहां हैं उस व्यक्ति का दिल जीतने के लिए। प्रश्न की शब्दावली अलग हो सकती है पर मूलतः प्रश्न इसलिए होते हैं क्योंकि प्रॉस्पेक्ट इन दो बातों पर विश्वास नहीं कर पाता।

1. नेटवर्क मार्केटिंग एक आश्चर्यजनक बिज़नेस है जिसमें हम अपने सपनों को अच्छे तरीक़े से पूरा करते हैं या
2. प्रॉस्पेक्ट को स्वयं यह नहीं पता होता कि इस बिज़नेस में सफल होने के लिए वे ज़रूरत के अनुसार काम कर पाएंगे या नहीं।

इस दौरान दो प्रकार के प्रश्न पूछे जाते हैं :

1. **आंकड़े संबंधित प्रश्न** : वैसे प्रश्न पूछे जाते हैं जिनसे कोई ख़ास सूचना मिले, जैसे यह कंपनी कब स्थापित हुई? इस बिज़नेस में आप कितने सालों से हैं? इत्यादि।
2. **भावनात्मक प्रश्न** : अन्य सभी प्रश्न इस श्रेणी में आते हैं।

हर व्यक्ति एवं परिस्थिति के लिए हालांकि आपके उत्तर की भाषा अलग हो सकती है। मैं आपको कुछ मूल सिद्धांत दे रहा हूं जिससे हम बहुत सारे सवालों के जवाब दे सकते हैं।

अपने जवाब सराहना एवं मुस्कराहट के साथ दीजिए। *"यह एक बुद्धिमानी भरा प्रश्न है, मैं आपके साथ सहमत हूं या आप एकदम सही हैं या मैं इस सवाल का इंतज़ार कर रहा था या यह प्रश्न पूछने के लिए धन्यवाद, मैं इस बारे में बताने वाला था इत्यादि।"*

✓ प्रॉस्पेक्ट आपसे जवाबी हमले की उम्मीद कर रहा है, पर आपकी मुस्कराहट एवं स्वीकार्यता उसे असंतुलित कर देती है। यहां आपने सबसे अच्छी बात यह की है कि उनकी तरफ़ हो कर आपने उनकी कही हुई बात को स्वीकार किया है। अब आप जो भी कहेंगे उसे स्वीकार करने के ज़्यादा मौक़े हैं। यह अप्रोच आंकड़ों वाले प्रश्नों पर भी काम करेगी और भावनात्मक प्रश्नों पर भी।

✓ फ़ील फ़ेल्ट फ़ाउंड की तकनीक : यह एक कमाल की तकनीक है जिसका इस्तेमाल दुनिया का हर सेल्स पर्सन करता है। जब मैं बैंकॉक में अपना अंतरराष्ट्रीय एनएलपी मास्टर सर्टिफ़िकेशन प्रोग्राम कर रहा था तो मुझे अहसास हुआ कि ये कमाल की तकनीक सिर्फ़ 10% लोगों के लिए ही काम करती है और सिर्फ़ तब काम करती है जब आपके अपने प्रॉस्पेक्ट के साथ अच्छे संबंध हों। यह सारे भावनात्मक प्रश्नों में काम करती है। इस तकनीक के अनुसार कोई भी आप से जब प्रश्न पूछे तो उसका जवाब फ़ील फ़ेल्ट फ़ाउंड के साथ दें। जैसे - अगर प्रॉस्पेक्ट पूछते हैं कि "मैंने इस बिज़नेस में किसी को भी सफल होते नहीं देखा है," तो आपका जवाब इस प्रकार हो सकता है - "मैं समझ सकता हूं आप क्या महसूस

कर (फ़ील) रहे थे, जब मुझे इस बिज़नेस के लिए अप्रोच किया गया था। मैंने भी ऐसा ही महसूस किया (फ़ेल्ट) था कि किसी को भी ऐसे बिज़नेस में सफलता नहीं मिलती, पर जब मैंने कई इवेंट्स में भाग लिया, रिसर्च की, बिज़नेस मॉडल की गहराई में गया और इस बिज़नेस के कुछ लीडरों से मिला, तो मैंने पाया (फ़ाउंड) कि इस बिज़नेस के बारे में मेरी राय सही नहीं थी। पर जब मुझे सच्चाई का पता चला तो मैंने यह बिज़नेस करने की सोची और अब मैं अपने सपने इस बिज़नेस के जरिए पूरे करने के लिए प्रतिबद्ध हूं।" आप इसी फ़ॉरमेट का इस्तेमाल लगभग सभी प्रश्नों के लिए कर सकते हैं।

✓ *प्रश्नों का जवाब प्रश्नों से दीजिए।* यह भी एक अच्छा तरीक़ा है जहां हम अपने प्रॉस्पेक्ट के सवालों का सही जवाब अपने सवालों के जरिए देते हैं। कभी-कभार दूसरा व्यक्ति जो सवाल पूछ रहा है, वह असली सवाल नहीं है, और हम असल प्रश्न तक इन प्रश्नों के जरिए जा सकते हैं।

✓ *कभी आप यह भी कह सकते हैं* - "बहुत अच्छा सवाल। क्या आप सही में इन सवालों का जवाब चाह रहे हैं? (इसका तुरंत जवाब 'हां' में मिलेगा)। तब मैं यह करता हूं कि आप अगले हफ़्ते के मेरे इवेंट में शामिल हों और वहां आपके सारे सवालों का समाधान मिलेगा। अगले सप्ताहांत होने वाले इवेंट में हम इस प्रश्न को लेकर एक विशेष सेशन करने वाले हैं, आप क्यों नहीं उसमें शामिल होते हैं और फिर आपको उन सवालों का जवाब वहां मिल जाएगा।"

सिर्फ़ सवालों का जवाब मत दें, अपने प्रॉस्पेक्ट के साथ जुड़ें और उनकी मानसिकता को समझने का प्रयास करें। उन्हें और बात करने दें। प्रश्नों का जवाब प्रश्नों से दें। हमारा उद्देश्य आज पैसे लेना नहीं है, हमारा उद्देश्य है उन्हें जानकारी देना और उनमें समझदारी लाना। उन्हें फ़ॉलो करने के लिए टूल्स एवं इवेंट्स का इस्तेमाल करें। इसके लिए 2-5 मीटिंग्स करनी पड़ सकती है। धीरे-धीरे काफ़ी लोग मानने लगेंगे कि यह एक अच्छा बिज़नेस मॉडल है और इससे अपने उद्देश्यों को पाने में या अपनी कुछ समस्याओं को हल करने में मदद मिलेगी और तब वो आपके साथ बिज़नेस शुरू करेंगे। ऐसी फ़ॉलो-अप मीटिंग्स से आपके उनके साथ रिश्ते सुधरेंगे और उनमें से कई आपके जीवन भर के लिए पार्टनर हो जाएंगे।

सेल्स क्लोजिंग

अब समय आ चुका है कि हम सेल क्लोज करें। हमें अब पैसे लेने हैं और रजिस्ट्रेशन पूरा करना है। एक बार जब हमने सारे सवालों का जवाब दे दिया, तो हम इस पूरी वार्ता को निम्न बातें कहकर सेल्स क्लोजिंग की ओर ले जा सकते हैं।

मुझे पता है कि आप अभी कैसा महसूस कर रहे हैं और आपके दिमाग़ में क्या-क्या चल रहा है। मुझे भी ऐसा ही लगा था और मेरे मन में भी ऐसी ही शंकाएं थीं। पर जब मैं कुछ लोगों से मिला और इस अवसर को लेकर मैंने रिसर्च किया तो

मैंने पाया कि यह तथ्य मेरी सोच एवं भावनाओं से काफ़ी अलग थे। मैं कुछ बैठकों में शामिल हुआ हूं और वहां अपने कुछ सीनियर्स से भी मिला हूं। मेरी पूरी रिसर्च के बाद, मैं आपको आश्वस्त करता हूं कि :

1. यह एक बहुत अच्छा बिज़नेस है और भारत में इस बिज़नेस को शुरू करने का यह सबसे अच्छा समय है। यह एक ज़बरदस्त कंपनी है और इसके पुराने रिकॉर्ड्स काफ़ी अच्छे हैं, बहुत अच्छे इनकम प्लान, ज़बरदस्त उत्पाद एवं सपोर्ट सिस्टम है। *नेटवर्क मार्केटिंग बिज़नेस* में यह सबसे अच्छा विकल्प है। (आपको अब इस कंपनी को चुनने के लिए अपने कारण देने होंगे।)
2. मैं काफ़ी लंबे समय से ऐसे बिज़नेस को देख रहा हूं/ कुछ समय से ऐसे बिज़नेस अवसरों की तलाश में था/मैंने पहले भी क़रीब 2-3 ऐसे ही अवसरों पर पैसा निवेश किया है (नेटवर्क मार्केटिंग के अपने अनुभव के आधार पर अपना सच बताइए), पर मैंने इसे कभी गंभीरता से नहीं लिया। पर अब मैंने यह निर्णय कर लिया है कि मैं इस बिज़नेस को गंभीरता से करूंगा और इसी में बहुत ज़्यादा सफल होऊंगा। मैंने इसके लिए सही से काम करना शुरू कर दिया है और मेरी मासिक आय अगले... महीनों में... हो जाएगी। (अपने असली लक्ष्य यहां कहें।)
3. देखना मतलब विश्वास करना है। अपने प्रॉस्पेक्ट को अपने नामों की लिस्ट और अपनी वर्क बुक दिखाएं। उन्हें दिखाएं कि अपने बिज़नेस के लिए आप कितने तैयार एवं गंभीर हैं। अपने प्रॉस्पेक्ट को पूर्ण आत्मविश्वास के साथ बताएं, "मैं अपनी ज़िंदगी को लेकर बहुत गंभीर हूं और चाहे कुछ भी हो जाए, मैं इस बिज़नेस के जरिए वह आय/लाइफ़ स्टाइल/कार आदि... दिनों/हफ़्तों/महीनों में पा लूंगा। मैंने बिज़नेस को करने का सही तरीक़ा और सिद्धांत समझ लिए हैं और मैं वादा करता हूं कि मैं आपको इस बिज़नेस के लिए जितना संभव हो, उतना सहयोग दूंगा। हम दोनों मिलकर एक बड़ा बिज़नेस बनाएंगे।"

ऊपर लिखी बातें कहना बहुत ज़रूरी है, पर उससे भी ज़्यादा ज़रूरी है कि इन लाइनों को पूरी आस्था एवं आत्मविश्वास के साथ कहें। याद रहे कि हम जो भी कह रहे हैं उसके शब्द ही नहीं बल्कि वह किस मनोदशा एवं ईमानदारी से कहा जा रहा है वह हमारा रिज़ल्ट तय करेंगे।

✓ इस धारणा के साथ बात शुरू कीजिए कि उन्होंने पहले से ही सोच लिया है कि वह बिज़नेस शुरू करेंगे। उन लोगों से आत्मविश्वास के साथ डॉक्युमेंट या पैसा मांगें। पैसों के बिना किसी भी प्रकार की पुष्टि कोई मायने नहीं रखती।

✓ अगर आपकी टीम कोई फ़ॉर्म इस्तेमाल करती है, तो फ़ॉर्म में उनके हस्ताक्षर ज़रूर लें।

✓ अगर वह पूरा पैसा अभी नहीं कर सके हों तो कुछ एडवांस ले लें।

✓ **धैर्य रखें :** हर मीटिंग में सेल क्लोज का प्रयास करें, पर धैर्य रखें। थोड़ा समय तो लगता ही है। लोगों ने नेटवर्क मार्केटिंग बिज़नेस के बारे में बहुत कुछ देखा एवं सुना है, और बिज़नेस के बारे में उनकी अपनी राय है। धीरज एवं सहानुभूति से फ़ॉलो-अप करते रहिए और उन्हें उनकी राय और धारणा बदलने के लिए थोड़ा समय दे दीजिए। हमारा काम है उनको संपूर्ण जानकारी प्रस्तुत करना जिससे वह बिज़नेस को सही तरह से समझ सकें।

✓ **पांच की शक्ति :** एक अच्छा संबंध बनाने के लिए और एक डील को क्लोज करने के लिए कम से कम पांच मीटिंग्स का होना ज़रूरी है। अधिकांशतः लोग दो से ज़्यादा मीटिंग नहीं करते। अगर डील पांचवीं मीटिंग में क्लोज होती है, तो क्या पहली चार मीटिंग्स बर्बाद चली गईं? नहीं, इससे कार्य प्रगति पर चलता दिखता है। किसी भी आदमी को आपको एवं आपका बिज़नेस समझने में टाइम लगेगा। हर मीटिंग ज़रूरी है। अगर हम आज से पांच की शक्ति के मनोविज्ञान पर चलते हैं, तो आप अपने संस्थान में सबसे आगे निकल जाएंगे। यह ज़िंदगी में हर जगह काम आती है।

इस शब्द-संक्षेप को हमेशा हर जगह सिखाया जाता है - SWSWSWSW - कोई करेगा, कोई नहीं करेगा, तो क्या? कोई इंतज़ार कर रहा है।

अपने सेल्स प्रेजेंटेशन एवं बातचीत में दिल से बातें करें। यह जादू की तरह काम करता है। उन्हें अपने दिल से मदद करें और वो आपकी भावना को समझेंगे। सेल्स क्लोजिंग और फ़ॉलो-अप के नए तरीक़े लगातार आते रहते हैं। आप मेरी वेबसाइट www.deepakbajaj.biz से मुफ़्त में नई जानकारी और टूल्स प्राप्त कर सकते हैं।

'हां' और 'ना' प्रक्रिया का भाग है

जब 2007 में मैंने बिज़नेस शुरू किया था, तो मैं दिन में अपनी कितनी ही व्यस्तता के बावजूद प्रत्येक दिन कम से कम 4 नई मीटिंग्स करता था। कल्पना कीजिए कि प्रतिदिन पांच दिनों तक चार मीटिंग्स कीजिए, और जब बीसवां आदमी आपसे 'न' बोले, तो आप कभी-कभी ख़ुद पर, अपनी कंपनी, अपलाइन या बिज़नेस पर शक करने लगते हैं। यह एक जाल है जिसका अधिकांश लोग शिकार बन जाते हैं। वो बिज़नेस छोड़ने का समय नहीं है, ज़्यादा प्लान दिखाने का है। वह समय है ज़्यादा उत्साह के साथ फ़ॉलो-अप मीटिंग करने का। औसत के नियम के अनुसार, हर बार 'न' सुनने के बाद 'हां' सुनने की संभावनाएं बढ़ जाती हैं।

6. नए डिस्ट्रीब्यूटर की सही उड़ान

बिज़नेस में एक नए डिस्ट्रिब्यूटर को लेकर आने में बहुत समय एवं मेहनत लगती है। पर अधिकांशतः 60-80% नए डिस्ट्रिब्यूटर काम शुरू करने के 4 हफ़्तों के भीतर ही काम छोड़ देते हैं। अधिकांश मामलों में, इसका कारण स्पॉन्सर की ओर से लापरवाही है। सेल्स के क्लोज होने तक अधिकांश डिस्ट्रिब्यूटर्स बहुत उत्साहित रहते हैं, पर जैसे ही व्यक्ति फ़ॉर्म पर हस्ताक्षर कर देता है वैसे ही वे ढीले पड़ जाते हैं। पर नेटवर्क मार्केटिंग में टॉप इनकम कमाने वाले लोगों ने नए सहकर्मियों को सही शुरुआत करवाने में महारत हासिल कर ली है।

> *नेटवर्क मार्केटिंग में आपका काम सेल्स हो जाने पर ख़त्म नहीं होता बल्कि आपका असली काम तो सेल्स आने के बाद ही शुरू होता है। असल में यही नेटवर्क मार्केटिंग को सेलिंग से अलग करता है।*
>
> **– दीपक बजाज**

अगर हम नए सहकर्मियों की सही शुरुआत देने के विज्ञान पर महारत हासिल कर लेते हैं, तो हम रिकॉर्ड समय में मनचाही आय पा सकते हैं। नए सहकर्मियों को उनकी शुरुआत में मदद करने के लिए हमें 3 मुख्य गतिविधियां करनी चाहिए।

हमें बिज़नेस करने के एक हफ़्ते के भीतर उन सहकर्मियों के घर में ही एक स्वागत मीटिंग करनी चाहिए और ये तीन काम करने चाहिए :

1. उन्हें जानकारी और टूल्स देने चाहिए

- उन्हें अपनी मिलियन डॉलर कहानी अपने पूरे विश्वास एवं उत्साह के साथ बताइए। उन्हें अपनी डायरी/मैनुएल/वेबसाइट/वीडियो या अन्य टूल्स के जरिए अपनी इंडस्ट्री, कंपनी, टीम, अपलाइन से फिर से मिलाइए।
- अगर रजिस्ट्रेशन के लिए कोई ज़रूरी दस्तावेज़ बाक़ी रह गया हो तो वो ले लें।
- यह सुनिश्चित करें कि उन्हें सारे उत्पाद/सेवाएं मिल चुकी हों। उन्हें उत्पाद एवं सेवाओं के बारे में बताएं और उनका इस्तेमाल शुरू करवा दें।
- उनके लिए टूल्स की व्यवस्था करवा दें। कोई वेलकम किट या और टूल अगर बिज़नेस के शुरुआत के साथ आते हैं तो दिलवा दें और अगर ख़रीदने होते हैं तो ख़रीदवा दें।
- इनकम प्लान की खुलकर चर्चा करें और अगर इस संबंध में किसी प्रकार का कोई स्पष्टीकरण चाहिए तो उन्हें दें।

- उन्हें अपने वाट्सएप ग्रुप या अन्य ऑनलाइन ग्रुप में जोड़िए जिससे उन्हें सारी सूचनाएं मिलती रहें।
- उन्हें किताबें, ऑडियो और वीडियो देखने की सलाह दें, जिससे वह जल्दी से काम शुरू कर सकें। यह सूची मेरी वेबसाइट और पुस्तक के टूल्स भाग में मौजूद है।
- मीटिंग में कभी भी धर्म या राजनीति की बातें न करें।
- यदि आपको लगता है इस पुस्तक से आपके नए सहभागियों को लाभ हो सकता है तो उन्हें यह पुस्तक भेंट कर दें या पढ़ने के लिए दे दें या फिर उन्हें तुरंत ख़रीदने के लिए कहें। नेटवर्क मार्केटिंग बिज़नेस को बढ़ाने के लिए कमाल की जानकारी एवं टूल्स मेरी वेबसाइट www.deepakbajaj.biz पर और मेरे फ़ेसबुक, इंस्टाग्राम और यू-ट्यूब चैनल पर भी है।

2. उनके सपने को परिभाषित करना और लक्ष्य निर्धारित करना

- उनके सपनों को लिखें। यह सबसे ज़रूरी काम है। टॉप सक्सेस ड्राइव (टीएसडी) चार्ट लें और बिज़नेस शुरू करने के लिए उनके मुख्य तीन कारणों पर जाएं।
- इस बिज़नेस से उनके लक्ष्य तय करने के लिए दो प्रमुख सवालों के जवाब लिखवाएं :
  a. अगले एक महीना/3 महीने/6 महीने/1साल/5साल में आप इस बिज़नेस से कितनी आमदनी की उम्मीद रखते हैं?
  b. इस बिज़नेस से अगले 3 महीने/6 महीने/1साल/ 5साल में आप अपने कौन-से सपने पूरा करना चाहते हैं?
- उन्हें हाल-फिलहाल में चलने वाले किसी उत्पाद प्रमोशन या प्रतियोगिता के बारे में बताएं।
- उन्हें अगले लक्ष्य के बारे में बताएं और अगले लेवल/रैंक के लिए उनका लक्ष्य तय करें।

3. बिज़नेस के विकास के काम

- अगले एक हफ़्ते में उनके घर में बिज़नेस का उद्घाटन कीजिए जिसमें उनके क़रीबी पारिवारिक सदस्य, क़रीबी दोस्त एवं पड़ोसी शामिल हों। इस इवेंट को करने का उद्देश्य अपने उत्पाद के बारे में बताना और उनके परिवार एवं दोस्तों के बीच यह घोषणा करना है कि उन्होंने एक बिज़नेस शुरू किया है। एक साधारण-सा आमंत्रण दें जिसमें कोई भी आ सकता है और हम उसमें औपचारिक रूप से बिज़नेस प्लान नहीं दिखाएंगे। हम लोगों का रुझान देख सकते हैं और बाद में कुछ चुनिंदा लोगों के साथ बिज़नेस प्लान को शेयर कर सकते हैं। उनके भीतर जीवन को बदल देने वाले इस बिज़नेस को लेकर उत्साह लेकर आएं।
- उनके प्रॉस्पेक्ट की लिस्ट बनाए।

- पहली कुछ मीटिंग्स के लिए प्रॉस्पेक्ट का चुनाव करें।
- उन्हें पहली बार लोगों को कॉल करने के लिए सशक्त बनाएं और उनके पहले कुछ अपॉइंटमेंट पक्के कर दें। आप उन्हें अपनी मौजूदगी में ही कॉल करने के लिए प्रोत्साहित करें।
- अगले इवेंट के लिए उन्हें सुनिश्चित करें। (हमें कम से कम 3 इवेंट्स के लिए जितना जल्दी हो सके नए सहभागी को लेकर जाना चाहिए। यह सुनिश्चित करें कि उनमें से एक बड़ा इवेंट हो।)
- बिज़नेस में एक नया डिस्ट्रिब्यूटर बनाना पेड़ लगाने एवं उसे पोसने जैसा है। शुरुआत के कुछ हफ़्तों/महीनों की देखभाल के बाद, वही पेड़ आपकी एवं आपकी पीढ़ियों की देखभाल करता है।

पांच की शक्ति को याद रखें। एक नए डिस्ट्रिब्यूटर को बिज़नेस एवं ख़ुद में विश्वास दिलाने के लिए पांच इवेंट्स एवं पांच मीटिंग्स की ज़रूरत है। इसके बाद नया डिस्ट्रिब्यूटर इस व्यापार को गंभीरता से लेने लगेगा। इसलिए आप अपने हर नए साथी के साथ यह 5+5 सुनिश्चित करें और अपने सभी नए सहभागियों के साथ नियमित संपर्क में रहें।

आपको तब तक एक सहभागी नहीं मिलता जब तक आप उनसे कोई स्पॉन्सरिंग नहीं करवा लेते।

पहले 2-4 हफ़्तों के सही दिशा निर्देश कमाल करते हैं

हमारी टीम में सबने इस संस्कृति को अपना रखा है कि नए सहभागियों के बिज़नेस शुरू करने के 2-4 हफ़्ते के भीतर ही हमें एक वेलकम मीटिंग रखनी है। किसी भी नए काम को शुरू करने के पहले 2-4 हफ़्तों में काफ़ी उत्साह होता है। जब हम सहकर्मी के घर पर पहले 4 हफ़्तों के भीतर वेलकम मीटिंग करते हैं तो बिज़नेस में उनके बने रहने की संभावनाएं 20 गुणा ज़्यादा बढ़ जाती हैं। मेरे एक टीम के सदस्य सौरभ मेहरा ने इससे एक बड़ा और हमेशा बढ़ने वाला बिज़नेस बनाया। सौरभ ने ऑस्ट्रेलिया में होटल मैनेजमेंट करने के साथ-साथ एक जगह काम भी किया। भारत में छुट्टियों में अपने प्रवास के दौरान उसने हमारे साथ बिज़नेस शुरू किया और फिर उसने अपना ऑस्ट्रेलिया का करियर छोड़ दिया। आज वह हमारी कंपनी में सर्वाधिक आय के लेवल पर पहुंच गया है।

7. अपार सफलता का त्रिकोण

सिर्फ़ सिस्टम नहीं, पर सिस्टम पर आपके विश्वास की मात्रा असाधारण परिणाम लाती है।

– दीपक बजाज

सफलता पाने के लिए यह सारे सिद्धांत तभी काम करते हैं जब आप इन्हें अटूट विश्वास और सही मनोदशा से करते हैं।

विश्वास में जादू होता है। इससे आपकी कही गई हर बात को बल मिलता है। आपके एवं आपके प्रॉस्पेक्ट के लिए यह बिज़नेस क्या कर सकता है, यही विश्वास आपकी मीटिंग्स में जादू कर सकता है। विश्वास से दिल बदलता है और दिल से हमारे निर्णय बदलते हैं।

आप अपने शब्दों से ज़्यादा अपनी मानसिक स्थिति एवं बॉडी लैंग्वेज से बातें कह सकते हैं। आप जब भी किसी मीटिंग/फ़ोन कॉल/वीडियो कॉन्फ्रेंस के लिए जाएं तो एक आनंदमय एवं सकरात्मक मनोदशा के साथ जाएं। ये मनोदशा अगर सामने वाले व्यक्ति में ट्रांसफ़र हो गई तो चमत्कार कर सकती है।

हर बिज़नेस के अपने कुछ सिद्धांत होते हैं। इस बिज़नेस के संदर्भ में भी कुछ ऐसा ही होता है। यह सिद्धांत एक दशक से ज़्यादा समय से हज़ारों डिस्ट्रिब्यूटर्स द्वारा लाखों लोगों पर अपनाए गए हैं। उन्हें फ़ॉलो करें और आप अपने उद्देश्यों की ओर बहुत जल्द पहुंचेंगे, जिससे आपके बहुत सारे सालों का पैसा एवं मेहनत बचेगी।

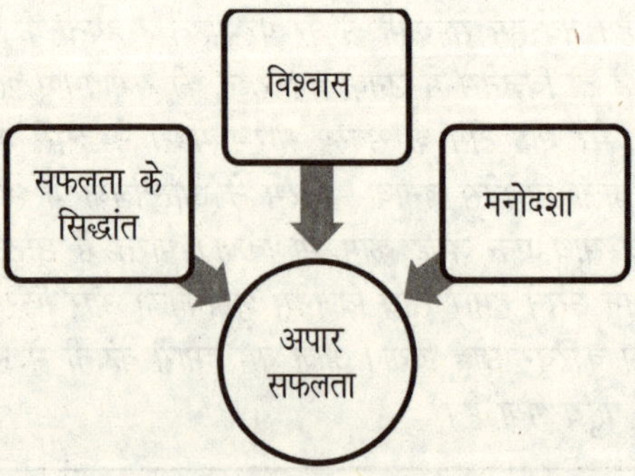

सफलता के सिद्धांत+विश्वास+मनोदशा=अपार सफलता

मैं ऐसे कई हज़ारों लोगों से मिला हूं जो बिना किसी को बताए अपना बिज़नेस बढ़ाना चाहते हैं। ऐसे लोग आपको बताएंगे कि उनके भी सपने हैं और उन सपनों को पूरा करने के लिए वह कुछ भी कर सकते हैं इत्यादि। पर अपने कुछ फ़ालतू कारणों से वह ज़िंदगी को बदल देने वाले इस बिज़नेस के बारे में किसी को नहीं बताते हैं। ऐसे लोग हर काम आधे-अधूरे मन से करते हैं और साथ में उनके मन में अपने अलग विचार और बहुत-सी शंकाएं भी होती हैं, पर अंततः वह इस बिज़नेस को परेशान होकर छोड़ देते हैं और इसके लिए वह कंपनी, इंडस्ट्री, अपलाइन आदि पर अपनी विफलताओं के लिए दोष लगाने लग जाते हैं।

किसी कंपनी का बहुत सारा पैसा उसके विज्ञापन पर जाता है, जहां वह चीख़-चीख़ कर लोगों को बताती है कि वह क्या कर रही है। अगर किसी बिज़नेस में किसी शोरूम या किसी अन्य स्थान की ज़रूरत होती है, तो वह उस स्थान के लिए ज़्यादा किराया देते हैं, जहां अधिक से अधिक लोग उसे देख सकें। कोई भी बिज़नेस छुपाकर नहीं चलाया जा सकता। यह बहुत सामान्य-सी बात है कि हम वही छुपाते हैं जो ग़लत है, अनैतिक है या ग़ैर क़ानूनी है और हम हर उस चीज़ का विज्ञापन/प्रचार करते हैं जिस पर हमें गर्व होता है और वह हमारे लिए बहुमूल्य है।

इस बिज़नेस के लिए आपका रवैया आपके बिज़नेस के लिए आपके विश्वास को दर्शाता है। आपके पास जो नहीं है, वह आप नहीं दे सकते हैं। इसलिए पहले अपनी प्राथमिकताएं तय कीजिए। पहले ख़ुद पर काम करें और फिर दूसरों के साथ काम करना शुरू कीजिए।

अगर आपको लगता है कि यह करने योग्य है तो इसे सही तरीक़े से करना चाहिए। अगर आपको लगता है कि बिज़नेस सही नहीं है तो इसे छोड़ दीजिए। पर अगर आपने इसे जारी रखने का फ़ैसला कर लिया है, तो इसे सही तरीक़े से कीजिए। साथ ही आप इसे जितना करेंगे, आपको इसमें उतने ही अच्छे परिणाम मिलेंगे। आप नदी के किनारे बैठकर तैराकी नहीं सीख सकते, आपको भीगने के लिए तैयार होना पड़ेगा।

इसलिए विश्वास रखिए, अपनी मनोदशा सकरात्मक रखिए और ऊंचाई तक पहुंचने के लिए ऊपर लिखे गए सिद्धांतों का इस्तेमाल कीजिए।

भाग-IV

सफलता के गतिवर्धक

सफलता के गतिवर्धक

बिज़नेस को फ़ास्ट ट्रैक में लाने के सिद्धांत एवं तकनीक

दुनिया के 1% लोग जिन चीज़ों का आनंद ले रहे हैं, वह पाने के लिए वही कीजिए जो 1% लोग कर रहे हैं।

– दीपक बजाज

इस बिज़नेस में लोगों के आने का सिर्फ़ एक प्रमुख कारण है और सिर्फ़ एक श्रेणी के लोग ही इस बिज़नेस मे बड़ा काम कर सकते हैं। इसका कारण यह है कि उनके सपने बड़े है और वह अपने सपनों के साथ कोई मोलभाव नहीं करते, तथा वह मौजूदा काम से अपने सपने पूरे नहीं कर पाते। जो लोग इस बिज़नेस में कुछ बड़ा करते हैं, वह अपने सपनों के लिए भूखे, अतृप्त और अपने काम के प्रति प्रतिबद्ध होते हैं और जब तक वह काम को अपने अनुसार पूरा न कर लें, वह उसे करते रहते हैं। लोग इस बिज़नेस को इसलिए भी चुनते हैं अन्य बिज़नेस की अपेक्षा में इस बिज़नेस में उन्हें चीज़ें ज़्यादा जल्दी मिलने लगती है और ज़िंदगी में उन्हें जो चाहिए, वह उससे पूरा कर सकते हैं।

पुस्तक का यह भाग ख़ासकर उन्हीं कुछ लोगों के लिए लिखा गया है जो अपने सपनों को जल्दी पूरा करने के लिए जो कुछ भी करना हो, करने के लिए तैयार हैं। पुस्तक के अगले कुछ पन्नों में 11 सालों के ज्ञान का निचोड़ है, जिससे इस बिज़नेस में हज़ारों लोग तीव्र गति से अचीवर्स बने हैं। आप जब इन सिद्धांतों एवं तकनीकों को फ़ॉलो करने की सोच लेते हैं तो कुछ ही महीनों में आप स्वयं अपने बिज़नेस को आसमान से बातें करते देखेंगे, जबकि अन्य लोगों को अपने सपने पूरे करने में कई साल या दशक लग जाते हैं।

इस बात से बहुत फ़र्क़ पड़ता है कि आप कितने बड़े सपने देखते हैं, पर उससे भी ज़रूरी बात यह है कि आप अपने सपनों को कितने लंबे समय तक ज़िंदा रख पाते हैं।

– दीपक बजाज

यह बात हमेशा याद रखें कि इस पाठ की सामग्री सभी के लिए नहीं है, क्योंकि हर कोई अपने काम में अपार सफलता पाने के लिए इस तरह की प्रतिबद्धता दिखाने वाला नहीं है। यह बहुत सरल-सी बात है कि बिना कष्ट किए सफलता नहीं मिलती।

आप अपने बिज़नेस के मालिक हैं और आप स्वयं यह निर्णय लेंगे कि आपको अपना बिज़नेस किस प्रकार से चलना है। आपका पूरा हक़ है कि आप स्वयं अपना लक्ष्य निर्धारित करो और उसकी गति एवं उसे किस प्रकार पूरा करना है। पर फिर भी मैं आपको सलाह दूंगा कि चूंकि आपने इस बिज़नेस को करने का मन बना लिया है, तो क्यों न इसे सर्वोत्तम ढंग से किया जाए। जो एक आम नेटवर्क मार्केटर 10-20 साल में पूरा करता है, क्यों न उसे अगले 2-3 साल में ही पूरा कर लिया जाए।

सफलता को बढ़ाने वाले इन गतिवर्धकों का अपनी पूरी ज़िंदगी भर नहीं तो पहले कुछ महीने प्रयोग करके देखिए। फिर उसके बाद जब जब आप अपने बिज़नेस को आकाश की ऊंचाइयों तक पहुंचाना चाहें इन सभी का या कुछ का फिर इस्तेमाल करें।

> *जो चीज़ अभी काम करके पाई जा सकती है, उसके लिए पूरी ज़िंदगी तक इंतज़ार क्यों करना?*
>
> **- दीपक बजाज**

इसलिए अपनी सीट बेल्ट को बांध लीजिए और उड़ने के लिए तैयार हो जाइए। नीचे सफलता को आगे बढ़ाने वाले कुछ गतिवर्धक दिए गए हैं, इन 11 गतिवर्धकों पर एक ही सिद्धांत के साथ काम कीजिए - जब तक सर्वोत्तम नहीं बन जाएं, तब तक आराम नहीं करेंगे।

ये हैं सफलता को बढ़ाने वाले 11 गतिवर्धक :

1. बड़े सपनों के साथ काम कीजिए
2. मैड (MAD) बनें (मैसिव एक्शन डेली) हर दिन बहुत सारा काम कीजिए
3. व्यक्ति को जल्द से जल्द टीम में बदलें
4. पावर शॉट्स
5. अपनी टीम को लीडर बनाने की फ़ैक्ट्री बनाएं
6. अपनी टीम में गति लाएं
7. विभिन्न स्थानों में अपना बिज़नेस विकसित करें
8. पुनर्निवेश
9. अपना ब्रांड बनाएं - आपकी सबसे क़ीमती संपत्ति
10. प्रतियोगिताएं - विजेता बनें, विजेता बनाएं
11. सोशल मीडिया- अपने बिज़नेस का टर्बो चार्जर

आइए, अब इन सब गतिवर्धकों में महारत हासिल करते हैं।

1. बड़े सपनों के साथ काम कीजिए

सपने वो नहीं हैं जो हम सोते हुए देखते हैं, सपने वह हैं जो हमें सोने नहीं दें।

– डॉ. एपीजे अब्दुल कलाम

बड़े सपनों के साथ काम करने में एक शक्ति होती है। मैं ऐसा मानता हूं कि प्रत्येक व्यक्ति में असीमित शक्तियां छुपी होती हैं और वह तब बाहर निकलती है, जब हम बड़े सपनों या एक बड़े मिशन के साथ काम करते हैं। जब आप एक बड़े सपने के साथ काम करते हैं, तो आप एक अलग व्यक्ति बन जाते हैं - जो कभी नहीं थकता और न कभी हराया जा सकता है - जादुई ताक़तों वाला एक सुपर हीरो।

आने वाला समय उनका है, जो अपने सपनों की ख़ूबसूरती पर भरोसा रखते हैं।

– एलिनोर रुज़वेल्ट

सिर्फ़ सपने न देखें, बड़े सपने देखें। ज़िंदगी से सर्वोत्तम चीज़ें मांगें। जीवन में जब आप बड़े सपनों को हासिल करते हैं तो ज़रूरी यह नहीं है जो आपको मिला है बल्कि उन सपनों को पाने के सफ़र में आप जैसे बन जाते हैं। आपने अपनी सीमाओं से आगे जाकर ख़ुद को एक नया रूप दिया है।

साथ ही बड़े सपनों का अर्थ बड़ी आय है और बड़ी आय मिलनी तभी संभव है जब आपकी टीम में बड़ी संख्या में लोग ख़ूब पैसे कमाएं। नेटवर्क मार्केटिंग में दीर्घकालिक स्थिरता एवं विकास तभी संभव है जब आपके पास अच्छे लीडर हों जो हर दिन अपना 100% काम कर रहे हैं। आपकी टीम के सदस्य भी इस बिज़नेस के लिए तभी प्रतिबद्ध रहेंगे जब उनके उद्देश्य पूरे हो जाएंगे। आपके बड़े लक्ष्यों की प्राप्ति, आपके सहकर्मियों के अगले स्तर की उपलब्धियों के बाद आती है। इसलिए जब भी आप बड़े बिज़नेस के बारे में सोचते हैं, तो आपकी टीम भी उससे नए पद एवं सपनों वाली आय पाएगी। आपके बड़े सपनों से आपकी टीम में एक लहर-सी दौड़ जाती है जिससे आपकी टीम को काम करने के लिए गति मिलती है।

एक जैसी चीज़ें आपस में आकर्षित होती हैं। जब आप बड़े सपने देखते हैं, तो आप अपनी टीम में ऐसे ही बड़े सपने देखने वाले लोगों को आकर्षित करते हैं। आप उन लोगों के लिए चुंबक का काम करते हैं, जो आपके साथ बिज़नेस का महान साम्राज्य खड़ा करेंगे।

हर बिज़नेस हर दिन कुछ चुनौतियों से गुज़रता है। अगर आपके सपने बड़े हैं, तो आप हर छोटी चीज़ के लिए, काम न करने वाले व शिकायती लोगों व बारबार सामने आने वाली चुनौतियों से निराश नहीं होते।

इस बिज़नेस में हमारा कोई बॉस नहीं है। हम सिर्फ़ स्वयं के लिए ज़िम्मेदार हैं। बहुत सारे लोग जिन्हें बॉस के नीचे काम करने की आदत होती है, वह तो बर्बाद ही हो जाएंगे अगर उनके कोई सपने न हों तो। सपने हमें आगे बढ़ाते हैं।

अपनी टीम में सपने लिखने की आदत डालिए। सभी लोगों को उनके सपने लिखने के लिए कहें, उनके सपनों पर काम कीजिए और महीने में कम से कम एक बार उनके सपनों की समीक्षा कीजिए। बड़े सपने देखने वाले बनें और अपने साथ ऐसे ही बड़े सपने देखने वालों की सेना बनाइए।

अगर आप सपने देख सकते हैं, तो कर भी सकते हैं।

– वॉल्ट डिज़्नी

दुनिया को आश्चर्य में डालते रहो

जब मैंने लोगों से कहा कि मैं दो हफ़्ते में थाईलैंड का ट्रिप जीत जाऊंगा, तब लोग मुझ पर हँसने लग गए। मैंने वह करके दिखाया और एक नया लक्ष्य स्थापित किया कि अगले तीन महीने में मैं सर्वोच्च इनकम लेवल पर पहुंच जाऊंगा। लोग फिर से हँसे और मैंने फिर किया। फिर मैंने यह लक्ष्य तय किया कि मैं उत्तर भारत में पहली मर्सिडीज़ बेंज कार हासिल करके रहूंगा, और मैंने उसे भी हासिल कर लिया। फिर हम लोगों ने एक क्रूज/ समुद्री जहाज पर पहला अंतरराष्ट्रीय सम्मेलन सिंगापुर में आयोजित किया। मैंने अपनी टीम के साथ दुनिया के शानदार होटलों में से एक बुर्ज़-अल-अरब, दुबई में भी एक कॉन्फ़्रेंस आयोजित की जो इस बिज़नेस के इतिहास में आज तक नहीं हुआ था। मुझे 44 वीं मंजिल पर स्थित अपने डिप्लोमेटिक सूट से फ़ेसबुक लाइव करना पड़ा ताकि लोग इस पर विश्वास कर सकें। वह वीडियो सोशल मीडिया पर वायरल हुआ और लोग फिर अचंभित हुए। मुझे कठिन परिश्रम करने और अपने लक्ष्य को आगे बढ़ाने में मज़ा आता है और अपने लक्ष्य की तरफ़ काम करना मेरी ज़िंदगी का सबसे मज़ेदार पल है। अब मैंने इसे अपनी ज़िंदगी की फ़िलॉसॉफ़ी बना लिया है और मुझे स्वयं को और दुनिया को बार-बार अचंभित करने में मज़ा आता है। हम सबके भीतर छिपी हुई शक्तियां भरी पड़ी हैं, क्यों ना बड़े सपनों के साथ उन्हें बाहर लेकर आएं।

2. मैड (MAD) बनें : मैसिव एक्शन डेली - हर दिन बहुत सारा काम कीजिए

बड़े एवं दृढ़ निर्णय लेने से सफलता की राह बनती है।

- टॉनी रॉबिन्स

काम करने वाले आदमी/औरत बनें। बहुत सारे काम के बिना गति संभव नहीं है। औसत गति आपको औसत आय देगी। बड़े काम से बड़ी आय एवं बड़ी सफलता मिलती है। यह बहुत सरल है : अगर आपको बहुत ज़्यादा आय, लाइफ़स्टाइल, कार, छुट्टियां या नाम चाहिए, तो आपको ज़रूरत से ज़्यादा कोशिशें करनी होंगी। ज़िंदगी कारण एवं प्रभाव के सिद्धांत पर काम करती है। सारी सफलताएं एवं उपलब्धियां आपके लिए प्रभाव हैं, और हर दिन की कड़ी मेहनत इसका मूल कारण है। हर कोई प्रभाव/रिवॉर्ड चाहता है, पर कोई भी इस यात्रा के लिए वह मेहनत नहीं करना चाहता। *आपको अपनी टीम का सबसे कठिन परिश्रम करने वाला व्यक्ति बनने के लिए प्रतिबद्ध होना चाहिए।*

नेटवर्क मार्केटिंग एक आम आदमी के लिए उपलब्ध उन कुछ चुनिंदा प्रोफ़ेशन्स में से एक है, जहां आप एक बार पैसे लगाते हैं, और अगर आपने सही तरीक़े से काम किया तो ज़िंदगी भर के लिए रिवॉड्र्स पाते रहेंगे। मैड (MAD) के लिए प्रतिबद्ध रहें और हर दिन और एक के बाद एक दिन अपने सपनों के लिए बहुत सारा काम करें।

नेटवर्क मार्केटिंग के 6 बड़े काम

सबसे तेज़ एवं अजेय बनने के फ़ॉर्मूले

1. *ज़्यादा प्लान दिखाएं*
2. *ज़्यादा सेल्स क्लोज करें*
3. *जल्द और ज़्यादा सीखें*
4. *इवेंट्स के लिए ज़्यादा लोगों को लाएं*
5. *ज़्यादा लीडर बनाएं*
6. *ज़्यादा लोगों को प्रॉस्पेक्ट बनाएं*

सही चीज़ें करें एवं जल्दी करें।

- दीपक बजाज

कठिन परिश्रम करना ज़रूरी है, पर साथ में यह भी उतना ही ज़रूरी है कि आप सही चीज़ें कर रहे हैं। एक रिकॉर्ड समय में लाखों लोगों की एक टीम बनाने के अपने अनुभव से मैं आपको 6 गतिविधियां बताऊंगा, जिसे अगर आप हर दिन करेंगे तो

आप बिज़नेस में एक बड़े आदमी बन जाएंगे : ज़्यादा प्लान दिखाएं, ज़्यादा सेल्स क्लोज करें, जल्द और ज़्यादा सीखें, ज़्यादा लोगों को इवेंट में लाएं, ज़्यादा लीडर एवं प्रॉस्पेक्ट बनाएं। यह सुनिश्चित करें कि आपका 80 फ़ीसदी समय इन्हीं गतिविधियों को करने में जाए जिन्हें मैं नेटवर्क मार्केटिंग के 6 बड़े काम कहता हूं। लेज़र की तरह फ़ोकस रखें और अपना समय बर्बाद नहीं करें। कुछ महीनों के लिए अगर इन छह चीज़ों में ध्यान केंद्रित रखेंगे तो आप अपनी टीम में एक बड़ी गति ला सकते हैं।

जो भी करने की ज़रूरत है, वो सब करें और फिर उससे थोड़ा ज़्यादा करें।

– दीपक बजाज

जितना ज़रूरी हो, उससे थोड़ा और ज़्यादा करने की भावना और जीवन मूल्य बनाइए। सिर्फ़ गुज़ारा चलाने के लिए काम मत कीजिए, आगे बढ़ने के लिए काम कीजिए। मेरे शुरुआती दिनों में जब मैं एक कंपनी मे कर्मचारी था, तब मैंने यह महसूस किया कि एक नौकरी आदमी को यह सिखाती है कि कठिन परिश्रम करने के बदले जितना ज़रूरी है सिर्फ़ उतना ही काम चालाकी से कर दें। रॉबर्ट कियोसाकी की एक पुस्तक में मैंने पढ़ा कि एक कर्मचारी उतना ही काम करना चाहता है जितना करने पर उसे निकाला न जाए, और एक मालिक भी उतना ही पैसा देते हैं जिससे कर्मचारी काम छोड़कर न जाए। अगर आप एक नए उद्यमी हैं, तो मैं आपसे यह अनुरोध करूंगा कि जल्दी ही ज़रूरत से ज़्यादा काम करने की आदत डाल लें। जब आप ज़्यादा काम करते हैं, तो आप ज़्यादा सीखते हैं और जब आप ज़्यादा सीखते हैं, तो आप भी और ज़्यादा बेहतर हो जाते हैं। अंत में यही मायने रखता है।

मैं यह कैसे जानूं कि आप मैड पर काम कर रहे हैं? यह बहुत सरल है – क्या आपका कैलेंडर अपॉइंटमेंट से भरा हुआ है?

उस समय का इंतज़ार मत कीजिए, जब आप एक्शन के लिए तैयार हों। इसके बजाय, तैयार होने के लिए एक्शन लें।

– जेनसन सिआओ

दर्द अल्पकालिक एवं अस्थाई है, पर गर्व हमेशा के लिए है

आज जब लोग मुझे ड्राइवर के साथ मेरी मर्सिडीज़ बेंज कार से निकलते हुए देखते हैं और यह देखते हैं कि मेरे चारों ओर बहुत सारे चाहने वाले लोग हैं, तो वह यह सोचते हैं कि यह मेरी वेलकम किट में आया था, जब मैंने 2007 में यह बिज़नेस शुरू किया था। नहीं, अगर आप यह लाइफ़स्टाइल चाहते हैं तो आपको काम करने का एक स्टाइल अपनाना होगा जिससे आप यह लाइफ़स्टाइल पा सकें। मैंने अपना बिज़नेस टाटा इंडिका कार में शुरू किया था। मैंने अपनी कार में अपना कंबल और तकिया हमेशा के लिए रख दिया था। मेरी कार में भुने हुए चने और मूंगफली खाने के लिए हमेशा मौजूद रहते थे। लोग अपनी कार में पानी की बोतलें रखते हैं, मेरी कार में 10 लीटर वाला पानी का जग रहता था। मैं बिज़नेस के पहले कई महीनों तक सड़क किनारे के ढाबों के अनगिनत परांठों और कई लीटर चाय के सहारे रहा हूं। मैंने कई रातें सड़क किनारे के ढाबों पर अपनी कार खड़ी करते उसके अंदर काटी हैं, क्योंकि थककर मैं उस समय गाड़ी चलाने में असमर्थ था। मैंने हर तरह का मज़ाक़ एवं उपहास भी सुना है। मैंने अपने दोस्तों को ही अपना सबसे बड़ा आलोचक बनते देखा है। पर मुझे हर पल यह पता था कि यह स्थाई नहीं है, यह एक अल्पकलिक समय है। हर पल मुझे यह भरोसा था कि जल्दी ही मुझे वह मिल जाएगा जिसके लिए मैं यहां आया हूं, पर मुझे उससे ज़्यादा ही मिला। जितना बड़ा सपना होगा, उसके लिए पागलपन उतना ही ज़्यादा होना ज़रूरी है।

3. व्यक्तियों को टीम में जल्दी बदलें

आपका काम सिर्फ़ लोगों को स्पॉन्सर करना नहीं है। आपका काम एक व्यक्ति को टीम में बदलना है।

– दीपक बजाज

जब आप किसी को स्पॉन्सर करते हैं, बिज़नेस शुरू करवाते हैं, तो वह व्यक्ति आपकी टीम के नक़्शे में एक गोले के रूप में दिखाई देता है। वह गोला एक व्यक्ति तब बनता है, जब वह किसी को स्पॉन्सर करता है। आपने तब तक किसी व्यक्ति को स्पॉन्सर नहीं किया होता, जब तक वह स्वयं कम से एक व्यक्ति को स्पॉन्सर नहीं करता। आपका अगला काम उस व्यक्ति को एक डिस्ट्रिब्यूटर बनाना है और उसके साथ उसकी एक टीम बनाना है।

किसी व्यक्ति को स्पॉन्सर करना इस बिज़नेस का पहला क़दम है, इसके बाद आप क्या करते हैं वह निर्धारित करेगा कि आप इस बिज़नेस में कितनी दूर तक जाएंगे।

– दीपक बजाज

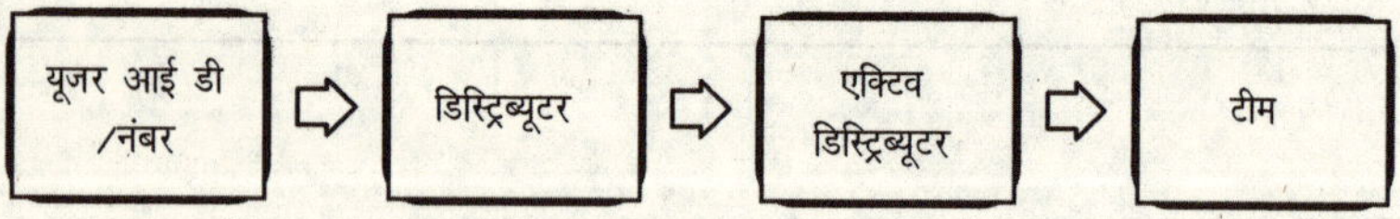

जैसे ही आप अपनी टीम में एक नए व्यक्ति को स्पॉन्सर करते हैं, तो उनके साथ एक स्वागत मीटिंग रखें और उन्हें एक सप्ताह के अंदर किसी प्रोग्राम में अपने साथ लेकर जाएं। उसे शुरुआत के एक-दो हफ़्ते में 8-10 अपॉइंटमेंट दिलाने में एवं पहली दो-तीन सेल को क्लोज कराने में मदद कीजिए। एक नए डिस्ट्रिब्यूटर को कैसे बिज़नेस की शुरुआत कराएं, यह आप इस पुस्तक के सफलता के तरीक़े नामक अध्याय में विस्तार से सीख सकते हैं।

इससे ही टीम की शुरुआत होती है और एक व्यक्ति की तुलना में टीम के टिके रहने की उम्मीदें ज़्यादा होती हैं। अब अपनी टीम को सही अभ्यास कराएं, उन्हें जितना अच्छा सहयोग दे सकते हैं दें, और यह सुनिश्चित करें कि वह सारे इवेंट्स में भाग लें। एक टीम जो इवेंट्स के साथ जुड़ी रहती है, वह लंबी टिकी रहती है और अच्छा काम करती है।

यह एक शुरुआती प्रक्रिया है और जो भी व्यक्ति हमारे साथ काम शुरू करता है, हमें उसे इसी तरीक़े से आगे बढ़ाना चाहिए। इस काम को आप जितना जल्दी और जितने ज़्यादा से ज़्यादा लोगों के साथ आप करेंगे उसी से आपको ज़बरदस्त गति मिलेगी। इसी प्रक्रिया को ज़्यादा से ज़्यादा लोगों के साथ दोहराएं और उन्हें भी अपने लोगों के साथ ऐसा करने के लिए सशक्त करें। असल में हमारा लक्ष्य है कि ज़्यादा से ज़्यादा स्वतंत्र टीमें बनाएं जो एक साथ काम करें। इससे अच्छी गति एवं स्थिरता सुनिश्चित होगी।

> *हर कोई उत्साह के साथ काम शुरू करता है। इससे पहले कि उनका उत्साह थोड़ा ठंडा हो, उन्हें कुछ उपलब्धि हासिल करवा दें।*
>
> **– दीपक बजाज**

हर इवेंट में स्वयं से पूछें, "आपकी कितनी अलग-अलग टीम इस इवेंट में शामिल हो रही हैं?" फिर अपनी अलग अलग टीमों की संख्या बढ़ाते जाएं और बिज़नेस ख़ुद से बढ़ता चला जाएगा।

टीम = सब मिलकर एक साथ बहुत कुछ पा सकते हैं

TEAM = Together Everyone Achieves More

मैं और गौरव अपने ख़ानदान के पहले बिज़नेसमैन हैं। हम दोनों किसी से बात करने से बहुत शर्माते थे और सिर्फ़ अकेले काम करके ख़ुश थे। पर इस बिज़नेस में कुछ महीने रहने के बाद, हमारी आय एक लेवल के बाद बढ़ नहीं रही थी। अकेले दौड़-दौड़ कर हम थकने लगे थे। हमारा टर्निंग पॉइंट तब आया जब हमने यह महसूस किया कि नेटवर्क मार्केटिंग एक टीम स्पोर्ट है। फिर हमने हर एक्टिव डिस्ट्रिब्यूटर के लिए एक टीम बनानी शुरू की। धीरे-धीरे हमारी टीम में सैकड़ों छोटी टीमें एक साथ काम करने लगीं जिससे हमें बड़ी और स्थिर मात्रा में बिज़नेस मिलने लगा। मेरे कुछ ऐसे बहुत अच्छे मित्र हैं जो टीम बनाने में बहुत अच्छे हैं और वे लोग हैं – शीजां नायर, उत्तम चेतिया एवं विजय तेतरवाल।

4. पावर शॉट्स

हमारा बिज़नेस उत्साह एवं उपलब्धियों का बिज़नेस है। कभी-कभी ऐसा होता है कि सब गतिविधियों के सही से होने के बावजूद भी ये उत्साह एवं चमक कहीं ग़ायब हो जाते हैं। एक समय में, आपकी सारी मौजूदा टीमें सहीं काम कर रही होंगी, पर अपनी आय बढ़ाने के लिए या एक नई रैंक पाने के लिए आपको सीधे अपनी एक निजी टीम की भी ज़रूरत होगी। कभी आपको अपनी एक टीम में गति लाने के लिए उनके सबसे निचले भाग में पर्सनल काम करना होगा, या कभी किसी विदेश यात्रा पर या रिकॉर्ड समय में कोई प्रतियोगिता जीतनी होगी। इन सारी परिस्थितियों में आपको एक पावर शॉट की ज़रूरत होती है।

पावर शॉट्स लक्ष्य पर केंद्रित एवं परिणाम आधारित गतिविधियों की श्रृंखला है, जो थोड़े ही समय में ज़बरदस्त परिणाम देता है। हम 60-90 दिनों के पावर शॉट्स के लिए ख़ुद को प्रतिबद्ध करते हैं ताकि उस समय में हमारी पूरी टीम को रिचार्ज कर सकें और उनकी बेहतर आय, रैंक, रिवॉर्ड, मुफ़्त की यात्राओं आदि के अलावा उनके अंदर उत्साह, जुनून और वह जज़्बा जगे।

इस 90 दिन की अवधि में, आप पहले 30 दिन भारी संख्या में भर्ती करते हैं - हम पहले 30 दिनों में 20-30 नए लोगों को बिज़नेस में लेकर आते हैं। यह सुनिश्चित करते हैं कि वह जैसे ही बिज़नेस में आएं, वैसे ही इवेंट में शामिल हो जाएं। फिर अगले 15 दिन, उन्हें वहीं गतिविधियां दोहराकर कुशल एवं सशक्त बनाते हैं। फिर अगले 45 दिन, वह नई टीम एक नई रैंक पाने एवं ज़्यादा आय कमाने के मिशन में लग जाती है। हमें 90 दिनों की समाप्ति पर एक बड़ा इवेंट आयोजित करना चाहिए, जिससे उनको इस रफ़्तार को और गति देने की ऊर्जा मिले।

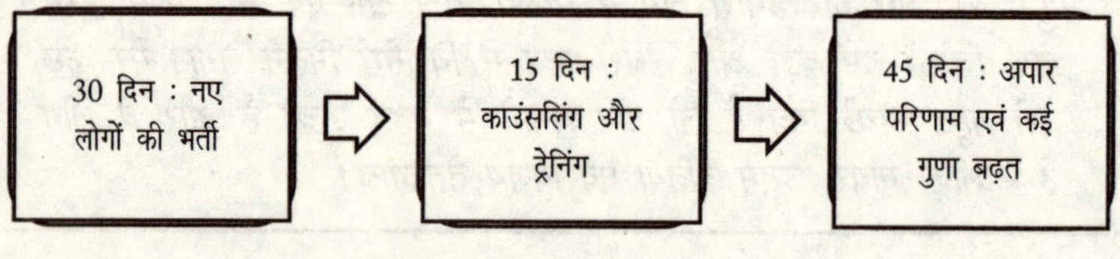

अपनी लिस्ट को देखते रहने से आप अमीर एवं प्रसिद्ध नहीं बनेंगे, उसके लिए आपको लिस्ट को मीटिंग और टीम में बदलना होगा।

- दीपक बजाज

जबरदस्त स्पॉन्सरिंग ड्राइव

पावर शॉट का एक पहला क़दम है, ज़बरदस्त पर्सनल स्पॉन्सरिंग। नेटवर्क मार्केटिंग में हर कोई लोगों को स्पॉन्सर करता है पर अगर आप इस बिज़नेस को बड़ा एवं जल्दी आगे बढ़ाना चाहते हैं तो आपको बड़ी मात्रा में पर्सनल स्पॉन्सरिंग करनी होगी। लोगों को स्पॉन्सर करने की फैक्ट्री बनना पड़ेगा। अपनी पुरानी लिस्ट को ख़त्म करके नई लिस्ट बनानी होगी। सभी से बात करें। आगे बढ़ते रहें। ज़्यादा से ज़्यादा अपॉइंटमेंट लें। आपको अपनी सूची को बढ़ाने के लिए बहुत सारी रणनीति इस पुस्तक में, मेरी वेबसाइट www.deepakbajaj.biz पर और मेरी बहुत सारी ऑनलाइन फ्री वीडियो में देखने को मिलेगी। जैसा कि एलन पीज़ ने कहा था, "अपार परिणाम पाने के लिए, अगले सप्ताह के प्रॉस्पेक्ट से इसी सप्ताह मिल लीजिए। अगले महीने के प्रॉस्पेक्ट से इसी महीने मिल लीजिए। एक औसत आदमी जिस काम को पूरा करने में 5-6 महीने लेता है, आपको उसे 3-4 हफ़्ते में पूरा करना है।"

अतः पावर शॉट बहुत ही सरल है : जल्दी से बहुत सारे लोगों को बिज़नेस में लेकर आएं, उन्हें सशक्त करें और उन्हें अचीवर्स बनाएं। अपनी सफलता को कई गुणा बढ़ाएं और 90 दिनों के बाद धूमधाम से ख़ुशियां मनाएं।

ऊंचाई पर जाने के लिए पॉवर शॉट से काम करें

सिर्फ़ पावरशॉट के कारण ही मैं अपनी उच्च आय वाली जॉब को छोड़ पाया। बिज़नेस शुरू करने के 90 दिनों के भीतर मैं एक फुल टाइमर बन गया और 98 दिनों के भीतर मैंने उच्च आय का स्तर छू लिया था। उन 90 दिनों तक मैं गौरव मेहरा एवं गौरव बजाज के साथ उसी प्लान पर काम करता रहा जो मैंने इस पुस्तक में बताया है। बाद में मेरी टीम के कई लीडरों ने उसे अपनाया जैसे विकास सिंगला और मानिक कौड़ा और बाद में हमने इसे एक तेज़ी से बढ़ते संगठन में बदल दिया।

5. अपनी टीम को लीडर बनाने की फ़ैक्टरी बनाएं

लीडरशिप का अर्थ है दूसरों को अपनी उपस्थिति से बेहतर बनाना है और यह सुनिश्चित करना कि आपकी अनुपस्थिति में यह प्रभाव हमेशा बना रहे।

– शेरिल सेंडबर्ग

क्या आपने कभी सोचा है कि कुछ लोग जो अपने प्रोफ़ेशन या पेशे में बहुत सफल होते हैं वह नेटवर्क मार्केटिंग बिज़नेस में सफल क्यों नहीं हो पाते? एक बहुत सफल सेल्स पर्सन जिसने इंडस्ट्री में बहुत सारे रिकॉर्ड्स बनाएं हों, वह नेटवर्क मार्केटिंग में कमाल नहीं कर पाते, वहीं उसी समय एक दूसरा व्यक्ति जो बहुत ही साधारण-सी शुरुआत से बढ़ता है और जिसके पास कोई सेल्स का अनुभव नहीं होता, वह हर किसी की अपेक्षाओं से आगे बढ़कर बहुत अच्छा प्रदर्शन करता है। यह इसलिए भी है क्योंकि नेटवर्क मार्केटिंग किसी निजी गेम से ज़्यादा एक टीम भावना से खेला गया खेल है।

पीछे से नेतृत्व करें और दूसरों को यह सोचने दें कि वह आगे हैं।

– नेल्सन मंडेला

एक सफल एवं आगे बढ़ने वाली नेटवर्क मार्केटिंग टीम मूलतः लीडरों को बनाने की फ़ैक्ट्री होती है। जब आप नेटवर्क मार्केटिंग बिज़नेस शुरू करते हैं, तो आप सब कुछ स्वयं करते हैं और आपका मुख्य काम एक टीम तैयार करना एवं उत्पाद बेचना होता है। जब आप बिज़नेस में आगे बढ़ते हैं, तो भी ये दो प्राथमिक काम वैसे ही रहते हैं पर आपके बिज़नेस मे बढ़ोतरी तब आएगी जब आप अपनी टीम में ऐसे लोगों की संख्या बढ़ाएंगे जो लोग यही दो मुख्य काम कर रहे होंगे - पहला टीम बनाना और दूसरा उत्पाद बेचना। अगर आप अपने बिज़नेस में आय को बढ़ाना एवं स्थिर करना चाहते हैं, तो आपका काम ऐसे लोगों को तैयार करना होगा, जो आपके साथ आपकी ही तरह सभी कामों को सफलतापूर्वक करेंगे। सैकड़ों गांवों, शहरों, महानगरों एवं मेट्रो में कार्यरत लाखों लोगों के साथ बड़ी और संपन्न नेटवर्क मार्केटिंग टीम बनाने के दौरान मैंने कुछ ऐसी तरकीबें निकाली हैं जिससे जल्दी एवं सफलतापूर्वक अपनी टीम को एक लीडर बनने वाली फ़ैक्ट्री बनाया जा सके, यह इस प्रकार हैं :

1. सबसे पहले तो आप अपनी टीम के लोगों को खुद के पांव पर खड़े होने दें। अपनी टीम की सबसे ज़्यादा मदद आप उन्हें हर प्रकार से एवं हर कौशल से इस तरह परिपूर्ण करके कर सकते हैं, जिससे वह यह बिज़नेस स्वयं चला सकें। जिस

प्रकार कोई भी पौधा एक बड़े पेड़ के साये में बड़ा नहीं होता, उसी तरह कोई भी सफल लीडर अपने अपलाइन के 24 घंटे साये में बड़ा नहीं हो सकता क्योंकि वह हमेशा ही उसे अपनी छाया में रखेगा। आपको यह सीखना होगा कि कब दख़ल देना है और कब जाने देना है, इस बिज़नेस में सभी बड़े लीडर इस कला में महारत हासिल कर चुके होते हैं। लोगों को अपने पैरों पर खड़ा करना कोई विकल्प नहीं है, बल्कि यह एक प्रमुख सिद्धांत है और इस बिज़नेस की सफलता के लिए इसकी बहुत आवश्यकता होती है।

यह उतना ही सरल है जितना किसी बच्चे को बड़ा करना। अगर आप अपने बच्चे को एक ख़ास समय के बाद भी चम्मच से खिलाते रहेंगे तो आप उसकी मदद करने के बजाय उसे बिगाड़ रहे हैं। इसलिए अपनी टीम के सदस्यों पर भरोसा रखिए और उन्हें सीखने दीजिए कि कैसे अपनी टीम के सिस्टम को लागू करते हैं। टीम के कुछ लोग अपने आप अवसर ढूंढ़ लेंगे जबकि आपको कुछ लोगों को आगे धकेलना होगा, पर कुछ भी हो, अपने डिस्ट्रीब्यूटर को सही समय में सशक्त करके आप अपना कर्तव्य पूरा करें।

2. धीरज रखें और ग़लतियों के प्रति उदार रहें। जब आपने काम शुरू किया था तो आपको भी सब कुछ नहीं आता था। सही गुरु के साथ बहुत बार अपना काम दोहराने से आपके डिस्ट्रिब्यूटर्स समय के साथ बेहतर होते जाएंगे। यह भी याद रखें कि प्रेजेंटेशन्स या प्रोग्रामों के दौरान, यह ज़रूरी नहीं कि शब्द प्रति शब्द दोहराई जाने वाली बातें ही प्रभाव डालती हैं बल्कि आपका उत्साह, आंखों में चमक, आत्मविश्वास का ऊंचा स्तर व पूर्ण विश्वास ज़्यादा ज़रूरी होता है। आपके सहकर्मियों को अपने अनुभवों से सीखने दें।

3. अपने नए डिस्ट्रिब्यूटरों को पहले ही यह बता देना चाहिए कि उन्हें बहुत जल्द अपने बिज़नेस की कमान संभालनी होगी और अपने प्लान दिखाने होंगे। शुरुआत में ही पहले से सेट की गई सही उम्मीदों से आपका काम आसान हो जाता है। इतना कुछ करने के बावजूद अगर कोई आपसे यह उम्मीद रखता है कि अपलाइन ही ज़िंदगी भर के लिए प्लान दिखाते रहें, तो उन्हें ट्रेनिंग प्रोग्राम में ले जाएं या अपने अपलाइन के साथ उनकी काउंसलिंग कराएं। जब वह संस्थान में सभी को उसी भाषा में बात करते देखेंगे, तो वह भी उसे स्वीकार लेंगे और सिस्टम को फ़ॉलो करने लगेंगे।

4. अपने नए सहयोगियों को सशक्त एवं स्वतंत्र लीडर बनाने में आपकी बातचीत के दौरान आपके शब्द बहुत बड़ी भूमिका निभाते हैं। शब्दों में बहुत ताक़त होती है और यह किसी व्यक्ति को बना भी सकते हैं और बिगाड़ भी। अपनी शब्दावली में सशक्त बनाने वाले एवं जीवन में ऊपर उठाने वाले शब्दों का इस्तेमाल कीजिए। इन शब्दों का बार-बार इस्तेमाल करें और इसे अपने जीवन का एक भाग बना लीजिए। इसका इतना अभ्यास कीजिए कि यह आपकी ज़िंदगी का हिस्सा हो जाएं।

अपने नए डिस्ट्रिब्यूटर्स के साथ बातचीत करके उन्हें आत्मविश्वास से भरपूर कर दें जिससे वे पहल करने के लिए उत्सुक हों। अपने अनुभवों के किस्से एवं कहानियां सुनाएं, जब लोगों ने काम के लिए पहल की, काम के बेसिक्स सीखें और बिज़नेस का चार्ज लेकर ऊंचाइयां छुईं। अगर आपके पास नए सहकर्मी आकर अपने लिए अवसरों की मांग करते हैं तो यही असली सशक्तिकरण है और यही बिज़नेस को बढ़ाने की सही गुणात्मक प्रणाली है।

5. अपने टीम के सदस्यों के लिए बिज़नेस प्रेजेंटेशन देते समय उन्हें यह स्पष्ट रूप से बता दें कि वह इसे प्रेजेंटेशन दिखाने और उसमें कुशलता हासिल करने के उद्देश्य से देखें और समझें, क्योंकि 2-3 प्रेजेंटेशन देखने के बाद उन्हें ख़ुद का भी प्रेजेंटेशन देना होगा। इस पुस्तक में दिए गए सफलता की प्रक्रिया नामक पाठ के 5+5 मॉडल को समझें।
6. एक अपलाइन होने के नाते, यह आपकी ज़िम्मेदारी है कि आप अपनी टीम के सदस्यों को सही अवसर प्रदान करें। अपने टीम के सदस्यों को सही पहल लेने के लिए उत्साहित करें और उन्हें शुरुआत में कुछ नई चुनौतियां लेते समय उनके साथ रहें और यथासंभव मदद करें। इवेंट्स और मीटिंग्स आयोजित करते समय उन्हें कमेटियों का मेंबर बनाएं और नए लोगों को पुराने डिस्ट्रिब्यूटर्स के साथ रखें।
7. उनके फ़ील्ड में विश्वास से काम करने के लिए अपने टीम के सदस्यों को यथासंभव टूल्स दें, जैसे प्रेजेंटेशन्स, वीडियो, ब्रॉशर, टेस्टिमनी, डेमो किट्स, सही किताबें आदि। टूल्स से नए डिस्ट्रिब्यूटर्स को विश्वास मिलता है। यह सुनिश्चित करें कि सारी ज़रूरी सूचनाएं प्रॉस्पेक्ट तक जा रही हैं।
8. अपने टीम के सदस्यों को सिखाएं कि वो सभी प्रोग्राम में शामिल हों और सिस्टम को सौ फ़ीसदी अपनाएं। प्रोग्राम से लोगों में इस तरह का आत्मविश्वास एवं साहस आता है, जो किसी आमने-सामने की काउंसलिंग एवं प्रेजेंटेशन्स से नहीं बन पाता। जब आपके टीम के सदस्य प्रोग्राम में शामिल होते हैं और नियत सिस्टम के तहत काम करते हैं, तो वे ग़लतियां नहीं करते, और अगर ग़लती हो भी जाए, तो सिस्टम उसे संभाल लेता है। पूरी टीम में सभी सदस्यों को एक जैसा प्रेजेंटेशन का इस्तेमाल करना चाहिए चाहे वो किसी भी लेवल, योग्यता या अनुभव वाले व्यक्ति हों। आपको इस बारे में अडिग रहना चाहिए। किसी को भी किसी भी स्थिति में बिज़नेस प्रेजेंटेशन बदलने की अनुमति नहीं है।
9. होम मीटिंग्स ही असल में लीडर बनाने वाली फ़ैक्ट्री है और यह भविष्य के लीडरों के लिए एक ज़बरदस्त ट्रेनिंग ग्राउंड है। नए डिस्ट्रिब्यूटर के लिए होम मीटिंग डर रहित एक आसान-सा प्लेटफ़ॉर्म है। यह घर बैठकर आसानी से की जा सकती है और प्रस्तुतकर्ता एवं श्रोताओं के लिए बहुत आरामदायक होता है। यह एक छोटी बैठक होती है और बड़े इवेंट के लिए प्रारंभिक सीढ़ी बन जाती है। यह एक सही सीखने का अवसर है और अपने लीडरों को बनाने के लिए एक बेहतर मंच भी है।

अपने टीम के सदस्यों को होम मीटिंग्स को संचालित करने एवं उसमें शामिल होने के लिए प्रोत्साहित कीजिए, फिर उन्हें अलग-अलग पद एवं ज़िम्मेदारियां दीजिए।

लीडर पैदा नहीं होते हैं, बनाए जाते हैं। वह किसी और तरह से नहीं बहुत कठिन परिश्रम से बनते हैं।

- विंस लोम्बार्डी

लीडर बनाएं अनुयायी नहीं। **अपने लोगों को समझाएं कि आपके समय के लायक़ बने। अपना समय उन्हें दें जो उसके लायक़ हों, उनको नहीं जिन्हें उसकी ज़रूरत है।** जितना बड़ा सपना होगा, उतनी ही ज़रूरी टीम होती है। अच्छे लीडर आपके बिज़नेस के लिए कमाल का काम कर सकते हैं। लीडर आपको एवं आपके बिज़नेस को एक नई ऊंचाई पर ले जा सकते हैं। चूंकि वे आपकी टीम में हैं इसलिए अब उनके सपने, उनका भरोसा एवं उनका आत्मविश्वास भी आपके साथ जुड़ जाता है।

कुछ लोग मुझसे पूछते हैं कि क्या लीडर बनाए जाते हैं या खोजे जाते हैं।

मेरा जवाब है कि लीडर हमेशा से ही बनाए जाते हैं। हम पढ़ाई, प्रोफ़ेशन या उनकी मौजूदा नौकरी में अच्छा कर रहे लोगों को ढूंढ़ तो सकते हैं, पर इन लोगों को भी ऐसे व्यक्ति की ज़रूरत होती है जो इन्हें प्रभावित कर सकें और कोई सिस्टम/संस्थान जो इनकी मानसिकता एवं रवैये को प्रभावित कर सके। उन्हें विकसित करने, और बेहतर करने और उन्हें बड़े लीडरों की तरह बदलने के लिए सही प्रभाव एवं सशक्त सिस्टम की ज़रूरत होती है।

जब लोग तैयार हो जाते हैं, तो उन्हें बिज़नेस फुलटाइमर की तरह करना चाहिए। जो लोग एक अच्छी आय, उपलब्धि एवं सही संरचना तक पहुंच गए हैं उन्हें बिज़नेस में फुलटाइमर बन जाना चाहिए। आपको बिज़नेस को गति देने के लिए उसे पूरा समय देना चाहिए और फिर आगे के लेवल में बढ़ जाना चाहिए। जब आप बिज़नेस में फुलटाइमर बन जाते हैं, इससे आपकी टीम एवं बाहर के लोगों का आप पर एवं आपके बिज़नेस पर विश्वास बनेगा। एक फुलटाइमर बनने के लिए अपने अपलाइन से परामर्श अवश्य करें।

इस बिज़नेस में हम जो भी करते हैं उसका उद्देश्य ऐसे लोगों तक पहुंचना है जो इस बिज़नेस एवं अपनी ज़िंदगी की पूरी ज़िम्मेदारी उठाएंगे।

- दीपक बजाज

लीडर बनाना एक रवैया है

मेरी टीम में गौरव बजाज एक ऐसे एक्सपर्ट हैं जो सामान्य व्यक्तियों के बीच में से भी लीडर बना लेते हैं। उन्होंने मुझसे कहा, "लीडर बनाना एक रवैया है और जब हम इस भावना के साथ लोगों के साथ काम करते हैं और उन्हें सशक्त करते हैं, तो वह बहुत बड़ी ज़िम्मेदारी लेनी शुरू करते हैं और लीडर बन जाते हैं।" हमें उन्हें बहुत दृढ़ विश्वास देना होता है और हम हमेशा उनके साथ होने चाहिए। मैंने यह सब एक अमेरिकी लीडर से सीखा है जिनका मैं फ़ैन हूं - बिल ब्रिट।

6. अपनी टीम में गति लाना एवं उसे क़ायम रखना

एक शेर के नेतृत्व में भेड़ों की सेना, शेरों की उस सेना को हरा सकती है जिसका नेता एक भेड़ है।

– अफ़्रीकन कहावत

आप कभी-कभी अच्छी गति बना सकते हैं, पर अगर आप उस गति को जारी रखकर उसे अपनी सोच से कहीं दूर आगे ले जाना चाहते हैं, तो यह गति आपकी पूरी टीम में फैलनी होगी। नेटवर्क मार्केटिंग बिज़नेस में अधिकांश लोग गति बना ही नहीं पाते, और उनमें से अधिकांश लोग जो गति पकड़ भी लेते हैं, वह अपनी टीम में वही गति सफलता से फैला नहीं पाते। आपका लक्ष्य उन चुनिंदा लोगों की श्रेणी में आने का होना चाहिए जो ना सिर्फ़ ख़ुद गति के साथ बिज़नेस करते हैं बल्कि इस गति को अपनी पूरी टीम में सफलतापूर्वक फैला भी देते हैं। इसी से आपको सबसे ज़्यादा आय एवं सम्मान मिलता है और वह भी लंबे समय के लिए।

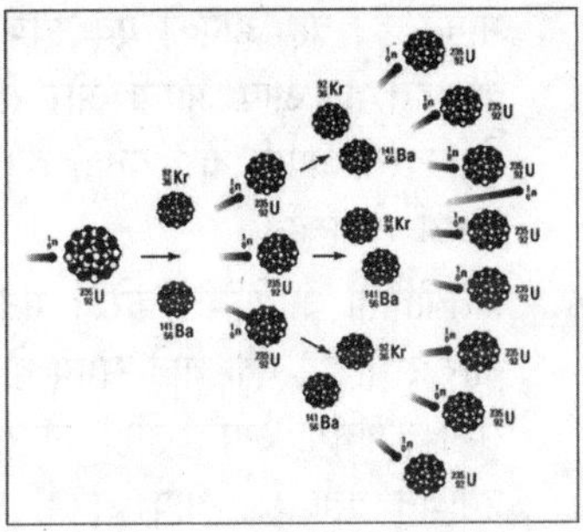

मैं आपको इतना शक्तिशाली बनाना चाहता हूं कि आप अपनी टीम में जीत की एक न्यूबिलयर रिएक्शन (परगाणु प्रतिक्रिया) शुरू करें जो दिन पर दिन बढ़ती जाए। मैं चाहता हूं कि आपकी सफलता लगातार ख़ुद-ब-ख़ुद बढ़ने वाली कामयाबी की एक श्रंखला जैसी बन जाए जिससे आपकी टीम हमेशा जीतती रहे।

आपकी सारी टीम में गति बनाने एवं उसे बरकरार रखने के तरीक़े :

1. गति पाने का एक ही रास्ता है : बहुत सारा काम थोड़े समय में पूरा करना। एक महीने में दिखाए गए 100 प्लान या छह महीने में दिखाए गए 100 प्लान के परिणाम में बहुत चौंकाने वाले अंतर होते हैं। इसलिए 45-60 दिनों का एक समय चुन लीजिए और अपनी टीम के सारे सदस्यों को इसमें अपना सर्वोत्तम करने के लिए प्रेरित कीजिए। इससे आपकी टीम में गति बढ़ने की शुरुआत होने लगेगी।
2. इस दौरान बहुत सारी हलचल करें और काम करें : इस समय में सबसे ज़्यादा गतिविधियां करें, जैसे - घरों में मीटिंग, सेलिब्रेशन, सम्मान प्रोग्राम, ग्रुप मीटिंग, प्रमोशनल इवेंट। अधिक से अधिक लोगों को इसमें शामिल करें।
3. आपकी अपनी लगातार गति : इंजन की गति ही ट्रेन की गति होती है। आप

प्रतिदिन अच्छा काम करें और उस दौरान जुनून एवं तीव्रता के साथ काम करें। किसी काम की गति बढ़ाने में समय लगता है लेकिन अगर हर रोज़ कल की अपेक्षा अधिक काम करने की प्रतिबद्धता हो तो बात बन जाती है।

4. अपनी पूरी टीम के लिए मिशन बनाइए और सबको उसमें शामिल कीजिए : लोग पहले मिशन से जुड़ते हैं बाद में व्यक्ति से। यह आने वाले 45-60 दिन में होने वाला कोई प्रोग्राम हो सकता है, कोई नया रैंक, नया बेंचमार्क, नया प्रोडक्ट, कंपनी का अंतरराष्ट्रीय सम्मेलन आदि कुछ भी हो सकता है। यह कुछ भी हो सकता है पर इसके पीछे का विचार यह है कि हर कोई इसमें शामिल हो जाता है, और अपना सर्वोत्तम देने की कोशिश करता है। इसके पीछे सभी का एक लक्ष्य, एक भाषा और सारी टीम में एक जैसी गतिविधियां होनी चाहिए।

5. इस मिशन के लिए विशिष्ट कोर टीम होनी चाहिए : जब लोग किसी मिशन के लिए कोर टीम का सदस्य बनते हैं, तो वह ख़ुद को विशिष्ट एवं ज़रूरत पूरा करने वाला मानते हैं। वह आपको एवं स्वयं को कमाल की उपलब्धियां करके आश्चर्यचकित कर देते हैं। आप अपनी ओर से एक कोर टीम बनाते हैं और आपके सारे टीम के सदस्य अपनी टीमें बनाते हैं। टीमों के बीच में सकारात्मक प्रतिस्पर्धा होना भी अच्छा होता है।

6. प्रतियोगिता आयोजित करें : मैंने देखा है कि प्रतियोगिताएं नई आशाएं देती हैं और सभी को एक थोड़े समय के लिए उत्तेजित करने वाला लक्ष्य प्रदान करती हैं। सभी कंपनियां अपने लोगों को समय-समय पर अंतरराष्ट्रीय ट्रिप या कोई विशेष प्रमोशन देती हैं। आप अपनी टीम में छोटी-छोटी प्रतियोगिताएं आयोजित कर सकते हैं। इसका अर्थ यह नहीं कि हर समय कोई ट्रिप या कोई आर्थिक लाभ ही मिलेगा। किसी बड़े प्रोग्राम में सम्मानित होने का अवसर भी अच्छा काम करता है। प्रतियोगिता में महत्त्वपूर्ण इनाम नहीं है, पर यह है कि आप कितनी लगन से इसे प्रमोट कर रहे हैं और कितने अधिक लोगों को इससे जोड़ पा रहे हैं।

7. अपनी टीम के विभिन्न भागों में गति का ट्रांसफ़र करने के लिए लगातार संपर्क एक बहुत महत्त्वपूर्ण माध्यम है : हर अच्छी ख़बर, हर उपलब्धि एवं हर विकास की ख़बर पूरी टीम में फैलनी चाहिए। कुछ ही लोग किसी रेस को शुरू करने का जज़्बा रखते हैं, पर हर कोई रेस में सम्मिलित होना पसंद करता है। संपर्क से मुख्यतः सारी टीम में गति को फैलाया जाता है। वाट्सएप और अन्य सोशल मीडिया टूल के जरिए आप अपने मिशन की सफलता के बारे में जागरूकता फैला सकते हैं।

8. साधारण करनें लायक़ काम : लोगों को बहुत सारा काम करने को मत कहें, उन्हें हर दिन करने वाले एक या दो काम दें। सरल एवं आसान-सी करने वाली गतिविधियों को ही टीम में दोहराया जा सकता है। सारी टीम को साधारणतः 2-3 नियत काम प्रतिदिन/साप्ताहिक करने चाहिए, जैसे - 2 नए प्लान प्रतिदिन,

रविवार की हॉल मीटिंग में 4 नए मेहमान आदि। किस (KISS) प्रिंसिपल को हमेशा अपनाएं - Keep it Short and Simple (संपर्क को छोटा एवं सरल रखें)।

9. अपने इवेंट के नंबरों पर भी ध्यान दें : अपनी कोर टीम एवं दूसरे माध्यमों से यह ध्यान रखिए कि कितने डिस्ट्रिब्यूटर्स विभिन्न इवेंट्स में शामिल हो रहे हैं। अगर इवेंट के नंबर बढ़ रहे हैं तो इसका अर्थ यह है कि गति भी ज़रूर बढ़ रही है। हर इवेंट को उग्रता के साथ प्रमोट करें। यह सुनिश्चित करें कि ज़्यादा से ज़्यादा प्रोग्राम आयोजित किए जा रहे हैं और हर कार्यक्रम में ज़्यादा से ज़्यादा लोग सम्मिलित हो रहे हैं।
10. एक गारंटीकृत सफलता के लिए, हमें पहले से तैयारी करनी चाहिए और कुछ ऐसे सहकर्मियों को स्वयं चुनें जो ज़बरदस्त सफलता लेकर आएं। आपकी टीम में हर कोई उग्रता (FIRE) के साथ काम करे।

FIRE- Focused Ignited Right actions done with Excitement

इस दौरान सेल्स दुगनी या तिगुनी हो जाती है और जिन लोगों को हम बहुत ही ढीला समझते हैं वह भी अविश्वसनीय परिणाम देते हैं। इसके फ़ायदे बहुत असाधारण हैं - बड़ी आय, जल्दी रैंक प्रमोशन और ज़्यादा उपलब्धियां। सबसे ज़्यादा फ़ायदा लोगों की भर्तियों से होता है। जो छह महीने बाद हमारे साथ काम करने के लिए आने वाला था, वह 6 हफ़्ते में आएगा। इससे प्रभावी लीडरों को बनाने में भी मदद मिलती है।

यह सब करने में समय लगता है, पर जब इसे अच्छी तरह क्रियान्वित किया जाता है, तो यह जंगल में लगी आग की तरह फैल जाता है और सबको बड़े रिवॉर्ड देता है।

गति ही कुंजी है

हम इस बिज़नेस में सिर्फ़ एक ही कारण से आए - अपने सपनों को जल्दी पूरा करने के लिए। इसलिए गति ही कुंजी है। मेरे अपलाइन मुझे हमेशा कहते थे कि एक हवाई जहाज भी तभी उड़ेगा जब वह एक न्यूनतम गति तक पहुंचेगा। मैं इस तथ्य को समझ गया था और मैंने इसे अपनी टीम में सब लोगों को बताना शुरू कर दिया। मैंने इस पाठ में जो भी लिखा है उसका इस्तेमाल किया और फिर हमने एक तेज़ी से बढ़ने वाला संगठन बनाया। कोलकाता से मेरे दो दोस्त प्रसनजीत मंडल और तरुण कुमार प्रधान से मैंने सीखा कि आपको गति बनाने के लिए किसी विशेष टेलेंट की ज़रूरत नहीं होती बस सपने, दृढ़ विश्वास और प्रतिबद्धता होना चाहिए।

7. विभिन्न स्थानों में बिज़नेस बढ़ाना

आपकी टीम के बिज़नेस की स्थिरता इस बात से सीधे है कि आपकी टीम कितने स्थानों पर बिज़नेस करती है।

– दीपक बजाज

मैंने यह फ़ॉर्मूला हमेशा काम करते पाया है। जितनी ज़्यादा जगहों पर आपका काम चलता है, उतनी ही ज़्यादा मात्रा में आपकी टीम में बिज़नेस होता है। अतः मैं आपको सलाह दूंगा कि जैसे-जैसे बिज़नेस बढ़े, वैसे-वैसे यात्रा करना शुरू कीजिए और अलग-अलग शहरों में एक-एक कर अपना बिज़नेस बढ़ाना शुरू कीजिए। आप चाहें तो अलग-अलग जगहों पर अपनी पर्सनल स्पॉन्सरिंग कर सकते हैं या अन्य स्थानों में अपने सहकर्मियों के प्रॉस्पेक्ट के साथ आप काम कर सकते हैं।

जब आप बिज़नेस शुरू करते हैं, तो उसे अपनी जगह से शुरू कीजिए। पहले उसे अपने 50 किमी के दायरे में फैलाइए। जैसे ही आपका मौजूदा बिज़नेस स्थापित होने लगे, तब उस जगह लीडर बनाना शुरू कीजिए, फिर अपने बिज़नेस को आसपास के कस्बों एवं शहरों में फैलाना शुरू कीजिए।

एक नए स्थान में काम शुरू करते ही नियमित रूप से सेवा देने की ज़िम्मेदारी आ जाती है। इसलिए उन जगहों से काम शुरू कीजिए जो आपके मौजूदा स्थान के आस-पास हैं, इससे आप उन जगहों में आसानी से बार-बार आ-जा सकते हैं। अगर आप बिज़नेस में फुल टाइमर हैं, तो बहुत सारे स्थानों में बिज़नेस बनाना एक विकल्प नहीं एक ज़रूरत है। आपको लगातार यात्रा करना चाहिए और नई जगहों में बिज़नेस स्थापित करना चाहिए। सबसे पहले उन जगहों को चुनिए जहां कंपनी/टीम हमेशा नियमित इवेंट करती है और आपकी नई टीम के लिए वहां बेसिक सपोर्ट पहले से ही उपलब्ध है।

जैसा कि हमने इस पुस्तक में बार-बार दोहराया है कि हमारा बिज़नेस लीडर बनाने का है और ज़्यादा लीडरों वाला व्यक्ति ही अंततः जीतता है। जब आप नए स्थान में बिज़नेस शुरू करते हैं, तो आप अपने नए सहकर्मियों के साथ हफ़्ते में एक या दो दिन काम करते हैं, अन्य दिन तो उन्हें स्वयं ही काम करना होता है। वह आपको हर दिन हर छोटे काम के लिए नहीं बुला सकते और आप भी अपने वहां से चले जाने के बाद उनसे कुछ काम खुद से करने की उम्मीद रखते हैं। इसके साथ-साथ अलग-अलग स्थानों में काम करने से एक खूबसूरत तरीक़े से लोगों की छंटनी हो जाती है क्योंकि वही लोग बिज़नेस में टिकेंगे जो अपने हिस्से का काम करने को तैयार होंगे।

कमज़ोर लीडर ख़ुद छोड़ देंगे और आपके पास अच्छी गुणवत्ता वाले लीडर ही रह जाएंगे।

इसके साथ ही जब आप एक हफ़्ते में अपने शहर में 2-3 दिन से ज़्यादा मौजूद नहीं होंगे तो आपके उस शहर के सहकर्मियों को जो हमेशा आपके इर्द-गिर्द ही होते हैं, उनको अब स्वयं से काम करना होगा ताकि जब आप उनसे दूर हों तो उनका काम चलता रहे। इससे वह अपने पैरों पर खड़े हो पाएंगे। लोग उसी चीज़ की इज़्ज़त करते हैं और उसका महत्त्व समझते हैं, जो आसानी से उपलब्ध नहीं होता, इसलिए जब आप सीमित समय के लिए ही मौजूद हैं, तो आपको अपने सहकर्मियों से ख़ूब इज़्ज़त मिलेगी।

अतः आपके घूमने से आपके सहकर्मियों को स्वतंत्र लीडर बनने में मदद मिलेगी, दोनों जगह आपके शहर में भी और नई जगह में भी। बहुत जल्द ये लोग अपनी-अपनी टीम का नेतृत्व करने लगेंगे, भारी मात्रा में काम लाएंगे और आपको काम में जितनी गति चाहिए, उतनी प्राप्त कराने में भी मदद करेंगे।

इसके अलावा यात्रा करना आपके बौद्धिक एवं बिज़नेस के विकास के लिए भी अच्छा है। ज़्यादा और जल्दी विकसित होने के लिए नए स्थानों में अपना बिज़नेस बढ़ाना आपकी सर्वोच्च प्राथमिकता होनी चाहिए।

यात्रा से जीवन में शक्ति एवं प्यार वापस आता है।

- रूमी

जितने ज़्यादा स्थान उतना ही ज़्यादा लाभ

मैंने गौरव बजाज को यह करते देखा है। वह नए स्थानों में काम करने के लिए भूखे रहते हैं और नई जगह से नए लीडर बनाने में माहिर हैं। उनका अधिकांश विकास उन नए स्थानों में काम करके आया है, जिन जगहों पर उनसे पहले ज़ीरो बिज़नेस था। उन्होंने इस कला पर महारत हासिल कर ली है और हर बार जब मैं उनसे बात करता हूं, उनके पास एक नया स्थान होता है जहां वह नया बिज़नेस स्थापित करने जा रहे होते हैं।

8. पुनर्निवेश

अगर आप एक बिज़नेस के मालिक हैं, तो अपने बिज़नेस से हुए लाभ को ख़र्च करने से अच्छा, उसे अपने बिज़नेस में ही लगा देना चाहिए जिससे बिज़नेस की गुणवत्ता में सुधार हो। अगर आप अपने लाभ का पुनर्निवेश करते हैं, तो इसके आप अपने बिज़नेस का विकास करने में सक्षम होंगे।

– वारेन बफ़े (पुनर्निवेश के संबंध में बफ़े के विचार, warrenbuffet.com पर 14 जनवरी 2017 के एक आलेख से उद्धृत।)

पुनर्निवेश बहुत सरल है : इस बिज़नेस से आप जो भी कमाएं, उसका सारा या कुछ हिस्सा बिज़नेस के विकास में निवेश करें। शुरुआती दिनों में, हो सकता है आपकी सारी कमाई लग जाए, पर जैसे-जैसे आप बिज़नेस में बढ़त हासिल करते हैं, फिर आपकी कमाई का सिर्फ़ एक भाग ही विकास में लगेगा। नेटवर्क मार्केटिंग अपने आप में ही बिज़नेस है। अगर आपका कोई ऑफ़िस नहीं है, स्टाफ़ या कोई नियत ख़र्चे नहीं हैं, तो सारा पुर्ननिवेश आपके अपने विकास में लगेगा। हर बिज़नेस में हमेशा ही पुनर्निवेश की ज़रूरत होती है। हमारे बिज़नेस में पुनर्निवेश का अर्थ है :

- ✓ अपना आत्मविकास बढ़ाने के लिए ट्रेनिंग प्रोग्राम में शामिल होना
- ✓ अपने निजी विकास के लिए किताबें एवं अन्य टूल ख़रीदना
- ✓ अपने टीम के सदस्यों के लिए किताबों का एवं टूल्स का स्टॉक रखना
- ✓ कभी-कभी अपनी टीम के लिए इवेंट आयोजित करना या इवेंट आयोजित करने में अपना योगदान देना
- ✓ अपने बिज़नेस को कई गुणा बढ़ाने के लिए कुछ प्रतियोगिताएं आयोजित करना या प्रोत्साहन राशि देना
- ✓ नए टीम के सदस्यों को कभी-कभार इवेंट में ले जाने की यात्रा पर ख़र्च
- ✓ प्रोडक्ट उपभोक्ताओं को तुरंत डिलीवरी देने हेतु कुछ स्टॉक हमेशा तैयार रखना
- ✓ नए शहर में बिज़नेस को बढ़ाने के लिए ख़र्च करना
- ✓ टीम को बनाने एवं उनके प्रोत्साहन के लिए यात्रा एवं कई अन्य ख़र्च करना

यह याद रखें कि प्रोग्राम के टिकट कोई ख़र्च नहीं है, बल्कि यह बिज़नेस के लिए एक निवेश है। अपने स्वयं के विकास के लिए आप जो भी पैसा ख़र्च करते हैं, वह कोई

ख़र्च नहीं है, यह वो निवेश है जिस पर आपको बड़े रिटर्न मिलते हैं और यह हमेशा के लिए आपके साथ रहता है। कुछ लोगों का यह रवैया होता है कि वह पहले कमाएंगे और फिर ट्रेनिंग में शामिल होंगे, पर सच्चाई यह है कि पहले आप ट्रेनिंग में शामिल हों, तभी आप जल्दी और ज़्यादा कमाने के क़ाबिल बनेंगे। इसलिए अपने विकास में निवेश के साथ-साथ अपने टीम के सदस्यों के विकास में निवेश करें, इससे आपका बिज़नेस गुणात्मक रूप से बढ़ता जाएगा और आप अपने निवेश से सर्वाधिक रिटर्न प्राप्त कर पाएंगे।

पुनर्निवेश से आपके बिज़नेस में बहुत बढ़त होती है। अपनी संपत्ति बढ़ाने के लिए पुनर्निवेश बहुत सही तरीक़ा है। अपने बिज़नेस की लगातार वृद्धि एवं सफलता के लिए पुनर्निवेश बहुत महत्त्वपूर्ण है – entrepreneur.com में ब्रेन्टन हेडेन द्वारा लिखित आलेख 'वारेन बफ़ेट नोस इट' से

बाहरी सफलता आपकी भीतर की वृद्धि को दिखाती है

मुझे लगता है कि हमारा प्राथमिक काम स्वयं को एवं अपने बिज़नेस को विकसित करना है, और हम इसे किताबें, ऑडियो-वीडियो प्रोग्राम्स, ट्रेनिंग प्रोग्राम्स, सही लोगों के जुड़ाव और हमने जो भी सीखा है, उसे कार्यान्वित करके कर सकते हैं। मुझे इस बात का अनुभव तब हुआ, जब मैं इस बिज़नेस में आया। आज मेरे पास 1800 किताबों एवं ऑडियो-वीडियो की अपनी एक निजी लाइब्रेरी है। मैंने पिछले कुछ सालों में दुनिया के बेस्ट ट्रेनर टॉनी रॉबिन्स, अंटानो सोलर जॉन, रॉबर्ट कियोसाकी, लेस ब्राउन, शिव खेड़ा, जैक कैनफ़ील्ड, ब्रायन ट्रेसी एवं बहुत सारे महान लोगों से दुनिया की सर्वश्रेष्ठ ट्रेनिंग क़रीब पचास लाख रुपये से ज़्यादा रुपये ख़र्च करके पाई है। इतना करके मैं अभी तक अपने क्षेत्र में सर्वोत्तम कर पाया हूं और ये मुझे बहुत जल्द दुनिया के स्टेज पर ले जाएगा। मैं ऐसा सोचता हूं कि ट्रेनिंग कभी नहीं रुकती। मुझे गर्व है कि मैंने दुनिया के बेहतरीन लोगों से सीखा है और मैं अपने पाठकों एवं अपने ट्रेनिंग प्रोग्राम में शामिल होने वाले लोगों को वो सब खुल कर दे रहा हूं।

9. अपना ब्रांड बनाएं - आपकी सबसे क़ीमती संपत्ति

अपने बिज़नेस के लिए आपका ब्रांड एक सबसे महत्त्वपूर्ण निवेश है।

- स्टीव फ़ोर्ब्स

अपना ब्रांड बनाएं। ब्रांड आपके वो गुण एवं सिद्धांत हैं जो आपके बार-बार दोहराए जाने वाले शब्दों, कार्यों एवं व्यवहार को देखकर लोग आपके नाम के साथ जोड़ते हैं। सबसे पहले आप अपना ब्रांड बनाते हैं और फिर आपका ब्रांड आपको बनाता है। लीडर होने के कारण, लोग हमेशा आप पर निगाह रखते हैं। इस बिज़नेस में आप कितनी दूर एवं कितनी जल्दी जाएंगे यह आपकी प्रतिष्ठा और ब्रांड से पता चलता है। ब्रांड अच्छे एवं बुरे दोनों ही होते हैं। ब्रांड एक ऐसा लेबल है जो अगर एक बार जुड़ जाएं, तो लंबे समय के लिए जुड़ा रहता है। इसलिए अपने लिए एक अच्छा एवं सकारात्मक ब्रांड बनाएं और उसके लाभ पाएं। एक अच्छे ब्रांड बनाने के कुछ फ़ायदे इस प्रकार हैं :

- ✓ लोगों को बिज़नेस में रोकना आसान होता है। चूंकि लोग जानते हैं कि आप एक अच्छे लीडर हैं, इसलिए वह अपने को सुरक्षित महसूस करते हैं और टीम को नहीं छोड़ते हैं।
- ✓ जब आपका नेतृत्व स्थापित हो जाता है, तो लोग आपके कहे को सुनते भी हैं। जब लोग आपकी इज़्ज़त करते हैं और आपके प्लान पर अमल करते हैं, तो आपकी पूरी टीम आपके प्लान के अनुसार काम करती है और परिणाम कई गुणा मिलते हैं।
- ✓ आप अच्छी गुणवत्ता वाले प्रॉस्पेक्ट को आकर्षित करते हैं और बिज़नेस को जल्दी बड़ा कर सकते हैं।
- ✓ आपका सेल्स कन्वर्जन बेहतर हो जाता है, इससे आपको बेहतर परिणाम मिलते हैं।
- ✓ आपको बड़ी प्रसिद्धि एवं सम्मान मिलता है। अच्छाई हमेशा ही नवाज़ी जाती है।
- ✓ पर्सनल स्पॉन्सरिंग के जरिए आप अपनी आय को हर तरफ़ से कई गुणा बढ़ा सकते हैं।
- ✓ इससे आपके भाषण एवं ट्रेनिंग का कई गुणा असर पड़ता है। आपके कहे गए शब्द बहुत ज़्यादा प्रभाव डालते हैं।

अगर सारी चीज़ें बराबर होती हैं, तो लोग उन्हीं लोगों के साथ बिज़नेस करते हैं या उन्हें ही बिज़नेस के लिए सिफ़ारिश करते हैं जिन्हें वे जानते हैं, जिन पर वो भरोसा करते हैं और जिन्हें पसंद करते है।

– बॉब बर्ग

आपके ब्रांड की क़ीमत दो मुख्य चीज़ों से होती है :

1. आपके चरित्र एवं व्यक्तित्व से
2. बिज़नेस में आपकी गति एवं उपलब्धियों से

आपका चरित्र एवं व्यक्तित्व

आपका चरित्र आपके संस्कारों एवं स्वभाव से बनता है। अगर आपके पास मूल चरित्र है जैसे इज़्ज़त देना, सच्चाई, ईमानदारी, सत्यनिष्ठा, समय की पाबंदी, निष्ठा, आदि तो लोग आपके भीतर की अच्छाई देखेंगे और उसे महसूस करेंगे। लोग आपके आसपास रहेंगे और आपसे जुड़ा हुआ रहना पसंद करेंगे।

आपका व्यक्तित्व कई कारकों से बना होता है, जैसे – जिस भाषा में आप लोगों से बात कर रहे हैं, आपका आचरण, निजी स्वच्छता, बिज़नेस के कॉन्सेप्ट्स, लोगों से बात करते समय स्वयं पर आत्मविश्वास, आपकी मुस्काराहट, आपका स्टेज परफ़ॉर्मेंस आदि।

धीरे-धीरे लोग आपके भीतर इन चीज़ों को स्टेज के ऊपर एवं स्टेज के नीचे देखने लगेंगे और आपके बारे में एक राय बनाने लगेंगे। इसी से आपका ब्रांड बनता है। मेरा विश्वास मानिए, ऐसे लाखों लोग हैं जो बिज़नेस शुरू करने के लिए अच्छे स्पॉन्सर/अपलाइन की तलाश में है। अन्य उद्योगों की तरह यहां भी कई लोग हैं, पर उसमें से कुछ ही हैं जिनकी अच्छी इज़्ज़त है, चरित्र है और व्यक्तित्व है। अपने लिए एक सकारात्मक ब्रांड बनाइए और थोड़ा जल्दी या थोड़ा देर ही सही, लोग आपके पास ज़रूर आएंगे।

मैंने इस पुस्तक का एक हिस्सा एक सफल नेटवर्क मार्केटर के गुणों के बारे में समर्पित किया है। आप उन गुणों पर ख़ुद का मूल्यांकन करें, और अपने आपको बेहतर नेटवर्क मार्केटर बनाने की दिशा में काम करते रहें। धीरे-धीरे आप अपने आप के लिए एक बहुत अच्छा ब्रांड बना लेंगे।

आपकी गति एवं बिज़नेस में आपकी उपलब्धियां

गति नेटवर्क मार्केटर का सबसे अच्छा दोस्त है। इसे अपनी चमक एवं लीडरशिप स्थापित करने के लिए इस्तेमाल कीजिए।

– दीपक बजाज

लाखों लोग इस बिज़नेस को कर रहे हैं, पर कुछ फ़ीसदी लोग ही इसे स्पीड से करते हैं और उन्हीं कुछ लोगों को बड़ी आय और प्रसिद्धि मिलती है और फिर वो एक ब्रांड बनते हैं। आप क्यों नहीं उसी गति से बिज़नेस करने की सोचते हैं जो आगे चलकर एक ब्रांड बने? जब आप गति बढ़ाएंगे, तो आपको कुछ ही हफ़्तों में वही परिणाम मिलेंगे जो लोगों को महीनों या सालों में मिलते हैं। आपके चारों ओर लोग इस बारे में आपको पूछेंगे और हर इवेंट में इससे आपको प्रसिद्धि एवं मुबारकबाद मिलेगी। लोग आपसे पूछने लगेंगे कि आपने यह काम कैसे किया और फिर आपकी एक फ़ैन फ़ॉलोइंग बनने लगेगी। इस ब्रांड की बुनियाद से आप अपनी गति को और बढ़ा पाएंगे और बहुत जल्दी बहुत बड़ा मुक़ाम हासिल कर लेंगे।

> *जब आप सफल हो जाते है तो आपको वो सभी काम और करने चाहिए जिन्हें करके आप यहां तक पहुंचे हैं और अब आप एक आदर्श बन जाते हैं।*
>
> **– दीपक बजाज**

आपकी तेज़ उपलब्धियां आपके बिज़नेस में दो बड़ी चीज़ें करेंगी :

1. आपकी टीम में और लीडर होंगे : अधिकांश लोग जो नेटवर्क मार्केटिंग का बिज़नेस शुरू करते हैं वे अपनी सफलता के बारे में निश्चित नहीं होते। उन्हें ख़ुद पर या अपने बिज़नेस पर ज़्यादा भरोसा नहीं होता। अगर 20 लोगों ने यह बिज़नेस शुरू किया, उनमें से 4 लोग तुरंत काम शुरू करते हैं (अभी), 4 लोग कह देते हैं कि वह कभी इस काम को नहीं करेंगे (कभी नहीं) और उनमें से 12 लोग यह नहीं जानते कि उन्हें क्या चाहिए (अनिश्चित)। पर इन 20 लोगों के पास एक सपना है, इसीलिए उन्होंने आपके साथ काम की शुरुआत की, पर अपनी सफलता की कल्पना करने से पहले वह आपकी सफलता देखना चाहते हैं। जब आप गति एवं तात्कालिकता से काम करते हैं, तो आपको अच्छे परिणाम मिलते हैं और आप कम समय में एक टीम बनाने लगते हैं। इससे आपकी टीम के लोगों में भी विश्वास एवं आस्था बढ़ती है। आपका विकास देखते हुए, 'अनिश्चित' एवं 'कभी नहीं' कैटेगरी के ये 16 लोग अब 'अभी' वाली श्रेणी में आ जाएंगे और आपके साथ बहुत सक्रियता से काम करने लगेंगे। इसी की तो

20 लोग जो हमारे साथ शुरुआत करने वाले हों, वे तीन श्रेणियों में आते हैं

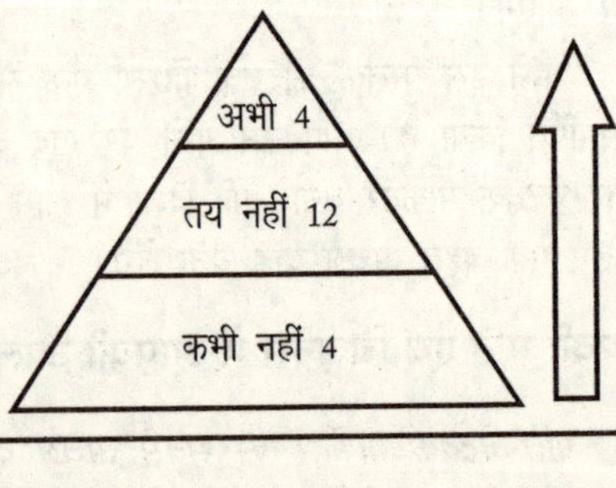

हमें सबसे ज़्यादा ज़रूरत है : अधिकांश लोग जो हमारे साथ काम शुरू करते हैं, उन्हें सक्रियता से काम करना चाहिए और अपने सपने पूरे करने चाहिए। यह याद रखें कि अगर आप धीमी गति वाले हैं, तो 'अभी' एवं 'अनिश्चित' कैटेगरी वाले लोग भी 'कभी नहीं' कैटगरी में चले जाएंगे।

2. लोग आपकी सलाह मानेंगे : बहुत बार लोग मेरे पास आते हैं और मुझसे यह प्रश्न करते हैं, "मेरी टीम मेरी बात नहीं मानती, मैं इस बारे में क्या कर सकता हूं?" मैं हर बार एक ही जवाब देता हूं, "आपने ऐसा क्या करके दिखाया है कि लोग वह आपकी बातें सुनें?" लोग नेताओं को सुनते हैं और नेतृत्व दिया नहीं जाता, यह कमाया जाता है। जब आप बिज़नेस स्पीड और तात्कालिकता के साथ करते हैं, तो आप यह साबित कर देते हैं कि आप एक चैंपियन हैं। तभी लोग आपकी सलाह सुनेंगे क्योंकि एक चैंपियन ही दूसरा चैंपियन बना सकता है। अगर आप एक फ़ास्ट एचीवर हैं, तो आपको लोगों का पीछा करने की ज़रूरत नहीं है, लोग आपसे मदद लेने के लिए आपका पीछा करेंगे और आप जैसे सफल होना चाहेंगे।

अगर किसी काम को करना ही है तो उसे बहुत अच्छी तरह से करना चाहिए। इसलिए अगर आपने नेटवर्क मार्केटिंग का बिज़नेस करने का फ़ैसला किया है, तो आपको यह बिज़नेस गति एवं तात्कालिकता के साथ करना चाहिए। अपने लिए एक ब्रांड बनाइए और उसके ज़बरदस्त रिवॉर्ड्स दें।

जब आप कमरे में नहीं होते हैं, तो लोग आपके बारे में क्या बात करते हैं, यही आपका ब्रांड है।

– जेफ बेज़ोस

अपना ब्रांड बनाएं, यह कमाल करता है

जैसे ही मैंने यह बिज़नेस शुरू किया, मैंने दो हफ़्तों में उस समय चलती हुई थाईलैंड प्रतियोगिता जीती और सबसे तेज़ अचीवर बन गया। अगले 12 हफ़्तों में मैं अपनी कंपनी में सबसे ऊंचा आय का स्तर छू गया। 9 हफ़्तों के बाद मैं उत्तर भारत का सबसे पहला सिंगापुर अचीवर बन गया। एक के बाद एक उपलब्धियों के कारण मुझे "स्पीड मशीन, रिकॉर्ड ब्रेकिंग मशीन, इतिहास बनाने वाला आदि" कहा जाने लगा। इसके साथ ही मैंने अगले 29 महीनों में एक नई प्रतिष्ठित रैंक हासिल कर ली और मैं पहला मर्सिडीज़ बेंज अचीवर बन गया। इस ब्रांडिंग से मुझे अपनी पूरी नेटवर्क मार्केटिंग यात्रा के दौरान एक तेज़ धार-सी मिली।

10. प्रतियोगिता : एक विजेता बनें और विजेता बनाएं

एक प्रतियोगिता प्रेरणा की तीन गुणा खुराक की तरह काम करती है। यह बिज़नेस में प्रयास और समय के निवेश पर अधिकतम लाभ देती है।

प्रतियोगिताएं मेरी निजी पसंद हैं। हर प्रतियोगिता को जीतकर ही मैंने अपना निजी ब्रांड और इस बिज़नेस में बहुत संपत्ति बनाई है। शुरुआत में, मेरा लक्ष्य खुद एक विजेता बनना होता था और मैं हमेशा अन्य लोगों से पहले विजेता बन जाया करता था। अधिकांश समय मैं कंपनी के पहले कुछ विजेताओं में से एक हुआ करता था। मेरी उपलब्धियों के साथ साथ मेरी टीम का आकार भी बढ़ने लगा और मैंने हर प्रतियोगिता में अपनी टीम में सबसे ज़्यादा अचीवर्स बनाने पर काम किया।

प्रतियोगिता एक अतिरिक्त आय या इनाम है जो एक विशिष्ट टारगेट को पहले से निर्धारित समय पर पूरा करने से मिलता है। प्रतियोगिताएं कंपनी या टीम कोई भी करा सकता है। बहुत बार, ये प्रतियोगिताएं अंतरराष्ट्रीय ट्रिप पर भेजने के लिए भी की जाती हैं। अगर अच्छे से प्रमोट किया जाए तो ये प्रतियोगिताएं आपके बिज़नेस को रफ़्तार से बढ़ाती हैं। प्रतियोगिताओं से बहुत सारे लाभ होते हैं - इससे आपकी आय बढ़ती है, आपके टीम के सदस्यों की आय भी बढ़ती है, टीम के सदस्य टीम से जुड़े रहते हैं, आप एक विजेता/लीडर के रूप में जाने जाते हैं, आपको प्रतियोगिता विजेता के रूप में एक विशेष पहचान मिलती है, सारी टीम इससे काम करने की सही मनोदशा में आ जाती है, इससे मुफ़्त के रिवॉर्ड्स या ट्रिप मिलते हैं, नए लीडर, नए सेंटर बनते हैं साथ ही टीम में गति भी आती है, आदि-आदि।

अगर आपको प्रतियोगिताएं पसंद हैं, तो नीचे कुछ महत्त्वपूर्ण रणनीतियां लिखी गई हैं जिनसे आपको प्रतियोगिताओं के परिणाम कई गुणा बढ़ने में मदद मिलेगी :

- ✓ प्रमोशन से बहुत फ़र्क़ पड़ता है : यह कभी मत सोचना कि प्रतियोगिताएं अपने आप काम करने लग जाएंगी। आप इन्हें इस तरह प्रमोट करें कि लगे कि आपकी ज़िंदगी इस पर आश्रित हो। सभी प्रकार के टूल्स जैसे - वीडियो, ब्रॉशर्स, स्टिकर्स आदि का हर मीटिंग में प्रयोग करें। वाट्सएप, फ़ेसबुक आदि के लिए विशेष अभियान तैयार करें।
- ✓ जल्दी शुरुआत करें। काम में गति बनने में समय लगता है। जैसे ही प्रतियोगिता की घोषणा होती है, जल्दी ही काम की शुरुआत कर दें।

- ✓ प्रतियोगिता के दौरान सफलता पाने के लिए बहुत सारी गतिविधियां करना बहुत ज़रूरी होता है। विशिष्ट रेकॉग्निशन इवेंट्स, प्रमोशन मीटिंग आदि करने के लिए विशेष प्लान बनाएं।
- ✓ प्रतियोगिता की घोषणा के तुरंत बाद 'मुख्य लीडरों की एक मीटिंग' रखें और आपकी पूरी टीम को एक ही भाषा में बात करनी चाहिए - अचीवर बनें, अचीवर बनाएं।
- ✓ बहुत जल्दी एक अचीवर बनें। एक विजेता ही अन्य विजेताओं को तैयार कर सकता है। सबसे पहले अपनी प्रतियोगिता जीतें फिर अपनी टीम को अचीवर बनाने के लिए प्रोत्साहित करने में आसानी होगी।
- ✓ ग़लत तरीक़े नहीं अपनाएं। मैंने देखा है कि कुछ लोग ग़लत तरीक़ों का इस्तेमाल करते हैं जैसे बहुत मात्रा में या ग़लत तरीक़े से प्रॉडक्ट्स बेचते हैं इत्यादि। आज ऐसा कोई काम मत कीजिए, जिससे आने वाले कल में ग़लत परिणाम मिलें। हमारा बिज़नेस डुप्लिकेशन का बिज़नेस है और आप नहीं चाहेंगें कि आपकी टीम में कोई ग़लत गतिविधि शुरू हो। इसीलिए अपनी टीम पर नज़र बनाकर रखें।

अगर सही से क्रियान्वित हो जाए, तो नेटवर्क मार्केटिंग के बिज़नेस में प्रतियोगिता आपकी यात्रा को बहुत जल्दी आगे बढ़ाती है। साधारणतः आप एक साल में जो हासिल करते हैं, एक प्रतियोगिता के कारण आप 2-3 महीनों में हासिल कर सकते हैं।

प्रतियोगिताएं जादू करती हैं

मेरे बिज़नेस में अधिकांश लीडर ने अपना टॉप इनकम लेवल कुछ प्रतियोगिताओं के दौरान ही जीता था। मेरी टीम के दो लीडरों ने हर प्रतियोगिता का पूरा उपयोग किया - वे हैं - अमित बत्तान और चंचल वत्स। वह ख़ुद अपनी प्रतियोगिताएं भी डिजाइन करते हैं और अपनी टीम को सक्रिय रखते हैं। आप प्रतियोगिताओं के दौरान अपनी नियमित आय से 3-10 गुणा ज़्यादा कमा सकते हैं। स्मार्ट बनें और प्रतियोगिताओं को अपना बिज़नेस बढ़ाने के लिए इस्तेमाल करें। मैं प्रतियोगिताओं के बारे में अपने अच्छे दोस्तों से सीखता रहता हूं, मेरे वे दोनों दोस्त एक गतिशील जोड़ी हैं - संजय अग्रवाल और इंदु अग्रवाल।

11. सोशल मीडिया - आपके बिज़नेस का टर्बो चार्जर

प्रश्न यह नहीं है कि हम सोशल मीडिया अपनाएं या नहीं बल्कि प्रश्न यह है कि हम इसे कितना अच्छा से कर सकते हैं।

- एरिक क्वालमैन

जब मैंने भारत में वर्ष 2007 में यह बिज़नेस शुरू किया था, तब कोई स्मार्ट फ़ोन नहीं था, कोई वाट्सएप नहीं था और न ही फ़ेसबुक था, तब संचार का साधन था सिर्फ़ फ़ोन और मैसेज। यूट्यूब, फ़ेसटाइम, स्काइप, इंस्टाग्राम, ट्विटर, वीडियो कॉन्फ्रेंसिंग और अन्य बहुत सारी नई तकनीकें उस समय मौजूद नहीं थीं। उस समय सोशल मीडिया नामक कोई चीज़ भी नहीं थी। हमारे पास सिर्फ़ एसएमएस नामक एक ही विकल्प था, जिसके जरिए हम एक साथ कई लोगों को एक बार में संदेश भेज सकते थे और इस पर हमें गर्व था। तब जो भी संभव हो सकता था वह या तो फ़ोन पर किया जा सकता था अथवा लोगों से एक-एक कर मिलकर। अजनबियों से मिलने के लिए उनसे मीटिंग करनी पड़ती थी या सिर्फ़ फ़ोन पर बात हो पाती थी। जब मैं अपनी कंपनी का स्टार परफ़ॉर्मर था और मैं दुनिया को यह बताना चाहता था कि यह बिज़नेस मेरे लिए कितना अच्छा चल रहा है, मैं यह काम भी लोगों से व्यक्तिगत रूप से मिलकर करता था और उस समय हमारी पहुंच भी बहुत सीमित थी। किसी नए शहर में बिज़नेस शुरू करना एक बहुत मुश्किल काम था।

इस नई तकनीक ने पहली की सारी रुकावटों को ध्वस्त करके नई उम्मीद को जन्म दिया है और अगर इसका सही से प्रयोग किया जाए, तो इससे बिज़नेस में असंभव-सी गति और बढ़त हासिल की जा सकती है। सोशल मीडिया से बिज़नेस के दो प्रमुख क्षेत्रों में हमारा संचार और पहुंच पहले की अपेक्षा बहुत आगे पहुंच चुके हैं।

1. अपनी टीम के साथ बातचीत करना और उन्हें टीम में होने वाली हर उपलब्धि एवं अच्छे काम से अपडेट रखना।
2. उन लोगों से संपर्क रखना जो हमारी टीम में नहीं हैं : अजनबियों और उन अन्य लोगों से संपर्क रखना जिन्होंने हमारे साथ अभी तक बिज़नेस शुरू नहीं किया है।

आइए, ये समझें कि इन दोनों क्षेत्रों में किस प्रकार सोशल मीडिया से लाभ उठाया जा सकता है।

अपनी टीम से संचार/ बातचीत

नेटवर्क मार्केटिंग लोगों का बिज़नेस है और इसमें लोग प्रेरित रहें और लगातार परफ़ॉर्म करते रहें उसके लिए उन्हें हमेशा यह महसूस होना ज़रूरी है कि वह एक बढ़ते और विकसित होते संगठन के भाग हैं। उन्हें भी संस्थान व उसके अन्य लोगों के साथ जुड़ाव महसूस हो और यह जुड़ाव सुरक्षा एवं काम करने की प्रतिबद्धता को बढ़ाता है। नेटवर्क मार्केटिंग बिज़नेस में हमारे पास कोई ऑफ़िस, कोई औपचारिक पद या कोई आधिकारिक संबंध नहीं होते। यहां, लोग एक-दूसरे के साथ अनौपचारिक संबंधों से ही जुड़े होते हैं और उन्हें अन्य लोगों एवं टीम के साथ लगातार जोड़ कर रखना कभी-कभी एक चुनौती बन जाता है।

लोगों के बीच के ये संबंध अब तक प्रोग्राम के द्वारा चलाए जा रहे थे, पर अगर सोशल मीडिया का सही इस्तेमाल किया जाए, तो वह इस संबंध एवं संपर्क को एक अलग मुक़ाम पर ले जाया जा सकता है। फ़ेसबुक, वाट्स एप या अन्य सोशल मीडिया टूल द्वारा संस्थान में हर समय यह पता चलता रहता है कि संस्थान में क्या चल रहा है। लोग गतिविधियां, उपलब्धियां, प्रोग्राम और बहुत सारे संवादों के जरिए संस्थान में सुरक्षित एवं जुड़ा हुआ महसूस करते हैं।

जब लोग फ़ील्ड में काम करते हैं तो उन्हें सफलता भी मिलती है और साथ-साथ थोड़ी अस्वीकृति एवं निराशा भी। आप और आपके सहकर्मी उन लोगों से भी मिलेंगे जो आपको प्रोत्साहित करेंगे और ऐसे भी लोग मिलेंगे जो आपको नीचा दिखाने की कोशिश करेंगे। कभी-कभी आपको एक उम्मीद की किरण चाहिए होती है कि चीज़ें जल्दी सही हो जाएंगी और सबसे अच्छी उम्मीद उन लोगों की सफलता की कहानियों से आती हैं, जो आपकी जैसी यात्रा से गुज़र रहे होते हैं। अगर कुछ और लोगों को कामयाबी मिल रही हैं जो आपके जैसे काम कर रहे हैं तो आपको भी ज़रूर मिलेगी।

जो लोग हमारी टीम में नहीं है, उनके साथ संवाद करना

नेटवर्क मार्केटिंग बिज़नेस में हम लोग हमेशा ही नए लोगों की तलाश में रहते हैं। हमारी संरचना कितनी ही बड़ी क्यों न हो, हमारे पास एक न एक व्यक्ति के लिए जगह होती ही है। सोशल मीडिया के जरिए नए लोगों तक जल्दी पहुंचा जा सकता है। सोशल मीडिया का प्रयोग नए लोगों तक पहुंचने के लिए किया जा सकता है जो शायद आपके बिज़नेस में आना चाहें। आप अपनी गतिविधियां, उपलब्धियां, जीवनशैली को सोशल मीडिया में पोस्ट करके अपने लिए इज़्ज़त एवं विश्वसनीयता बना सकते हैं। इसके माध्यम से अब स्थान एवं दूरी कोई पैमाना नहीं है, वाट्स एप, फ़ेसबुक, लिंक्डइन, ट्विटर आदि की एक पोस्ट से आप सारी दुनिया से संपर्क कर सकते हैं।

आप ऐसे लोगों की खोज के लिए पोस्ट भी डाल सकते हैं जो आपको बिज़नेस के लिए चाहिए। सबसे अच्छी बात यह है कि सोशल मीडिया सभी के लिए मौजूद है और इसका ख़र्च भी बहुत कम है। यह बात ज़रूर है कि हम यहां पर किसी बड़े

अभियान की बात नहीं कर रहे हैं जिसमें पैसे देकर प्रमोशन या विज्ञापन जारी किए जाते हैं। सोशल मीडिया के माध्यम से ना सिर्फ़ आप सही लोगों से जुड़ते हैं, पर जब लोग आपसे मिलने के लिए भी आते हैं, तो वह अच्छे से जानते होंगे कि आप क्या कर रहे हैं और वह आपसे क्यों मिल रहे हैं। चूंकि आपने अपनी विश्वसनीयता स्थापित कर ली है, तो जो लोग आपसे मिलने आएंगे वो आपके लिए अच्छे प्रॉस्पेक्ट ही होंगे। इसका अर्थ यह है कि लगभग वह आपसे जुड़ने के लिए ही आ रहे हैं।

इसलिए मैं हमेशा सुझाव दूंगा कि आप जो भी अच्छा काम कर रहे हैं, उसे सोशल मीडिया पर ज़रूर डालें जिससे आपके लिए प्रॉस्पेक्ट की कभी न ख़त्म होने वाली पाइपलाइन बनें।

> *आप जो भी सोशल मीडिया पर पोस्ट करते हैं, उससे आपके निजी ब्रांड पर असर पड़ता है। सोशल मीडिया में आप किस प्रकार पहचाना जाना चाहेंगे?*
>
> **– लीज़ा हॉर्न**

आप जब भी सोशल मीडिया में जा रहे हैं, तो कृपया इन दिशा-निर्देशों एवं शिष्टाचार का पालन करें :

- ✓ सोशल मीडिया में आप जो भी डाल रहे हैं, उसके प्रति सावधान रहें क्योंकि जो भी चीज़ सोशल मीडिया में जाती है, उसे कभी भी वापस नहीं लिया जा सकता।
- ✓ अगर आप सोशल मीडिया में बस ऐसे ही आते-जाते हो तो ठीक है, पर अगर आप ख़ुद के लिए एक अच्छी प्रतिष्ठा बनाना चाहते हैं और आप सोशल मीडिया से अच्छा बिज़नेस पाना चाहते हैं, तो आपको इसे रोज़ समय देना होगा। यह सुनिश्चित करें कि आप नियमित रूप से सही सामग्री डाल रहे हैं।
- ✓ अगर आप सोशल मीडिया का इस्तेमाल एक कार्यनीति की तरह करना चाहते हैं, और अपने बिज़नेस को बनाने में इसका उपयोग करना चाहते हैं, तो पूरी तैयारी के साथ इसमें प्रवेश करें। किसी सोशल मीडिया एजेंसी या किसी विशेषज्ञ की सलाह लेकर इस यात्रा में आगे बढ़ें। एक बार जब आपने इसमें घुसने का निश्चय कर ही लिया है तो हाथ में कुछ समय एवं रक़म दोनों लेकर इसमें घुसें।
- ✓ अगर आपका उद्देश्य सोशल मीडिया से कोई प्रोफ़ेशनल लाभ कमाना नहीं है, तो मैं आपको यह सलाह दूंगा कि इसमें कम से कम समय लगाएं। अपने समय के लिए नियमित रहें। सोशल मीडिया के संसार में खो जाना आसान है।
- ✓ सावधानी भरी बातें : किन लोगों को आप फ़ॉलो करते हैं और किन्हें आप अपना दोस्त बनाते हैं, उनके प्रति सावधान हो जाएं। कोई भी सोशल मीडिया पर कुछ भी डाल सकता है। अगर आप सोशल मीडिया में उन लोगों से बातचीत करते हैं

या उनसे सलाह लेते हैं जिन्हें आपके विकास में कोई रुचि ही नहीं है या आप किसी को भी आंख बंद कर फ़ॉलो करते हैं या क्रॉसलाइन्स से संपर्क बनाए रखते हैं या अगर आप इसमें सामान्य जानकारी हासिल करने के लिए ही हैं, तो भी कृपया सावधान रहें। सोशल मीडिया में मौजूद किसी भी चीज़ को करने से पहले अच्छी तरीक़े से सोचें। बेकार की चीज़ें न देखें, विश्वस्त स्रोतों द्वारा विश्वसनीय एवं साबित की हुई सूचनाओं पर ध्यान लगाएं। उन लोगों की ही सलाह मानें जो उसे पहले कर चुके हैं और जिनका ट्रैक रिकॉर्ड अच्छा है। अगर आपको कोई नया आइडिया मिले तो पहले आप ख़ुद इस्तेमाल करें और अगर अच्छे परिणाम मिलें तो धीरे-धीरे अपनी टीम को इसमें शामिल करें। बहुत सारे लोग, हर नई आई चीज़ को क्रियान्वित कर अपना ध्यान एवं अपनी गति खो बैठते हैं।

✓ नकारात्मक कमेंट्स को सावधानी से हैंडल करें। सोशल मीडिया में किसी प्रकार का झगड़ा न करें। अगर आपके पास कोई नकारात्मक संदेश आता है, तो उसे पढ़ें, अगर कोई ग़लती है तो उसके लिए माफ़ी मांग लीजिए और उस व्यक्ति को बताइए कि आप इस संबंध में और अच्छा करने की कोशिश कर रहे हैं। उस व्यक्ति को यह कहें कि वह आपको निजी संदेश भेजे।

अब प्रश्न यह उठता है कि अपने बिज़नेस में आपको किस प्रकार सोशल मीडिया का इस्तेमाल करना है। मुझे पता है कि जो भी लोग इस पुस्तक को पढ़ रहे हैं, वे सभी विभिन्न सोशल मीडिया प्लेटफ़ॉर्म में पहले से ही मौजूद हैं, तो जब मैं यहां सोशल मीडिया के बारे में बात कर रहा हूं, तो इसका सरल अर्थ यह है कि सोशल मीडिया में गंभीरता से काम करना और आपके नेटवर्क मार्केटिंग बिज़नेस को विकसित करने के लिए इसका इस्तेमाल करना। मैंने कुछ रणनीतियां ट्राई की हैं और अन्य लोगों को विभिन्न चीज़ें ट्राई करते देखा है। मेरे अनुभव के आधार पर, मैं आपको कहूंगा कि आप सबसे पहले अपना नेटवर्क मार्केटिंग का बिज़नेस शुरू कीजिए। कुछ प्रोग्राम अटेंड करें, अपने अपलाइन्स से परामर्श लें, पहले बिज़नेस के आधारभूत सिद्धांतों की जानकारी लें और फिर सोशल मीडिया में काम करना शुरू करें। इस पुस्तक में दिए सफलता को बढ़ाने वाले गतिवर्धकों को फ़ॉलो करें और जल्दी कुछ सफलता पाएं। आप इस पुस्तक में बताए गए सिस्टम को अपनाकर बहुत जल्दी शुरूआत कर सकते हैं। इन सिद्धांतों पर महारत हासिल करो, इन्हें अपनाओ और फिर अपने सहकर्मियों को सिखाओ। एक बार जब आपको इस बिज़नेस में सफलता मिलने लगे और आपका बिज़नेस ठीक से चलने लगे, तो सोशल मीडिया को शुरू करने का यह सही समय है।

सोशल मीडिया के लिए प्रयुक्त प्रयासों का उद्देश्य नेटवर्क मार्केटिंग बिज़नेस शुरू करना नहीं है, पर आपके नेटवर्क मार्केटिंग के बिज़नेस को एक नई ऊंचाइयों पर ले जाना है। इससे आपके मौजूदा नेटवर्क को एक गति मिलेगी और आगे के कामों के लिए एक तैयारी भी शुरू होगी। इसके साथ, जब भी आप सोशल मीडिया में काम करना

शुरू करें, तो सारे प्लेटफ़ॉर्मों पर एक साथ शुरू न हो जाएं। उस चैनल के साथ काम करना शुरू करें जो आपको उस समय सबसे सही लगे और फिर अगले 3-4 हफ़्ते में दूसरा अकाउंट बनाएं फिर उसके बाद तीसरा।

मैं आपको सबसे पहले अपना आधार बनाने के और फिर सोशल मीडिया में जाने को कहता हूं क्योंकि सोशल मीडिया मुफ़्त में मौजूद है और आजकल सब इसी की बात कर रहे हैं। एक और महत्त्वपूर्ण बात यह है कि अगर आपका अच्छा ट्रैक रिकॉर्ड है तो लोगों की नज़र में आएंगे और आपको सोशल मीडिया के लिए लगातार समय मिलेगा। जब आपका बिज़नेस बढ़ने लगता है, तो आप सोशल मीडिया के लिए भी कुछ समय देने के लायक़ हो जाते हैं। फिर लोग भी यह जानने के लिए उत्सुक होते हैं कि आप क्या कर रहे हैं और कैसे कर रहे हैं। अधिकांश लोग नेटवर्क मार्केटिंग के बारे में जानकारी रखते हैं, पर उन्हें ऐसे लोगों की ज़रूरत है जो विश्वसनीय हों और सफल हों। इसलिए थोड़ी सफलता हासिल कीजिए और फिर उसे सोशल मीडिया में फैलाइए।

सोशल मीडिया में तैयारी के साथ जाइए। इसमें हर रोज़ जाइए और एक दिन पहले ही इस संदर्भ में तैयारी कर लीजिए। इस बिज़नेस में आपका मुख्य काम लीडर बनाना है और आपको पास अपने बिज़नेस में करने के लिए बहुत सारा काम है। एक बार जब आप सोशल मीडिया पर काम करना शुरू कर देते हैं और अपनी एक अच्छी छवि बनाना चाहते हैं, तो आपको सिलसिलेवार ढंग से काम करना होगा। आपको एक नियमित क्रम में सभी बड़े सोशल मीडिया प्लेटफ़ॉर्म में मौजूद रहना पड़ेगा। अपनी सामग्री के बारे में सचेत रहें। आप सभी को एक बार में टारगेट नहीं कर सकते। पहले अपने टारगेट ऑडियंस के बारे में सोच लें और उन टारगेट ऑडियंस के लिए उस सामग्री का चयन कर लें जो उन्हें टारगेट कर सके। सोशल मीडिया की यात्रा पूरी तरह से अलग है, पर यह बहुत ही फ़ायदेमंद है। उसे अपने फ़ायदे के लिए इस्तेमाल कीजिए और अपना बिज़नेस शुरू कीजिए। हमेशा लोगों को सोशल मीडिया के माध्यम से कुछ फ़ायदे की चीज़ें देते रहें जैसे उनके काम आने वाली जानकारी, टूल्स, ज्ञान, विकास के लिए कौशल एवं तकनीक।

सोशल मीडिया का इस्तेमाल क्यों करना चाहिए? अब मार्केटिंग इस बारे में नहीं हैं कि आप क्या बनाते हैं बल्कि आप कौन-सी कहानियां सुनाते हैं।

– सेठ गोडिन

सोशल मीडिया एक बहुत अच्छा साधन है

मेरी ज़िंदगी का मिशन है कि मैं लोगों को सशक्त करूं और उन्हें अच्छी ज़िंदगी जीने में मदद करूं। मैं दुनिया भर के करोड़ों लोगों की ज़िंदगी को सकारात्मक तरीक़े से बदलना चाहता हूं। सोशल मीडिया में पिछले कुछ सालों के मेरे अनुभव से मैंने यह सीखा कि इससे बहुत कम समय में अपने प्रभाव को कई गुणा करने में मदद मिलती है। मैंने कई बड़े लीडरों जैसे रे हिगडन, फ्रेज़र, जॉन मेल्टन, रॉब स्पेरी आदि को देखा है। मुझे पक्का विश्वास है कि मैं इन टूल्स का इस्तेमाल करके मेरे पाठकों एवं अनुयायियों की ज़िंदगी में और परिवर्तन कर सकता हूं।

12. स्पष्टता और फ़ोकस

स्पष्टता शक्ति है। आप एक ऐसा लक्ष्य हासिल नहीं सकते जिसे आप नहीं देख सकते।

आप सबसे तेज़ कार ख़रीद सकते हैं, लेकिन यदि आपकी अपनी विंडस्क्रीन पर कोहरा या धूल है तो आप तेज़ी से गाड़ी नहीं चला सकते। तो सवाल कार के बारे में नहीं है, सवाल यह है कि क्या आप स्पष्ट रूप से आगे की सड़क देख सकते हैं? यदि आप स्पष्ट रूप से नहीं देख सकते हैं, तो आप अभी आगे नहीं बढ़ सकते।

इसी तरह, यदि आप इस बारे में स्पष्ट नहीं हैं कि आप अपने जीवन में क्या चाहते हैं या आप इस व्यवसाय से क्या चाहते हैं, तो आप वास्तव में कोई प्रगति नहीं कर सकते। आप अभी भी व्यवसाय जारी रखे हुए हैं, आप अभी भी बैठकों में आ रहे हैं, आप कुछ आय भी अर्जित कर रहे हैं लेकिन आप वास्तव में तब तक एक बड़ा व्यापारिक साम्राज्य नहीं बना सकते हैं और बड़े सपने पूरे नहीं कर सकते हैं यदि आप इस बारे में स्पष्ट नहीं हैं कि आप यह व्यवसाय क्यों कर रहे हैं।

स्पष्टता जुनून, गति और उत्साह लाती है। स्पष्टता आपको ताक़त देती है। स्पष्टता के बिना गति असंभव है। जब आप जानते हैं कि आप यह व्यवसाय क्यों कर रहे हैं, तो आपके दैनिक कामकाज में प्रवाह आता है और इससे अधिक और तेज़ी से परिणाम प्राप्त होते हैं।

सफल योद्धा वह औसत आदमी है जिसके पास लेजर जैसी फ़ोकस है।

– ब्रूस ली

एक बार जब आप इस बारे में स्पष्ट हो जाते हैं कि आप इस व्यवसाय को क्यों करना चाहते हैं और कौन-सी गतिविधियां आपके लक्ष्य को पूरा करने में आपकी मदद करेंगी, तो आपके लिए यह ज़रूरी हो जाता है दिन-प्रतिदिन उन गतिविधियों को करते रहने पर ध्यान केंद्रित करें।

आप जिस पर भी ध्यान केंद्रित करेंगे, वह बढ़ने लगेगा। कई लोग नेटवर्क मार्केटिंग में सफल नहीं हो पाते इसका एक बड़ा कारण यह है कि वे वास्तव में व्यवसाय पर ध्यान केंद्रित नहीं करते हैं, कुछ यह सुनिश्चित नहीं कर पाते हैं कि वे ऐसा क्यों कर रहे हैं, कुछ को यक़ीन नहीं है कि यह एक अच्छा व्यवसाय मॉडल है, कुछ को संदेह रहता है कि क्या यह पूरा होगा, तो कुछ के पास हमेशा अंतहीन प्रश्न रहते हैं, कुछ विश्लेषण करते हैं, कुछ अपनी वर्तमान नौकरियों या पेशे में बहुत व्यस्त रहते हैं,

कुछ के पास पारिवारिक मुद्दे हैं, जो भी कारण या बहाना वे पेश करते हैं, लेकिन तथ्य यह है कि यह व्यवसाय तभी बढ़ेगा जब आप इस व्यवसाय पर ध्यान केंद्रित करेंगे।

यदि आपका ध्यान हटने लगता है, तो आपकी उत्पादकता और आपका प्रदर्शन आपके परिणामों को भी नीचे लाना शुरू कर देगा। जैसे-जैसे आपके परिणाम नीचे जाएंगे आपका ध्यान और नीचे जाएगा और यह चक्र आपको व्यवसाय छोड़ने का मौक़ा देगा।

आमतौर पर लोग कुछ किसी नौकरी, पेशे, व्यवसाय उद्यम या अध्ययन के साथ नेटवर्क मार्केटिंग व्यवसाय अंशकालिक तौर पर शुरू करते हैं। यह उन्हें व्यस्त रखता है और उनके लिए इस व्यवसाय पर ध्यान केंद्रित करना और भी कठिन बना देता है।

इसलिए यदि आप नेटवर्क मार्केटिंग में सफल होना चाहते हैं, तो आपको उस पर ध्यान केंद्रित करने की आवश्यकता है। आप किसी और चीज़ पर ध्यान केंद्रित नहीं कर सकते हैं और यहां सफल होने की उम्मीद कर सकते हैं। अपने आप से कुछ मूलभूत प्रश्न पूछें; अपने वरिष्ठों से अपनी सभी शंकाओं का समाधान प्राप्त करें और अपनी सभी ऊर्जाओं को उन गतिविधियों को करने पर ध्यान केंद्रित करें जो आपको अपने लक्ष्यों के क़रीब ले जा रही हों।

फ़ोकस = सफल होने तक एक रास्ता अख़्तियार करें

यह भी याद रखें कि आप इसे अंशकालिक भी करते हुए इस व्यवसाय पर बहुत अच्छी तरह से ध्यान केंद्रित कर सकते हैं। अधिकांश सफल नेटवर्क मार्केटर्स ने शुरुआती दिनों में अपने व्यापार को अंशकालिक ही रखा।

आप जिस पर ध्यान केंद्रित करते हैं, उससे आपका जीवन नियंत्रित होता है।

- टोनी रॉबिंस

प्रत्येक असाधारण उपलब्धि स्पष्टता और ध्यान केंद्रित करने के साथ शुरू होती है

यू ट्यूब पर दीपक बजाज नाम के मेरे चैनल के जब केवल 63 दिनों में 1000 से 100000 ग्राहक हो गए, तो मेरे आसपास का हर कोई व्यक्ति आश्चर्यचकित था। मेरी पुस्तक इसकी लॉन्चिंग के कुछ ही दिनों के भीतर बेस्टसेलर बन गई और जैसा कि मैं अब इस किताब का संशोधित संस्करण लिख रहा हूं, तो भी यह किताब लॉन्च होने के आठ महीने बाद भी अमेज़न पर सभी बिज़नेस सेल्फ़ हेल्प किताबों में टॉप 3 बेस्टसेलर के बीच बनी हुई है।

यह असाधारण वृद्धि इस बात से पूर्ण स्पष्टता के कारण हुई कि मैं अपने वीडियो और पुस्तक से लोगों की सेवा कैसे करने को इच्छुक हूं। लोगों को अपने सपनों को पूरा करने में मदद करने का सच्चा इरादा रखने और हर एक वीडियो में श्रेष्ठ ज्ञान, टूल्स और रणनीतियों के विवरण देने पर ध्यान केंद्रित करने तथा मेरे द्वारा लिखे गए प्रत्येक अध्याय से लोगों को मैंने अविश्वसनीय परिणाम दिए।

भाग-V

एक सफल नेटवर्क मार्केटर के गुण

एक सफल नेटवर्क मार्केटर के गुण

लीडर बनाएं जाते हैं, पैदा नहीं होते। लीडर कड़ी मेहनत से बनते हैं, जो कि क़ीमत है जो हमें एक सार्थक लक्ष्य की प्राप्ति के लिए चुकानी पड़ती है।

– विन्स लोम्बाडएँ

हर ट्रेनिंग प्रोग्राम में या सेमिनार में लोग मुझसे पूछते हैं कि एक बड़े नेटवर्क मार्केटर बनने के लिए क्या करना पड़ता है? एक सफल नेटवर्क मार्केटर बनने के लिए क्या आवश्यक गुण हैं? हर बार मैं लोगों से कहता हूं कि इसके लिए आपको एक अच्छा इंसान बनना पड़ता है, अपने सिस्टम पर भरोसा करना होता है और सीखने और आगे बढ़ने के लिए बिना शर्त समर्पण करना पड़ता है। अगर आपके भीतर यह सारी आधारभूत चीज़ें हैं, तो आप अन्य चीज़ें आगे चलकर भी सीख सकते हैं। एक सफल नेटवर्क मार्केटर बनने का सबसे बड़ा इनाम है वो कमाल की यात्रा जो आप सफल बनने के लिए करेंगे। मेरा विश्वास कीजिए कि अब तक की सभी यात्राओं में यह आपकी सबसे कमाल की और परिवर्तन करने वाली यात्रा होगी और यात्रा के अंत में आप पूरी तरह से एक अलग व्यक्ति बनकर निकलेंगे।

एक सफल नेटवर्क मार्केटर बनने के लिए किन आवश्यक गुणों की आवश्यकता होती है, वह आप पुस्तक के इस भाग में पाएंगे। अच्छी बात यह है कि हम सबके भीतर यह सारे गुण किसी न किसी तरह से मौजूद होते हैं। मैं सिर्फ़ आपसे यही चाहूंगा कि अपने अंदर इन सारे गुणों का स्वयं आकलन करें, जिन जगहों को और ठीक करना है, उन्हें खोजें। आप जैसे ही इन गुणों को पा लेंगे, आपका बिज़नेस अपने आप बढ़ता जाएगा।

यह याद रखें कि हर एक नेटवर्क मार्केटर पहले एक नौसिखिया होता है। हर कोई बिज़नेस शुरू करने के समय नीचे से ही शुरू करता है। जो यह समझ जाते हैं कि उन्हें क्या बदलने की ज़रूरत है, वे उस पर काम करना शुरू कर देते हैं और फिर अपार सफलता पाते है। इस बात से फ़र्क़ नहीं पड़ता कि आपने कहां से शुरुआत की थी, फ़र्क़ इस बात से पड़ता है कि आप ख़त्म कैसे करते हैं। अपने सपनों को पूरा करने के लिए एवं स्वयं को निजी रूप से परिवर्तित करने के लिए इस सेक्शन का इस्तेमाल एक गाइड के रूप में करें।

आपके अंदर पहले से ही इतने सारे गुण मौजूद हैं उसके लिए आप ख़ुद को बधाई दें और बाक़ी के बचे गुणों को अपने अंदर विकसित करें।

जीतने की इच्छा मायने नहीं रखती। वह तो सबमें होती है। जीतने के लिए तैयारी करने की इच्छा मायने रखती है।

– बियर ब्रायंट

1. प्रज्ज्वलित इच्छाएं

जब आप कामयाबी के लिए उतना तड़पेंगे जितना आप सांस लेने के लिए तड़पते हैं, तब आप सफल हो जाएंगे।

– एरिक थॉमस

वास्तव में आप जो पाना चाहें वो पा सकते हैं अगर आप उसे सच में बुरी तरह से चाहते हैं। कुछ तो ऐसा होना ही चाहिए जिसको पाने के लिए आप इतनी बुरी तरह से लगे हों, कि आपको तब तक शांति नहीं मिलेगी जब तक आप उसे पा नहीं लेते। कोई तो ऐसी चीज़ होगी जिसके लिए आप हर दिन बिना थके काम कर सकते हैं। हां, आप इसे सपना कह सकते हैं पर मैं आपको उससे एक क़दम आगे ले जाना चाहता हूं। आपको अपने सपनों को अपनी प्रज्ज्वलित इच्छाओं में बदलना होगा। आपके अंदर एक आग जलती रहनी चाहिए जो आपको हमेशा आगे बढ़ने के लिए प्रेरित करती रहे। मुझे पता है कि आपके अंदर वह आग है, तभी तो आप यह किताब पढ़ रहे हैं।

हर बड़ी सफलता, अपने भीतर की, प्रज्ज्वलित एवं धड़कती हुई इच्छाओं से ही शुरू होती है। आप इन इच्छाओं को अपने सामने रखकर उन्हें ज़िंदा रखना होगा। अपने काम करने वाली मेज़ पर, लैपटॉप पर/मोबाइल पर उसका वॉलपेपर बनाकर, जितने ज़्यादा लोगों को अपने लक्ष्य के बारे में बता सकते हैं, तो बताएं, अपना 3X5 का कार्ड बनाएं और उसे पढ़ते रहें।

दुनिया में ऐसा कुछ भी नहीं भी नहीं है जो विश्वास एवं प्रज्ज्वलित इच्छा से पाया ना जा सके।

– नेपोलियन हिल

यह याद रखें कि आप जैसे ही सपने देखना शुरू करते हैं, तो ऐसे कई लोगों से टकराते हैं जो आपके सपने आपसे छीन लेना चाहते हैं। ये विद्वान, स्वघोषित दार्शनिक आपको समझाएंगे कि जो है उसी में संतोष करना चाहिए एवं सपनों के लिए कड़ी मेहनत करने की कोई ज़रूरत नहीं है। वह आपके सामने बहुत सारे उदाहरण पेश करेंगे कि यह बिज़नेस नहीं चलता है और सपने सिर्फ़ फ़िल्मों में ही पूरे होते हैं। उन सारे पलों में, अपने सपनों को थामे रहिए और उन्हें मजबूती के साथ और आगे ले जाइए।

किसी काम को नहीं करने का आपका जो भी बहाना है, उन्हीं सारे बहानों को काम करने की वजह बना लीजिए।

हम आज जो कुछ भी हैं, जिन भी चीज़ों के हम मज़े ले रहे हैं और मानवता ने जो भी विकास देखा है, उसके पीछे एक ही कारण है - किसी के भीतर वह जलती हुई आग थी और वह अपनी इच्छाओं को मारना नहीं चाहता होगा। अगर सब लोग उन्हीं हालात के साथ संतुष्ट हो जाते जिनमें वो लोग पैदा हुए थे, तो हम सब आज जंगल में नंगे घूम रहे होते और बंदरों की तरह एक पेड़ से दूसरे पेड़ पर छलांगें लगा रहे होते। मानव का विकास इस बात का जीता-जागता उदाहरण है कि कुछ लोगों के अंदर एक प्रज्ज्वलित आग थी, और ये वही लोग हैं जिनका नाम हम उनके चले जाने के सैकड़ों साल भी याद रखे हुए हैं। मैं ऐसा मानता हूं कि जीवन में आगे बढ़ने की इच्छाएं ही हमें जानवरों से अलग करती हैं।

संतुष्टि एक बहाना है जो आलसी और असफल लोग देते हैं।

– दीपक बजाज

अपनी ज़िंदगी में एक आध्यात्मिक काम जो आप कर सकते हैं वह है आगे बढ़ने के लिए अंदर से इच्छाओं को जलाकर रखना। यह अलौकिक है। यह सबसे अच्छा मानवता का काम है, क्योंकि आप अकेले ख़ुद को नहीं उठा सकते और एक बार आप जब आगे बढ़ने की सोच लेते हैं, तो आप अपने साथ कई और लोगों को आगे बढ़ाते हैं।

आपके पास जो कुछ भी है, उससे संतुष्ट रहें और जिन चीज़ों को आप पाना चाहते हैं उसके लिए लगातार काम करते रहें।

– दीपक बजाज

अपनी इच्छाओं को तब तक धधकने दीजिए जब तक आप उन्हें पूरा नहीं कर लें। आपने दुनिया का सबसे अच्छा बिज़नेस चुना है जो आपकी सारी इच्छाओं को पूरा करेगा।

यह सब प्रज्ज्वलित इच्छा से ही शुरू होता है

मेरी हर उपलब्धि के पीछे, इसे पूरा करने की एक आग थी जो इसे संभव बनाती थी। जब आपके भीतर एक जज़्बा होता है तो आप दृढ़निश्चयी होते हैं, आप कभी शिकायत नहीं करते और आप सभी बाधाओं एवं असफलताओं को पार कर आगे बढ़ते रहते हैं। मुझे अमेरिकी लीडर डेक्सटर येगर से यह प्रेरणा मिलती है। जब मैं उन संसाधनों को देखता हूं जिससे उन्होंने पिछले 4 दशकों में अपने नेटवर्क मार्केटिंग का साम्राज्य खड़ा किया, तो यह स्पष्ट हो जाता है कि यह कुछ और नहीं उनके भीतर की प्रज्ज्वलित इच्छा ही हो सकती है।

2. ईमानदारी और प्रतिष्ठा

ईमानदारी का मतलब है आप तब भी सही काम करते हैं जब आपको कोई देख नहीं रहा।

- सी. एस. लुइस

शब्दकोष के अनुसार, "ईमानदारी एक ऐसा गुण है जिसके अनुसार आप ईमानदार हैं और ऐसे नैतिक सिद्धांतों पर चलते हैं जिन्हें आप कभी नहीं बदलेंगे।" यह ज़िंदगी जीने का अपना एक तरीक़ा है। ईमानदारी सिद्धांतों का वह सेट है, जिस पर आप हमेशा विश्वास रखते हैं और उसी के साथ अपने जीवन जीते हैं, चाहे कुछ भी हो जाए। अपने भीतर आपको एक कमाल का गुण विकसित करना चाहिए कि ऐसी ज़िंदगी जिएं जो असाधारण हो और आप हमेशा ईमानदारी से जीने वाले व्यक्ति कहलाएं।

एक बिज़नेसमैन होने से पहले एक अच्छा आदमी होना ज़रूरी है। वास्तव में एक अच्छी टीम बनाने के लिए एक अच्छा आदमी बनना पड़ता है। एक महान आदमी ही एक महान बिज़नेस बना सकता है। उस दुनिया में जहां लोग, सब चीज़ें एवं सब लोगों को बदलने के लिए भागे जा रहे हैं, मैं आपको सलाह दूंगा कि आप अपने आपको अच्छा बनने का सतत प्रयास करते रहिए; सारी चीज़ें अपने आप सही होती चली जाएंगी।

आपकी बाहरी दुनिया आपकी भीतरी दुनिया का प्रतिबिंब है। जो भीतर चलता है, वही बाहर दिखता है।

- बॉब प्रॉक्टर

लोगों की नज़र आप पर हमेशा लगी रहती है। उस समय जब आप सावधान हैं, और तब भी जब आप इस बात से सजग नहीं है कि लोग आपको देखेंगे। जब आप स्टेज पर हैं और स्टेज से बाहर भी। यहां तक कि लोग सिर्फ़ आपको सुनते ही नहीं हैं, वह आपके क्रियाकलापों को आपकी बातों से मिला कर भी देखते हैं। अगर आपकी कथनी एवं करनी एक जैसी होगी, तो लोगों के बीच आपकी छवि एक सत्यनिष्ठ व्यक्ति की होगी।

एक सत्यनिष्ठ व्यक्ति वही है जो हर परिस्थिति में हर व्यक्ति के साथ समान व्यवहार करे। आप एक सत्यनिष्ठ व्यक्ति बनें ताकि लोग आपके साथ स्वयं को सुरक्षित महसूस करें, फलतः सही लोग आपकी ज़िंदगी और बिज़नेस में आएंगे। अगर एक बार आपने अपनी ईमानदारी स्थापित कर ली तो आपको फ़ॉलो करने वाले अनगिनत लोग होंगे और आप उनका अपार भरोसा जीत पाएंगे।

भरोसा दिया नहीं जाता, कमाया जाता है।

– दीपक बजाज

ईमानदारी आपका आंतरिक गुण है और प्रतिष्ठा वो है लोग आपके बारे में सोचते हैं। प्रतिष्ठा सबसे मूल्यवान पूंजी है जो आपने बनाई है, और आप को हर क़ीमत पर उसकी रक्षा करनी चाहिए। प्रतिष्ठा बनाने के कुछ सामान्य तरीक़े नीचे दिए गए हैं :

1. अपने शब्दों की इज़्ज़त करें। किसी को आपकी बातों को लिखने/रिकॉर्ड करने की ज़रूरत ना पड़े। अपने शब्दों के अनुसार काम करें।
2. किसी भी मीटिंग या अपॉइंटमेंट को रद्द नहीं करें। मीटिंग के लिए कभी देर से नहीं पहुंचें।
3. किसी की पूंजी/उत्पाद/पति/पत्नी की भावनाओं के साथ न खेलें। किसी के साथ कोई उधार नहीं करें।
4. अपनी टीम के लिए सबसे कठिन परिश्रम करने वाले और सबसे ज़्यादा विश्वास करने वाले व्यक्ति बनें।
5. ऐसा व्यवहार और रवैया प्रदर्शित करें, जिससे लोग आपको प्यार से फ़ॉलो करें।
6. अपनी ज़िंदगी, अच्छे स्वभाव और उच्च विचारों के साथ जिएं।
7. अपने व्यवहार एवं कामकाज में ईमानदारी और परदार्शिता रखें।

आपका टैलेंट और आपकी क्षमता आपको ऊपर तक ले जा सकती है, पर आपका चरित्र ही आपको वहां पर टिकाए रखता है।

– जॉन वूडन

मैं इस बिज़नेस में कुछ ऐसे लोगों से मिला हूं जो बिज़नेस में बहुत जल्द आगे बढ़े, पर उनका बिज़नेस कुछ दिनों में समाप्त हो गया। कुछ लोग कम आय के साथ उसी कंपनी में बने रहे और कुछ अन्य नेटवर्क मार्केटिंग कंपनियों में चले गए। उनके साथ ऐसा क्या हुआ? उसका कारण बहुत ही साधारण है। नेटवर्क मार्केटिंग टीम पर आधारित बिज़नेस है। बहुत बार कम क्षमता वाले और कम ईमानदारी वाले लोग बिज़नेस में काफ़ी ऊंचे चले जाते हैं। उसका कारण उनके महान अपलाइन, मेहनती एवं प्रतिबद्ध डाउनलाइंस या सशक्त सिस्टम होता है। पर उसमें से कई लीडर उच्च स्थान पर बने रहने के लिए अपने चरित्र और ईमानदारी को विकसित नहीं करते। वे कुछ ग़लतियां कर देते हैं और फिर उसी जगह पर आ जाते हैं, जहां से शुरू किया था। जो लोग अपनी ग़लतियों से सबक़ लेते हैं वह उन्हें ठीक कर फिर से शीर्ष पर पहुंच जाते हैं और बाक़ी बचे लोग अपलाइन या टीम पर दोष डालकर काम छोड़ कर चले जाते हैं। शुरुआत में अगर आप में कोई स्किल नहीं है तो कोई बात नहीं, वह स्किल और ईमानदारी बिज़नेस में

धीरे-धीरे ऊपर जाते हुए विकसित कीजिए। यह सिर्फ़ बड़े नेटवर्क मार्केटिंग बिज़नेस के लिए ही ज़रूरी नहीं है, पर आपके अच्छे जीवन के लिए भी ज़रूरी है।

अगर अवसर आपकी वफ़ादारी को नियंत्रित करते हैं तो आपके चरित्र में कुछ न कुछ ग़लत है।

– अज्ञात

मैं इस इंडस्ट्री में ऐसे कई लीडरों से मिला हूं जिनमें शीर्ष पर जाने के लिए सभी गुण थे। पर एक साधारण-सी चीज़ की उनके अंदर कमी थी वह थी वफ़ादारी, जिससे उनकी इज़्ज़त और करियर हमेशा के लिए ख़त्म हो गए। आप ऐसे भी लोगों से मिलेंगे जिनसे हर बार मिलने पर आप एक नई कंपनी के बारे में सुनेंगे और वह दावा करेंगे कि इस बार उन्हें सर्वोत्तम कंपनी मिल गई है। इस धरती पर बेस्ट कंपनी खोजना अपने आप में एक कभी न ख़त्म होने वाला काम है। ऐसे लोग कभी भी नहीं समझ पाते कि कमी कंपनी में नहीं बल्कि उनमें है। ऐसे लोग सिस्टम का सौ फ़ीसदी अनुकरण नहीं करते और एक कंपनी से दूसरी कंपनी में जाते रहते हैं या एक अपलाइन से दूसरे अपलाइन की ओर। यह बात समझी जा सकती है कि कभी आपको कोई ग़लत कंपनी मिल जाती है और आप कुछ महीनों बाद आप यह महसूस करते हैं तो किसी दूसरी कंपनी में शिफ़्ट हो जाते हैं। अगर ऐसा एक-दो बार हो तो समझा जा सकता है पर इसके बाद कमी कंपनी में नहीं होती, यह आपकी प्रकृति और चरित्र का प्रश्न है। पहली बार अपने नैतिक मूल्यों से गिरना काफ़ी मुश्किल होता है। दूसरी बार यह आसान होता है, फिर उसके बाद यह बहुत सामान्य हो जाता है।

बार-बार कंपनी बदल लेना आपके लिए क्या करता है? इससे आपकी इज़्ज़त ज़ीरो हो जाती है। दरअसल, इससे आपका नाम ख़राब होता है। हर बार जब लोग आपसे से मिलते हैं तो वह पूछते हैं कि "तो आजकल किस कंपनी से जुड़े हुए हो?" आप कितने ही स्मार्ट और प्रतियोगी क्यों न हो, इस तरह की छवि से आप किसी भी सही व्यक्ति को अपनी ओर आकर्षित नहीं कर सकते। इसलिए मैं आपको सलाह दूंगा कि एक अच्छी कंपनी देखिए और उसके साथ जुड़े रहिए, वहां अपनी प्रतिष्ठा और निष्ठा दोनों कमाइए, जिससे अगले 5-10 सालों में आप आसमान की बुलंदियां छुएंगे।

आप एक दिन में निष्ठा नहीं नहीं कमा सकते, निष्ठा तो हर दिन कमाई जाती है।

– जेफ़्री गिटमर

एक बार जब आपकी प्रतिष्ठा बन जाती है तो बिज़नेस कई गुणा बढ़ाना सिर्फ़ कुछ हफ़्तों या महीनों की बात है। ध्यान रहे एक बार बनी हुई इज़्ज़त हमेशा क़ायम नहीं रहती। इज़्ज़त एक पेड़ की तरह है, जिसे बढ़ाने के लिए आपको इसका हर दिन पालन-पोषण करना होगा।

अच्छी प्रतिष्ठा आपको बढ़त देती है

मैं और गौरव बिज़नेस के चार महीनों में अपनी पर्सनल लिस्ट से 300 से ज़्यादा लोगों को बिज़नेस में लेकर आए थे। यह सब हमने नेटवर्क मार्केटिंग या प्रोडक्ट सेलिंग में बिना किसी अनुभव के ही किया था। गौरव तो पेशे से एक सॉफ़्टवेयर इंजीनियर था। हम कैसे यह असंभव काम कर पाए - उसके पीछे है वह प्रतिष्ठा जो हमने अपनी पर्सनल और प्रोफ़ेशनल लाइफ़ में हासिल की थी। नेटवर्क मार्केटिंग बिज़नेस में भी हमने ऐसी कमाल की प्रतिष्ठा हासिल की है कि दूर-दूर से लोग हमारे साथ बिज़नेस शुरू करने के लिए खुद-ब-खुद आते हैं। यह हमारे चरित्र एवं ईमानदारी की वजह से है। जब आप अच्छी प्रतिष्ठा वाले लोगों का चयन करते हैं, तो वे बहुत तेज़ गति से आपके बिज़नेस को आगे ले जाते हैं।

3. सेवा और कृतज्ञता का भाव

ज़िंदगी का सबसे आवश्यक और हमेशा ही पूछे जाने वाला प्रश्न है कि आप दूसरों के लिए क्या कर रहे हैं।

– मार्टिन लूथर किंग जूनियर

पिछले एक दशक से इस बिज़नेस को क़रीब से देखने के बाद मैं पूरे दावे के साथ कह सकता हूं कि सिर्फ़ अच्छे लोग ही अच्छा नेटवर्क मार्केटिंग बिज़नेस कर सकते हैं। मैंने समय के साथ हमेशा यह महसूस किया है कि हर अच्छे व्यक्ति एवं अच्छे नेटवर्क मार्केटर में दो प्रमुख निजी गुणों का होना ज़रूरी है; दूसरों की सेवा करना एवं कृतज्ञता का भाव।

जो लोग दूसरों के लिए जीते हैं, वही असल में जीवन जीते हैं।

– स्वामी विवेकानंद

अपनी टीम की सेवा करना और उनके लिए एक मददगार बनना, इस बिज़नेस में बड़ी सफलता के लिए आवश्यक है। नेटवर्क मार्केटिंग पूरी तरह से टीम भावना के साथ जुड़ा हुआ है। इस बिज़नेस में आपकी सफलता दूसरों की मदद पर ही टिकी है। वैसे तो यह हर बिज़नेस में ही होता है पर एक आम बिज़नेस में हर किसी को काम करने के लिए वेतन मिलता है, वहां कॉरपोरेट पद होते हैं और काम खोने का डर भी होता है। पर नेटवर्क मार्केटिंग में आप कुछ पार्टनरों जिन्हें सहकर्मी भी कहते हैं, के साथ काम करते हैं और आपकी आय सभी के मिले-जुले काम का नतीजा होता है।

नेटवर्क मार्केटिंग बिज़नेस में लोग एक-दूसरे के साथ परस्पर इज़्ज़त और विश्वास के कारण जुड़े होते हैं। आप पर लोग तभी विश्वास करेंगे जब आप यह साबित करेंगे कि आप उनके साथ और उनके लिए खड़े हैं। इससे पहले कि लोग आपके लिए कुछ करें, आपको उनके लिए कुछ करना होगा। यह बिज़नेस इस सिद्धांत पर काम करता है कि व्यक्ति ही व्यक्ति की मदद करें और इसकी सही शुरुआत तब होगी, जब आप अपने टीम के सदस्यों की ज़्यादा से ज़्यादा मदद करेंगे और एक सही उदाहरण पेश करेंगे।

ज़िंदगी में आपको वो सब मिलेगा जो आप चाहते हैं अगर आप दूसरों की मदद करेंगे वो दिलवाने में जो वो लोग पाना चाहते हैं।

– ज़िग ज़िग्लर

लोग मुझसे पूछते हैं कि दूसरों की मदद करने के क्या-क्या नियम हैं। मेरा जवाब बहुत साधारण-सा है - एक बार जब आप किसी व्यक्ति को स्पॉन्सर करते हैं और वह अपना काम ढंग से करने के लिए प्रतिबद्ध है तो आपको उसके लक्ष्य को पूरा करने के लिए हर संभव मदद करनी चाहिए। मैं टीम में सभी को यथासंभव मदद करने की सलाह देता हूं, पर मैं कभी भी किसी को किसी के लिए वो करने को नहीं कहता हूं जो वे स्वयं कर सकते हैं। हम चाहते हैं कि लोग अपने पैरों पर खड़े हों और बिज़नेस की पूरी ज़िम्मेदारी लें। भगवान भी उन्हीं की मदद करता है, जो अपनी मदद स्वयं करते हैं। अपने समय का हमेशा अच्छे लोगों एवं अच्छे कार्यकलापों में इस्तेमाल कीजिए।

कृतज्ञता मानवीय भावनाओं की सबसे पवित्र भावना है। आपके पास जो भी है उसके लिए आप अगर प्रतिदिन अपनी कृतज्ञता दिखाते हैं तो आपको ऐसी कृतज्ञता ज्ञापित करने के और अवसर मिलेंगे।

- ज़िग ज़िग्लर

हम अपनी इच्छाओं के अनुसार बहुत सारी चीज़ों को पाने में व्यस्त हैं, पर हम कभी-कभी इस बात की अनदेखी कर देते हैं कि हमारे पास पहले से ही इतनी अच्छी चीज़ें हैं। अपने जीवन में होने वाली सभी अच्छी चीज़ों के प्रति कृतज्ञता का भाव विकसित कीजिए और यह सभी चीज़ें आपके जीवन में बढ़ती जाएंगी। अच्छी बात यह है कि अगर आप ठीक से सोचेंगे तो यह समझेंगे कि जो हमने देखा और महसूस किया है, हमारे पास कृतज्ञ होने के लिए उससे ज़्यादा कहीं ज़्यादा है। हो सकता है कि हमारी टीम और हमारी गतिविधियां आज हमारी इच्छा अनुसार परिणाम नहीं दे पा रहे हों पर इससे हम अपने सपनों के क़रीब तो जा रहे हैं, इसलिए इसका धन्यवाद कीजिए। अगर आप इसी निष्ठा के साथ काम करेंगे तो आपको भीतर से शांति मिलेगी और आप फिर से और अच्छा करने में लग जाएंगे।

सेवा और कृतज्ञता का भाव साथ-साथ चलता है। इस बिज़नेस में हम लोग हमेशा ही लोगों से बातचीत करते हैं और एक ही समय में अलग-अलग लोग अलग-अलग भावनाओं से गुज़र रहे होते हैं। लोग हमारी इच्छाओं से अलग भी बोल सकते हैं और व्यवहार कर सकते हैं। अगर हम लोगों को कसौटी पर कसने या उनका आकलन करने में लग जाएंगे तो हमारे दिमाग़ की शांति ख़त्म हो जाएगी और हम अन्य लोगों के साथ पूरे दिल से काम नहीं कर पाएंगे। कृतज्ञता एक ऐसा भाव है जिससे हमारा दिल हल्का होता है और यह हमें हमारी टीम के हरेक साथी के साथ अच्छे रूप में सेवा के लिए सशक्त बनाता है।

कई बार आप लोगों में वह ख़ास गुण चाहते हैं जो उनमें हैं ही नहीं। ऐसे में आप उनके भीतर छुपे अन्य गुणों को देख ही नहीं पाते। आप उनसे जो चाहते हैं, हो सकता है वह उन गतिविधियों को नहीं कर पा रहे हों, पर वह ज़रूर कुछ ऐसी गतिविधि कर रहे होंगे जिससे आपके और आपके संस्थान को किसी तरीक़े से सहायता मिले।

अगर आप यह देखकर उसकी प्रशंसा नहीं करेंगे तो वह उसे भी करना बंद कर देंगे, इससे हानि ही होगी। अगर आप छोटी-छोटी जीत को देखेंगे और उनके प्रति कृतज्ञता ज्ञापित करेंगे तो आप लोगों के साथ गहरे रिश्ते बना पाएंगे।

प्रशंसा करने की आदत बनाइए और निम्नलिखित बातों के लिए कृतज्ञ बनिए।

1. किसी भी व्यक्ति को प्रतिदिन मिलने वाली छोटी-छोटी जीत के लिए
2. हर आदमी के अच्छे काम और हर आदमी का टीम में उसके योगदान के लिए
3. हर व्यक्ति के अच्छे गुण के लिए
4. आपमें और आपकी टीम में कहीं पर भी हो रहे सुधार और बढ़त के लिए

नेटवर्क मार्केटिंग में हर कोई एक स्वतंत्र डिस्ट्रीब्यूटर है और हर व्यक्ति को इसकी स्वतंत्रता है कि वह अपना बिज़नेस अपने अनुसार करे। आपसे कोई सैलरी नहीं ले रहा है। कृतज्ञ बनिए कि हर कोई आपके साथ काम कर रहा है।

जब कृतज्ञता का ज्ञान हो जाता है, तब संघर्ष समाप्त हो जाते हैं।

- निअल डॉनल्ड वॉल्श।

मैंने अपनी ज़िंदगी को बैलेंस करना इस सिद्धांत से सीखा है - आपके पास जो भी है उसके लिए आप कृतज्ञ बनिए और साथ-साथ आप जो चाहते हैं उसके लिए लगातार काम करते रहिए। अपनी टीम के लिए सबसे बड़े सेवक बनें और आपकी ऐसी छोटी-छोटी सेवाएं आपकी सपनों की टीम बना देगी। जब दूसरों की सफलता पर आप उतने ही ख़ुश होते हैं जितना अपने लिए, तो आपके भीतर अवश्य ही सेवा का भाव है। भगवान को इस बात का धन्यवाद दीजिए कि उन्होंने आपको न केवल दूसरों की सेवा का अवसर दिया अपितु आपको दूसरों की सेवा करने में बहुत आनंद और ख़ुशी भी मिलती है।

अपने अपलाइन के लिए हमेशा कृतज्ञ और वफ़ादार बने रहें। यह सच है कि आप ऊंचाइयों तक अपने अति परिश्रम से पहुंचे हैं। पर याद रहे कि जिस दिन आप ने काम की शुरुआत की थी उस दिन आपके अपलाइन ने एक पैर पर खड़े रहकर आपकी मदद की थी। यह एक लंबा चलने वाला बिज़नेस है, इसलिए अपनी कंपनी के लिए वफ़ादार बनिए। अपने अपलाइन और कंपनियों को मत बदलिए। कठिन परिश्रम एवं प्रतिबद्धता के साथ स्वयं एवं अपनी टीम बनाने के लिए काम करते रहिए। अगर आप अपनी कंपनी बदलते रहेंगे तो आप जल्द ही अपनी इज़्ज़त बर्बाद कर लेंगे।

नेटवर्क मार्केटिंग बिज़नेस अपने दिल से कीजिए और फिर आप महसूस करेंगे कि यह आपकी ज़िंदगी को आध्यात्मिक और भावनात्मक रूप से ऊंचा उठाने वाला सबसे बड़ा एक अनुभव है।

सेवा दिल जीतती है

मैं अपने लीडरशिप ट्रेनिंग सेशन में लोगों से हमेशा यह कहता हूं कि एक लीडर सबसे बड़ा सेवक होता है। आप तभी लीडर बन सकते हैं जब आप सही में ख़ुशी से लोगों की सेवा कर सकें। लोग आपकी उपलब्धियां भूल सकते हैं, पर वह उन चीज़ों को नहीं भुला सकते जो आपने उनके लिए की हैं। मुझे अपने प्रशंसकों से जो अविश्वसनीय प्यार मिला है, वह मेरी उपलब्धियों के कारण नहीं पर उनके प्रति मेरे प्यार एवं दुलार के कारण ही संभव है। यह इसलिए कि मैं दिल से लोगों की ज़िंदगी को और बेहतर बनाना चाहता हूं। जब मैंने मुंबई में अपना बिज़नेस शुरू किया था, एक लीडर जिन्होंने मुझे बहुत मदद की और जिसे मैं कभी नहीं भूल सकता, वह हैं शैलेश सिंह। मैं हमेशा ही उनका आभारी रहूंगा।

4. लीडरशिप

सब कुछ लीडरशिप के साथ बढ़ता और गिरता है।

– जॉन सी.मैक्सवेल

एक सफल नेटवर्क मार्केटर से जो सबसे महत्त्वपूर्ण भूमिका निभाने की अपेक्षा होती है, वह है एक लीडर की भूमिका। वैसे तो इस दुनिया में हर एक व्यक्ति एक लीडर है, पर जिस समय आप इस बिज़नेस में एक व्यक्ति को स्पॉन्सर करते हैं, आधिकारिक रूप से आप एक लीडर बन जाते हैं। हालांकि लीडरशिप जीवन जीने का एक कौशल है और इसकी ज़रूरत हर जगह होती है, पर नेटवर्क मार्केटर के लिए यह एक आवश्यक गुण है। आपकी लीडरशिप का आकार जितना बड़ा होगा, उतनी ही बड़ी आपकी रैंक एवं आय होगी।

आम धारणा के विपरीत, लीडरशिप कोई रैंक या टाइटल नहीं है, बल्कि यह एक ज़िम्मेदारी है। लीडरशिप कोई पद नहीं है, यह एक व्यवहार है और उत्तरदायित्व है।

अगर आपके काम से दूसरे लोग और सपने देखने के लिए प्रेरित होते हैं, कुछ और सीखना चाहते हैं, कुछ और करना चाहते है और बेहतर बनाना चाहते हैं आप एक लीडर हैं।

– जॉन क्विंसी एडम्स

लीडरशिप बहुत आसान है – आप एक रोल मॉडल बनिए। आप स्टेज पर और उसके बाहर एक जैसे हैं। लोगों को आपको यह याद न दिलाना पड़े कि आपने क्या कहा था। आपकी बातें आपके वीडियो से मिलनी हैं। आपके कुछ नैतिक मूल्य और आप उनके अनुसार जीवन जीते हैं। आपके स्वयं के लिए उच्च स्टैंडर्ड हैं और आप दिन-रात उन्हें जीते हैं। अगर आप बेहतर बनने की कोशिश कर रहे हैं, तो यह सही है। अपने संघर्षों को लेकर कभी भी शर्मिंदा न हों। हम आगे बढ़ने वाले लोग हैं और भगवान को धन्यवाद देना चाहिए कि हम लोग संघर्ष कर रहे हैं, क्योंकि संघर्ष का अर्थ है कि हम कोशिश कर रहे हैं।

लीडरशिप का इस बिज़नेस में अर्थ है कि हमारे भीतर वह सारे 14 गुण हैं जो मैंने इस पुस्तक में समझाए हैं और आप सफलता के सिस्टम का पालन करते ही हैं। इसका मतलब यह नहीं कि हम इन गुणों एवं गतिविधियों के बारे में सिर्फ़ बातें करेंगे, हम हर पर दिन उसका प्रदर्शन करेंगे : उसे जिएंगे, उसे सांस के रूप में लेंगे, उन्हीं

के साथ खाएंगे और सोएंगे भी। आप उन गुणों एवं व्यवहारों का अभ्यास इस तरह से कीजिए कि वह आपके लिए आपकी ज़िंदगी का अहम हिस्सा बन जाए।

आपकी लीडरशिप विकसित करने के लिए मेरा एक ही सुझाव है – स्वयं लाइव प्रदर्शन करें कि एक सफल नेटवर्क मार्केटर को कैसा होना चाहिए। आप उन गुणों एवं व्यवहार का प्रदर्शन करें जो आप समझते हैं कि एक महान नेटवर्क मार्केटर में होने चाहिए। उसका इतना अभ्यास करें कि अगर कोई आदमी दूसरे से यह पूछे कि "मैं भी इस बिज़नेस में कैसे सफल हो सकता हूं या इस बिज़नेस में इतनी बड़ी सफलता हासिल करने के पीछे का राज़ क्या है?" उस आदमी को तुरंत आपका नाम लेना चाहिए और जवाब देना चाहिए कि "कुछ और काम मत कीजिए। बस उस आदमी की तरह बन जाइए और सफलता आपके क़दम चूमेगी।"

लीडरशिप शीर्षक, पदों या फ्लोचार्ट के बारे में नहीं है। यह एक ज़िंदगी का कई ज़िंदगियों को प्रभावित करने का काम है।

– जॉन सी. मैक्सवेल

मैंने एक बार अपने बेटे से पूछा कि उसके लिए लीडर का क्या मतलब है। उसने तपाक से कहा – "लीडर वह है जिसके पीछे कोई चले।" साधारणतः लीडर वह है जिसके काफ़ी अनुयायी हैं। हमारे बिज़नेस में लीडर होने के दो मुख्य लाभ इस प्रकार हैं :

1. आप अपने बिज़नेस को बड़ा और बढ़ता हुआ तभी बना सकते हैं, जब आपकी टीम में कई परफ़ॉरमिंग लीडर हों। अगर आप लीडरशिप का प्रदर्शन कर रहे हैं, तो आप अपनी टीम में कई लोगों को आगे बढ़कर लीडरशिप का ज़िम्मा लेते देखेंगे। आपका प्रभाव बढ़ेगा एवं आपकी टीम आपकी रणनीतियों से बड़ा बिज़नेस करेगी। इसका अर्थ हुआ कि ज़्यादा से ज़्यादा नए लोग बिज़नेस शुरू करेंगे और ज़्यादा से ज़्यादा लोग लीडर बनेंगे।
2. नेटवर्क मार्केटिंग बिज़नेस सही से तब चलता है जब इसमें लगातार नए लोग आते रहें। बिज़नेस के अच्छे विकास के लिए बहुत सारे सही लोग लगातार बिज़नेस शुरू करते रहने चाहिए। आप जैसे हैं, वैसे ही लोगों को आप आकर्षित करते हैं। जब आप एक असली लीडर के रूप में काम करते हैं, तो आप अपने लिए सही लोगों को आकर्षित करते हैं, जिससे आपकी टीम और मजबूत होती है और यह सिलसिला चलता रहता है।

संक्षेप में, जब आप एक सच्चे नेता बन जाते हैं, तो आप एक चेन रिएक्शन जैसा काम शुरू करते हैं जिसमें आपके पुराने सहकर्मी बहुत अच्छा प्रदर्शन करते हैं और आप साथ-साथ आपकी टीम में नए लीडरों को लाते रहते हैं।

एक लीडर वह है, जो रास्ता जानता है, उस पर चलता है और फिर रास्ता दिखाता है।

- जॉन सी. मैक्सवैल

इस बिज़नेस में एक दशक से रहने के बाद, मैं सचमुच यह विश्वास करता हूं कि नेटवर्क मार्केटिंग सबसे आध्यात्मिक बिज़नेस है। लोग नेटवर्क मार्केटिंग को नहीं चुनते हैं, भगवान नेटवर्क मार्केटिंग के लिए लोगों को चुनते हैं। मुझे पक्का भरोसा है कि नेटवर्क मार्केटर्स भगवान के भेजे हुए दूत हैं जो लोगों को उनके सपने पूरा करने में मदद करते हैं और इस दुनिया को एक बेहतर एवं खुशनुमा जगह बनाते हैं। इस बिज़नेस में एक आदमी को भी स्पॉन्सर करना एक ज़िम्मेदारी है। किसी को इस बिज़नेस में स्पॉन्सर करने से आप उसके सपनों को पूरा करने के लिए उन्हें पंख देते हैं और इस प्रकार इस ज़िम्मेदारी को निभाना स्वीकारते हैं कि आप उसके सपनों को पूरा करने की इस यात्रा में उसके साथ रहेंगे।

यह सचमुच एक बहुत बड़ी ज़िम्मेदारी है और भगवान आपको उतनी ही बड़ी ज़िम्मेदारी देते हैं जिसके लायक़ वह आपको समझते हैं। ईश्वर आपको उतनी ही टीम देंगे जिसकी ज़िम्मेदारी आप संभाल सकें। अगर आप एक बड़ी टीम चाहते हैं, तो आपको अपनी लीडरशिप की क्षमता को बढ़ाना पड़ेगा। अपनी लीडरशिप क्षमता बढ़ाते रहिए और आपका बिज़नेस लगातार बढ़ता रहेगा।

भगवान सबकी मदद नहीं कर सकते, इसलिए उन्होंने नेटवर्क मार्केटर बनाए।

– दीपक बजाज

मुस्कराहट के साथ लीडरशिप

मैंने पूरे करियर में कई लीडर देखे हैं पर मेरे दोस्त सुरंजन दास एवं सी.एन.पटेल इसके बहुत बड़े उदाहरण रहे हैं जो हमेशा मुस्कराते रहते हैं।

5. उत्साह

उत्साह के बिना कुछ भी बड़ा हासिल नहीं किया जा सकता।

– राल्फ़ वाल्डो एमर्सन

अंग्रेज़ी शब्दकोष के अनुसार, "किसी ख़ास विषय या किसी ख़ास क्रियाकलाप में जुड़ने की एक ऊर्जावान भावना ही उत्साह है। नेटवर्क मार्केटिंग में हज़ारों लोगों के साथ जुड़कर काम करने के अपने 11 सालों के फ़ील्ड अनुभव से मैं कह सकता हूं कि व्यक्ति का यह गुण अन्य सभी गुणों पर भारी है।"

विन्सटन चर्चिल ने कहा था – "उत्साह की कमी के बिना, एक नाकामी से दूसरी नाकामी की ओर जाना ही सफलता है।"

इस बिज़नेस में, मैं कहूंगा कि उत्साह में कमी के बिना एक मीटिंग से दूसरी मीटिंग में जाना ही एक बड़ी सफलता है।

आप अब तक के सबसे उत्साही व्यक्ति से भी ज़्यादा उत्साही बनें। अपनी टीम का पावरबैंक बनें। आशा एवं सकारात्मकता का जीता-जागता उदाहरण बनें। हर कोई एक उत्साही व्यक्ति के आसपास रहना चाहता है। उत्साह संक्रामक होता है। अगर आप एक उत्साही व्यक्ति हैं, तो आप की पूरी टीम में धीरे-धीरे इसका संचार होने लगेगा और आप की टीम भी उत्साही हो जाएगी और आपको ज़्यादा आय देगी और आपके सपनों को पूरा करेगी। यह भी याद रखें कि अगर आपको लगता है कि आपकी टीम इतनी उत्साही नहीं है, तो समय है आपका ख़ुद का मनोबल और उत्साह बढ़ाने का।

हां, कभी ऐसा भी हो सकता है जब आप थोड़ा उदास महसूस कर रहे होंगे। यह तो मानव मात्र को होता रहता है। मैंने भी कई बार ऐसा ही महसूस किया है। पर सफलता कभी ना असफल होने पर नहीं, पर जितनी बार हम गिरते जाते हैं, हर बार उठकर खड़े होने, और पहले से ज़्यादा मजबूती से खड़े होने पर मिलती है। जब भी आप थोड़ा उदास महसूस करें और आपको ऐसा लगे कि आप अस्वीकृति या मुसीबतों के हाथों जकड़े गए हों, नीचे दी गई तकनीकों का इस्तेमाल करें और उस स्थिति से जल्दी से जल्दी बाहर निकल आएं :

1. गति से ही भावनाएं बनती हैं। सांस लेने की गति बदलें, कुछ चलें, कूदें, नाचें, दौड़ें, अपनी जगह बदलें, अपना शरीर हिलाएं और इससे आपकी मनःस्थिति बदल जाएगी।

2. अपना ध्यान बदलने के लिए एक ख़ास गतिविधि करें जिसे मैं 'फ़्यूचर गेजिंग' कहता हूं। एक आरामदायक जगह पर बैठें, अपनी आंखें बंद करें और भरोसे से अपने दिमाग़ को शांत होने को कहें। यह सोचें कि इस बिज़नेस के जरिए आप के सारे सपने पूरे हो रहे हैं - आपके सपनों की कार, घर, अपने परिवार के साथ लक्ज़री अंतरराष्ट्रीय छुट्टियां, लक्ज़री लाइफ़स्टाइल, लोग आपकी फ़ोटो और ऑटोग्राफ़ लेने के लिए खड़े हों और वैसी सारी चीज़ें जिसके आपने सपने देखे हैं। आप इसे 3-5 मिनट करके देखें और आप अगली मीटिंग के लिए पहले से ज़्यादा उत्साह के साथ तैयार हो जाएंगे।

क्यों न खुश हुआ जाए और भगवान को धन्यवाद किया जाए कि आपको इतना अच्छा बिज़नेस मिला है जिससे आपके सारे सपने सच हो जाएंगे? आपके सपनों के लिए एक उत्साह जनक यात्रा हेतु आपको शुभकामनाएं।

एक सेल्समेन बिना उत्साह के एक क्लर्क की तरह ही है।

- हैरी एफ़.बैंक्स

उत्साह लीडरों की कसौटी है

सफल लोगों एवं और उत्कृष्ट सफलता पाने के रहस्यों को जानने की मेरी खोज में मैंने दो बहुत उत्साही लीडरों श्री सुरेंद्र वत्स एवं श्री सिद्धार्थ सिंह को पाया हैं। मैं हमेशा ही इन दोनों सरल लोगों की बहुत प्रशंसा करता हूं क्योंकि ये साधारण लोग महान टीमों का नेतृत्व कर रहे हैं।

6. हमेशा सीखने और परिवर्तन के लिए तैयार रहें

अगर वही करते रहेंगे जो आज तक करने आए हैं तो आपको वही मिलेगा जो आज तक मिलता रहा है।

– स्टीफ़न आर.कवी

हर प्रोफ़ेशन में एक ख़ास तरह के मूल्यों, टूल्स, काम करने के तरीक़े एवं स्किल्स की ज़रूरत होती है। एक डॉक्टर, वकील, इंजीनियर या एक चार्टर्ड अकाउंटेंट्स भी कई सालों तक उस लायक़ बनने के लिए एक तरह की विशिष्ट ट्रेनिंग से होकर गुज़रते हैं जिससे वह उस प्रोफ़ेशन को शुरू कर सकें और फिर बाद में उस में महारत हासिल करें। उसी तरह एक नेटवर्क मार्केटर को भी सफल होने के लिए विशिष्ट तरह के स्किल्स, माइंड सेट, वैल्यूज़ और टूल्स की ज़रूरत होती है। अच्छी बात यह है कि यह सारी बातें सीखी जा सकती हैं और इन्हें विकसित किया जा सकता है। सभी अच्छी नेटवर्क मार्केटिंग कंपनी और टीम में हमेशा ही बहुत सारे ट्रेनिंग प्रोग्राम चलते रहते हैं जिससे सभी कुछ न कुछ सीख कर एवं बदलाव कर बिज़नेस में सफल हो सकते हैं।

इसलिए अगर आप एक मजबूत एवं अत्यधिक लाभदायक नेटवर्क मार्केटिंग बिज़नेस विकसित करना चाहते हैं तो अपनी शैक्षणिक योग्यता, सर्टिफ़िकेशन्स, अनुभव, प्रोफ़ाइल आदि को एक तरफ़ रखकर नेटवर्क मार्केटिंग के विद्यार्थी बनकर इस बिज़नेस के शुरुआत करें। हर दूसरे बिज़नेस की तरह, नेटवर्क मार्केटिंग बिज़नेस पहले से साबित एवं जांचे-परखे सिद्धांतों पर काम करता है। जितनी जल्दी आप उन सिद्धांतों एवं अभ्यासों को अपना लेंगे, बिज़नेस में उतनी आसानी से एवं तीव्रता से आप सफल हो सकते हैं।

बहुत सारे लोग सही इंसान की तलाश में रहते हैं, जबकि उन्हें स्वयं वह सही व्यक्ति बनने का प्रयास करना चाहिए।

– ग्लोरिया स्टेनेम

असल में नेटवर्क मार्केटिंग बिज़नेस की सबसे बड़ी देन ज़िंदगी को बदलने वाली वो शिक्षा है जिससे उसका जीवन बेहतर बनता है, पैसा तो सिर्फ़ एक प्रतिफल है। इस शिक्षा एवं ज़िंदगी के इस नए रूप के लिए तैयार रहिए। मैं पूर्ण रूप से आपको बताता हूं कि जब आप स्वयं के लिए एक नेटवर्क मार्केटिंग कंपनी या टीम को चुनते हैं तो यह ज़रूर देखें कि उस कंपनी या टीम में पहले से ट्रेनिंग एवं विकास की कोई सिद्ध प्रणाली/सिस्टम है या नहीं।

जब आप यह सीख जाते हैं कि बिज़नेस में सफल होने के लिए कौन-कौन से काम करने होते हैं, तो आप तुरंत मैदान में उतर जाइए और आपने जो भी सीखा है उसे लागू कीजिए। किसी चीज़ को हमेशा के लिए सीखने का एक ही जन्मजात तरीक़ा है - अभ्यास, अभ्यास एवं थोड़ा और अभ्यास। पर कितनी देर तक अभ्यास करना चाहिए? जब तक आपको यह करने की आदत न पड़ जाए। यह याद रखें कि जब आप नए कौशल को सीखते हैं, तो आप ज़ीरो से शुरुआत करते हैं और आपका शुरुआती प्रदर्शन एवं रिज़ल्ट आपकी उम्मीदों के अनुसार नहीं हो सकता है। शुरुआती दिनों में यह चाहे कितना भी असंतुष्टि भरा व निराशापूर्ण क्यों ना हो, पर नए कौशल व नई क्षमताओं को बनाने का यही एक तरीक़ा है। सभी इस दौर से गुज़रे हैं। सिर्फ़ अभ्यास करते रहें।

सारे बदलाव पहले-पहल कठिन, बीच में अव्यवस्थित और अंत में बहुत सुंदर लगते हैं।

– रॉबिन शर्मा

इसलिए अपने एक्टिव अपलाइन से सही सिस्टम सीखें, अपने कार्यक्षेत्र में उसका इस्तेमाल करें और मनोवांछित फल पाएं। इसके बाद आप अपनी टीम को उन्हीं सिद्धांतों को सिखाएं, उन्हें ट्रेनिंग दें। सिखाना सिर्फ़ दूसरों के लिए नहीं होता, बल्कि खुद के लिए भी होता है। अगर आप किसी को कोई ख़ास सिद्धांत सिखाते हैं, तो आप स्वयं को भी इससे सशक्त बनाते हैं।

एलटीडी (LTD) का सिद्धांत अपनाएं - सीखें (Learn), पढ़ाएं (Teach), करें (Do)। अन्य लोगों को वह चीज़ें न सिखाएं जिसका आपने कभी अभ्यास न किया हो।

अगर आप सीखना नहीं चाहते, तो कोई आपकी मदद नहीं कर सकता। पर अगर आप सीखने के लिए प्रतिबद्ध हैं, तो आपको कोई रोक भी नहीं सकता।

– अज्ञात

सीखना = बढ़ना

बिज़नेस में एक-दूसरे से सीखना एक बहुत ही अच्छी चीज़ है। मुझे अपने दो दोस्तों कामरान मुजावर और सचिन रायकर से बातचीत करना हमेशा ही अच्छा लगता है। हम हमेशा ही अपने सहकर्मियों को और शक्तिशाली एवं उत्पादक बनाने को लेकर बात करते रहते हैं।

7. एक्शन के लिए हमेशा तैयार

किसी काम के लिए की गई छोटी-सी भी कार्यवाही *हज़ारों महान इरादों से कहीं बेहतर है।*

अधिकांश लोग इसलिए परेशान नहीं हैं कि उन्हें समाधान नहीं पता, अपितु इसलिए कि वह इस संबंध में कोई कार्यवाही नहीं कर पा रहे। किसी चीज़ की जानकारी कोई शक्ति नहीं है, पर जिस जानकारी पर काम किया जाए, वही असली शक्ति है। अगर आप ये एक गुण अपने अंदर विकसित कर लें तो आप एक चैंपियन की तरह उभर सकते हैं, वो है – किसी भी काम को करने के लिए हमेशा तैयार रहना। जल्दी काम करें। जीतता वो नहीं है जिसके पास आइडिया होता है बल्कि जो आइडिया पर अमल करता है।

अपनी टीम में सबसे कड़ी मेहनत करने वाला बनें। जब आप ऐसे काम करेंगे तो इससे आपकी टीम में काम करने का एक सही माहौल बनेगा और कुछ ही हफ्तों में आप अपनी टीम में इसके अच्छे प्रभाव पाएंगे। जब आपकी टीम आपको इस तरह से काम करते देखेगी, तो वह आपकी ज्यादा इज़्ज़त करेगी, आपकी ज़्यादा सुनेगी और उससे भी ज़्यादा वह भी वैसा ही करेगी और आपको अपनी अपेक्षा से ज़्यादा रिवॉर्ड मिलेंगे।

आपके निर्णय को आपकी नई कार्यवाही द्वारा ही मापा जा सकता है। अगर कोई कार्यवाही नहीं हुई है, तो इसका अर्थ यह है कि आपने अभी तक सच में निर्णय नहीं लिया है।

– टोनी रॉबिन्स

ऐसे कामों को करें जिससे आपको ज़्यादा से ज़्यादा रिज़ल्ट मिलें और आपकी टीम में काम का सही माहौल बने।

एक मजबूत नेटवर्क मार्केटिंग बिज़नेस के तीन मुख्य दैनिक काम हैं

1. अपनी सूची को हमेशा बढ़ाते रहें और नए लोगों को ढूंढ़ते रहें।
2. ज़्यादा से ज़्यादा बिज़नेस प्रेजेंटेशन दिखाएं और समय पर फ़ॉलोअप करें।
3. इवेंट्स को प्रमोट करें।

लोग एक्शन क्यों नहीं लेते

1. उन्हें कंपनी/ बिज़नेस प्लान/उत्पाद पर भरोसा नहीं होता।

2. उन्हें पक्का पता नहीं होता कि वह इस बिज़नेस से जुड़े रहेंगे अथवा नहीं या बिज़नेस में सफल भी हो पाएंगे कि नहीं
3. प्रज्ज्वलित इच्छाओं की कमी
4. अस्वीकृति और उपहास का भय
5. जानकारी या अभ्यास की कमी के कारण विश्वास की कमी

आपके या आपके टीम के लोगों के इनमें से कोई भी कारण हों, मैं सलाह दूंगा कि आप अपने अपलाइन से पर्सनल काउंसलिंग करें और अपनी टीम के साथ प्रोग्राम में शामिल हों। 'पांच का नियम' याद रखें, किसी बिज़नेस में भरोसा लाने और उसके लिए समझ विकसित करने के लिए पांच मीटिंग्स और पांच इवेंट्स की ज़रूरत होती है।

यह याद रखें कि कोई भी मीटिंग सर्वगुण सम्पन्न नहीं होती। हम किसी मशीन या रोबोट के साथ काम नहीं करते, हम लोगों के साथ काम करते हैं और हर व्यक्ति दूसरे से अलग है, विशिष्ट है। हर मीटिंग अलग होती है और किसी मीटिंग को अच्छे और बुरे मापने का कोई पैमाना भी नहीं है। हम सिर्फ़ यह देख सकते हैं कि मीटिंग हुई या नहीं।

अपने शुरुआती दिनों में अगर आपको ऐसा लगा है कि आपकी प्रेजेंटेशन आपके अपलाइन या किसी पुराने लीडर के जैसी अच्छी नहीं है, तो घबराइए नहीं क्योंकि उनका अपना अभ्यास था और अब आपका समय है कि आप घंटों अभ्यास करें। यह याद रखें कि दोहराना सारे कौशलों की जननी है। इसी प्रक्रिया से जुड़े रहिए और बहुत बार दोहराकर आप भी जल्दी ही अपनी अपेक्षाओं से पहले एक्सपर्ट बन जाएंगे।

काम करने की आदत बनाएं और अभी काम करें। अपने सपनों के लिए काम करें।

परिणामों को पुरस्कृत किया जाता है, प्रयासों को नहीं।

- शिव खेड़ा

हर दिन काम करते रहिए और अपने अपलाइन के साथ 15-30 दिन में एक समीक्षा मीटिंग करें। अपने को व्यस्त रखने के लिए कोई गतिविधियां न करें, वैसी गतिविधियां करें जिससे वांछित रिज़ल्ट मिलें। अगर परिणाम नहीं आ रहे हैं, तो आगे लिखे गए कारणों में से कोई एक इसकी वजह हो सकता है।

1. बिज़नेस के प्रेजेंटशन के लिए सही प्रॉस्पेक्ट नहीं चुनने के कारण।
2. कभी भी प्रेजेंटेशन नहीं दिखाने के कारण या प्रेजेंटेशन ज़्यादा नंबर में नहीं दिखाने के कारण
3. अनुचित फॉलो-अप
4. सही रवैये और तैयारी के बिना प्लान दिखाना
5. किसी मुख्य गतिविधि का अभाव या उसे ग़लत तरीक़े से करना

इसके जो भी कारण रहे हों, उसे अपने अपलाइन के साथ तुरंत काउंसलिंग करिए और ज़रूरी सुधार करके फिर से काम पर लग जाइए।

यह याद रखें कि जब कभी आपको लगे की आपका बिज़नेस रुक-सा गया है या धीरे हो गया है तो प्रेजेंटशन का नंबर बढ़ा दीजिए। अधिक से अधिक लोगों को बिज़नेस प्रेजेंटेशन दिखाने से आप अपनी बिज़नेस की हर समस्या से जल्दी छुटकारा पा सकते हैं।

आपके काम आपकी बातों से ज़्यादा तेज़ बोलते हैं। अभी काम करना शुरू करें और आपने बैंक बैलेंस को बातें करने दें।

मेहनत = सफलता

मैंने यह चीज़ अपने एक टीम के सदस्य वरुण के भीतर देखी है। वह एक ऐसा लड़का है जो काम करने के बाद अपने आइडिया के बारे में बात करता है। वह न सिर्फ़ काम करता है बल्कि पुराने तरीक़े काम में न आने पर नए तरीक़े से कार्यवाही करने की कोशिश करता है। काम के लिए ऐसी ललक ने उसे कंपनी में सबसे ज़्यादा कमाने वाले लोगों की श्रेणी में पहुंचा दिया है।

8. अनुशासन एवं लगातार करना

अनुशासन का मतलब है वो करना जो सही है, तब करना जब सही हैं चाहे वो आपको पसंद हो या नहीं।

– दीपक बजाज

प्रेरणा से आप बिज़नेस शुरू कर सकते हैं, पर उसमें आगे बढ़ना और सफल होने के लिए आपको काम करना होगा। असल में, बिज़नेस में सफल होने के लिए, आपको कुछ बड़ा लुभावना-सा काम नहीं करना पड़ता, पर दैनिक रूप में सामान्य-सी गतिविधियां करनी पड़ती हैं।

आपके एक्टिव अपलाइन द्वारा एवं अपने ट्रेनिंग सिस्टम में सिखाई गई गतिविधियों के लिए प्रतिबद्ध बनिए। कई बार हम जल्दी रिज़ल्ट लेने के लिए एक के बाद दूसरी नई गतिविधियों को करने के लालच में पड़े रहते हैं, पर इससे हमारे भीतर सिर्फ़ निराशा पैदा होती है एवं हमारे डाउनलाइन इससे भ्रमित होते हैं। **एक ही सिस्टम को फ़ॉलो कीजिए और उसे हर रोज़ कीजिए।**

अनुशासन हमारे इरादों एवं उपलब्धियों के बीच का पुल है।

– जिम रॉन

अपने भीतर सही गतिविधियों को करने एवं उसे लगातार एक निश्चित समय तक करते रहने का अनुशासन विकसित कीजिए। सिस्टम में बताई गई सभी गतिविधियों को लगातार करते रहिए, चाहे आपको वह करने में आनंद आ रहा हो या नहीं; धीरे-धीरे रिज़ल्ट दिखने लगेंगे। नया व्यवहार पूर्णतः अपनाने में समय लग सकता है, शुरुआत में इससे थोड़ा असहज होगा, पर इस नई सीख से मिलने वाले रिवॉर्ड्स आपकी सोच से परे होंगे।

जब आप इन सही गतिविधियों को हर रोज़ करते रहेंगे, तो धीरे-धीरे यह आपका स्वभाव बन जाएगा और फिर आप उसे अनजाने में भी बिना किसी ख़ास कोशिश एवं ध्यान के करते रहेंगे। इस तरह से नई आदतें बनती हैं। हम हर दिन काम करने के लिए कुछ चीज़ें चुनते हैं और फिर उन्हीं पसंद की चीज़ों को कुछ समय के लिए करते रहते हैं जो फिर आदत हो जाती है। बार-बार दोहराने से आदत एक प्रतिभा और फिर एक ज़बरदस्त सफलता बन जाती है। किसी भी चीज़ को आदत बनाने में क़रीब 60 दिन लगते हैं, और फिर इसके बाद की यात्रा आनंददायक होती है।

पहले हम आदतें बनाते हैं, फिर आदतें हमें बनाती हैं।

- जॉन ड्राइडेन

जब आप समय के साथ प्रतिदिन सही काम करते जाएंगे तो इससे आपके काम में यौगिक प्रभाव शुरू हो जाएगा। यौगिक प्रभाव (काम्पाउंड इफ़ेक्ट) के सिद्धांत के अनुसार - अगर कुछ दैनिक कामों को लगातार लंबे समय तक किया जाए तो वह एक विशाल उपलब्धि का रूप ले लेते हैं। कभी-कभी यह दैनिक कार्य कुछ हफ़्तों या महीनों में कुछ ख़ास परिणाम नहीं देते, पर आप अगर उसे लगातार कुछ और दिन करते रहें तो वह एक बड़ा परिणाम देते हैं, जिससे आप उस उद्योग की एक प्रसिद्ध शख़्सियत बन जाते हैं। हर दिन की एक ज़्यादा मीटिंग करने पर पूरे साल में 365 ज़्यादा मीटिंग हो जाएंगी। हर दिन 5 अतिरिक्त फ़ोन कॉल करने से वर्ष के अंत में 1825 अतिरिक्त कॉल हो जाएंगे। इस बिज़नेस में सफल होने के लिए या अपनी पसंद के किसी फ़ील्ड में सफल होने के लिए जितनी जल्दी हो सकता है, अपने हिस्से में ज़्यादा से ज़्यादा कंपाउंड इफ़ैक्ट डालें। **सही काम को करने का अनुशासन रखें और उसको तब तक करते रहिए, जब तक वह आपकी आदत न बन जाए।**

उत्कृष्टता एक यात्रा है। अनुशासन उसका वाहन है।

लंबे समय तक किए गए सही काम = अपार सफलता

गौरव बजाज ने एक बार मुझे बताया था कि उन्होंने किस प्रकार इतने सारे नए सेंटर बनाए हैं। हर बार जब वह एक नया शहर चुनते हैं तो एक साथ उन्हें कई सारी भूमिकाएं निभानी पड़ती हैं। एक घंटा पहले पहुंचना, हॉल में कुर्सियां लगवाना, साउंड सिस्टम, प्रोजेक्टर, लाइट का प्रबंध, माइक आदि की व्यवस्था देखना और फिर सूट-बूट में तैयार होकर आना। वह न सिर्फ़ होस्ट बनते हैं, बल्कि एक ही मीटिंग में एक साथ प्लान प्रेजेंटर और टॉप लीडर भी बन जाते हैं। नए शहर के हर इवेंट में वह हॉल की बुकिंग, टिकटों की प्रिंटिंग, मोमेंटो बनाने का एवं साउंड, लाइट, प्रोजेक्टर, कुर्सियों आदि का ज़िम्मा भी स्वयं लेते हैं। अपने बिज़नेस के लिए जो हो सकता है, वह सब स्वयं अपने कंधों पर कार्यभार ले उसे बिना किसी शिकायत के पूरा करते हैं और इस कारण उनका इतना बड़ा बिज़नेस साम्राज्य बना है।

9. दृढ़ता

इस बात से कुछ फ़र्क़ नहीं पड़ता कि आप कितने धीरे-धीरे जा रहे हैं, बस आप रुकें नहीं।

– कन्फ़्यूशियस

शब्दकोष के अनुसार, "सफलता को पाने के लिए हो रही मुसीबतों या देरी के बावजूद किसी कार्य को करने का हठ ही दृढ़ता है।" दृढ़ता का शाब्दिक अर्थ है प्रतिबद्धता के साथ किसी काम को शुरू करना एवं उसे तब तक नहीं छोड़ना जब तक आप अपना उद्देश्य पा नहीं लें; बाकि सभी गुण एवं स्किल उसके साथ साथ विकसित किए जा सकते है। अगर दुनिया में करोड़ों लोगों ने इस बिज़नेस के जरिए अपने सपनों को पूरा किया है, तो आप भी अपने सपने पूरे क्यों नहीं कर सकते? पर आप अपने सपने तभी पूरे कर सकते हैं जब आप उस पर क़ायम रहें और उसे न छोड़ें, क्योंकि 'जीतने वाले कभी काम बीच में नहीं छोड़ते और काम छोड़ने वाले कभी जीतते नहीं है।'

अस्वीकृति एवं उपहास इस बिज़नेस का हिस्सा हैं। यहां विपरीत परिस्थितियां एवं निराशा होना अपेक्षित है और यह बहुत सामान्य है। ना सुनने की आदत डाल लीजिए। उस 'ना' को अगला अवसर मानकर चलते रहिए। साथ ही किसी ख़ास आदमी के साथ चिपक मत जाइए। यह सारा नंबरों का खेल है और अगर एक आदमी अभी इस के लिए तैयार नहीं है, तो जल्दी से दूसरे आदमी की ओर चले जाइए। कोई भी व्यक्ति अच्छा या बुरा नहीं होता, बस अभी तह इसके लिए तैयार नहीं है। आपको लोगों से मिलना और बहुत सारे लोगों के साथ मिलकर काम करना शुरू कर देना चाहिए और एक पाइपलाइन तैयार करनी चाहिए। कुछ समय के बाद, अच्छे लोग आपके सिस्टम का एक-एक करके पालन करना शुरू कर देंगे।

पहले से की गई कड़ी मेहनत के बाद थककर फिर से वैसी ही कड़ी मेहनत को लगातार करते रहना ही दृढ़ता है।

– न्यूट गिंगरिच

ऐसे भी कई मौक़े आएंगे जब आपको काम छोड़ने का मन करेगा, मेरे साथ भी ऐसे कई मौक़े आए थे। मैं अपनी ट्रेनिंग में लोगों से कहता हूं कि इससे पहले कि आप अपने बिज़नेस को बहुत बड़ा बनाएं, ऐसे कम से कम 5 मौक़े आएंगे, जब आपने इस काम को लगभग छोड़ने का मन बना लिया होगा और आपको लगा होगा कि कुछ भी आपके लिए सही नहीं चल रहा है। मैंने महसूस किया कि ऐसे तीन वैक्सीन हैं जो

आपको उन विपरीत परिस्थितियों में काम आएंगे - अपने अपलाइन से बराबर संपर्क में रहिए, सारे इवेंट में शामिल हों (अगर आपकी टीम में से कोई शामिल नहीं भी हो रहा है, तब भी), और प्रस्तावित पुस्तकों को हर दिन क़रीब 15-30 मिनट पढ़ें (ख़ासकर रात में, सोने से पहले या फिर सुबह-सुबह। फिर सारे दिन, ख़ासकर शाम का समय मीटिंग्स के लिए रखिए।)

संयम रखें। अगर कोई बड़ा पत्थर हथौड़े के 41वें वार से टूटता है तो इसका यह अर्थ नहीं कि पहले 40 वार बेकार चले गए। कुछ बीज अन्य बीजों की अपेक्षा अंकुरित होने में अधिक समय लेते हैं। यहां तक कि हर बच्चा भी अलग-अलग तरीक़े से बढ़ता है। एक हवाई जहाज़ एक हेलिकॉप्टर के मुक़ाबले उड़ान भरने में ज़्यादा समय लेता है और उसे एक लंबे-चौड़े सेटअप की भी ज़रूरत होती है, पर एक बार जब हवाई जहाज उड़ जाता है तो फिर इस चीज़ की तुलना भी नहीं की जा सकती कि हेलिकॉप्टर के मुक़ाबले हवाई जहाज कहां पहुंच सकता है।

बस चलते रहिए और आपको अपने अंदर ऐसी शक्तियां और प्रतिभा मिलेंगी जो आपने पहले कभी महसूस नहीं की होंगी।

> *अगर आप उड़ नहीं सकते तो भागिए, अगर आप भाग नहीं सकते तो चलिए और अगर आप चल नहीं सकते तो घिसटिए। आप जो कुछ भी करें, हमेशा आगे बढ़ते रहें।*
>
> **- मार्टिन लूथर किंग जूनियर**

मैं आपको अपने अनुभव से बताता हूं कि नेटवर्क मार्केटिंग बहुत सरल है, पर आसान नहीं। जो पैसा, स्वतंत्रता और लाइफ़ स्टाइल लोगों को सारी ज़िंदगी काम करके नहीं मिल पाता, वो लोग नेटवर्क मार्केटिंग में रहते हुए बिना किसी बड़े निवेश, स्टाफ़, स्थान, कार्यशील पूंजी आदि के 3-5 सालों में पा लेते हैं।

यह आपको भावनात्मक एवं शारीरिक रूप से चैलेंज करेगा। यह आपकी परीक्षा लेगा। पर आप जैसे ही अपने पूरे विश्वास के साथ आगे बढ़ते हैं तो क़िस्मत आपके रास्ता ख़ुद खोल देगी। विश्वास आपके संघर्षों, नुक़सान या निराशाओं को कम नहीं कर सकता, पर यह उन सबसे गुज़रने की आपको शक्ति देता है। इसलिए यह निर्णय लें कि आप प्रतिदिन काम करेंगे जब तक कि आप अपने सपनों को पा ना सकें और बस विश्वास के साथ आगे बढ़ते जाएं।

> *दृढ़ता कोई लंबी दौड़ नहीं है, अपितु यह एक के बाद दूसरी छोटी दौड़ का सिलसिला है।*
>
> **- वाल्टर इलियट**

चार बार मेरी आय शून्य हो गई और हर बार मैंने फिर से बिज़नेस खड़ा किया

मेरी टीम को कुछ लोगों ने मेरी किसी ग़लती के बिना ही छोड़ दिया। हर बार इसके कारण अलग-अलग थे, और उससे अलग-अलग सीख भी मिलती रही। मैं रोया भी, मैंने इसका विरोध भी किया और भगवान से पूछा कि मैं ही क्यों भुक्तभोगी बनूं। मुझे इसे अपनाने में समय लगा पर मैंने फिर से काम शुरू किया। पर हर बार मुझे शीर्ष पर पहुंचने में पहले की अपेक्षा कम समय लगा। असल में मैं आज जिस मुक़ाम पर हूं इन ग़लतियों के कारण ही बना हूं। इसी की बदौलत मेरा बिज़नेस अब स्थिर और मजबूत फ़ाउंडेशन वाला हो गया है।

शुरुआत के महीनों में ऐसे भी क्षण थे, जब हालात बहुत मुश्किल हो जाते थे। मैंने जब अपनी नौकरी से इस्तीफ़ा दिया था, तब मेरे रिश्तेदार मेरे फ़ेल होने के दावे कर रहे थे। मैंने बहुत-सी मीटिंग्स में लोगों को टाइम देकर नहीं आते देखा है और मैं ख़ाली लौट कर आ जाता था। मैंने कई ऐसे प्रोग्राम अटेंड किए जिसमें मेरे साथ कोई नहीं आता था। मैंने हॉल बुक किए पर कोई नहीं आया। अपने जॉब से इस्तीफ़ा देने के बाद अगले ही दिन मैंने एक इवेंट प्लान किया जिसका बजट 2 लाख रुपये था। मेरे स्पॉन्सर एवं मेरी टीम ने मुझसे वादा किया था कि वह उसके लिए कुछ पैसा देंगे। इसमें मेरा असली ख़र्च 3 लाख रुपये पड़ा और कुल 33,000 रु. ही वापस आए। मैंने दिल्ली में बेतहाशा गर्मी के बीच भी इवेंट किए, जहां एसी इवेंट के बीच में चलना बंद हो गया। मैंने बिना माइक के भी लगातार 3 घंटों तक 500 लोगों के साथ सेमिनार किए हैं। जब मैं पार्ट-टाइम बिज़नेस कर रहा था, तब हमारे शहर में कंपनी का कोई ऑफ़िस भी नहीं था और हमें हर हफ़्ते क़रीब 250 किमी का सफ़र तय कर उत्पाद लाने होते थे।

पर हमने यह सब स्वीकार कर लिया और हर स्थिति में जो कुछ कर सकते थे, वो सब किया। हमने कभी भी यह भी नहीं सोचा कि वह सब संघर्ष है और ऐसे रिकॉर्ड बनाते चले गए जिन्हें तोड़ पाना आज भी कठिन है।

10. निरंतर व्यक्तिगत विकास के लिए प्रतिबद्ध

अगर मुझे एक पेड़ को काटने के लिए छह घंटे का समय मिलेगा, तो पहले चार घंटे मैं कुल्हाड़ी तेज़ करने में लगाऊंगा।

- अब्राहम लिंकन

बहुत सालों से नेटवर्क मार्केटिंग का विद्यार्थी रहने के कारण, मैंने उन लोगों में एक अलग ही तरह का गुण देखा है जो नेटवर्क मार्केटिंग के विभिन्न रैंकों से बहुत जल्दी आगे बढ़े हैं। वो लोग विकास करने के लिए भूखे हैं। वह लोग ख़ुद में और बिज़नेस में निरंतर विकास करने के पीछे पड़े रहते हैं। वह हमेशा सीखने और आगे बढ़ने के लिए अवसर तलाशते रहते हैं। मैंने उन्हें हर ट्रेनिंग प्रोग्राम में हमेशा आगे की सीट पर ही बैठे देखा है। वह हमेशा इंडस्ट्री में अच्छे लोगों के साथ ही खड़े हुए देखे जाएंगे। अपना निरंतर विकास करना उन्होंने अपने जीवन का सिद्धांत ही बना लिया है। इस रवैये की वजह से वो जो करते है अच्छा करते हैं और फिर वह इसमें बढ़ते ही जाते हैं।

बूढ़ा होना तय है, पर बड़ा होना वैकल्पिक है।

- चिली डेविस

एक सच्चा लीडर ही और लीडर बना सकता है। लीडरशिप एक यात्रा है, जो हर दिन बेहतर बनकर की जाती है। एक बात जो हमेशा आपका मापदंड होनी चाहिए वो यह है कि आप आज कल से ज़्यादा अच्छे बनें। व्यक्तिगत विकास के लिए मेरा बेंचमार्क बहुत आसान है - जो लोग आपसे मिल रहे हैं, क्या वो यह महसूस कर रहे हैं कि आप पिछले 6-12 महीनों में आप बेहतर हो गए हैं।

हर दिन उत्कृष्टता की मानसिकता के साथ काम करें। इस बिज़नेस में श्रेष्ठ एचीवर बनने के लिए जो भी चाहिए वो इस पुस्तक में साफ़-साफ़ लिखा गया है। स्वयं का मूल्यांकन करें, अपने विकास के क्षेत्र खोजें और अपने विकास के लिए तब तक लगातार काम करते रहें जब तक कि आप उन सबमें सर्वश्रेष्ठ ना बन जाएं। जब आप श्रेष्ठता की ओर जा रहे हैं, तो आपका बिज़नेस अपने आप आपके विकास के साथ-साथ आगे बढ़ते जाएगा।

हम जो काम बार-बार करते हैं, वही बन जाते हैं, श्रेष्ठता कोई काम नहीं है, यह एक आदत है।

– अरस्तू

बिज़नेस में हमारी निजी बढ़त कैसे लाभ में बदलती है? एक बार जब आप निरंतर विकास एवं श्रेष्ठता को अपनी दैनिक आदत बना लेते हैं, तो आप एक चुंबक की तरह हो जाते हैं। आपकी सफलता, नेतृत्व, विकास एवं श्रेष्ठता अपने आप, आप जैसे लोगों को आपके बिज़नेस में ख़ुद-ब-ख़ुद आकर्षित करती रहेगी। एक बार जब आपको सही लोग बिज़नेस में मिल जाएंगे, तो आपका बिज़नेस ऊंचाइयों की सारी सीमाएं पार कर जाएगा।

इसलिए अपनी मौजूदा सफलता से उतने संतुष्ट न हों। फिर से निजी बढ़त के रास्ते पर चल दीजिए। हर बार बेहतरी की ओर ध्यान लगाएं और फिर देखें यह जादू कैसे काम करता है।

अगर आप सफलता की ओर ध्यान लगाएंगे, तो आप को तनाव होगा। पर अगर आप श्रेष्ठता के पीछे लगे रहेंगे, तो सफलता मिलने की गारंटी है।

– दीपक चोपड़ा

लगातार सीख = लगातार वृद्धि

इस बिज़नेस से मुझे गौरव मेहरा जैसा एक भाई मिला जो मेरा बेस्ट फ्रेंड भी है। मेरे संस्थान में, मैंने उसमे हमेशा आगे बढ़ने की ललक देखी है और वो हमेशा ऐसी चीज़ों की खोज़ में रहते हैं जो टीम के सदस्यों की उत्पादकता को बढ़ाने में मदद करें। मैं हमेशा विकासोन्मुख लीडरों से बातचीत करता रहता हूं और सीखता रहता हूं, जैसे, आनंद बंसल, विनय मिश्रा, सुदेश मलिक, जी.सी. उपाध्याय, जगदीप, अभय मिश्रा, महेंद्र सिंह, निशा भारती, रविंद्र सिंह, सुनील रामावत, बिनोद कुमार, मुकेश सिंह एवं अन्य कई और लीडर।

11. मनभावन व्यक्तित्व एवं सफलता के लिए ड्रेस-अप

जो लोग मुस्करा नहीं सकते उन्हें कभी दुकान नहीं खोलनी चाहिए।

– एक चीनी कहावत

हम उन्हीं लोगों के साथ बिज़नेस करना चाहेंगे जिन्हें हम पसंद करते हैं और लोगों को पसंद करने के लिए पहली शर्त है उनका मनभावन व्यक्तित्व। मेरे लिए एक मनभावन व्यक्तित्व कुछ सरल से मानव व्यवहार एवं लक्षणों का समावेश है जैसे मुस्कराते रहना, अन्य लोगों को इज़्ज़त देना, अन्य लोगों को सही से सुनना, दया, ईमानदारी, उदारता, अतिथि सत्कार एवं अच्छे व्यवहार का प्रदर्शन करना।

यह याद रहे कि यहां आप की ज़्यादा और आपकी कंपनी, प्रोडक्ट, इनकम प्लान के बारे में कम बात हो रही है। सेल्स के मामले में एक व्यक्ति आपसे बात करने से पहले ही यह सोच लेता है कि वह आपके साथ काम शुरू करे अथवा नहीं, या आपसे कोई सामान ख़रीदें अथवा नहीं। आपको मिलने के पहले पांच मिनट में कोई व्यक्ति आपके बारे में 50 तरह की धारणाएं एवं अनुमान बना लेता है। मूलतः वह आपसे सामान ख़रीदने या ना ख़रीदने का निर्णय पहले पांच मिनट में ही बना लेता है, बाक़ी की मीटिंग सिर्फ़ इस निर्णय को चेक करने के लिए ही होती है। सामान्य शब्दों में लोग पहले किसी व्यक्ति को पसंद करते हैं और फिर उसके ऑफ़र को। मेरे एक गुरु कहा करते थे, किसी चीज़ के शुरू होने से बहुत पहले ही उसकी शुरुआत हो जाती है।

आपकी मुस्कराहट ही आपका परिचय है, आपका व्यक्तित्व आपका बिज़नेस कार्ड, किसी से मिलने के बाद आप उस पर कैसी छाप छोड़ देते हैं यही आपका ट्रेडमार्क है।

– जेय डेंजी

सबसे अच्छी बात यह है कि एक मनभावन व्यक्ति बनना सीखा जा सकता है और आप जैसे भी हों, आप स्वयं को हर बार सुधार सकते हैं और बेहतर बन सकते हैं।

मैं आपसे यह नहीं कह रहा कि आप जिससे मिलें, उसे ख़ुश करने में लग जाएं, मैं आपसे यह कह रहा हूं कि स्वयं को ऐसे व्यक्ति के रूप में विकसित करें कि आप जब भी लोगों के साथ हों, तो आप सबके बीच में मनभावन लगें और सब लोग आपके आसपास रहना चाहें। कई लोग मेरे साथ स्पष्ट रूप से यह कहते हुए बिज़नेस

शुरू करते हैं कि उन्हें बिज़नेस या उत्पाद से मतलब नहीं है, पर वह मेरे साथ जुड़े रहना चाहते हैं।

आप जैसे हैं वैसे ही लोगों को आकर्षित करते हैं ना कि वैसे जैसे आप चाहते हैं। इसलिए अगर आप अपनी टीम में कुछ मनभावन व्यक्तित्व के लोग चाहते हैं तो आपको ख़ुद का भी मनभावन व्यक्तित्व बनाना पड़ेगा।

सफलता के लिए ड्रेस अप हो जाएं

आपके मनभावन व्यक्तित्व को जादू करने का अवसर तब मिलेगा जब आपकी ड्रेस रास्ता बनाकर देगी।

– दीपक बजाज

हां, आपका आकर्षक व्यक्तित्व उस व्यक्ति का दिल अवश्य जीत पाएगा और वह सेल के लिए आश्वस्त करेगा, पर आप मीटिंग के लिए जिस प्रकार तैयार होकर जाते हैं उससे चीज़ों का आगे बढ़ना तय होता है। आपके कपड़े आपका पहला प्रभाव होते हैं।

इसलिए यह बहुत ज़रूरी है कि सफलता के लिए बढ़िया से कपड़े पहनें और लोगों पर अपना शानदार पहला प्रभाव छोड़ें।

सफलता के लिए किस प्रकार तैयार हों :

- ✓ जब भी मीटिंग के लिए जाएं, हमेशा फ़ॉरमल कपड़ों में जाएं। स्मार्ट कैजुअल भी सही लगते हैं।
- ✓ पुरुषों के लिए शर्ट-टी शर्ट से ज़्यादा अच्छी होती हैं। उसी तरह स्त्रियों के लिए, सही प्रकार से कपड़े पहनना उपयुक्त है। आपको अच्छा, आश्वस्त और सफलता के लिए तैयार दिखना चाहिए।
- ✓ अच्छी तरह से तैयार हों। पुरुषों के लिए - बाल सही से कटे हों और दाढ़ी अच्छी-से बनी हुई। एक हल्का परफ़्यूम भी अच्छा लगता है। उसी तरह स्त्रियों के लिए भी।
- ✓ सही से पॉलिश किए जूते साफ़ मोजों के साथ पहने हुए होने चाहिए।
- ✓ अगर आपको अपने मुंह से या शरीर से बदबू आने का डर है, तो किसी माउथवॉश या डिओड्रेंट का इस्तेमाल करें।
- ✓ हमेशा मुस्कराते रहें। लोगों का दिल जीतने के लिए यह कमाल करता है।

पहला प्रभाव अंतिम प्रभाव होता है, आपको पहला प्रभाव दिखाने के लिए दूसरा अवसर नहीं मिलता।

मैं यह सलाह नहीं दे रहा हूं कि आप अपने सारे पैसे कपड़ों पर ख़र्च कर दें, पर यह नियम है कि अगर आप सफलता के बारे में बात करना चाहते हैं तो आपको सफल

दिखना तो चाहिए। अगर आप लाइफ़स्टाइल के बारे में बात करने वाले हैं तो आप इसे दिखाइए। आप ऐसे लगने चाहिए जिसके साथ लोग जुड़ना पसंद करें। हर समय, हर दिन सबसे अच्छे लगें।

अक्सर मुस्कराते रहें, असली लगें और वैसे दिखें जिनके जैसे आप बनाना चाहते हैं। सारी दुनिया आपकी टीम का हिस्सा बनना चाहेगी।

मनभावन व्यक्तित्व से सभी दरवाज़े खुलते हैं

मेरे बिज़नेस के पहले ही दिन, मुझे एक महान आदमी से मिलने का अवसर प्राप्त हुआ जो आज बिज़नेस में मेरे गॉडफ़ादर हैं और आज भी मुझे जब किसी सहायता या किसी की सलाह की ज़रूरत होती है, तो वह सबसे पहले व्यक्ति हैं जिनके पास मैं जाता हूं, वह हैं श्री प्रवीण चंदन। उन्होंने मुझे बताया है कि दो तरह से काम करें, 1. इसे अपना बिज़नेस मान कर काम करें। 2. लोगों से बातचीत करते समय अपने मुंह में शक्कर रखें और सिर पर बर्फ़ रखें। इन दोनों सीख से मेरा व्यक्तित्व इस तरह बदला है कि मैं जहां भी गया हूं, मुझे लोगों से बहुत प्यार एवं इज़्ज़त मिली है। काम पर इस तरह से तैयार होकर जाएं कि आप अपनी कंपनी के टॉप परफ़ॉर्मर हैं।

12. समयनिष्ठ एवं तैयार

अगर आप जल्दी नहीं आ सकते तो समय पर तो पहुंचें।

हमेशा समय पर पहुंचने से लोग आपको ज़्यादा पसंद करते हैं : चाहे वह आपकी टीम के लोग हों या नए प्रॉस्पेक्ट। सभी लोग ऐसे व्यक्ति के साथ बिज़नेस करना चाहेंगे जो उन्हें महत्त्व देता है और उन्हें यह बताने के लिए कि आप उन्हें कितना महत्त्व देते हैं, उसका पहला और सबसे आसान तरीक़ा है - समय पर मीटिंग के लिए आना। मीटिंग शुरू होने से क़रीब 5-10 मिनट पहले ही पहुंचने की आदत डालें। हो सकता है आपके समयनिष्ठ होने की सब लोग क़द्र ना करें, पर लेट होने से आपका बिज़नेस ख़त्म होने की गारंटी है। इसके साथ ही सारी मीटिंग को समय पर शुरू करना एवं समाप्त करना ज़रूरी है।

एक अच्छी बात यह है कि जल्दी पहुंचना या देर से पहुंचना एक आदत है जो आदत बदली जा सकती है, इसलिए समय पर पहुंचने की आदत डालिए।

जीतने की इच्छा का तब तक कोई अर्थ नहीं रह जाता अगर तैयारी की इच्छा न हो तो।

- जुमा इकांगा

देर-सवेर जो व्यक्ति जीवन में या बिज़नेस में जीतता है, वह भाग्यशाली नहीं है, वह इसकी तैयारी के लिए अपना समय एवं ऊर्जा दोनों लगाता है। अधिकांश लोग जो नेटवर्क मार्केटिंग के बिज़नेस में आए हैं वह इस इंडस्ट्री के लिए नए हैं और उन्हें थोड़ी शंका भी रहती है कि वह कभी इस बिज़नेस में सफल भी हो पाएंगे या नहीं? पर अगर आपके पास इसकी तैयारी के लिए इच्छाशक्ति एवं अनुशासन हैं, तो चीज़ें आसान हो जाती हैं। इस बात से कोई फ़र्क़ नहीं पड़ता कि बिज़नेस में आने से पहले आप क्या काम करते थे, फ़र्क़ इस बात से पड़ता है कि एक बार बिज़नेस शुरू करने के बाद आप क्या करना चाहते हैं।

जीत के लिए तैयार रहें

1. इस विश्वास के साथ दिन शुरू कीजिए कि आज आपको अपना चैंपियन मिल जाएगा। याद रखें कि आज आपकी आगे की ज़िंदगी का पहला दिन है।
2. लोगों को मदद करने के इरादे से मिलें। इरादों से बहुत फ़र्क़ पड़ता है।

3. अपने घर से मुस्कराते हुए निकलें और सफल होने के मकसद से अच्छे कपड़े पहनकर जाएं।
4. अपने साथ अपना पूरा बिज़नेस किट लेकर जाएं। सभी काम में आने वाले वीडियो, रिपोर्ट, सफलता की कहानियां, प्रोग्राम फ़ोटो, प्रोडक्ट ब्रॉशर, बिज़नेस प्रेज़ेंटेशन आदि अपने फ़ोन, लैपटॉप या मोबाइल में लेकर चलें।
5. अपने साथ लिखने के लिए एक पुस्तिका/नोटबुक एवं एक पेन लेकर जाएं। अपने मेहमानों से पेन या पेपर नहीं मांगे।
6. यह भी सुनिश्चित करें कि आप अपने उत्पादों व बिज़नेस प्लान के बारे में जानते हैं और इसके लिए आपने पहले से तैयारी की है।

आपकी तैयारी अज्ञानता के विरुद्ध आपका बीमा है।

– दीपक बजाज

आपका आत्मविश्वास आपका सबसे अच्छा दोस्त है और यह तैयारी के साथ आता है। बहुत सारी तैयारी के साथ, आप हर मीटिंग में विजेता के रूप में उभरेंगे।

हर मीटिंग में 10 मिनट पहले पहुंचे

कभी भी किसी मीटिंग को रद्द न करें और हर मीटिंग के शुरू होने से 10 मिनट पहले पहुंचे। मैं अपने करियर में यह बहुत पहले ही समझ गया था कि आपकी मीटिंग के पहले कुछ मिनट आपकी मीटिंग के परिणाम बता सकते हैं। समय पर पहुंचना एक जीत है और लोगों के मन में इससे सकारात्मकता आती है। जब आप देर से पहुंचते हो, तो आप मीटिंग की शुरुआत सॉरी बोल कर करते हो और यह किसी भी मीटिंग की बहुत ही ख़राब शुरुआत है। जल्दी पहुंचना एक आदत है। मैंने एक बहुत सीनियर लीडर अश्विनी शर्मा में यह आदत देखी है, जो हर प्रोग्राम में समय से पहुंच जाते हैं। तैयारी करने के मामले में मैं अपनी टीम के कुछ सदस्यों की कर्मठता से बेहद प्रभावित हूं – साहिल गर्ग, हरविंदर सिंह, प्रदीप चौधरी एवं सुभाष चंदर। वे हर मीटिंग एवं प्रोग्राम के लिए हमेशा तैयार रहते हैं।

13. एक संतुलित जीवन जीने की निपुणता

हम अपने विकल्प हैं।

- जे.पी. सारट्रे

जब यह बिज़नेस आपकी ज़िंदगी में आता है, तो आप पहले से ही अपनी ज़िंदगी के 4 प्रमुख क्षेत्रों को संभाल रहे होते हैं - आप स्वयं, आपका परिवार, मौजूदा व्यवसाय और सामाजिक कर्तव्य। अपने सपनों की ज़िंदगी का निर्माण करने के लिए आपको अपने पहले से ही व्यस्त जीवन में इस बिज़नेस को फ़िट करना होगा। आपको हर दिन इस बिज़नेस के लिए अपना समय निकलना होगा। अन्य बिज़नेस की तरह, इस बिज़नेस के पहले कुछ महीने भी चुनौती भरे होंगे क्योंकि यह आपका बहुत सारा समय लेगा और जिस हिसाब से आप उसमें समय लगाएंगे और कोशिशें करेंगे, उसकी तुलना में आपको परिणाम शायद थोड़ा कम दिखेगा।

यह याद रखें कि बिना कष्ट किए कोई फल नहीं मिलता। हमारी ज़िंदगी हमारे विकल्पों से ही बनती है। सबसे पहले यह विचार करें कि आपको जीवन में क्या चाहिए और फिर वह काम एवं व्यवहार कीजिए, जिससे आप अपने उद्देश्यों की ओर जल्दी अग्रसर हों।

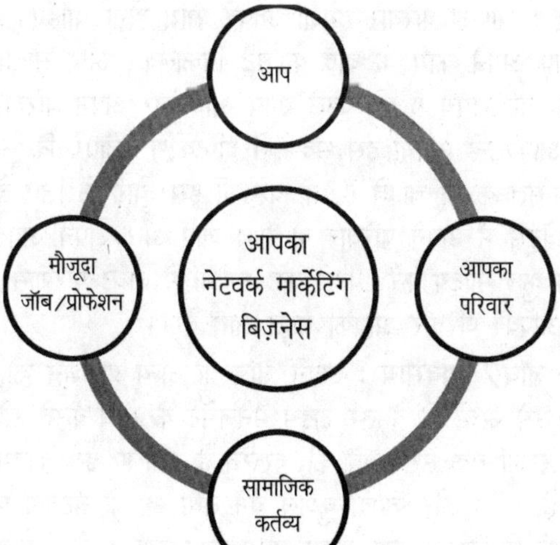

एक्शन आपकी प्राथमिकताएं बताता है।

– महात्मा गांधी

अपनी ज़िंदगी की चार प्रमुख चीज़ों को अच्छे से संभालने के लिए मेरे सुझाव

आप अपनी सेहत का ख़याल रखें। अगर आपकी सेहत सही नहीं है तो आप अपने पैसों से मज़े नहीं कर सकते। हर दिन कम से कम 60 मिनट कसरत के लिए निकालें। आप जो खाते हैं, उसके प्रति सावधान रहे। नेटवर्क मार्केटर्स बहुत ज़्यादा घूमते हैं जिससे उनका खाना-पीना प्रभावित होता है। जंक फ़ूड न खाएं, समय पर खाना खाएं, अपनी यात्रा के दौरान घर का बना खाना ले जाएं, प्रति दिन पौष्टिक खाना खाएं व हर दिन व्यायाम करें। आप अपनी अच्छी सेहत के साथ अपनी आय, स्टेटस और प्रसिद्धि का मज़ा ले पाएंगे।

अपने बौद्धिक एवं भावनात्मक विकास के लिए हर दिन किताबें पढ़ें और वीडियो देखें। अच्छे लोगों के साथ समय बिताएं। अपने परिवार के साथ अच्छा समय बिताएं। थोड़ा ध्यान करें और भगवान में अपना विश्वास बढ़ाएं। कुछ अच्छा संगीत सुनें, ये अभी अपने आप में एक साधना ही है। हमेशा ख़ुश रहें और आनंद से भरे रहें। भगवान का धन्यवाद करें कि उन्होंने आपको इतना कुछ दिया, उन्होंने आपको सही रवैया दिया और अपने सपनों को पूरा करने की क्षमता दी। आप भाग्यवान हैं कि आपको नेटवर्क मार्केटिंग बिज़नेस मिला। अपना शारीरिक, भावुक, बौद्धिक और आध्यात्मिक विकास करें, जिससे आप अपना बिज़नेस स्थापित कर सकें।

परिवार : आपका परिवार हमेशा आपके साथ होना चाहिए। इस बिज़नेस की शुरुआत में आप अपने काम के बाद के घंटे निकालकर और सप्ताहांत में इस पर काम करेंगे। यह वह समय है जो पहले आप अधिकतर अपने परिवार या दोस्तों को देते थे। अगर आप उन्हें अपना इस संदर्भ में दृष्टिकोण बताएंगे कि अगले 2-5 सालों में आप क्या हासिल करना चाहते हैं, तो वह भी इस त्याग के लिए तैयार हो जाएंगे। कुछ बिज़नेस इवेंट्स में अपने परिवार के साथ जाएं और अपने अपलाइन एवं उनके परिवार के साथ कुछ मीटिंग करें। पहले कुछ महीनों में अच्छे परिणाम लाने का संकल्प लें और इसमें आपका परिवार आपका बहुत साथ देगा।

मौजूदा जॉब/ व्यवसाय : अपने जॉब या अन्य प्रोफ़ेशन को लेकर आप जो भी कर रहे हैं, उसे अच्छे से बेहतर टाइम मैनेजमेंट के साथ करते रहें। आपको अभी कुछ महीनों या सालों तक उस जॉब की ज़रूरत है इसलिए इसे क़ायम रखने के लिए जो कर सकते हैं, करें। और ज़्यादा कुशल बनें तथा आपके नेटवर्क मार्केटिंग बिज़नेस को हर दिन बढ़ने के लिए जितना ज़्यादा समय हो सकता है, दें। अपने सारे सप्तांहातों एवं छुट्टियों को प्रभावी ढंग से उपयोग करें। अपनी टीम के साथ इवेंट में जाएं और अपने टीम के सदस्यों को प्रोग्राम के साथ जोड़ें जिससे वह सिर्फ़ आप पर निर्भर न रहें।

जैसे-जैसे काम गति पकड़ता है, अपने एक्टिव अपलाइन से इसके लिए संपर्क करें और फिर यह विचारें कि इस बिज़नेस को कब फुलटाइम बिज़नेस में परिणत कर सकते हैं।

दोस्त/सामाजिक दायित्व : कम से कम चीज़ों पर आ जाएं, पहले 12-24 महीनों में उन्हीं समारोहों में जाएं, जहां जाना बेहद ज़रूरी है। साथ में सामाजिक उत्सवों से आपकी सूची में नए नाम जोड़ते रहें और नए लोगों की प्रॉस्पेक्टिंग करते रहें।

अपने बिज़नेस के पहले बारह से चौबीस महीनों में अपने नेटवर्क मार्केटिंग बिज़नेस को अपने जीवन का केंद्र बिंदु बनाए रखें और अन्य काम उसके अनुसार करें। क्या यह आसान होगा? नहीं, क्या यह सही होगा? हां। आप इस बात से प्रसन्न होंगे कि आपने इसे चुना है। नेटवर्क मार्केटिंग के जरिए आपको न सिर्फ़ करोड़ों रुपये मिलेंगे पर इससे एक टाइम मैनेजमेंट के लिए ज़बरदस्त ट्रेनिंग भी मिलेगी जिससे आप अपनी प्राथमिकताएं सही से तय कर पाएंगे। अपनी यात्रा का मज़ा लें।

अगर यह आप के लिए महत्त्वपूर्ण है, तो आप अपना रास्ता खोज लेंगे,
अगर नहीं तो आपको इसके लिए बहाना मिल जाएगा।

– रयान ब्लेयर

हमेशा ख़ुश रहें, स्वस्थ रहें और सफल रहें

दुनिया के सबसे अच्छे विद्वानों से सीख कर मैंने यह समझा है कि असली सफलता अच्छे स्वास्थ्य, अपनी वृद्धि, परिवार, ख़ुशी एवं करियर के संयोजन से आती है और यह बिज़नेस यह सब देता है। मैं सुबह साढ़े पांच बजे उठकर साधना करता हूं। अपने परिवार के लोगों के साथ हर दिन समय बिताता हूं। सातों दिन कुछ न कुछ खेलता या जिम करता हूं। पूरे दिन अच्छे से काम करता हूं। मैं हर दिन पढ़ता हूं और हर छह महीने में एक नया खेल या कुछ और सीखता हूं। मैं हर महीने एक छोटी छुट्टी लेता हूं और हर 3-4 महीने में एक लंबी छुट्टी लेता हूं। मैंने भोजन, साधना एवं व्यवस्थित जीवन जीना अपने दोस्त विमल सरीन से सीखा है। हम जब भी मिलते हैं, हमारी बात जीवन को आध्यात्मिक ज्ञान से आगे बढ़ाने के बारे में ही होती है। मैं अपने दोस्तों हर्षवर्धन जैन व संजय शर्मा से भी इस बारे में सीखता रहता हूं।

14. वित्तीय अनुशासन

कोई भी अच्छा बिज़नेसमैन हर चीज़ को करने के लिए वित्तीय अनुशासन का पालन करता है।

– पाउला वैगनर

मैं हमेशा ही वित्तीय अनुशासन को सफलता के सोपान के लिए एक अलग गुण के तौर पर रखता हूं क्योंकि मैंने वित्तीय अनुशासन के अभाव में बड़े-बड़े करियर को समाप्त होते देखा है। अगर इस एरिया का सही से नहीं संभाला गया तो स्थिति बिगड़ सकती है और इससे बिज़नेस भी ख़तरे में जा सकता है।

ख़र्चने के बाद जो बचता है, उसे न बचाएं, पर बचाने के बाद जो बचता है, उसे ख़र्च करें।

– वॉरेन बफ़े

चूंकि नेटवर्क मार्केटिंग बिज़नेस में जो लोग भी आते हैं वह किसी व्यवसाय की पृष्ठभूमि वाले नहीं होते। इसलिए यह ज़रूरी है कि हम इस कौशल की महत्ता को समझें और इसमें महारत हासिल करें। बिज़नेस के हर स्टेज में आपको वित्तीय अनुशासन की अच्छी जानकारी की आवश्यकता होती है। नीचे बेहतर वित्तीय मैनेजमेंट के लिए कुछ सुझाव दिए गई हैं, कृपया इन्हें अमल करें :

1. **पहले कुछ महीनों की आय :** शुरुआत में आप जब इस बिज़नेस को अपनी मौजूदा जॉब या प्रोफ़ेशन के साथ चलाते हैं, तो इस बिज़नेस से कमाई गई सारी आय आपकी अलग आय होगी, क्योंकि आप अपने मौजूदा ख़र्चों को अपनी मौजूदा आय से चला रहे हैं। हां, बिज़नेस पर कुछ ख़र्चे होंगे, पर जो पैसे बचेंगे उससे एक फ़ंड बना लें जिससे आपको तब बहुत मदद मिलेगी जब आप इसे एक फुलटाइम करियर बनाने का निर्णय करेंगे।
2. **प्रोग्राम :** बिज़नेस में ट्रेनिंग प्रोग्राम एक ख़र्च है, जो आपके स्वयं के विकास के लिए ज़रूरी है। यह एक प्रकार का निवेश है जिससे आप एक बेहतर व्यक्ति बनेंगे। ये ही प्रोग्राम आपको बिज़नेस में अपार सफलताएं देंगे और इससे और कई गुणा लाभ मिलेगा। वैसे तो सभी प्रोग्राम वैकल्पिक हैं, पर यह आपके विकास के लिए आवश्यक है। जब आप किसी प्रोग्राम की ओर देखते हैं, तो उस पर हो रहे ख़र्च को मत देखिए, यह एक प्रकार का निवेश है जो आपको आने वाले दिनों में

अधिकतम रिटर्न देगा। कभी-कभार, नेटवर्क मार्केटिंग इंडस्ट्री के बाहर के ट्रेनरों के किसी प्रोग्राम में शामिल हों। आप वहां से बहुत कुछ सीखेंगे और विकास की ओर उन्मुख नए लोगों से भी इन ट्रेनिंग इवेंट में मिलेंगे।

एक प्रोग्राम कोई व्यय नहीं है, यह एक निवेश है।

– दीपक बजाज

3. **राजस्व बनाम लाभ :** आप इस बिज़नेस में जो कुछ भी कमाते हैं, उसे अपने राजस्व के रूप में देखें न कि लाभ के रूप में। आपने जो भी कमाया है उसे ख़र्च करना शुरू मत कीजिए। एक स्मार्ट एवं दूरदृष्टि वाले बिज़नेसमैन की तरह, आपको अपनी आय से पहले बिज़नेस के ख़र्च निकालने चाहिए फिर बिज़नेस डेवलपमेंट पर ख़र्च करना चाहिए (आपके ख़ुद के ट्रेनिंग एवं डेवलमेंट पर), फिर कुछ राशि को भविष्य के कंटीजेंसी फ़ंड के रूप में अलग रख दें और फिर अब जो बच गया वह आपका लाभ है और आप जैसे चाहें उसका इस्तेमाल कर सकते हैं। यहां तक कि एक स्मार्ट दुकानदार भी पहले अपनी दुकान का किराया देता है फिर दुकान के अन्य ख़र्चों को चुकाकर कुछ लाभ घर ले जाता है। बिज़नेसमैन वाला रवैया अपनाएं।

   प्लानिंग प्रोग्राम और इवेंट : जैसे-जैसे आपका बिज़नेस बढ़ता जाता है आपकी भूमिका भी एक प्रतिभागी से एक इवेंट आयोजक के रूप में बदलती जाती है। अगर आप एक अच्छे ट्रेनिंग एवं डेवलपमेंट सिस्टम वाली एक प्रोफ़ेशनल टीम से जुड़े हुए हैं तो वह आपके लिए इवेंट्स आयोजित करेंगे, पर जैसे-जैसे आप इस बिज़नेस में बढ़ते जाएंगे, आपको इस बिज़नेस में कई गुणा बढ़ने के लिए विभिन्न इवेंट आयोजित करने होंगे। एक इवेंट प्लान करने के लिए अपने एक्टिव अपलाइन से मीटिंग कर यथासंभव ख़र्चों यहां तक कि आकस्मिक ख़र्चों का लेखा-जोखा ले लेना समझदारी है। किसी भी प्रोग्राम में किसी के लिए भी कोई वित्तीय नुक़सान नहीं होना चाहिए। इसके अलावा हमेशा हर प्रोग्राम के लिए एक ऑर्गनाइजिंग कमेटी बनानी चाहिए। कभी भी पैसे लेने के लिए अकेले नहीं जाएं और प्रोग्राम के बाद का सारा लेखा-जोखा सभी संबंधित लोगों को बता दें। आप आपकी विश्वसनीयता एवं करोड़ों रुपयों की रॉयल्टी कुछ हज़ार रुपयों के लिए नहीं खो सकते।

4. **घूमना, टीम मीटिंग एवं अन्य बिज़नेस ख़र्च :** अपने शुरुआती दिनों में अपना बिज़नेस अपने ही शहर में करें। धीरे-धीरे जब आपका अनुभव बढ़ेगा और आप स्थानीय जगह में अपनी एक अच्छी टीम बना लेंगे, तो बाहर की जगहों में भी इसके लिए टीम विकसित करें। जब आप यात्रा करते हैं, तो यह एक बिज़नेस व्यय होता है और पहले कुछ हफ़्तों में नए शहर में नई टीम बनाने के लिए, घूमने से आपने जितना कमाया होता है उससे ज़्यादा ख़र्च हो जाता है। इसलिए कृपया इन कारणों से एक नए शहर में बिज़नेस बनाना न रोकें। यह भी एक प्रकार का

बिज़नेस निवेश ही है। कभी-कभी आपको अपना कुछ पैसा अपनी टीम के लिए में लगाना होगा जैसे कॉफ़ी, लंच, ट्रेवलिंग आदि। यह बिज़नेस का एक व्यय है और यह बिज़नेस डेवलमेंट के लिए ज़रूरी है।

5. **नई कार या कोई लक्ज़री सामान ख़रीदना :** अगर आप पैसे एवं सफलता की बात करते हैं, तो उसे दिखाना भी पड़ेगा। पर अगर आप अपनी आय से ज़्यादा खर्च करेंगे तो इससे आप एक मुश्किल परिस्थिति में भी आ सकते हैं। अपने एक्टिव अपलाइन से बिना परामर्श लिए कोई भी कार या महंगा सामान मत ख़रीदें। अपना बैंक खाता बेलेंस, पिछले 6 महीने की आमदनी और अपनी टीम के लीडरों एवं सही स्वरूप को देख कर ही प्लान बनाएं।
6. **लोन :** इस बिज़नेस के किसी भी स्टेज पर दो तरह के लोन कभी न लें - किसी लक्ज़री/ग़ैर ज़रूरी निजी उपभोग के लिए एवं उच्च ब्याज दर पर लोन। पहले से ही अपनी ख़रीदारी प्लान कर लें। जब शुरुआत में बिज़नेस बन रहा होता है और अस्थिर होता है, अपने अनुमानों में यथार्थवादी बनें और लोन के लिए अपने एक्टिव अपलाइन से परामर्श लें। आपके बिज़नेस को आपकी 100 फ़ीसदी प्रतिबद्धता शारीरिक एवं मानसिक रूप से चाहिए। कोई ग़लत वित्तीय निर्णय आपका सारा समय एवं ध्यान ग़ैर ज़रूरी कारणों में लगाएगा। सिद्धांततः शुरुआत के कुछ दिनों में किसी भी लोन से बचना चाहिए।
7. **जब आप ख़ूब पैसा कमा रहे हों तो निवेश ज़रूर करें :** जब आपका बिज़नेस बढ़ रहा हो और आप ख़ूब पैसा कमा रहे हों तो निवेश ज़रूरी करें। हमें एक अच्छी कार या अन्य लक्ज़री चीज़ ख़रीदनी चाहिए, पर याद रखें कि कुछ पैसा बचाकर उसे निवेश भी करना चाहिए। अपने निवेश के लिए साप्ताहिक या मासिक रूप में कुछ पैसा अलग रख दें। अपने फ़ाइनैंशियल एडवाइजर से सलाह लें (उन्हें सावधानी पूर्वक चुनें) और निवेश के लिए एक अच्छा पोर्टफोलियो तैयार करें। आप नेटवर्क मार्केटिंग बिज़नेस से आय तो ले ही रहे हैं। साथ-साथ क्यों ना अपने पैसों को भी काम पर लगाएं।

वित्तीय स्वतंत्रता का अर्थ अपने दिल-ओ-दिमाग़ से स्वतंत्रता हासिल कर आपको ज़िंदगी की परेशानियों से आजाद़ करना है।

- स्युज़ी ओरमैन

हम यह बिज़नेस वित्तीय स्वतंत्रता हासिल करने के लिए कर रहे हैं। हम इस तरह से यह बिज़नेस सेट करना चाहते हैं कि एक बार जब यह स्थापित हो जाए तो हमें तब भी पैसे दे, जब हम अपने परिवार के साथ छुट्टियों पर मज़े करें। आपने सही बिज़नेस चुना है और अन्य बिज़नेस की तुलना में इसमें आपको जल्दी वित्तीय स्वतंत्रता ज़रूर मिलेगी। हालांकि आपको यहां तक पहुंचने में थोड़ा समय लगेगा, पर अगर आप मेरे

द्वारा बताए गए वित्तीय स्वतंत्रता के इन 8 अमूल्य सिद्धांतों पर काम करेंगे तो ऊंचाई तक पहुंचने की यात्रा आसान हो जाएगी। अपने दिल-ओ-दिमाग़ के साथ अपना नेटवर्क मार्केटिंग बिज़नेस बनाते रहें, जिससे सारी दुनिया जिस असीमित पैसों की कल्पना करती है, उसी वित्तीय अधिकता का आप पूरा मज़ा उठा पाएं।

अपने पैसे को नियंत्रित करें

मेरी टीम में एक वित्त विशेषज्ञ हैं जो मुझे पैसों के बारे में बहुत कुछ सिखाते रहते हैं, उनका नाम है संजय जिंदल। मैंने अब पैसों को कई गुणा बनाने के तरीक़ो में महारत हासिल कर ली है और मेरे नेटवर्क मार्केटिंग इनकम से काफी कुछ निवेश भी किया है। मैं लोगों को हमेशा ही कहता हूं हर व्यक्ति को हर महीने एक सकारात्मक कैशफ़्लो के लिए जो हो सके वह करना चाहिए। इसके बारे में पहले से प्लान करें और अपनी ज़िंदगी में कभी भी कोई नकारात्मक वित्तीय स्थितियां न आने दें।

15. संबंधों को बनाना और पोषण

व्यापार सभी रिश्तों के बारे में है। आप उन्हें कितनी अच्छी तरह से बनाते हैं इससे यह निर्धारित होता है कि वे आपके व्यवसाय का कितना अच्छा निर्माण करेंगे।

- ब्राड शुगर्स

नेटवर्क मार्केटिंग एक पारंपरिक व्यवसाय से पूरी तरह से अलग है। पारंपरिक व्यवसाय एक बॉस, एक औपचारिक संरचना, अथॉरिटी और दंड से संचालित होता है। दूसरी ओर नेटवर्क मार्केटिंग विशुद्ध रूप से सद्भावना और रिश्तों पर चलती है। एक सफल नेटवर्क मार्केटिंग व्यवसाय चलाना एक परिवार को चलाने के समान है और इस व्यवसाय को चलाने के सिद्धांत ठीक वैसे ही हैं जिससे एक परिवार चलता है। इसलिए, एक व्यक्ति जो रिश्तों का विकास और पोषण कर सकता है, नेटवर्क मार्केटिंग व्यवसाय के लिए सबसे उपयुक्त है। कुछ लोगों में यह गुण होता है और अन्य इसे तब विकसित करते हैं जब वे अपना व्यवसाय शुरू करते हैं।

संबंध + बिक्री = नेटवर्क मार्केटिंग

कृपया समझें कि उत्पाद बेचना नेटवर्क मार्केटिंग का केवल एक हिस्सा है, वास्तविक व्यवसाय रिश्तों के आधार पर बनाया जाता है। रिश्ते वैसे भी हर व्यवसाय में आवश्यक होते हैं लेकिन नेटवर्क मार्केटिंग में, रिश्ते व्यवसाय की रीढ़ होते हैं। लोग यहां आपके एकमात्र संसाधन हैं और लोग आपके साथ संबंधों के आधार पर जुड़ने के लिए दशकों तक आपके साथ रहेंगे। मैं निकट भविष्य में एक ऐसे समय का अनुमान लगा सकता हूं जब व्यवसाय में केवल मित्र आएंगे और जो वितरक मित्र हैं वे ही व्यवसाय में रहेंगे।

व्यापार, तमाम बातों के बावजूद मानवीय रिश्तों के एक गुलदस्ते से ज़्यादा कुछ नहीं है।

-ली लकोका

यदि रिश्तों का निर्माण और पोषण करना स्वाभाविक रूप से आपको नहीं आता है, तो कृपया यह याद रखना कि यह एक सीखने योग्य कौशल और एक विशेषता है जिसे धीरे-धीरे आपके व्यक्तित्व के एक अंग के रूप में विकसित किया जा सकता है। बढ़िया चरित्र, ईमानदारी और नैतिकता वाले व्यक्ति बनें और आने वाले पीढ़ियों तक आपका

व्यवसाय बढ़ता रहेगा। नीचे दिए गए गुणों को तब तक विकसित करते रहें जब तक कि वे आपकी दूसरी प्रकृति नहीं बन जाएं :

- ✓ व्यापार में अपने प्रदर्शन के बावजूद लोगों का हमेशा सम्मान करें।
- ✓ हर अवसर पर दूसरों की सराहना करें।
- ✓ कभी भी लोगों को नीचा नहीं दिखाएं।
- ✓ कभी भी लोगों के अहंकार, धन और परिवार के साथ खिलवाड़ न करें।
- ✓ अपनी निजी रुचि से पहले टीम के हित रखें।
- ✓ हमेशा समय पर काम करें।
- ✓ खुशनुमा व्यक्तित्व बनाएं।
- ✓ कृतज्ञता के दृष्टिकोण के साथ काम करें।
- ✓ हमेशा आपको जो मिलता है, उससे अधिक दें।
- ✓ समस्याएं सुलझाने वाले बनें न कि मीन-मेख निकालने वाले।
- ✓ अच्छे तौर-तरीक़ों और शिष्टाचार का प्रदर्शन करें।
- ✓ अपने शब्दों का सम्मान करें।
- ✓ अपने व्यवहार में ईमानदार और पारदर्शी रहें।

लोगों को महत्त्व दें और रिश्तों को अल्पकालिक लाभ से ऊपर रखें। यह एक दीर्घकालिक व्यवसाय है और रिश्तों को पोषण देने पर आपका बल देना आपको एक स्थिर और सदा बढ़ता हुआ व्यवसाय देगा।

> *लोगों को लोगों के साथ व्यापार करना होता है क्योंकि वे नहीं चुनते क्योंकि उन्हें करना है। हम हमेशा दूसरों को एक ही काम करते हुए या एक ही उत्पाद को बेचते हुए पा सकते हैं, यह व्यक्तिगत संपर्क है जिससे फ़र्क़ पड़ता है।*
>
> **- एनॉन**

कुछ भी करने से पहले लोगों को वास्तव में प्यार दें और देखभाल करें

जब मैंने अपनी नई प्रशिक्षण और परामर्श कंपनी शुरू की, तो भारत और ऑस्ट्रेलिया के हर हिस्से से 1000 से अधिक लोगों ने मेरी पहली लाइव इवेंट – लॉन्च योर ड्रीम लाइफ़ में रुचि दिखलाई। कार्यक्रम की तारीख़ से बहुत पहले ही इस कार्यक्रम की टिकटें बिक गई थीं और हमें लोगों से अगले कार्यक्रम में आने के लिए अनुरोध करना पड़ा। किसी भी ट्रेनर के पहले प्रशिक्षण कार्यक्रम में लोगों ने कभी भी 1000 प्रतिभागियों को नहीं देखा था, लेकिन यह उस रिश्ते के कारण हुआ जो मैंने लोगों के साथ विकसित किया था और जो मूल्य मैंने बीते दिनों में उनके जीवन में जोड़ा था। उन प्रतिभागियों में से अधिकतर ने हमारे अगले कार्यक्रमों के लिए साइन अप किया और नियमित रूप से हमारे साथ रहे। मैं अपने सभी प्रशिक्षण कार्यक्रमों के लिए, 10x सिद्धांत का पालन करता हूं : हमें हर प्रतिभागी ने जो भुगतान किया है, उससे 10 गुना मूल्य/लाभ देना होगा। मूल्य, कृतज्ञता, सेवा और लोगों को जोड़ने की यह फ़िलॉसॉफ़ी मेरी पुस्तकों, वीडियो और प्रशिक्षण कार्यक्रमों की व्यापक सफलता का मूल कारण रहा है।

16. भावनात्मक लचीलापन

हम सभी को एक भरपूर जीवन जीने के लिए लचीलापन चाहिए। लचीलेपन के साथ, आप अपनी प्रतिभा, कौशल और क्षमताओं को विकसित करने के लिए, चुनौतियों को लेने के लिए अधिक तैयार होंगे ताकि आप अधिक उद्देश्य युक्त होकर और अधिक आनंद से रह सकें।

– एरिक ग्रीटेंस

भावनात्मक लचीलापन कठिनाइयों और विफलताओं से जल्दी उबरने की क्षमता है। जब आप और आपकी टीमें फ़ील्ड में काम कर रही होती हैं, तो हर रोज़ ऐसे हालात होंगे जब चीज़ें योजनाबद्ध तरीक़े से काम नहीं करेंगी। दिलचस्प बात यह है, जितना बड़ा आपकी टीम का आकार होगा, फ़ील्ड में चुनौतियां उतनी ही बड़ी होंगी। इन सभी क्षणों के दौरान आपकी प्रतिक्रिया आपके व्यवसाय के भविष्य को निर्धारित करेगी। वास्तव में, भावनात्मक लचीलापन निश्चय ही शीर्ष नेटवर्क मार्केटर्स को बाक़ी हिस्सों से अलग करता है।

जब चीज़ें अच्छी हो रही हों और व्यापार बढ़ रहा हो तो हर कोई चिल्ला सकता है, ताली बजा सकता है और प्रेरक भाषण दे सकता है। किसी नेता की असली परीक्षा यह है कि जब वह काम नहीं कर रहा हो, जब लोग काम छोड़ रहे होते हों, जब व्यापार स्थिर हो रहा हो या परिस्थितियां प्रतिकूल हो गई हों तो वह कैसा व्यवहार करता है। यदि आप अपने नेताओं की जीवन शैली और स्वतंत्रता को देखते हुए नेटवर्क मार्केटिंग में आ रहे हैं, तो कृपया याद रखें कि वे सभी कठिनाइयों से गुज़रे हैं और उन्होंने कठिन समय से सफलतापूर्वक गुज़रकर अपनी जीवन शैली अर्जित की है। उन्होंने अपने हिस्से की कठिनाइयों का सामना किया है और अब आपकी बारी है। इससे पहले कि आप वास्तव में शीर्ष पर चढ़ पाएं और प्रेम, प्रशंसा और वित्तीय प्रचुरता अर्जित कर सकें, आपको चुनौतियों का सामना करना पड़ेगा।

आलोचना करना और निंदा करना बहुत आसान है। आप बहुत आसानी से अन्य लोगों, हालात, तक़दीर आदि को दोष दे सकते हैं और भविष्य में कोई पहल नहीं करने का फ़ैसला कर सकते हैं। लेकिन ग़लतियों को स्वीकार करने और उनसे तेज़ी से उबरने के लिए असली साहस और हिम्मत चाहिए। यदि आप एक सफल नेटवर्क मार्केटर बनना चाहते हैं, तो आपको हर सेटबैक से बेहतर और तेज़ी से बाहर आने में सक्षम होना चाहिए।

कोई भी सच्चा चैंपियन फिर से उबर सकता है। यह एक चैंपियन होने के नाते है : प्रतिकूल परिस्थितियों से निपटने और वापस आने में सक्षम होने के नाते।

– फ़्लोयड मेवेदर जूनियर

शिकायत करना बंद करें और अपने जीवन की कुल और संपूर्ण जिम्मेदारी को स्वीकार करें। आपका रवैया 'ट्राय मी' के बजाय 'वाय मी' होना चाहिए। हर दिन ऐसे हालात होंगे जब आपकी भावनात्मक लचीलेपन को परखने के लिए रखा जाएगा। हर एक दिन आप लोगों से नकारात्मकता का सामना करेंगे और उनके 'नहीं' को संभालेंगे। मैं कभी-कभी अपने प्रशिक्षण कार्यक्रमों में बताता हूं कि यदि आप वास्तव में एक बड़ा नेटवर्क मार्केटिंग साम्राज्य बनाना चाहते हैं, तो आपको शुरू के 9-12 महीनों में

कुछ बेवकूफ़ लोगों से आत्मसम्मान के अस्थायी नुक़सान का सामना करना पड़ेगा।

आपको अपनी दिनचर्या के हिस्से के रूप में विभिन्न प्रकार के लोगों और अप्रत्याशित परिस्थितियों का सामना करना पड़ेगा। कुछ लोग आपकी बात सुनेंगे और दूसरे लोग बग़ावत करेंगे। कुछ सिस्टम का पालन करेंगे और कुछ अन्य अपने स्वयं के विचारों को आज़माने की कोशिश करेंगे। कुछ आपको निहारेंगे और कुछ अन्य आपके साथ खेल खेलेंगे। कुछ तेज़ी से बढ़ेंगे और कुछ वर्षों तक उसी स्थिति में रहेंगे। ऐसी परिस्थितियां होंगी जब आपको उन ग़लतियों के लिए जवाबदेह बनाया जाएगा जो आपने नहीं की हैं। लेकिन आपको अपनी भावना को बनाए रखना होगा और आगे बढ़ते रहना होगा। आपका भावनात्मक लचीलापन यह निर्धारित करेगा कि क्या आप इन सबको चलने देते हुए थम जाएंगे या आप आगे बढ़ते जाएंगे।

क्या आप जल्दी से अपने ख़राब मूड को अच्छे मूड में बदल सकते हैं? क्या आप अपनी मौजूदा स्थिति के बावजूद चरम और संसाधनपूर्ण स्थिति बनाए रख सकते हैं? आप कितनी तेज़ी से अपनी टीम को खुश कर सकते हैं? आपको अपना ख़ुद का चीयरलीडर बनना होगा और आगे बढ़ते रहना होगा।

यह साधारण बात है, यदि आप संकट से तेज़ी से बाहर नहीं निकल सकते हैं, तो आप नेटवर्क मार्केटिंग व्यवसाय में अग्रणी नहीं हो सकते।

मैं किसी व्यक्ति की सफलता को उसके कितने ऊंचे तक चढ़ने से नहीं मापता बल्कि यह देखता हूं कि नीचे से टकरा जाने के बाद वह कितना ऊंचा उछल सकता है।

– जॉर्ज एस पैटन जूनियर

सभी हस्तियों में एक सामान्य गुण है – भावनात्मक लचीलापन

मैंने दिग्गज नेटवर्क मार्केटिंग कंपनियों के कुछ संस्थापकों का अध्ययन और उनसे मुलाक़ात की है और उनमें से प्रत्येक कुछ बेहद कठिन चुनौतियों और प्रतिरोध से गुज़रे हैं। वास्तव में कठिनाइयों के जितने उच्च स्तर को आप पार करेंगे आपकी उपलब्धियों का आकार उतना ही बड़ा होगा। हर बार जब आप कठिनाइयों, संकट और असफलता से गुज़रते हैं, तो इसके लिए भगवान का धन्यवाद करें क्योंकि भगवान चाहते हैं कि आप अगले स्तर पर जाएं। इस उद्योग में जिन पुरुषों की मैं गहरी प्रशंसा करता हूं उनमें से कुछ हैं : रिच डेवोस, जे वान अंडेल, रेक्स मौन, रॉबर्ट और जोनास अफ़जोनिक, मार्क आर ह्यूज़, डेविड एच मैककॉनेल, मैरी के ऐश, प्रवीण जे चंदन, गौतम बाली और टीसी छाबड़ा।

भाग-VI

9 कोर एक्शन्स

9 कोर एक्शन्स

आपके बिज़नेस की लाइफ़लाइन

एक व्यक्ति जो नियमित रूप से, एक सही तरीक़े से काम करता है, वह कभी भी थका हुआ या ज़्यादा काम किया हुआ महसूस नहीं करता। कड़ी मेहनत कभी भी आदमी को नहीं मारती, सिर्फ़ सही सिस्टम का अभाव या अनियमितताएं ही आदमी को मार डालती हैं।

– महात्मा गांधी

हर डिस्ट्रिब्यूटर को अपने काम में गति एवं स्थिरता लाने के लिए नियमित रूप से नीचे दिए गए कुछ काम करने चाहिए। दिखने में ये गतिविधियां मामूली लगेंगी पर नियमित रूप से करने से यह एक शानदार बिज़नेस की बुनियाद रखेंगी। कुछ लोग इस कल्पना में ही रहते हैं कि अगर वह इस बिज़नेस में मात्र जुड़े रहेंगे तो यह चल पड़ेगा। यह बात सच्चाई से कोसों दूर है। प्लान भी तभी काम करेगा जब आप प्लान के अनुसार काम करेंगे। ये कुछ ऐसी दोहराव की गतिविधियां हैं जो हर आदमी कर सकता है। अगर हम लगातार इन 9 कामों को करते रहेंगे तो इससे आपके बिज़नेस को बड़ी सफलता मिलेगी। आपका जो भी पद हो और जो भी इनकम लेवल हो, मैं आपको इन गतिविधियों को लगातार करने के लिए सलाह देता रहूंगा।

1. हर दिन कम से कम एक बिज़नेस अपॉरच्युनिटी प्रेज़ेंटेशन

आप जितने भी व्यस्त हों, हर दिन कम से कम एक व्यक्ति के साथ अपना बिज़नेस प्लान ज़रूर शेयर कीजिए। अगर आप किसी एक या दो दिन यह नहीं कर पाएं, पर यह पक्का कर लें कि एक सप्ताह में कम से कम सात अपॉरच्युनिटी प्रेज़ेंटेशन होने चाहिए। प्रोडक्ट प्रेज़ेंटेशन इसके अलावा होने चाहिए।

2. हर दिन अपनी लिस्ट में एक नाम ज़रूर जोड़ें

आपकी सूची आपका सबसे बड़ा संसाधन है। यह याद रखें कि लोग यह बिज़नेस इसलिए नहीं छोड़ते क्योंकि अन्य लोग उन्हें 'ना' कह देते हैं, बल्कि इसलिए क्योंकि उनकी लिस्ट छोटी होती है। लिस्ट जितनी बड़ी होगी, आपका बिज़नेस भी उतना ही लाभदायक होगा। अपनी लिस्ट में हर सप्ताह कम से कम सात नाम जोड़ना ज़रूरी है।

3. 100% प्रोडक्ट/सर्विस का इस्तेमाल

अपने उत्पाद/सेवाओं का आपको #नं 1 ब्रांड एंबेसेडर होना चाहिए। अपनी कंपनी का

आपको सबसे बड़ा फ़ैन होना चाहिए। आपकी कंपनी जो भी बनाती हो, आपको उसका नंबर एक उपभोक्ता होना चाहिए और आपके घर में वो सब प्रोडक्ट ज़रूर होने चाहिए। अपनी कंपनी के सभी प्रॉडक्ट्स का आपको इस्तेमाल करना चाहिए।

4. अपने नए प्रॉस्पेक्ट के साथ साप्ताहिक हॉल मीटिंग में ज़रूर जाएं

साप्ताहिक मीटिंग हमारे बिज़नेस की लाइफ़लाइन हैं। हर प्रोफ़ेशन, जॉब या बिज़नेस में हर दिन कुछ काम के घंटे निर्धारित होते हैं। हमारे बिज़नेस में साप्ताहिक मीटिंग्स ही हमारा ऑफ़िस हैं। साप्ताहिक मीटिंग्स से बिज़नेस में एकरूपता एवं गति बनी रहती है। हर हफ़्ते नए प्रॉस्पेक्ट के साथ साप्ताहिक मीटिंग्स में जाना आपकी प्राथमिकता होनी चाहिए। अगर आपके साथ कोई भी नहीं आ पाए, तो भी आपको अकेले मीटिंग में जाना चाहिए।

5. अपनी टीम के साथ सभी प्रोग्राम में शामिल हों

लोग इस बिज़नेस में कई तरीक़े से शामिल हो सकते हैं, पर बिज़नेस बढ़ाने के लिए सिर्फ़ एक ही तरीक़ा है, और वह है - प्रोग्राम। प्रोग्राम से लोग अपने बिज़नेस में सही दिशा में काम करते हैं। लोगों को प्रोग्राम में शामिल करने की कला विकसित कीजिए और यह सुनिश्चित कीजिए कि हर प्रोग्राम में आपकी टीम के लोगों की संख्या बढ़ती जाए।

6. प्रतिदिन 30 मिनट मंज़ूर की गई पुस्तकों को पढ़ें/वीडियो देखें

अपार सफलता पाने के लिए आपको अपना दिमाग़ इसके लिए तैयार करना होगा। सही किताबें एवं सही ऑडियो/वीडियो प्रोग्राम सफलता के लिए आपके दिमाग़ को तैयार करेंगे। यह आपके दिमाग़ के लिए भोजन जैसा है और यह निवेश आपके बिज़नेस में आपको कई गुणा रिटर्न देगा।

7. हर हफ़्ते पर्सनल स्पॉन्सरिंग

आप अपनी टीम को जो करने के लिए कहेंगे, वह उसे नहीं करेगी, पर आप जो कर रहे होंगे वह वही करेगी। अगर आप अपनी टीम से बहुत ज़्यादा पर्सनल स्पॉन्सरिंग करवाना चाहते हैं, तो आपको स्वयं हर हफ़्ते कम से कम एक पर्सनल स्पॉन्सरिंग करनी होगी। आपकी कंपनी जो भी इनकम मॉडल का इस्तेमाल कर रही हो, पर्सनल स्पॉन्सरिंग से आपको हमेशा अधिकतम लाभ ही मिलेगा।

8. अपलाइन के साथ मासिक काउंसलिंग

आपको अपने अपलाइन के साथ महीने में कम-से-कम एक काउंसलिंग मीटिंग ज़रूर रखनी चाहिए। आपको इसकी ज़रूरत सबसे ज़्यादा तब होती है, जब आपका काम अच्छा नहीं चल रहा हो और आपको इसकी सबसे ज़्यादा ज़रूरत तब होती है, जब आप बहुत ज़्यादा अच्छा कर रहे हो। काउंसलिंग की हमेशा अनदेखी की गई है, पर आप इस प्रक्रिया को इस्तेमाल कर अपना बहुत सारा समय एवं धन बचा सकते हैं।

9. हर महीने दो उपभोक्ता/ग्राहक जरूर बनाएं

एक अच्छा कस्टमर बेस आपके बिज़नेस को स्थिरता देता है, और आपसे खुश हुए उपभोक्ता निकट भविष्य में सफलतम बिज़नेस सहकर्मी बन सकते हैं। इसलिए अपने प्रोडक्ट या सेवाओं को बहुत अच्छे से प्रोत्साहित करें और निजी रूप से हर महीने में कम-से-कम दो नए उपभोक्ता अपने बिज़नेस के लिए बनाएं।

यह याद रखें कि यह सभी काम अटूट विश्वास एवं सही मनःस्थिति में करें।

भाग–VII

बिज़नेस की आचार-संहिता

बिज़नेस की आचार-संहिता

जो चीज़ आप स्वयं के लिए नहीं चाहते हैं, वह दूसरों के लिए भी नहीं करें।

- कन्फ़्यूशियस

मुझे यह देखकर बहुत दुख होता है जब लोगों की बड़ी मेहनत से बनाया हुआ बिज़नेस कुछ सहकर्मियों की छोटी-सी ग़लती से ख़त्म होने के कगार पर आ जाता है। मैंने भी अपने कुछ सर्वोत्तम लीडर उनकी कुछ छोटी-छोटी ग़लतियों के कारण खो दिए। हालांकि मैंने अपनी टीम फिर से बना ली, पर मैं नहीं चाहता कि आप उस दर्द से गुज़रें। इसलिए मैंने लाखों लोगों के साथ काम करके इस बिज़नेस के लिए 11 दिशा-निर्देश बनाए हैं जिनका पालन से आप एक शानदार टीम बना सकते हैं। अपनी टीम के साथ इन नियमों का सख़्ती से पालन करें और अपने बिज़नेस को स्थाई एवं हमेशा आगे बढ़ने वाला स्वरूप दे दीजिए।

अपने बिज़नेस को आगे बढ़ाने के लिए यह 11 दिशा-निर्देश आपको दैनिक रूप से निर्णय लेने और सही व्यवहार रखने में मदद करेंगे।

1. लोगों के पैसों के साथ कभी खिलवाड़ ना करें

लोगों ने पैसे कंपनी को दिए हैं न कि आपको, आप उन पैसों के लिए सिर्फ़ एक मध्यस्थ हैं या एक केयरटेकर हैं। यह सुनिश्चित करें कि कंपनी के लिए आपको जो पैसे मिले हैं वह सीधे कंपनी के अकाउंट में जाने चाहिए। उसी तरह, अगर आपको उत्पाद के लिए या टिकट के लिए या किसी अन्य काम के लिए पैसे मिलते हैं तो यह सुनिश्चित करें कि आप वह उत्पाद या टिकट को टाइम पर पहुंचाएं और उस पैसे का उसी काम के लिए इस्तेमाल करें जिसके लिए वह दिया गया हो।

2. लोगों के अहं को कभी चोट नहीं पहुंचाएं

जब किसी के अहं को चोट पहुंचती है, तो वह ग़लत निर्णय लेते हैं और उसी ग़लत निर्णय पर डटे रहते हैं। जब अहं पर चोट लगती है तो कोई भी बातचीत बहस का रूप ले लेती है। यह साबित करने के लिए आप सही हैं, दूसरों को ग़लत साबित मत कीजिए। लोग अपना प्रोफ़ेशन चुनने एवं मत रखने के लिए स्वतंत्र हैं। उनके बारे में निर्णय लेने का आपका कोई हक़ नहीं बनता। अपने बिज़नेस को अच्छा दिखाने के लिए दूसरे के प्रोफ़ेशन या जॉब को नीचा मत दिखाइए। बोलने से पहले ज़रूर सोचें। अहं बहुत नाजुक होता है, कभी भी ऐसी कोई बात मत बोलिए जिससे किसी के अहं को चोट पहुंचे।

3. अपलाइन और डाउनलाइन के बीच कोई उधार या खाता नहीं रखें

नेटवर्क मार्केटिंग नक़द भुगतान का बिज़नेस है। चाहे वह कोई उत्पाद हो, टिकट हो या टूल्स हो, या कोई भी ऐसी चीज़ जो आप अपने अपलाइन से ख़रीदना चाहते हैं, उन्हें उसका तुरंत भुगतान कर दीजिए। अपलाइन और डाउनलाइन के बीच किसी भी प्रकार का कोई अकाउंट नहीं रखें। असल में उनमें से किसी के साथ भी कोई अकाउंट्स बिज़नेस को ख़त्म कर देता है।

4. किसी के पति/पत्नी के साथ उपयुक्त व्यवहार रखें

हमारा फ़ैमिली बिज़नेस है जो घरों में ही बढ़ता है। इसलिए पारिवारिक मूल्यों को महत्त्व देना बहुत आवश्यक है और किसी के पति/पत्नी के साथ बातचीत या काम करते समय सही से व्यवहार करे। हर जगह एवं संस्कृति एक-दूसरे से अलग होती हैं, इसलिए ऐसे ढंग से व्यवहार करें जिससे आपको इज़्ज़त मिले।

5. नकारात्मक प्रभाव डालने वालों से दूर रहें

चूंकि हमारा बिज़नेस लोगों का बिज़नेस है, इसलिए यह बहुत ज़रूरी है कि हम अपने लिए सही लोगों का चुनाव करें और उससे भी ज़्यादा ज़रूरी है कि उन्हें पहचानें जिनसे दूर रहना है। नकारात्मक प्रभाव वाले लोगों से दूर रहें। आप अपनी ज़िंदगी का यह मिशन मत बनाइए कि इस बिज़नेस के बारे में धरती के सारे लोग सकारात्मक सोचें, यह आपका काम नहीं है। आपका काम है अपने जैसी समान विचारधारा के लोगों को खोजना और उनके साथ मदद करने के उद्देश्य एवं परस्पर लाभ के लिए काम करना।

6. किसी की आलोचना एवं शिकायत नहीं करें

यह एक वायरस है। यह एक नशा है। इससे आपके वह रिश्ते प्रभावित होते हैं जो सालों की मेहनत से बने होते हैं। यह आपकी इज़्ज़त पर धब्बा है। किसी के पीठ पीछे कभी बात मत करें। कुछ लोग लगातार यही काम करते हुए प्रोफ़ेशनल शिकायती बन जाते हैं। वह रोज़ बिना अहसास किए इस तरह शिकायतें करते रहते हैं जैसे उन्हें शिकायत करने की तनख़्वाह मिलेगी। अगर आप भी उनमें से एक हैं, तो अपने को तुरंत बदल दीजिए।

7. अपने डाउनलाइन के सामने अपने अपलाइन या कंपनी के बारे में कुछ भी नकारात्मक मत कहें

कोई भी कंपनी या अपलाइन परफ़ेक्ट नहीं है; सबमें कुछ कमियां हो सकती हैं। कभी-कभार ऐसा हो सकता है कि आप कुछ चीज़ों, स्थितियों या नीतियों से सहमत नहीं होते या आपको समझ नहीं आती, पर इस बारे में बात करने के लिए अपलाइन सबसे सही है। अपने अपलाइन या कंपनी के बारे में अपनी टीम के सदस्यों के सामने नकारात्मक बातें नहीं करें।

हो सकता है कि उस समय आपको वह प्रतिक्रिया न दिखे पर उसके प्रभाव समय के साथ दिखाई देने लगते हैं। एक बड़े से जहाज के डूबने के लिए उसमें एक छेद ही काफ़ी है, उसी तरह शंका या अविश्वास के छोटे-से बीज से लोग बिज़नेस छोड़ देते हैं। अधिकांश समय में ये समस्याएं अस्थाई होती हैं जिसे ठीक किया जा सकता है, पर इसे अगर टीम के साथ कहा जाए, तो यह नुक़सान हमेशा के लिए हो जाता है।

जब आप स्टेज में होते हैं तो आपको इस संबंध में सावधान होना चाहिए और तब भी जब आप स्टेज में नहीं हैं। आप एक लीडर हैं और आपकी हर बात दूसरों पर प्रभाव डालती है। जब आप अपनी टीम के सदस्यों के साथ बातचीत करते हैं, तो इसका ध्यान रखें।

8. क्रॉसलाइन्स से बिना कारण के बात नहीं करें

बहुत सारे अच्छे लोग अपने क्रॉसलाइन्स के ज़रूरत से ज़्यादा बातचीत के कारण ग़लत एवं बुरे निर्णय ले लेते हैं। चाहे कितने भी अच्छे संबंध हों, किसी भी क्रॉसलाइन को आपके बिज़नेस की बढ़त में कोई रुचि नहीं होती, बल्कि उनमें से अधिकांश लोग आपसे प्रतियोगिता करते हैं। इसलिए अपने क्रॉसलाइन डिस्ट्रिब्यूटर्स के साथ ज़्यादा बातचीत न करें। दूसरी कंपनी के कर्मियों से भी बातचीत करने से बचें।

9. अपलाइन एवं डाउनलाइन के बीच लगातार संपर्क रखें

संपर्क ही एक ऐसी डोर है जो अपलाइन और डाउनलाइन दोनों को बिज़नेस में एक साथ जोड़े रखती है। हमारा बिज़नेस में कोई ऑफ़िशियल या फ़ॉरमल संबंध नहीं होता। अपलाइन एवं डाउनलाइन के बीच नियमित एवं स्वस्थ बातचीत बड़ा बिज़नेस बनाने में एक महत्त्वपूर्ण भूमिका निभाती है। संपर्क में कमी होते ही बिज़नेस का अंत शुरू हो जाता है। इसलिए हमेशा जुड़े रहें।

10. कभी भी एक मैनजर या बॉस की तरह काम नहीं करें

इस बिज़नेस में हर कोई पार्टनर या सहकर्मी होता है। किसी को मैनेजर की ज़रूरत नहीं है। हम इस बिज़नेस में किसी को कोई वेतन नहीं देते। अपलाइन और मैनेजर के बीच एक महीन-सी लाइन होती है, जिसे कभी भी नहीं लांघना चाहिए। यहां इज़्ज़त किसी पद को नहीं बल्कि व्यक्ति को दी जाती है। इस बिज़नेस में हर किसी को अपनी इज़्ज़त ख़ुद कमानी होती है।

11. किसी काम को पहली बार करने से पहले अपने अपलाइन से सलाह लें

चूंकि अधिकांश लोग अपनी जॉब या प्रोफ़ेशन के साथ इस बिज़नेस को पार्ट टाइम करते हैं, तो इस संबंध में मैं यह सलाह दूंगा कि अपने एक्टिव अपलाइन के अनुभव का इस्तेमाल करें। इससे आपके समय और पैसे दोनों की बचत होती है। मैं आपकी

क्षमता, रचनात्मकता एवं नए विचारों की क़द्र करता हूं पर मेरा विचार यह है कि अपने अपलाइन के अनुभव का इस्तेमाल करके अपने उद्देश्यों को जल्दी पाया जा सकता है। अगर आपके अपलाइन ने कुछ ग़लतियां की हैं, तो वह आपको वही ग़लती करने से बचा सकते हैं।

इस आचार संहिता की आधारशिला पर आप अपना एक शानदार बिज़नेस खड़ा कर सकते हैं और अपनी कड़ी मेहनत का आने वाले दशकों एवं पीढ़ियों तक इस बिज़नेस के फल का आनंद ले सकते हैं।

भाग-VIII

उत्कृष्टता के लिए टूल्स

1. अपार सफलता का 596 सिस्टम

मैं हमेशा ही लोगों से कहता हूं कि सफलता का कोई राज़ नहीं है, पर सफलता का एक सिस्टम ज़रूर है। नीचे जांचा-परखा एवं दोहराया जाने वाला एक सिस्टम दिया गया है जिसका इस्तेमाल करके कोई भी नेटवर्क मार्केटिंग बिज़नेस में रिकॉर्ड समय में अपने सपने पूरे कर सकता है। यह सिस्टम दुनिया की किसी भी नेटवर्क मार्केटिंग कंपनी में, किसी भी प्रोडक्ट या सर्विस के लिए और किसी भी इनकम प्लान के साथ इस्तेमाल किया जा सकता है। मैंने पिछले 11 सालों में अनगिनत लोगों को इस सिस्टम के तहत सफलता पाते देखा है। इस संपूर्ण सिस्टम की इस पुस्तक में विस्तार रूप से व्याख्या की गई है जिसे हम अपनी ट्रेनिंग में भी इस्तेमाल कर सकते हैं। आपकी सुविधा के लिए इसे यहां सरलीकृत रूप में संक्षिप्त में लिखा गया है।

अपार सफलता का 596 सिस्टम

सफलता के 5 स्टेप :

1. लिस्ट बनाना एवं सही लोगों का चुनाव
2. लोगों को संपर्क करना एवं अपॉइंटमेंट लेना
3. अपना बिज़नेस प्लान शेयर करना
4. फ़ॉलो अप एवं सेल्स क्लोजिंग
5. नए सहकर्मी की सही शुरुआत

9 कोर एक्शन्स - आपके बिज़नेस की लाइफ़लाइन्स

1. हर दिन कम-से-कम 1 बिज़नेस प्लान शेयर करना
2. अपनी लिस्ट में हर दिन एक नाम अवश्य जोड़ना
3. 100% प्रोडक्ट/सर्विस इस्तेमाल करना
4. नए प्रॉस्पेक्ट के साथ साप्ताहिक हॉल मीटिंग में शामिल होना
5. टीम के साथ सारे प्रोग्राम में शामिल होना
6. प्रतिदिन 30 मिनट अच्छी किताबों को पढ़ना/ ट्रेनिंग वीडियो देखना
7. हर सप्ताह कम-से-कम 1 नई पर्सनल स्पॉन्सरिंग
8. अपने अपलाइन के साथ मासिक काउंसलिंग
9. हर महीने दो नए प्रोडक्ट कस्टमर बनाना

6 बिज़नेस वैल्यू

1. लोगों के पैसों, परिवार एवं अहं से न उलझें
2. अपलाइन एवं डाउनलाइन के बीच कोई उधार या खाता नही
3. किसी भी काम को पहली बार करने से पहले अपने अपलाइन से परामर्श लें
4. अपने अपलाइन, कंपनी या टीम के बारे में अपने डाउनलाइन के समक्ष कभी नकारात्मक न बोलें
5. अपने क्रॉसलाइन्स और अन्य नकारात्मक लोगों से बेवजह संपर्क ना रखें
6. अपलाइन-डाउनलाइन के बीच नियमित संपर्क

2. सर्वोत्तम नेटवर्क मार्केटिंग कंपनी चुनने का विश्वव्यापी ढांचा

एक नेटवर्क मार्केटिंग के चार महत्त्वपूर्ण स्तंभ हैं। अगर उनमें से कोई एक भी स्तंभ कमजोर होगा तो या तो कंपनी ही बंद हो जाएगी या डिस्ट्रिब्यूटर उतना पैसा नहीं कमा पाएगा जितना कमाने की सोच के साथ उसने बिज़नेस शुरू किया था। डिस्ट्रिब्यूटर्स के द्वारा मनचाहा पैसा कमाने हेतु एवं कंपनी के लिए आने वाली पीढ़ी तक बिज़नेस चलने के लिए, चारों स्तंभों का मजबूत होना बहुत ज़रूरी है। अगर कोई भी आपको नेटवर्क मार्केटिंग बिज़नेस शुरू करने के लिए कहे, तो आप सबसे पहले उस कंपनी का इन चारों पैरामीटर पर मूल्यांकन करें। आपको उस कंपनी के साथ काम करना चाहिए जो इन चारों स्तंभों पर सबसे मजबूत हो।

नेटवर्क मार्केटिंग कंपनी के चार स्तंभ	
1.	कंपनी की विश्वसनीयता एवं ट्रैक रिकार्ड
2.	प्रोडक्ट्स या सर्विसेस
3.	इनकम प्लान और रिवॉर्ड सिस्टम
4.	प्रोफ़ेशनल ट्रेनिंग एवं सपोर्ट सिस्टम

1. कंपनी की विश्वसनीयता एवं ट्रैक रिकार्ड

यह देखें कि कंपनी की मैनेजमेंट कब से बिज़नेस में है। कंपनी की सामान्य गुडविल, डायरेक्टरों का ट्रैक रिकॉर्ड, फ़ैमिली बिज़नेस एवं इतिहास, कस्टमर एवं डिस्ट्रिब्यूटर अनुकूल नीतियां, नई तकनीक, समय पर इनकम देने का ट्रैक रिकॉर्ड, नयापन एवं नए बदलाव को अपनाने का रवैया, सरकार एवं अन्य ज़रूरी संस्थानों से सर्टिफ़िकेशन्स, काम करने में पारदर्शिता, ट्रेनिंग एवं डेवलपमेंट सेटअप, डिस्ट्रिब्यूटर्स की मदद आदि।

2. प्रोडक्ट या सेवाएं

कंपनी के पास अच्छी क्वालिटी की सेवाएं या उत्पाद हों जो बिना किसी बिज़नेस अवसर के भी मार्केट में आने योग्य हो। उत्पाद हमेशा अच्छी क्वालिटी का होना चाहिए जिसका नियमित रूप से इस्तेमाल हो सके, इनकम मॉडल के बिना भी बेचा जा सके, पैसे के बदले अच्छे फ़ायदे, सही क़ीमत लगाई हो, सभी प्रकार के ज़रूरी सर्टिफ़िकेशन एवं स्टैण्डर्डिइज़ेशन, मानकीकृत फ़ैक्ट्रियों में बने हुए उत्पाद अच्छे मानकों के साथ एवं अच्छे परिणाम के साथ हों।

बहुत सारी नक़ली कंपनियां जो पैसे के सर्कुलेशन में लगी हैं, वह सरकारी नियमों को पूरा करने के लिए मात्र दिखाने के लिए उत्पाद रखते हैं। नक़ली उत्पाद आसानी से पहचाने जा सकते हैं क्योंकि वह अपने उपभोक्ताओं को पैसे के हिसाब से वैल्यू नहीं देते और सिर्फ़ नाम के लिए ही रखे जाते हैं। ऐसी कंपनियों से बच कर रहें। ऐसी कंपनियां अंततः बंद हो जाएंगी और उनके साथ आपकी अपनी इज़्ज़त और प्रतिष्ठा भी बर्बाद हो जाएगी।

3. इनकम प्लान एवं रिवॉड्र्स

ज़्यादा बड़ी आय की संभावना, दोहराए जाने वाले एवं काफ़ी समय तक टिके रहने वाले इनकम प्लान को देखें। ऐसा प्लान चुनें जो अच्छी प्रयासों को रिवॉर्ड देता है, समझने एवं समझाने में आसान हो, कोई छिपी शर्तों के साथ न हो, पारदर्शी हो, और एक सही रेवेन्यू जेनरेशन मॉडल पर आधारित हो। कमीशन उत्पादों या सेवाओं की बिक्री से जुड़ा होनी चाहिए। लोगों की आय बैंक अकाउंट में टीडीएस या अन्य ज़रूरी टैक्सों को काटने के बाद दी जाए। कोई भी किसी को डिस्ट्रिब्यूटर बनाए बग़ैर या मौजूदा ड्रिस्ट्रिब्यूटर्स फिर से सामान ख़रीदकर अपनी आय पूरी तरह से उत्पाद के सेल्स के जरिए कमाने में समर्थ होना चाहिए। इसमें नॉमिनेशन की सुविधा भी होनी चाहिए। मैं किसी प्लान को सरल एवं सशक्त तब ही मानूंगा जब वह किसी साधारण व्यक्ति को 60 सेकेंड में समझाया जा सके।

उस प्लान से दूर रहें, जो बहुत आकर्षक लगते हैं। यह याद रखें कि किसी उत्पाद या सेवाओं के सेल से आय देनी चाहिए। अपनी बुद्धि एवं चतुराई का इस्तेमाल करें। जिस प्लान में कोई झूठा वादा हो या बिना मेहनत किए अच्छे रिटर्न की गारंटी हो या एक बार पैसा देकर लंबे समय तक फ़िक्स आय का आश्वासन हो, ऐसी कम्पनियों से कभी प्रभावित न हों।

सबसे अच्छा परफ़ॉर्म करने वालों को प्रोत्साहित करने के लिए बहुत अच्छे रिवॉड्र्स होने चाहिए। नियमित रिवॉर्ड जैसे विदेश की यात्रा, कार फ़ंड, परफ़ॉरमेंस से संबंधित बोनस इत्यादि जो अपने डिस्ट्रिब्यूटर्स को बड़े टार्गेट पाने के लिए प्रोत्साहित करें और बड़ी बढ़त पाने के लिए उनके बीच उत्प्रेरक का काम करें।

बहुत सारी कंपनियां ऐसे प्लान ऑफ़र करती हैं, जो सामने से देखने में अच्छे लगते हैं पर उनके भीतर बहुत सारी छिपी शर्तें होती हैं। सारे दस्तावेज़ों को ध्यान से पढ़ें या कंपनी की वेबसाइट में इस संबंध में पूरी जानकारी लें।

4. प्रोफ़ेशनल ट्रेनिंग एवं सपोर्ट सिस्टम

बाक़ी सारी चीज़ें समान होने के बावजूद यह एक कारण आपको नेटवर्क मार्केटिंग में बड़ी सफलता दिला सकता है। जिस प्रकार डॉक्टर, वकील, सीए, इंजीनियर, शिक्षक आदि बनने के लिए संस्थान होते हैं, पर इस बिज़नेस के लिए कोई विशिष्ट स्कूल या कॉलेज नहीं होते। इसके अलावा आप में से अधिकांश लोग अपने जॉब या प्रोफ़ेशन के

साथ इस बिज़नेस को पार्ट-टाइम करते हैं। प्रोफ़ेशनल ट्रेनिंग एवं आपकी टीम का सपोर्ट सिस्टम आपके बिज़नेस के लिए सीखने एवं विकास के संस्थान बन जाएंगे। आपकी टीम के द्वारा संचालित किए जाने वाला प्रोग्राम, बिज़नेस टूल्स एवं सीनियर द्वारा दी जाने वाली मदद बिज़नेस की सफलता के लिए आवश्यक है। इसलिए सिर्फ़ ऐसी कंपनी या टीम जिनकी प्रोफ़ेशनल ट्रेनिंग और सपोर्ट सिस्टम का ट्रैक रिकॉर्ड बहुत अच्छा है, उसी के साथ काम करें।

3. अपनी बेशक़ीमती कहानी लिखें

लोग उन्हीं से ख़रीदना पसंद करते हैं जिन पर वह भरोसा करते हैं।

– दीपक बजाज

आपकी कहानी एक ऐसा मुक़ाम है जहां आकर आपके प्रॉस्पेक्ट आप पर भरोसा करने लगते हैं। वह आपसे जुड़ते हैं और आपकी कही कुछ चीज़ों से कहानी के जरिए जुड़ते हैं। उन्होंने आपकी कंपनी या नेटवर्क मार्केटिंग बिज़नेस के बारे में पहले से सुना होगा और हो सकता है इसके बारे में उनके बहुत सारे अलग-अलग से विचार होंगे, पर आपकी कहानी उनका रवैया और धारणा को बदल सकती है। आपकी कहानी इस पूरी मीटिंग का सबसे महत्त्वपूर्ण तत्व है। यह याद रखें कि लोग किसी प्रोडक्ट या कंपनी से नहीं जुड़ते, लोग लोगों से जुड़ते हैं। मैं आपसे मनगढ़ंत कहानी बनाने के लिए नहीं कह रहा हूं बल्कि आपके अपने जीवन की सच्ची कहानी तो सही ढंग से प्रस्तुत करने को कह रहा हूं। मूल रूप से मैं आपको प्रोग्राम के दौरान अपने अनुभव बताने का एक प्रभावशाली तरीक़ा सिखाना चाहता हूं। इस कला को सीखें और अपनी सफलता के रास्ता बनाएं।

सारे महान नेटवर्क मार्केटर्स बहुत बड़े कहानीकार होते हैं।

– दीपक बजाज

नीचे 7 मुख्य तत्व दिए गए हैं जो एक कहानी को अच्छा बनाते हैं और वह इस क्रम में होते हैं

1. बिज़नेस शुरू करने से पहले आप क्या कर रहे थे?

आपकी पृष्ठभूमि, शिक्षा, स्थान एवं कार्य का विवरण। अगर आप विभिन्न जगहों पर रहे हैं, आपने नौकरियां बदली हैं या आपका अलग-अलग शैक्षणिक अनुभव है, तो संक्षेप में सब कुछ यहां बताएं। लोग समानताएं खोजते हैं। सब चीज़ों के बारे में सच कहें।

2. आपकी क्या स्थिति भी? आपको क्या सही लगा और क्या चीज़ें आपको परेशान करती थीं?

अच्छी चीज़ों के बारे में कहें और उन चीज़ों को सरल शब्दों में विस्तार से बताएं जो आपको अपने कार्य/प्रोफ़ेशन में परेशान करती थी। यह वह क्षण है जहां लोग आपसे जुड़ते हैं और उन्हें इस बिज़नेस की ज़रूरत महसूस होती है।

3. पहली बार जब आपने इस बिज़नेस प्रेजेंटेशन को देखा था तो आपकी क्या प्रतिक्रिया थी?

इस बिज़नेस के बारे में सच्चाई से एवं संक्षिप्त रूप में अपने विचार रखें। अगर आपको कोई शक या कोई चिंता भी है तो आप कह सकते हैं। अगर आपने किसी अन्य नेटवर्क मार्केटिंग बिज़नेस में कुछ करने की कोशिश की थी, तो वह भी यहां बताइए।

4. किन चीज़ों को देखकर आपने यह बिज़नेस शुरू किया और इसके लिए आपने किन दिमाग़ी उलझनों को हटाया?

इस बिज़नेस में आपको क्या-क्या अच्छा लगा उन सारी चीज़ों का वर्णन करें और इस बिज़नेस ने कैसे आपकी समस्याओं/चुनौतियों का समाधान दिया, उसके बारे में भी बताएं। किसी एक सबसे ज़रूरी चीज़ के बारे में विशेष रूप से बताएं जिसके कारण आपने यह बिज़नेस शुरू किया। किसी व्यक्ति या किसी इवेंट में शामिल होने के बाद आपके दिमाग़ से कौन-सी ग़लत धारणाओं को आपने बदला है, उसे भी बताएं।

5. आपकी अब तक की उपलब्धियां

अपनी आय, टीम की संख्या, भावनाएं, इनाम, ट्रिप्स, जो नए दोस्त आपने बनाएं हैं और अभी तक आपने जो अच्छे बदलाव महसूस किए हैं, उन सबके बारे में बतलाएं। हमेशा सच्चे रहें। आप अपने टीम के सदस्यों की कुछ महत्त्वपूर्ण उपलब्धियों के बारे में भी बता सकते हैं।

6. आपके इस बिज़नेस के क्या दीर्घकालिक एवं अल्पकालिक लक्ष्य हैं?

अब समय आ गया है कि अपने श्रोताओं को एक दूरदृष्टि देने का। अपने 2-3 अल्पकालिक एवं दीर्घकालिक लक्ष्यों को पूरे विश्वास एवं आस्था के साथ साहसपूर्वक कहें। किसी को प्रभावित करने के लिए कुछ भी न कहें, हमेशा सच्चे रहें। घोषणाएं बहुत शक्तिशाली होती हैं।

7. अपने प्रॉस्पेक्ट एवं अपनी टीम के प्रति आपकी प्रतिबद्धता।

अपनी निजी प्रतिबद्धता को फिर से दोहराएं और अपने टीम के सदस्यों एवं अन्य कोई जो आपके साथ काम करना चाहता है उसे जितना हो सके, उतना समर्थन देने का भरोसा दिलाएं।

कृपया यह याद रखें कि यह सब कुछ आपके प्राकृतिक तरीक़े से एवं सरल शब्दों में कहें। सच्चे बनें एवं पूरी तरह से ईमानदार बनें। मैं यहां आपको कोई कहानी बनाने के लिए नहीं कह रहा हूं, बस अपने सच को असरदार तरीक़े से पेश करें। आपको अपनी कहानी बताने के लिए हर बार एक जैसा समय नहीं मिलेगा। इसलिए अपनी कहानी को तीन अलग-अलग समय सीमा के अनुसार तैयार कर लीजिए और जितना समय मिले उस अनुसार अपनी कहानी बताएं। 5-7 मिनट की एक विस्तृत

कहानी बनाएं, 2-3 मिनट की एक छोटी कहानी बनाएं और फिर 60 सेकेंड की एक। यह सुनिश्चित करें कि यह तीनों सही क्रम में बने हों।

कहानी के शब्दों के साथ-साथ, जो चीज़ें ज़्यादा असर करती हैं वह हैं, आपकी ऊर्जा, आपकी आंखों की चमक, दृढ़ विश्वास से भरी आपकी आंखें और जब आप किसी चीज़ की घोषणा कर रहे हैं या आप अपनी टीम या अपने नए प्रॉस्पेक्ट को किसी चीज़ के लिए आश्वस्त कर रहे हैं तो आपका दृढ़विश्वास।

आप मेरी कहानी मेरी वेबसाइट www.deepakbajaj.biz या मेरे यू-ट्यूब चैनल पर देख सकते हैं।

4. टॉप सक्सेस ड्राइवर्स चार्ट (टी. एस. डी.)

हम सब में कुछ सपने होते हैं और हम अपने और अपने परिवार के सपनों को पूरा करने के लिए बहुत कुछ करते हैं। पर कुछ चीज़ें हमारे दिल के बहुत क़रीब होती हैं और यह सब लोगों के लिए अलग-अलग होती हैं। कुछ लोगों के लिए यह कार, कुछ के लिए अपना घर, कुछ लोगों के लिए अपने बच्चों के साथ खेलना, वहीं कुछ लोग स्टेज में मान-सम्मान मिलने से अति उत्साहित होते हैं। यह हमारे टॉप सक्सेस ड्राइवर्स हैं। टॉप सक्सेस ड्राइवर्स, हमारे काम करने के पीछे के कारण हैं और हम अपनी पूरी क्षमता लगाकर उन्हें पाने की कोशिश करते हैं।

हमारे प्रॉस्पेक्ट के टीएसडी को पहचानने के क्या लाभ हैं? यह बहुत सरल है - हम सब वह काम करना चाहते हैं जो हमारे टीएसडी तक पहुंचने में हमें मदद करें। इसके लिए एक बिज़नेस प्रेजेंटेशन तभी प्रभावी होगा, जब वह प्रॉस्पेक्ट को उनके टीएसडी तक पहुंचने के लिए समाधान दे पाए। अगर प्रॉस्पेक्ट को यह दृढ़-विश्वास मिल जाता है, कि इस बिज़नेस को करने से वह अपने टीएसडी को बहुत जल्दी पा सकता है, तो आपका प्रॉस्पेक्ट तुरंत आपके साथ बिज़नेस शुरू कर लेगा।

हम बहुत भाग्यशाली हैं कि हम ऐसे बिज़नेस में हैं जिसके बहुत सारे फ़ायदे हैं। एक बार जब आपने अपने प्रॉस्पेक्ट के टीएसडी को चुन लिया, तो आप अपने प्रॉस्पेक्ट के टीएसडी को ही हाईलाइट करेंगे। प्रेजेंटेशन में तीन टीएसडी के बारे में सही जगह पर बातचीत कर आप प्रॉस्पेक्ट से और जुड़ पाएंगे और उससे आपके उनके साथ बिज़नेस करने के अवसर और बढ़ जाएंगे। यह बात हमेशा याद रखें कि आपके प्रॉस्पेक्ट के टीएसडी आपकी तरह कभी नही होंगे। इस बात को स्वीकार कीजिए और उनके अलग तरीक़ों एवं मतों की भी इज़्ज़त कीजिए। एक बार जब आपको अपने प्रॉस्पेक्ट के टीएसडी मिल जाएंगे फिर आप अपने टीएसडी के बारे में भूल जाएं और उनके टीएसडी पर ध्यान लगाएं। यह मीटिंग उनके लिए है, आपके लिए नहीं।

नीचे सफलता के 13 मुख्य ड्राइवर्स दिए गए हैं। नीचे दिए गए चार्ट का इस्तेमाल करके आप यह देखें कि आपके प्रॉस्पेक्ट के कौन-से 3 टीएसडी हैं। आपको इसके लिए एक प्रिंटआउट या इस कार्ड की एक प्रति चाहिए होगी। आप इसे अपने मोबाइल में या लैपटॉप पर या अपने फ़ोल्डर में प्रिंट करवा कर रख सकते हैं।

1	अतिरिक्त आय/ एक और आय का साधन
2	आर्थिक आज़ादी
3	उद्यमशीलता/ ख़ुद का बॉस बनना
4	अमीर एवं प्रसिद्ध होना (एक सेलिब्रिटी बनना)
5	लक्ज़री लाइफ़स्टाइल - कारें, छुट्टियां, लक्ज़री ब्रांड्स इत्यादि
6	परिवार के लिए सुरक्षित भविष्य/बच्चों के लिए विरासत
7	जल्दी रिटायरमेंट/ बिताने के लिए ज़्यादा समय
8	आपके सपनों का घर
9	परिवार के साथ अच्छा वक़्त
10	नए लोगों से मिलना/ एक सोशल सर्कल बनाना
11	दूसरों की मदद करना
12	राष्ट्र निर्माण में अपना योगदान देना
13	आपकी निजी बढ़त एवं व्यक्तित्व का विकास

अपने प्रॉस्पेक्ट के लिए तीन प्रमुख टीएसडी मालूम करने के मेरे तरीक़े :

1. शुरुआत में इस तरह से कहें, "इससे पहले कि हम आपको बताएं कि हम क्या करते हैं, मैं आपको दिखाना चाहूंगा कि लोग इस बिज़नेस को क्यों करते हैं?"
2. अपना टीएसडी कार्ड सामने लाएं और निम्न प्रश्नों को पूछें :
3. **प्रश्न 1 :** उनसे पूछें - "इस लिस्ट में से आपके लिए सबसे महत्त्वपूर्ण तीन प्राथमिकताएं क्या हैं?"
4. **प्रश्न 2 :** फिर पूछें - "इन तीनों में से आपके लिए कौन-सा सबसे ज़्यादा महत्त्वपूर्ण है?"
5. **प्रश्न 3 :** जवाब के लिए रुकें और कहें - "यह आपके लिए ज़रूरी क्यों है?"
6. **प्रश्न 4 :** जवाब के लिए रुकें और फिर पूछें - "अगर आपको यह नहीं मिलेगा तो क्या होगा?" यह कोई इंटरव्यू नहीं है, यह दूसरे इंसान को जानने का एक सच्चा प्रयास है ताकि हम उन्हें बेहतर जानकारी व सर्विस दे पाएं। धैर्य रखकर उन्हें ध्यान से सुनें।
7. फिर, उनके चारों सवालों का जवाब दोहराएं और उनकी हां/ना मिलने के बाद

यह कहें, “ओके, बहुत बढ़िया। तो आप हर दिन इन तीनों चीज़ों को पाने के लिए काम करते हैं।”

8. फिर कहें, “अगर आप गंभीरता से हमारी प्रेजेंटेशन को अगले तीस मिनट के लिए देखें, तो आप यह पाएंगे कि हम किस प्रकार आपकी इन तीनों प्राथमिकताओं को इतने कम समय में इस बिज़नेस के माध्यम से हासिल कर सकते हैं।”

इसके पीछे का आइडिया यह है कि अगर आप लोगों की इच्छा/सपने जाने बिना उन्हें प्रेजेंटेशन देने लगेंगे, तो वह एक बोरियत भरी प्रेजेंटेशन होगी और वह भी उसके ख़त्म होने का इंतज़ार करेंगे। हम चाहते हैं कि वह इसे सही मन और खुले दिमाग़ से सुनें। हम इस मीटिंग का उद्देश्य “यह हमारे लिए है” को बदलकर “यह उनके लिए है,” करना चाहते हैं। अगर प्रॉस्पेक्ट इस बिज़नेस से अपने लिए कुछ लाभ प्राप्त करने की इच्छा से हमारी बातचीत को सुनेंगे तो इससे पूरे प्रेजेंटेशन की गुणवत्ता जादुई ढंग से बदल जाएगी। जादू तब होगा जब हम अपनी तरफ़ से बिज़नेस बताने से पहले ये जानते हों कि वह क्या चाहते हैं।

5. सफलता के लिए पांच सूचियां

बिज़नेस में आपकी सफलता आपकी लिस्ट पर निर्भर करती है। इस बिज़नेस में हर प्रतिबद्ध डिस्ट्रिब्यूटर के पास हर समय 5 सूची तैयार रहनी चाहिए। मेरी सलाह मानें तो ये सूचियां हर हफ़्ते या पंद्रह दिनों में अपडेट हो जानी चाहिए।

1. **प्रॉस्पेक्ट की सूची :** यह नए लोगों की सूची है जिनसे आप अपने बिज़नेस के लिए बात करना चाहते हैं। इस सूची में हर रोज़ नए नाम जोड़ लें।
2. **पेंडिंग फ़ॉलो-अप्स की सूची :** ये वे लोग हैं जिनको आप पहले से बिज़नेस प्लान दिखा चुके हैं पर इन्होंने अभी बिज़नेस शुरू नहीं किया। आप इन्हें फ़ॉलो करने की प्रक्रिया में हैं। हर मीटिंग के बाद उसे लिस्ट में अपडेट कर दें।
3. **एक्टिव डिस्ट्रिब्यूटर्स की सूची :** यह सूची आपकी ताक़त है और यह नेटवर्क मार्केटिंग में आपकी आय एवं स्थिरता निर्धारित करेगी। दूरसंचार कम्पनियां मेटकॉफ़ के सिद्धांत पर काम करती है जिसके अनुसार दूरसंचार नेटवर्क की ताक़त उपभोक्ताओं की संख्या के वर्ग के समानुपाती होती है (N^2)। उसी तरह एक नेटवर्क मार्केटिंग डिस्ट्रिब्यूटर की आय अपने एक्टिव डिस्ट्रीब्यूटर की संख्या के वर्ग के समानुपाती होती है।

   आय (I) = टीम में एक्टिव डिस्ट्रिब्यूटरों की संख्या (N^2)

   एक्टिव डिस्ट्रीब्यूटर को पहचानने के लिए विस्तृत दिशा-निर्देश इस किताब के अगले कुछ पन्नों में दिए गए हैं।
4. **ग्राहकों की सूची :** यह उन लोगों की सूची है जो अपने प्रोडक्ट्स/सर्विस के नियमित ग्राहक हैं। वह प्रोडक्ट का इस्तेमाल करते हैं और वे दूसरों को भी इसकी अनुशंसा करते हैं, पर उन्होंने बिज़नेस में डिस्ट्रिब्यूटर बनने की अभी तक नहीं सोची। चूंकि वह नियमित मात्रा में उत्पाद ख़रीदते हैं और एक संतोषी उपभोक्ता होते हैं। वह जब भी बिज़नेस करना चाहेंगे आपके एक बहुत अच्छे पार्टनर बनेंगे।
5. **सभी डिस्ट्रिब्यूटर्स की सूची :** आपकी टीम में जिन लोगों ने भी आपके साथ काम शुरू किया है, यह उन लोगों की व्यापक सूची है। हर कोई बिज़नेस शुरू करते ही उस पर काम शुरू नहीं कर पाता। बहुत सारे लोग सक्रिय रूप से बिज़नेस शुरू करने से पहले कुछ समय समीक्षा करते हैं। यह एक बहुत अच्छा आइडिया है कि आप ऐसे सभी अन्य सहकर्मियों के संपर्क में रहें जो आने वाले समय में कभी भी बिज़नेस शुरू कर सकते हैं। उन्हें हर प्रोग्राम के लिए बुलाएं और उन्हें हर नए प्रोडक्ट, नई उपलब्धियों आदि के लिए अपडेट करते रहें।

6. पावर कनेक्टर्स

बिज़नेस हमेशा संबंधों से चलता है। जैसा कि मैंने विभिन्न जगहों पर इस पुस्तक में कहा है कि, साधारणतः सेल्स कुछ और नहीं बस विश्वास और आस्था का एक व्यक्ति से दूसरे व्यक्ति में स्थानांतरण है। इसलिए बहुत सारी किताबें एवं ट्रेनर आपको यह सुझाएंगे कि सामने वाले व्यक्ति को ज़्यादा बोलने दें, पर यह याद रखें कि सामने वाला व्यक्ति ज़्यादा तभी बोलेगा जब वह आपको पसंद करेगा। यह तभी संभव है जब उस व्यक्ति के आपके साथ अच्छे संबंध हों। लाखों लोगों के साथ काम करके और अपने कई अंतरराष्ट्रीय गुरुओं (टॉनी रॉबिन्स, अंटानो सोलर जॉन, रॉबर्ट टी. कियोसाकी, एलन पीज़, रिचर्ड बंडलर और बहुत सारे लोग) से सीखने के बाद, मैंने बहुत सारे तरीक़े निकाले हैं और सत्यापित किए हैं जिनसे मीटिंग के दौरान आप सामने बैठे व्यक्ति के साथ आसानी से अच्छे संबंध बना सकते हैं। लाखों रुपये ख़र्च करने के बाद और लोगों लोगों के साथ एक दशक से ज़्यादा समय लगाने के बाद मैंने जो सीखा है वह मैं आपको यहां अपने पसंदीदा टूल्स के रूप में दे रहा हूं। इनके इस्तेमाल से आप अपने सहकर्मियों या प्रॉस्पेक्ट या किसी भी अन्य व्यक्ति से मीटिंग के दौरान अच्छा संबंध बना पाएंगे। ये हैं मेरे 9 जांचे-परखे पावर कनेक्टर्स :

मुस्कराहट	आंखों से सम्पर्क	प्रतिबिंब बनाना
जादुई शब्द	सिर हिलाकर सहमति देना	प्रोग्रेस मेकर्स
यस स्टैक्स	समानताएं बताना	सच में सुनना

1. **मुस्कराहट :** मुस्कराहट प्यार एवं तारीफ़ करने का विश्वव्यापी संकेत है। मुस्कराहट वह दरवाज़े भी खोल सकती है जो तर्क एवं दलीलें कभी नहीं खोल सकते। हज़ारों लोगों के मेरे अपने संस्थान में मैंने यह समझा है कि आप जितना ज़्यादा मुस्कराएंगे, उतना ही ज़्यादा लोग आपको पसंद करेंगे, आप पर उतना ही भरोसा करेंगे और आपसे उतना ही जुड़े रहना चाहेंगे। आपके जीवन एवं आपके बिज़नेस में मुस्कराहट एक संपत्ति है। मुस्कराते रहना अपना मूल व्यवहार बना लीजिए। अपनी पूरी मीटिंग में मुस्कराते रहिए।
2. **जादुई शब्द :** हम सबकी अपनी शब्दावली होती है। हम अपनी मूल भावनाएं जैसे खुशी, उल्लास, दर्द आदि विभिन्न तरह के शब्दों द्वारा अभिव्यक्त करते हैं। अगर आप किसी से पूछते हैं कि वह कैसा है और वह व्यक्ति जवाब देता है कि वह ठीक है तो यही अभिव्यक्ति कई तरह से व्यक्त की जा सकती है जैसे - मैं अच्छा

हूं, बहुत अच्छा हूं, शानदार, उत्कृष्ट, कमाल का, सब सही है, मज़ा आ रहा है, सब बढ़िया चल रहा है, अविश्वसनीय आदि। कोई भी व्यक्ति अपनी भावनाओं को व्यक्त करने के लिए जिन ख़ास शब्दों का इस्तेमाल करता है उन्हें जादुई शब्द कहते हैं और हर व्यक्ति के अपने ख़ास जादुई शब्द होते हैं। कोई भी ग़लत या सही शब्द नहीं होते, बस उसी भावना को बताने के लिए सबकी अपनी अपनी अलग अभिव्यक्ति होती है।

जब भी आप किसी से बात करते हैं, इस बात पर ग़ौर करें कि वह बातचीत के दौरान किन शब्दों का बार-बार इस्तेमाल कर रहे हैं। एक बार जब आपने उन जादुई शब्दों को खोज निकाला, उन शब्दों को बातचीत के दौरान सही जगह पर इस्तेमाल कीजिए। आप उस व्यक्ति की प्रशंसा करते समय भी जादुई शब्दों का इस्तेमाल करें। इससे उस व्यक्ति पर आपके शब्दों का अच्छा प्रभाव पड़ेगा।

3. **प्रतिबिंब बनाना :** जब दो लोगों के आपस में अच्छे संबंध होते हैं तो उनके शरीर भी एक जैसे हावभाव देने लगते हैं। इसे प्रतिबिंब बनाना कहते हैं। प्रतिबिंब बनाने का अर्थ यह है कि आपकी मानसिक स्थिति आपके शारीरिक हाव-भाव में दिखने लग जाती है। इसे विकसित करने की ज़रूरत नहीं होती, हम सभी इस क्षमता के साथ पैदा होते हैं, पर हम उसी व्यक्ति की कॉपी करते हैं जिसके साथ हमारे अच्छे संबंध होते हैं। अगर दूसरे व्यक्ति के शरीर के हावभावों को अच्छे से कॉपी करते हैं, जैसे उनके बैठने की पोजिशन, हावभाव, अभिव्यक्ति एवं दूसरे व्यक्ति की आवाज़, तो इससे हम उनके साथ घनिष्ठता बढ़ा सकते हैं। जब आपके संबंध बेहतर होंगे, इससे दूसरा व्यक्ति आपको पसंद करने लगेगा और आप पर विश्वास करने लगेगा।

4. **आंखों से संपर्क :** मीटिंग में दूसरे व्यक्ति के साथ आंखों से आंखें मिलाकर बात करें। इससे आपकी ईमानदारी एवं आत्मविश्वास झलकता है।

5. **सिर हिला कर हामी भरना :** किसी बात में अपनी हामी भरने के लिए सिर हिलाया जाता है। अगर आप किसी चीज़ के लिए सकारात्मक सोच रहे हैं या आप किसी बात से सहमत हो रहे हैं तो आप सामने वाले व्यक्ति के पक्ष में सिर हिला कर बात करते हैं। इस तरह अगर आप सिर हिलाना शुरू कर देंगे तो आप उस बारे में सकारात्मक सोचने लगेंगे।

   सिर हिलाना संक्रामक होता है। अगर आप सिर हिला रहे हैं, तो सामने वाला व्यक्ति भी यही करने लगेगा। सिर हिलाना बहुत आसान है, पर अपने मनोवांछित परिणामों को प्राप्त करने के लिए बहुत सशक्त माध्यम है। जब आप उनसे अपने साथ बिज़नेस शुरू करने के लिए कहते हैं तो मीटिंग में लगातार सिर हिलाने से फ़ाइनल रूप से उनकी सहमति मिलने के मौक़े बढ़ जाते हैं।

6. **प्रोग्रेस मेकर्स :** कुछ ऐसे शब्द या जुमले होते हैं, जिससे बातचीत लगातार जारी रहे। अगर आप उन शब्दों के इस्तेमाल में महारत पा लेंगे, तो आप बिना ज़्यादा

बोले बातचीत जारी रख पाएंगे और सामने बैठे व्यक्ति को बोलने का ज़्यादा मौक़ा दे पाएंगे। जब आप प्रॉस्पेक्ट को ज़्यादा बोलने के मौक़े देंगे और इससे उन्हें अच्छा लगेगा। मेरे अनुभव के अनुसार, जिस मीटिंग में प्रेजेंटर से अधिक प्रॉस्पेक्ट बातें करते हैं, वहां बहुत अच्छे परिणाम आते हैं। प्रोग्रेस करने के ये जुमले हैं : और बताइए, जैसे, अच्छा, मतलब?, ओह, सच में, और फिर?, जैसे, अच्छा फिर, है कि नहीं, इसका मतलब, फिर उसके बाद क्या? इसके बाद, यही सही है, काफ़ी उचित, मैं समझा आदि।

7. **यस स्टैक :** रिसर्च के अनुसार अगर आप किसी मीटिंग में 'हां' कहना शुरू कर दें तो इस बात की काफ़ी संभावना है कि आप आगे भी ऐसा ही करेंगे। 'यस स्टैक' विभिन्न सरल सवालों को पूछकर बनाया जाता है जिनका जवाब अक्सर 'हां' में ही दिया जाता है। अगर आपके प्रॉस्पेक्ट ने आपके पहले कुछ सवालों का 'हां' में जवाब दिया है, तो आप द्वारा पूछे जाने वाले बिज़नेस या प्रोडक्ट सम्बंधित सवालों का 'हां' में जवाब देने की संभावना कई गुणा बढ़ जाती है।

   जब कोई सेल्सपर्सन आपसे कुछ सरल प्रश्न पूछता है तब यस स्टैक बन जाता है, जैसे "क्या आज 29 मार्च है?" या "आज बहुत गर्मी है?" या कोई और सरल स्टेटमेंट जिससे 'हां' में जवाब आए।

8. **समानताएं खोजें :** हमारा दिमाग़ उन लोगों पर भरोसा करता है जो हमारी तरह हैं और जिनके साथ हमारी कुछ समानताएं हैं। कोशिश कीजिए कि लोगों में ज़्यादा से ज़्यादा समानताएं खोजें और उन्हें बताएं। जैसे - एक ही स्कूल, कॉलेज, पसंदीदा भोजन, फ़िल्म, आपने जिन कंपनियों में काम किया है, एक ही तरह के मकान, बच्चे, शिक्षा, छुट्टियां, रुचियां आदि, यह सूची असीमित हैं। मीटिंग में इसे एक फ़्लो में करें।

   कुछ लोग मीटिंग में स्वयं को बेहतर या श्रेष्ठतर दिखाते हैं, पर इससे काम नहीं चलता। यहां पर समानताएं काम आती हैं। सबसे अच्छी बात यह है कि दूसरे व्यक्ति को ज़्यादा बोलने का मौक़ा दें, ख़ासकर पहले 10-15 मिनट में और उस बातचीत के दौरान, समानताएं खोजें और उनके बारे में बात करें। दूसरा व्यक्ति जितनी ज़्यादा बात करेगा, उतनी ज़्यादा आप दोनों में समानताएं पाएंगे।

9. **सच में सुनना :** अगर आप ऊपर बताए तरीक़ों का प्रयोग नहीं भी करते हैं तो, किसी दूसरे व्यक्ति को सुनने एवं समझने की एक सच्ची इच्छा भी संबंध बनाने के लिए काफ़ी है। जवाब देने के लिए नहीं सुनें, सुनने के लिए सुनें।

7. प्रोग्राम प्रोग्रेस मॉनिटर (पी.पी.एम.)

नेटवर्क मार्केटिंग बिज़नेस प्रोग्राम पर चलता है और प्रोग्राम के नंबर बिज़नेस की नाड़ी हैं। हमारे बिज़नेस की मजबूती एवं स्थिरता, प्रोग्राम में हमारी टीम के लोगों की संख्या के सीधे आनुपातिक होती है। किसी भी डिस्ट्रिब्यूटर को सबसे पहले ख़ुद से यह प्रश्न पूछना चाहिए, "क्या मैं प्रोग्राम दर प्रोग्राम नंबर में बढ़ रहा हूं?"

नीचे दिए गए सरल फ़ॉरमेट का इस्तेमाल समय दर समय प्रोग्राम नंबरों को मॉनिटर करने के लिए किया जा सकता है। ऐसे कई प्रोग्राम हैं जो पूरे साल चलते रहते हैं, पर मैं आपको यह सलाह दूंगा कि हम 4 मुख्य प्रोग्राम मॉनिटर करें - 2 साप्ताहिक प्रोग्राम और 2 तिमाही प्रोग्राम। हर प्रोग्राम के बाद हमें अपनी शीट में डेटा भरने चाहिए।

हम इस शीट का प्रिंट आउट लेकर भी इसे भर सकते हैं, या हम डायरी में यह टेबल बनाकर फिर उसे भर सकते हैं। हम इसे अपने लैपटॉप में माइक्रोसॉफ़्ट एक्सेल या मैक नंबर पर या बहुत सारे मोबाइल एप पर इसको भर सकते हैं। प्रोग्राम दर प्रोग्राम इसका ट्रेंड हमें साफ़ तौर पर यह दिशा-निर्देश देगा कि हमारा बिज़नेस किस तरफ़ जा रहा है। प्रोग्राम का नंबर वहीं रहना या गिरना ख़तरनाक है और इस स्थिति में हमें अपनी मेहनत को कई गुना बढ़ा देना चाहिए। हमारे प्रोग्राम के नंबर सिर्फ़ एक ही दिशा में बढ़ने चाहिए - ऊपर।

प्रोग्राम प्रोग्रेस मॉनिटर (पीपीएम)

साप्ताहिक प्रोग्राम	पहला सप्ताह	दूसरा सप्ताह	तीसरा सप्ताह	चौथा सप्ताह
बेसिक ट्रेनिंग प्रोग्राम				
हॉल बिज़नेस अपॉरच्युनिटी प्रेजेंटेशन				
तिमाही प्रोग्राम्स	**क्वार्टर 1**	**क्वार्टर 2**	**क्वार्टर 3**	**क्वार्टर 4**
एक दिन का एडवांस ट्रेनिंग प्रोग्राम				
दो/तीन दिन का आवासीय प्रोग्राम				

8. एक्टिव डिस्ट्रिब्यूटर स्कोरकार्ड (ए.डी.एस.)

इस बात पर हमेशा ही बहस होती रही है कि किसे एक एक्टिव डिस्ट्रिब्यूटर कहा जाए। एक्टिव डिस्ट्रिब्यूटर स्कोरबोर्ड (ए.डी.एस.) इसका प्रामाणिक समाधान है। ए.डी.एस. एक कमाल का एवं व्यापक आत्म मूल्यांकन टूल है जो किसी भी नेटवर्क मार्केटिंग टीम जो किसी भी प्रोडक्ट या सर्विस में काम करती है, के काम आता है। यह एक एक्टिव डिस्ट्रिब्यूटर होने के लिए आवश्यक गुणों की लिस्ट है। कोई भी इस **स्कोरकार्ड का इस्तेमाल** कर स्वयं का एकदम सही मूल्यांकन कर सकता है और यह देख सकता है कि वह बिज़नेस की विभिन्न ज़रूरतों के अनुसार स्वयं को कहां खड़ा देखता है। आप ट्रेनिंग प्रोग्राम में, अपनी टीम के साथियों के मूल्यांकन के लिए भी ए.डी.एस. का प्रयोग कर सकते हैं। आत्म-अनुभूति अनुभूति का सबसे अच्छा तरीक़ा है और आपकी टीम के लिए ए.डी.एस. आत्म-अनुभव और बदलाव के लिए एक ज़बरदस्त शुरुआत कर सकता है।

इस स्कोरकार्ड में आप स्वयं को हर महीने की शुरुआत में मूल्यांकन करें और इस सूची से हर महीने 1-2 विकसित एरिया की पहचान करें। आप स्वयं को इन 15 पैरामीटर्स में एक के बाद एक करके सुधारें। आप अपनी टीम के सदस्यों को इस टूल का इस्तेमाल करने के लिए प्रोत्साहित कर सकते हैं और इसके सुधार हेतु भी काम कर सकते हैं। हमारा उद्देश्य होना चाहिए कि हम 15 में से 15 स्कोर करें और इस स्कोरकार्ड के जरिए अपने टीम के सदस्यों का भी स्कोर सुधारें।

एक्टिव डिस्ट्रिब्यूटर्स स्कोरकार्ड (ए.डी.एस.)		
डिस्ट्रिब्यूटर का नाम :		
प्रश्न		स्कोर
1	क्या आप स्वेच्छा से बिज़नेस अपॉरच्युनिटी प्रेजेंटेशन देते हैं?	
2	क्या आप हर प्रोग्राम में फ़ॉर्मल ड्रेस पहनते हैं?	
3	क्या आप हर प्रोग्राम से पहले/ या समय पर पहुंचते हैं?	
4	क्या आप अपने घर/ऑफ़िस में अपने प्रोडक्ट्स/सर्विसेज का 100% इस्तेमाल करते हैं?	
5	क्या आप प्रतिदिन कम से कम एक नए आदमी से बात करते हैं? (प्रॉस्पेक्टिंग)	
6	क्या आप अपॉइंटमेंट लेने के लिए प्रतिदिन कम से कम दो फोन क़ॉल करते हैं?	
7	क्या आप अपनी सूची में प्रतिदिन एक नया नाम जोड़ते हैं?	
8	क्या आप प्रतिदिन एक बिज़नेस प्रेजेंटेशन देते हैं ?	
9	क्या आपके कैलेंडर में अगले एक हफ़्ते के लिए अपॉइंटमेंट हैं?	
10	क्या आपके घर में प्रोड्क्ट डिस्प्ले है?	
11	क्या आप प्रोग्राम में बढ़िया तरीक़े से अपना बिज़नेस अनुभव/ अपनी मिलियन डॉलर स्टोरी पेश करते हैं?	
12	क्या आप मंज़ूर की गई किताबें रोज़ पढ़ते हैं?	
13	क्या आप हर हफ़्ते एक होम मीटिंग आयोजित करते हैं?	
14	क्या आप हर सप्ताह अपनी टीम के साथ 1 बेसिक ट्रेनिंग में शामिल होते हैं?	
15	क्या आप प्रति सप्ताह 1 हॉल प्रेजेंटेशन में शामिल होते हैं?	
कुल स्कोर :		/15
आप स्वयं को हर 'हां' के लिए 1 स्कोर एवं 'नहीं' के लिए 0 स्कोर दें।		

9. प्रोग्राम से अच्छे रिज़ल्ट लेना

प्रोग्राम हमारे बिज़नेस की लाइफ़लाइन हैं। हम अपना बिज़नेस प्रोग्राम दर प्रोग्राम बढ़ाते हैं। पर हम सिर्फ़ प्रोग्राम करने के लिए प्रोग्राम नहीं करते हैं, हम प्रोग्राम अपना बिज़नेस बढ़ाने के लिए करते हैं। उस प्रोग्राम का कोई फ़ायदा ही नहीं अगर उससे हमारी आय एवं रैंक में बढ़ोत्तरी न हो। नीचे प्रोग्राम से अच्छे परिणाम पाने के लिए कुछ दिशा-निर्देश दिए हुए हैं जिससे हर प्रोग्राम, जो आप आयोजित करते हैं या उसमें शामिल होते हैं, से अच्छे परिणाम पाए जा सकें।

प्री-इवेंट (प्रोग्राम से पहले)

- ✓ प्रोग्राम को इस तरह प्रमोट करें जैसे आपकी ज़िंदगी इसी प्रोग्राम पर आधारित है। प्रोग्राम प्रमोशन की कला को सीखें। अगर आपके पास कोई टूल जैसे वीडियो, ब्रॉशर आदि प्रोग्राम को प्रमोट करने के लिए हैं, तो उनका इस्तेमाल कीजिए। यह सुनिश्चित करने के लिए जो कर सकते हैं करें कि ज़्यादा से ज़्यादा लोग आपके प्रोग्राम में शामिल हों।
- ✓ इवेंट की टिकट जब तक न बिक जाएं और पेमेंट जमा न हो जाए, तब तक इवेंट का प्रमोशन पूरा नहीं हुआ समझिए।
- ✓ प्रोग्राम प्रमोशन और नियमित सेल्स एक साथ होनी चाहिए। नए बिज़नेस को न रोकें क्योंकि आप प्रोग्राम को प्रमोट कर रहे हैं। वास्तव में आप लोगों को प्रोग्राम प्रमोशन अवधि में सेल्स बढ़ा देना चाहिए और प्रोग्राम होने के एक हफ़्ते/महीने पहले सबसे ज़्यादा सेल्स होनी चाहिए।
- ✓ यह सुनिश्चित करें कि सभी डिस्ट्रिब्यूटर्स इवेंट में शामिल हों। प्रोग्राम से पहले लिस्ट बना लें और सुनिश्चित कर लें कि इसमें हर किसी को कवर किया गया है।
- ✓ पैसिव डिस्ट्रिब्यूटर्स को सक्रिय करने के लिए प्रोग्राम एक अच्छे अवसर हैं। उन लोगों से मिलिए और उन्हें संदेश भेजिए जो सुप्त हो चुके हैं और उन्हें प्रोग्राम के जरिए एक्टिव बनाइए।
- ✓ आपको अपनी टीम से प्रोग्राम में आने वाले सभी संभावित प्रॉस्पेक्ट की सूची बनवानी चाहिए।
- ✓ इवेंट से पहले सभी को रिमाइंडर भेजिए।
- ✓ आवश्यक यात्रा की व्यवस्था कीजिए, जैसे टैक्सी या बस बुक करना।
- ✓ नेटवर्क मार्केटिंग प्रोग्राम अचीवर्स के मान सम्मान के लिए एक बढ़िया अवसर होते हैं। यह सुनिश्चित करें कि आप अच्छी-से-अच्छी रैंक पाएं और स्टेज में एक

अचीवर के रूप में जाएं। अगर आपके पास टीम है तो यह सुनिश्चित करें कि अधिकतम लोग अचीवर बनें और स्टेज पर जाएं।

✓ काफ़ी प्रोग्राम में हॉल की पहली लाइन में सीटें थोड़े ज़्यादा मूल्य पर उपलब्ध होती हैं। अगर ऐसे टिकट उपलब्ध हों तो ज़रूर उन टिकटों को बुक कर लें। इससे आपको फ़ायदा होगा।

✓ आप सभी को प्रोग्राम की अवधि एवं कार्यक्रम के बारे में पहले से बताएं। अगर उन्हें खाना या पानी को बोतल आदि भी लानी हैं, तो उन्हें पहले ही सूचित कर दें।

इवेंट (प्रोग्राम के दौरान)

✓ आगे की सीट पर बैठें और अपना मोबाइल स्विच ऑफ़ कर दें।

✓ हमेशा फ़ॉर्मल कपड़े पहनें।

✓ समय से पहले पहुंचें।

✓ यह सुनिश्चित करें कि आपकी टीम समय से पहले पहुंचे और पूरे इवेंट में शामिल हों।

✓ आपको उस हॉल में सर्वाधिक उत्साही व्यक्ति होना चाहिए। ज़ोर-ज़ोर से चिल्लाएं और फ़ोटो खींचें जैसे कि यह आपका पहला प्रोग्राम हो।

✓ अगर कुछ सही नहीं है, तो अपने टीम के सदस्यों के सामने इसकी शिकायत न करें। इस स्थिति को हैंडल करें और यह सुनिश्चित करें कि कोई भी प्रोग्राम ख़त्म होने से पहले छोड़कर न जाए।

✓ अपने टीम के सदस्यों को अपने सीनियर लीडर या अपलाइन से ज़रूर मिलवाएं और उन लीडरों के साथ उनकी फ़ोटो खींचें।

✓ अगर प्रोग्राम में टूल्स बिक्री के लिए हैं, तो यह सुनिश्चित करें कि आपकी टीम का हर व्यक्ति अधिकांश टूल्स ख़रीदें।

पोस्ट इवेंट (प्रोग्राम के बाद)

इवेंट आयोजकों के लिए प्रोग्राम समाप्ति वाले दिन ही ख़त्म हो जाता है पर आपके एवं आपकी टीम के लिए, असली काम तो इवेंट समाप्ति के बाद शुरू होता है। अब परिणाम आने का समय है। प्रोग्राम मंज़िल नहीं हैं, मंज़िल तक पहुंचने का एक जरिया है।

✓ प्रोग्राम के 24 घंटों के भीतर, आपके पास उन सबकी लिस्ट होनी चाहिए, जो उस प्रोग्राम में शामिल हुए थे।

✓ आपकी टीम के किसी भी व्यक्ति को एक-एक करके अगले एक हफ़्ते में उन लोगों से मिलना चाहिए जो उस प्रोग्राम में शामिल हुए थे, और उनके साथ मिलकर काम

करना चाहिए। एक प्रोग्राम दो काम करता है - यह लोगों को बिज़नेस में उनका विश्वास बनाए रखने के लिए प्रोत्साहित करता है, और यह बिज़नेस को गंभीरता से शुरू करने के लिए मानसिकता तैयार करता है। इससे पहले कि यह उत्साह फीका पड़ जाए, हमें काम करना शुरू कर देना चाहिए।

✓ अगर वहां नए प्रॉस्पेक्ट आए थे, तो अगले 2-4 दिनों में फ़ॉलो-अप पूरा हो जाना चाहिए।

✓ सभी डिस्ट्रिब्यूटर्स जिन्होंने इस इवेंट में भाग लिया है, उनके साथ हमें एक प्लानिंग मीटिंग रखनी चाहिए और अगले कुछ हफ़्तों में उनका बिज़नेस बढ़ाने के लिए एक्शन प्लान बनाना चाहिए। हमें हर किसी के लिए नए लक्ष्य स्थापित करने चाहिए और उनको ध्यान में रखते हुए एक्शन शुरू करने चाहिए।

10. बिज़नेस बढ़ोतरी के लिए उपयुक्त किताबें

नीचे उन किताबों के नाम दिए गए हैं जो बिज़नेस के लिए आपकी सही मानसिकता बनाती हैं जिससे आप एक बड़ा बिज़नेस बना पाएं। यह सारी किताबें अनूठी हैं और इन्हें बार-बार भी पढ़ा जा सकता है।

पुस्तक	लेखक
1. अवेकन द जियांट विदिन	टॉनी रॉबिन्स
2. लोक व्यवहार	डेल कारनेगी
3. रिच डैड पुअर डैड	रॉबर्ट टी. कियोसाकी
4. सीक्रेट ऑफ़ द मिलियनेयर माइंड	टी हार्व एकर
5. सोचिए और अमीर बनिए	नेपोलियन हिल
6. द 21 इरेफ़्यूचेबल लॉज ऑफ़ लीडरशिप	जॉन सी. मैक्सवेल
7. 21वीं सदी का व्यवसाय	रॉबर्ट टी. कियोसाकी
8. दुनिया का सबसे महान सेल्समैन	ऑग मैन्डिनो
9. महानता का मार्गदर्शक	रॉबिन शर्मा
10. बड़ी सोच का बड़ा जादू	डेविड जे. श्वाट्र्ज़
11. अमीरी का रहस्य	वैलेस डी वेट्टल्स
12. अति प्रभावकारी लोगों की 7 आदतें	डॉ. स्टीफ़न आर. कवी
13. द सक्सेस प्रिंसिपल्स	जैक केनफ़ील्ड

11. बिज़नेस की शुरुआत के तुरंत बाद करने योग्य काम

बिज़नेस शुरू करने के तुरंत बाद किए जाने वाले 10 ज़रूरी काम :

1. यह सुनिश्चित करें कि आपने जिस भी उत्पाद और सेवाओं के लिए पैसे दिए हैं, वह आपको मिल गए हैं। प्रोडक्ट या सेवाओं के इस्तेमाल से पहले वीडियो या ब्रॉशर के जरिए अपने सारे प्रोडक्ट्स के बारे में सारी जानकारी ले लें।
2. सारे टूल्स लें और उन्हें विस्तार में समझे - किताबें, वीडियो, मोबाइल एप, ब्रॉशर, बिज़नेस प्रेजेंटेशन्स।
3. यह सुनिश्चित करें कि आपकी सारी रजिस्ट्रेशन कार्यवाही और डॉक्युमेंटेशन पूरा हो गया है और आपके अकाउंट में अपडेटेड हो चुका है।
4. अपने अपलाइन्स से मीटिंग करें और अपने उत्पाद, इनकम प्लान, रिवॉर्ड्स, रैंक सिस्टम, किसी मौजूदा प्रतियोगिता या प्रमोशन्स और सबसे महत्त्वपूर्ण अपने टीम के काम करने के सिस्टम के बारे में समझें।
5. अगले तीन महीनों में होने वाले सारे प्रोग्राम की सूचना लें और उनमें शामिल होने के लिए तैयार रहें। अगर इवेंट के टिकट ख़रीदने की ज़रूरत हो तो तुरंत ख़रीद लें। प्रोग्राम में शामिल होना आपकी सबसे पहली प्राथमिकता होनी चाहिए।
6. प्रॉस्पेक्ट की एक लिस्ट बनाइए, उसमें से सही लोगों का चुनाव करें और अपने अपलाइन से सलाह लेकर मीटिंग के लिए पहले कुछ लोगों को चुनें।
7. अपने सपनों को परिभाषित करें। अपने अल्पकालिक सपने, और दीर्घकालिक सपनों को लिख लें जिन्हें आप इस बिज़नेस के जरिए पूरा करेंगे।
8. अपने अपलाइन से परामर्श करके अपने बिज़नेस के लक्ष्य सेट कीजिए और उनके पूरे होने के लिए एक एक्शन प्लान बना लीजिए।
9. बिज़नेस के एक विद्यार्थी बनें। सारे इवेंट्स में जाने के लिए प्रतिबद्ध रहें और अपने अपलाइन से एक नजदीकी संबंध बनाकर रखें।
10. मेरी वेबसाइट पर लिखी हुई या मंज़ूर की गई किताबों में से किसी एक को पढ़ना शुरू कर दीजिए।

12. बिज़नेस के पहले 90 दिनों के लिए एक्शन प्लान

बिज़नेस के पहले 90 दिन बहुत ही नाजुक होते हैं। जो लोग इन 90 दिनों में किसी तरह से बने रहते हैं उनकी एक बड़ा बिज़नेस करने की संभावना बढ़ जाती है। व्यक्तिगत रूप से मैंने बिज़नेस में जो भी ऊंचाइयां पाई हैं, उसका कारण बिज़नेस में पहले 90 दिनों के सही एक्शन प्लान के साथ काम करना है। यहां तक कि पहले 90 दिन सही से काम करने की बदौलत मैंने अपने जॉब से भी इस्तीफ़ा दे दिया था और 93वें दिन इसे फुल टाइम अपना लिया था। मैं एक हाई प्रोफ़ाइल जॉब में था और मैं अपनी कंपनी का टॉप परफ़ॉर्मर था। मैं अपने करियर के शीर्ष पर था और बिज़नेस में इस तरह कूद पड़ना कोई आसान नहीं था। मेरे आपलाइन के साथ बनाए 90 दिन के एक्शन प्लान और उस पर ईमानदारी एवं निष्ठा से 90 दिन तक काम करने से मेरा नेटवर्क मार्केटिंग बिज़नेस पहले 90 दिनों में ही सेट हो गया और फिर उसने मुझे हमेशा के लिए इस बिज़नेस में देश के उच्च परफ़ॉर्मिंग लीडर के रूप में स्थापित कर दिया।

आपके एक्शन प्लान पूरी तरह बिज़नेस में आपके लक्ष्य को लेकर आधारित होते हैं क्योंकि हर उपलब्धि के लिए एक अलग स्तर का समय एवं प्रतिबद्धता चाहिए होती है। आपको यह देखना होगा कि आपके लक्ष्य क्या हैं और अपने अपलाइन से परामर्श करके एक एक्शन प्लान बनाइए।

हर किसी के लिए मूलतः पहले 90 दिन तीन ही उद्देश्य होते हैं। शिक्षा, निरंतरता एवं उपलब्धियां।

1. शिक्षा एवं जानकारी

इन 90 दिनों में सारे प्रोग्राम और मीटिंग्स में शामिल हों। इसे अपनी प्राथमिकता बना लें और अगर यात्रा करने की ज़रूरत है तो इसके लिए भी प्रतिबद्ध रहें।

मंज़ूर की गई किताबों को पढ़ें और जिन ऑडियो एवं वीडियो प्रोग्रामों की सिफ़ारिश की गई है उसे देखें। अलग-अलग लीडरों से मिलें और यह ग़ौर करें कि वह क्या कहते हैं और कैसे करते हैं।

कार्यान्वित करने के बाद ही चीज़ें अच्छी तरह समझ आती हैं। ज़्यादा से ज़्यादा प्रेज़ेंटेशन्स करें। हर मीटिंग एक सीखने का अनुभव होता है - चाहे वह व्यक्ति आपके साथ काम शुरू करता है अथवा नहीं इसकी परवाह किए बिना लगातार बिज़नेस प्लान दिखाते रहें। बिज़नेस के शुरुआती दौर में, जितना हो सके, उतने लोगों से बिज़नेस के बारे में बातचीत करे और ज़्यादा से ज़्यादा प्लान दिखाएं ताकि उसका अच्छा अभ्यास हो सके।

2. कभी भी हार न मानें

कुछ भी हो जाए, पहले 90 दिन किसी भी तरह से टिके रहने के लिए प्रतिबद्ध हो जाइए। बिज़नेस के विद्यार्थी बनें और पहले 90 दिन में मजबूत बने रहें। कम से कम 30 लोगों को बिज़नेस अपॅरच्युनिटी प्रेजेंटेशन या प्रोडक्ट प्रेजेंटेशन दिखाएं। इन 30 मीटिंग्स के पूरा होने से पहले किसी प्रकार के परिणाम के बारे में आकलन न करें। जहां ज़रूरत हो, वहां अपने अपलाइन की मदद लें। प्रोग्राम में शामिल हों, अपने अपलाइन से मिलें, किताबें पढ़ें और कभी भी हार न मानें।

3. उपलब्धि

बड़े बिज़नेस के विकास के लिए शुरुआती उपलब्धियां बहुत ही ज़रूरी होती हैं। अपने अपलाइन्स के साथ मिलकर अपने लक्ष्य निर्धारित करें और उन्हें पाने के लिए बहुत मेहनत करें। अगर कोई प्रतियोगिता चल रही है, तो उसे अचीव करने के लिए प्लान करें। इस बिज़नेस को सफलतापूर्वक चलाने के लिए शुरुआती उपलब्धि आपके विश्वास को मजबूत करेगी। इसके साथ ही आपके टीम के सदस्य आपकी बढ़त देख रहे होंगे। अगर उन्हें आपकी आय एवं अन्य उपलब्धियां सही दिखीं, तो वह भी बिज़नेस को गंभीरता से शुरू कर देंगे। आपकी उपलब्धियों को देखकर आपके बहुत सारे प्रॉस्पेक्ट आपके साथ बिज़नेस करने का निर्णय लेंगे। अगर आपकी कोई शुरुआती उपलब्धियां हैं, तो आपका सेल्स कनवर्जन भी बेहतर जाएगा।

अधिकांश नेटवर्क मार्केटिंग इनकम प्लान और रिवॉड्र्स यह दिमाग़ में रखकर बनाए जाते हैं कि इस बिज़नेस में अधिकांश लोग पार्ट टाइमर होते हैं। इसलिए अच्छी उपलब्धियां सही प्लानिंग एवं अनुशासित साप्ताहिक प्रक्रियाओं से आसानी से की जा सकती हैं। इसके साथ ही नेटवर्क मार्केटिंग में उपलब्धि टीमवर्क के कारण होती है। अगर आपके पास पहले कुछ हफ़्तों में कुछ सही लोग सही संख्या में होंगे, तो किसी भी प्रकार की उपलब्धि संभव है।

हालांकि शिक्षा एवं समझदारी आपकी उच्च प्राथमिकता होनी चाहिए, पर आप अपने लक्ष्य के अनुसार अपने पहले 90 दिनों की उपलब्धियों के लेवल निर्धारित कर सकते हैं। बड़े लक्ष्य के लिए बड़ी प्रतिबद्धता और थोड़े ज़्यादा कार्यशील घंटों की ज़रूरत होती है।

इसलिए हमेशा प्रतिबद्ध रहें और सिस्टम का पालन करें और अपना 100 फ़ीसदी दें और कभी भी काम को बीच में नहीं छोड़ना चाहिए।

मेरा लक्ष्य सभी नेटवर्क मार्केटिंग डिस्ट्रिब्यूटर्स को बेहतर परिणाम प्राप्त करने और अपने सभी सपनों को पूरा करने के लिए सशक्त बनाना है। इस खोज में, हम अपने टूल्स को अपग्रेड करते रहते हैं और नए टूल्स बनाते रहते हैं। आप उन्हें मेरी वेबसाइट पर सीख और डाउनलोड कर सकते हैं – www.deepakbajaj.biz

नेटवर्क मार्केटिंग में बड़ी सफलता के लिए सोशल मीडिया प्लानिंग गाइड

1. हमेशा याद रखें कि मूल्य जोड़ने का वास्तविक उद्देश्य सामाजिक मीडिया में सफलता के लिए महत्त्वपूर्ण है। सर्वोत्तम गुणवत्ता वाली सामग्री डालें जो आपके दर्शकों को लाभ पहुंचाए।
2. इसमें समय लगता है। दीर्घकालिक दृष्टि रखें और हर रोज़ उपयोगी सामग्री जोड़ते रहें।
3. हर आधे घंटे में लाइक्स या टिप्पणी की जांच न करें। अच्छी सामग्री पोस्ट करते रहें और अपना नियमित काम करते रहें।
4. सुसंगत रहें। रोज़ एक या दो पोस्ट डालना अच्छा है।
5. हर 10 पोस्ट में से कम से कम 2-3 वीडियो रखें। वीडियो इन दिनों बेहतर काम कर रहे हैं।
6. उत्पादों की बिक्री के लिए सीधे पोस्ट डालने या लोगों को आपसे जुड़ने के लिए कहने से बचें। संबंध बनाने और विश्वसनीयता पर ध्यान केंद्रित करें।
7. इसे मनोरंजक बनाए रखें। अपनी पोस्ट में विविधता जोड़ें और तड़का लगाएं।
8. प्रयोग करें। नई-नई चीज़ों को आज़माएं और फिर देखें क्या काम करता है।
9. खुद का वास्तविक रूप पेश करें। हर कोई अद्वितीय है और यही सुंदरता है। अपने आदर्शों और प्रभावित करने वालों से सीखें लेकिन आपकी अपनी वास्तविक शैली रखें। लोग आपके सच्चे स्वरूप के साथ अधिक जुड़ेंगे।
10. नीचे दिए गए दिशानिर्देश के अनुसार अपनी पोस्टों में 4:3:2:1 का अनुपात रखें -

आपके जीवन की घटनाएं/जीवन शैली	मूल्य जोड़ने वाली सामग्री	व्यापार की घटनाएं	उत्पाद प्रशंसापत्र/व्यावसायिक सफलता की कहानियां
4	3	2	1

भाग-IX

अक्सर पूछे जाने वाले प्रश्नों का जवाब (FAQs)

अक्सर पूछे जाने वाले प्रश्नों का जवाब (FAQs)

इस भाग में उन कुछ प्रश्नों का उत्तर हैं जो बहुत सारे डिस्ट्रिब्यूटर्स के दिमाग़ से चलते हैं। प्रश्नों एवं आपत्तियों का जवाब देती एक उपयोगी गाइड इस पुस्तक में 'सफलता की प्रक्रिया' नामक हिस्से में भी दी गई है। इस भाग में कुछ ख़ास प्रश्नों के जवाब दिए गए हैं जो सरल हैं और स्वाभाविक हैं, पर इनके सही जवाब नहीं मिल पाने की वजह से या तो लोग बिज़नेस छोड़ देते हैं या फिर आधे-अधूरे मन से बिना किसी उत्साहवर्धक परिणाम के बस यूं ही करते रहते हैं। नीचे दिए गए जवाब पूरी तरह से मेरे विश्वास एवं बिज़नेस में मेरे 11 सालों के अनुभव के आधार पर हैं। आप अपने स्वयं के उत्तर दे सकते हैं जो आप उस व्यक्ति और परिस्थिति के लिए उपयुक्त समझते हैं।

प्रश्न : अपनी टीम के सदस्यों को इस बिज़नेस के लिए कैसे पॉज़िटिव एवं एक्टिव बनाएं?

प्रोग्राम ही एकमात्र तरीक़ा है, जिससे लोगों को बिज़नेस में सकारात्मक एवं एक्टिव बनाया जा सकता है। इस बिज़नेस को शुरू करना बहुत आसान है, पर इसमें बने रहना बहुत मुश्किल है। इसके लिए विश्वास की ज़रूरत है और लोगों को यह समझना बहुत ज़रूरी है कि यह बिज़नेस उनकी ज़िंदगी में कैसा प्रभाव ला सकता है। यह समझ प्रोग्रामों के जरिए ही आ सकती है। सबसे अच्छे लीडरों को भी प्रोग्राम चाहिए होता है, जहां वह अपना सर्वोत्तम प्रदर्शन कर सकें। अगर आपके लोग लगातार प्रोग्राम में शामिल हो रहे हैं, तो वह बिज़नेस में भी बने रहेंगे और धीरे-धीरे बिज़नेस में परफ़ॉर्म करने भी लग जाएंगे। पांच की शक्ति को याद करें - सामान्यतः लोगों को पांच प्रोग्राम की ज़रूरत होती है जिससे वह अपने बिज़नेस पर विश्वास रख उस पर काम करना शुरू कर दें। इसलिए यह सुनिश्चित करें कि आपके लोग प्रोग्राम में बार-बार शामिल हो रहे हैं।

प्रश्न : जब बिज़नेस धीमा चल रहा है, तब क्या करें?

ज़्यादा से ज़्यादा प्रेज़ेंटेशन दिखाएं। अपने पर्सनल काम के साथ-साथ टीम में भी गतिविधियां बढ़ा दें। गति भावनाओं को बढ़ाती है और भावनाओं से रफ़्तार मिलती है। सबसे आगे आकर सबसे ज़्यादा बिज़नेस प्रेज़ेंटेशन दिखाएं और निजी तौर पर सबसे ज़्यादा अचीवर्स बनाएं। कुछ ही हफ़्तों में, आपकी टीम आपको देख कर आगे बढ़ेगी और बिज़नेस फिर से बढ़ने लगेगा। आपके बिज़नेस से संबंधित किसी भी समस्या के लिए गतिविधियां बढ़ाकर काम करना उसका एकमात्र विकल्प है।

प्रश्न : ग्राहकों एवं डिस्ट्रिब्यूटर्स के बीच कैसे बैलेंस बनाएं?

हमारे बिज़नेस के लिए दोनों ही ज़रूरी हैं। हमारी टीम में कस्टमर एवं डिस्ट्रिब्यूटर

दोनों की ज़रूरत होती है। मैं आपको सलाह दूंगा कि आप अपना 70-80% समय डिस्ट्रिब्यूटर बनाने में और 20-30% समय कस्टमर बनाने में लगाएं। कस्टमर्स को सर्विस देने में बहुत समय लगता है और उनसे बिज़नेस में कोई तुरंत बढ़ोत्तरी नहीं होती, पर डिस्ट्रिब्यूटर बहुत जल्दी बढ़ते हैं और वह बहुत मात्रा में बिज़नेस लेकर भी आते हैं। हम एक बड़े डिस्ट्रिब्यूटर के बेस के साथ एक अच्छी रैंक एवं आय पा सकते हैं। पर कस्टमर बेस के साथ बिज़नेस में स्थिरता आती है और आपके कस्टमर ही धीरे-धीरे आपके अच्छे डिस्ट्रिब्यूटर्स बन जाते हैं। इसलिए हमेशा अच्छे डिस्ट्रिब्यूटर्स के लिए नज़र चौकन्नी रखें और कस्टमर्स के साथ ज़्यादा सेल्स करें।

प्रश्न : किसी भी व्यक्ति को बिज़नेस में फुलटाइमर कब बनना चाहिए?

चूंकि आपको यह अहसास हो गया है कि यह बिज़नेस ज़िंदगी जीने का एक बेहतर तरीक़ा है और आप अपने सपनों को पूरा कर सकते हैं, तो इसलिए आपको यह बिज़नेस एक फुलटाइमर के रूप में जल्द से जल्द शुरू कर देना चाहिए। वास्तव में, जो जीवनशैली और बेहतरीन ज़िंदगी यह आपको 3-6 सालों में दे सकता है, वह आप 30 साल के एक आम जॉब या प्रोफ़ेशन में काम करने के बाद भी बहुत मुश्किल से पाते हैं। पर एक फुल टाइम या पार्ट टाइम से कहीं ज़्यादा महत्त्वपूर्ण यह है कि आप यह बिज़नेस सही ढंग से करें। मैं ऐसे कई लोगों को जानता हूं जो एक पार्टटाइमर होने के बावजूद भी कई फुल टाइमर्स से ज़्यादा आय कमाते हैं।

सबसे पहले तो ज़रूरी है कि आप सिस्टम का 100% पालन करें। मैंने बार-बार यह देखा है कि अगर कोई पार्टटाइमर के रूप में अपना बिज़नेस सही से नहीं कर पा रहा, तो वह फुलटाइमर के रूप में भी बिज़नेस सही से नहीं कर सकता। अपने जॉब/ प्रोफ़ेशन को जारी रखते हुए एक अच्छा बिज़नेस बनाएं और जब आप अच्छी आय पाने लगें और आपका संगठन सही हो, तो फिर अपने अपलाइन से सलाह करके फुल टाइमर बनें। जो आप कर रहे हैं, अगर आपको वो पसंद है तो इस बिज़नेस को सफलतापूर्वक तैयार करके उसे साथ-साथ करते रहें।

सारे इवेंट्स एवं ट्रेनिंग में शामिल हों और बिज़नेस के आधारभूत सिद्धांतों में माहिर बन जाएं। इस बिज़नेस को पार्ट-टाइम बनाते समय, हर दिन बिज़नेस के प्लान प्रेज़ेंटेशन करें, और सही संरचना में एक्टिव एवं प्रतिबद्ध लीडरों की टीम बनाएं। यह भी सुनिश्चित करें कि आपके पास सहयोगी के रूप में एक अच्छा अपलाइन हो, पहले से कामयाबी से चलता हुआ ट्रेनिंग ऐंड डेवेलपमेंट का एक बढ़िया सिस्टम बनाए हुए टीम हो और टूल सेक्शन में दिए हुए चारों मापदंडों के अंतर्गत आपने एक सही कंपनी चुनी हो। अब जब आप अपने काम में सिस्टम के तहत 100% प्रतिबद्ध हो चुके हैं और अगले 12-24 महीनों के लिए आपके बैंक में आज अपने घर ख़र्च एवं अन्य ख़र्चों के लिए पैसे हैं, तो आप तुरंत अपने बिज़नेस को फुलटाइम बनाने का निर्णय ले सकते हैं।

प्रश्न : बिज़नेस की सही संरचना क्या होनी चाहिए?

हर कंपनी का अपना एक अलग बिज़नेस मॉडल होता है और हमारा उद्देश्य होता है कि हम अपनी आय एवं अपने रिवॉर्ड्स को आज और अपने आने वाले कल के लिए कैसे बढ़ाएं। अतः सही संरचना वह है जो आपकी कंपनी के इनकम प्लान के अनुसार आपको बहुत ज़्यादा इनकम दे। इसलिए अपनी कंपनी के इनकम मॉडल को समझें और फिर ज़रूरत के अनुसार उसकी संरचना बनाएं।

मूलतः इस संरचना के दो प्रमुख तत्व हैं जिसे मैनेज किया जाना चाहिए - **गहराई और फैलाव**। जहां गहराई आपको स्थिरता एवं सेल्स देती है, फैलाव आपको बहुत लाभ एवं सुरक्षा देते हैं। दोनों ही बिज़नेस के विकास के लिए बहुत ज़रूरी है। वैसे आप जैसे-जैसे फैलाव के साथ बिज़नेस विकसित करते हैं, रिवॉर्ड उतने ही ऊंचे होते जाते हैं।

इसलिए इस पुस्तक में गहरी नींव के सिद्धांतों के साथ अपनी गहराई बनाकर रखें। अपनी मौजूदा टीम की गहराई को प्रोग्राम के साथ बढ़ाते जाएं और साथ ही कभी-कभी पर्सनल सेल्स देकर ग्रुप में गति बनाएं रखें।

धीरे-धीरे नियमित पर्सनल स्पॉन्सरिंग से अपने फैलाव को बढ़ाते रहें। सही तरीक़े से एवं लगातार काम करने के संयोग से आप सशक्त, स्थाई एवं बहुत लाभ देने वाला बिज़नेस बना सकते हैं।

प्रश्न : इस बिज़नेस के लिए अपने परिवार को कैसे सकारात्मक बना सकते हैं?

सबसे पहले उन्हें सकारात्मक बनाने की कोशिश छोड़ दीजिए। उन्हें बार-बार यह कहना कि सकारात्मक बनो या उनके अंदर सकारात्मकता की कमी के बारे में चिंता करना छोड़ दें। इस बिज़नेस या किसी अन्य बिज़नेस के बारे में उन्हें सकारात्मक बनाने के दो तरीक़े हैं : समझ एवं उपलब्धि। समझ प्रोग्राम में शामिल होकर ही आ सकती है। प्रोग्राम से भरोसा विकसित होता है और जब किसी के अंदर भरोसा होता है, तो वह इस बिज़नेस के लिए ज़रूर सकारात्मक होता है।

दूसरा, उनकी सकारत्मकता की कमी पर ग़ौर करने के बजाय, उनकी उपलब्धियों पर ध्यान लगाएं। एक अच्छी आय पाने के लिए और एक अच्छी रैंक पाने के लिए कड़ी मेहनत करें। जब घर में पैसा आता है और परिवार को किसी बड़े स्टेज पर पहचान मिलती है तो फिर सकारात्मकता अपने आप आने लगती है। सकारात्मकता एक प्रभाव है; बिज़नेस में समझ एवं उपलब्धियों की कमी इसका मूल कारण है। आप इसके कारणों पर काम कीजिए, उसके प्रभाव अपने आप अच्छे होने लगेंगे।

प्रश्न : मैं यह बिज़नेस नहीं कर सकता हूं क्योंकि मुझे लगता है कि इस बिज़नेस को खड़ा कर पाना बहुत मुश्किल है।

कुछ भी मुश्किल नहीं है। आप जो भी करने के लिए प्रतिबद्ध हैं और उसे करने

के लिए सीखने को तैयार हैं, वह आपके लिए आसान है। ऐसा नहीं है कि बिज़नेस मुश्किल है, पर इसे कैसे करना है, इसे सीखने की इच्छा की कमी है। आज हमें जो आसान लग रहा है और जो हम बिना सोचे आसानी से कर सकते हैं, वह भी पहले कभी मुश्किल रहा होगा। जब हमने शुरू किया था, तब एक साइकिल चलाना या कार चलाना हमारे लिए बहुत मुश्किल रहा होगा, पर हमारे सीखने के संकल्प ने हमें इसमें मास्टर बना दिया। अगर मेरे फ़ोन में कोई समस्या है, तो मैं उसे कस्टमर केयर में ले जाऊंगा, जहां वह कुछ मिनटों में इसकी समस्या दूर कर देगा। यहां, मेरे लिए फ़ोन की समस्या दूर करना मुश्किल था, पर फ़ोन एक्सपर्ट के लिए आसान। मैं अपने बिज़नेस के लिए 100 लोगों से आराम से और ख़ुशी से बात कर सकता हूं, पर मैं अपनी रसोई/एसी/कार या अन्य चीज़ों की मुश्किलों को दूर करने में डरता हूं। जो भी किसी काम को सफलतापूर्वक कर रहे हैं, वे उसे अच्छे से करने में सक्षम हैं क्योंकि उन्होंने वह सीखा है। अतः अगर आप इस बिज़नेस को सीखने के लिए अपना समय एवं प्रतिबद्धता देने को तैयार हैं, तो मुझे पक्का विश्वास है कि आप कुछ ही दिनों या सप्ताह में इसके मास्टर हो जाएंगे।

प्रश्न : ऐसे बिज़नेस ज़्यादा नहीं चलते, इस कंपनी पर मैं कैसे विश्वास करूं?

इस पुस्तक के एक पाठ 'अपने लिए बेहतरीन नेटवर्क मार्केटिंग कंपनी कैसे चुनें' को पढ़ें। इसके साथ ही मैं आपको यह सलाह दूंगा कि कुछ इवेंट्स में शामिल हों। इवेंट्स से आपका बिज़नेस में विश्वास बढ़ेगा।

प्रश्न : इस काम में कोई इज़्ज़त नहीं है।

आप मुझे ऐसा कोई भी काम दिखा दें, जिसमें इज़्ज़त की गारंटी है। कृपया यह हमेशा याद रखें कि कोई भी काम आपको आय एवं इज़्ज़त की गारंटी नहीं देता, यह आप पर निर्भर करता है कि आप इस काम से पैसा और इज़्ज़त कैसे कमा सकते हैं। हर जगह अच्छे डॉक्टर भी होते हैं और बुरे डॉक्टर भी जो ग़लत कामों में जुड़े होते हैं, वैसे ही अच्छे शिक्षक और बुरे शिक्षक दोनों ही होते हैं, अच्छे अकाउंटेंट एवं बुरे अकाउंटेंट, अच्छे इंश्योरेंस सेल्स एजेंट और बुरे सेल्स एजेंट आदि भी होते हैं। हर काम में, कुछ ऐसे लोग होते हैं जो अपने निजी मूल्यों एवं आचरण से रोल मॉडल बन जाते हैं, वहीं उसी काम में कई ऐसे लोग होते हैं जो उसे ग़लत तरीक़े से करने के कारण बहुत बदनाम होते हैं और उस काम को भी बदनाम करते हैं।

इज़्ज़त तभी आएगी जब आप अपने काम को सही मूल्यों, पूरी प्रतिबद्धता, ईमानदारी और बिज़नेस /प्रोफ़ेशनल की आचार संहिता का पालन करते हुए करेंगे। अगर आप इन सब चीज़ों का अनुकरण करने के लिए तैयार हैं, तो आप ख़ुद के लिए वही इज़्ज़त देख पाएंगे जो इस धरती पर किसी और को उसके बिज़नेस में मिलती है। असल में, आपको यह समझने के लिए एक नेटवर्क मार्केटर होना पड़ेगा कि किसी प्रोफ़ेशन में असली इज़्ज़त एवं प्यार का क्या अर्थ है। मैंने मेरी पूरी ज़िंदगी में किसी

भी प्रोफ़ेशन या बिज़नेस में इतनी वास्तविक इज़्ज़त मिलते हुए नहीं देखी जितनी कि नेटवर्क मार्केटिंग में मिलती है।

प्रश्न : उन लोगों को क्या जवाब दिया जाए, जो यह कहते हैं कि "उनके पास समय या पैसा नहीं है।"

मुझे पता है, तभी तो मैं आपके पास इस बिज़नेस का प्रस्ताव लेकर आया हूं। मैं भी ऐसी ही समस्या से गुज़र रहा था, और किसी भी क़ीमत पर इसका समाधान खोज रहा था, जिससे मेरे पास समय एवं पैसे की कमी नहीं रहे। यह आपके और मेरे जैसे लोगों के लिए एक जांचा-परखा और आसानी से किया जा सकने वाला बिज़नेस है जो हमें बहुत सारा समय और पैसा दे सकता है, जो हम हमेशा से चाहते हैं। बिज़नेस को शुरू न करने के लिए समय की कमी को बहाना न बनाएं, बल्कि इसे बिज़नेस शुरू करने का एक कारण बना लें।

प्रश्न : लोगों को कैसे जवाब दिया जाए, जब वह यह कहते हैं कि "मुझे यह नहीं पता कि मैं इस बिज़नेस को सफलतापूर्वक चला भी पाऊंगा या नहीं, मैंने इससे पहले कभी ऐसा बिज़नेस नहीं किया है।"

मैं पूरी तरह समझ सकता हूं कि आप क्या महसूस कर रहे हैं। मैंने जब यह बिज़नेस पहली बार देखा था, तो मुझे भी ऐसा ही लगा था। मैं एक वकील (शिक्षक/डॉक्टर या आपका जो भी काम हो, आप उसके अनुसार जवाब दे सकते हैं) था, मैंने कभी भी सेल्स नहीं की थी और ना ही कभी कोई टीम बनाई थी। पर ऐसी किसी एक बातचीत के दौरान जो हम अभी कर रहे हैं, मेरे अपलाइन ने मुझे यह अहसास करने में मदद की कि मैं एक सफल वकील दो कारणों से बना - बहुत वर्षों से क़ानून के विषय में मेरी बहुत गहन पढ़ाई और फिर कई सालों की क़ानून की प्रैक्टिस। मैंने कई सालों तक क़ानून को पढ़कर इसकी प्रैक्टिस क्यों की? ताकि मैं एक वकील बन सकूं जिससे मेरा एक सुरक्षित भविष्य होगा, अच्छे पैसे कमाऊंगा, अपने सपनों को पूरा करूंगा, काम में संतुष्ट रहूंगा, इत्यादि। अब अगर ये सारी चीज़ें इस बिज़नेस में मुमकिन हैं, तो मैं क्यों न थोड़ा और समय लगाकर इसे सीखूं और फिर इसकी प्रैक्टिस करूं। सबसे अच्छी बात यह है कि अपने मौजूदा काम के रहते हुए मुझे शुरुआत में हर हफ़्ते कुछ ही घंटे लगाने होंगे। मुझे इसके लिए अपने मौजूदा काम को छोड़ना भी नहीं होगा।

हम लोग आज जो भी कर रहे हैं, उसमें हम किसी समय नए होंगे। हमने इसे सीखने की सोची और लगातार प्रैक्टिस से इसमें बेहतर होते गए। शुरुआत में यह आसान नहीं था, पर जैसे-जैसे मैं करता गया, उसमें मैं धीरे-धीरे मास्टर होता गया।

इस बिज़नेस के लिए भी यही है। हम ज़िंदगी में जो भी हासिल करना चाहते हैं अगर इस बिज़नेस से जल्दी और ज़्यादा अच्छे तरीक़े से हासिल कर सकते हैं तो क्यों ना मिलकर कोशिश की जाए (अपने प्रॉस्पेक्ट के टीएसडी का इस्तेमाल करें)। जब यहां

इतने सारे लोगों को सफलता मिल सकती है तो आपको और मुझे क्यों नहीं। चलो इसे सीखें और करें। वैसे भी हम अपने नियमित काम वैसे ही जारी रखेंगे।

प्रश्न : कभी-कभी मुझे बिज़नेस छोड़ देने का मन करता है। मैं इतना निराश हो जाता हूं कि लगता है कि इस बिज़नेस में सफल नहीं हो पाऊंगा। ऐसी परिस्थितियों में क्या करूं?

ऐसा दो परिस्थितियों में होता है। बहुत बार लोग बिना कुछ ट्राई किए ही काम छोड़ देते हैं। वह कभी-कभार आधे मन से, बिना कुछ सीखे कि असल में क्या करना है, एक-दो मीटिंग कर लेते हैं या कुछ फ़ोन कॉल कर लेते हैं, बस। लोगों की पहली कुछ प्रतिक्रिया जानकर, वह निराश हो जाते हैं और बिज़नेस छोड़ देने की सोचते हैं। उन सारे लोगों के लिए मैं बस यही कहूंगा कि *आप इस बिज़नेस में संयोग से आ सकते हैं, पर आप अचानक ही इसमें सफल नहीं हो सकते।* आपको समझना पड़ेगा कि यह एक बिज़नेस है और सफलता के लिए कोशिशें एवं समय दोनों की ज़रूरत होती है। आपको काम के मूल सिद्धांत समझने होंगे और सफलता का स्वाद चखने के लिए कुछ महीनों का इंतजार करना होगा। अगर आप अपने सपनों को पूरा करने के लिए गंभीर हो, तो प्रोग्राम में जाओ और फ़ील्ड में जाकर काम करो। अगर आप बिना क़ीमत चुकाए सफलता पाना चाहते हो, तो बेहतर है कि अभी इसे छोड़ दो।

कुछ अन्य लोग सब कुछ करने के बाद, उत्साहजनक परिणाम के अभाव में इसे छोड़ देना चाहते हैं। मैं उनकी स्थिति समझ सकता हूं, मुझे भी कई बार काम छोड़ देने का मन किया, पर हर बार जब मैंने काम छोड़ने का मन बनाया, तब मैंने अपने आप से पूछा - "अगर यह नहीं, तो फिर क्या? इस बिज़नेस को छोड़ना बहुत आसान है। आप एक सेकेंड में इस काम को छोड़ सकते हैं, पर अपने सपनों को पूरा करने के लिए आप और क्या करेंगे?" फिर मैंने अपने आप को याद दिलाया कि मैंने यह बिज़नेस क्यों शुरू किया था? कभी कभी आपको स्वयं को ज़बरदस्ती खींचकर आगे ले जाना होता है। यह याद रखें कि संपन्नता सिर्फ़ एक डिस्ट्रिब्यूटर की दूरी पर है। एक नया व्यक्ति आपके बिज़नेस की परिस्थितियों को बदल सकता है। प्रोग्राम में जाएं और अपने एक्टिव अपलाइन के साथ काउंसलिंग करें। आप अन्य सीनियर अपलाइन से भी परामर्श ले सकते हैं। अपनी गतिविधियों को बढ़ा दें और ज़्यादा प्लान दिखाएं, अपने लोगों को प्रोग्राम में लाएं और जल्द ही आप पहले से कहीं ज़्यादा अच्छा करने लगेंगे।

कभी भी प्रोग्राम में शामिल होना बंद नहीं करें। अगर वहां आपके साथ कोई भी नहीं है, तो भी अकेले प्रोग्राम में जाएं। हमेशा अपने अपलाइन से जुड़े रहें और कभी-कभार उनसे मिल लिया करें। अगर आप यह सब करेंगे तो आप बिज़नेस को कभी नहीं छोड़ेंगे और यह पक्का है कि आप सफल हो जाएंगे।

उपसंहार

ये कुछ ऐसे प्रश्न हैं जो मैं हमेशा ही सुनता आया हूं। जब आप प्रेजेंटेशन्स दे रहे होते हैं तो आपको बहुत सारे सवालों के जवाब देने होते हैं। प्रेजेंटेशन का एक सामान्य नियम यह है कि जब भी लोग आपत्तियां करते हैं, तो उनके प्रश्नों को मुस्कराते हुए सुनें और फिर बड़े सलीके के साथ मुस्कराते हुए मीठी आवाज़ में उसका जवाब दें। हम किसी से बहस नहीं करना चाहते न ही किसी को नीचा दिखाना चाहते हैं। हो सकता है उस व्यक्ति ने कुछ करने की कोशिश की हो या उसने किसी के बुरे अनुभव सुन लिए हों या उसका अनुभव अच्छा न रहा हो। प्रश्न करना व आपत्तियां करना किसी रिश्ते की शुरुआत है। जैसे आपने 2000 रु. का एक नोट एक हाथ में पकड़ा है और दूसरे हाथ में चॉकलेट और आप किसी बच्चे को कोई एक चुनने के लिए कहेंगे। बच्चा तुरंत ही चॉकलेट चुन लेगा, इसलिए नहीं कि चॉकलेट बेहतर है, बल्कि इसलिए क्योंकि बच्चा इस बात से अनजान है कि वह 2000 रुपये में कितनी और चॉकलेट ख़रीद लेगा। आपका प्रॉस्पेक्ट आपके बिज़नेस के अवसर को इसलिए नहीं चुनेगा क्योंकि वह इसके फ़ायदों से अनजान है। जिस समय लोग बिज़नेस की शक्ति को समझ जाएंगे कि यह बिज़नेस उनकी ज़िंदगी के लिए कितना कुछ कर सकता है, वह आपको ढूंढ़ते हुए आएंगे कि बिज़नेस शुरू करेंगे। हमेशा यह याद रखें कि हमारा काम उनको शिक्षित करना है और एक संबंध बनाना है।

कुछ अगले क़दम

आपको बधाई हो। आपने इस पुस्तक को पढ़कर नेटवर्क मार्केटिंग का कोर्स पूरा कर लिया है। आपने यह साबित कर दिया है कि आपके भी कुछ सपने हैं और आप वह काम करने के लिए प्रतिबद्ध हैं जिससे आप शीर्ष आय कमाने वाले बन सकते हैं।

अब काम करने का समय है। आपने जो भी चीज़ें सीखी हैं, उसे लागू करने के लिए जुनूनी बनें और स्वयं को अपनी परफ़ॉरमेंस से अचंभित कर दें। अपनी छुपी हुई क्षमताओं को सामने लाएं और आकाश की ऊंचाइयां छुएं। अब आप प्रतिभावान हैं और आपको वह सब कुछ पता है कि जो आपको कामयाबी के शीर्ष तक पहुंचाएगा।

पर नेटवर्क मार्केटिंग बिज़नेस एक सरल से सिद्धांत पर काम करता है कि आपकी आय आपके टीम के एक्टिव डिस्ट्रिब्यूटर्स की संख्या के सीधे आनुपातिक होती है। हर नेटवर्क मार्केटर का सबसे बड़ा काम है एक्टिव डिस्ट्रिब्यूटर्स की सेना तैयार करना। यह पुस्तक आपकी पूरी मदद करेगी एक ऐसी सशक्त टीम बनाने में जो बार-बार हर बार आपको कमाल का बिज़नेस देगी।

जैसा कि इस पुस्तक के हर पाठक ने महसूस किया है, यह पुस्तक आपको कमाल के फ़ायदे देती है :

- यह पुस्तक आपका ट्रेनिंग के काम का बोझ घटाती है। आप इस पुस्तक का इस्तेमाल अपनी टीम को सही चीज़ें सिखाने के लिए कर सकते हैं।
- लोगों से मिले बिना भी उन्हें ट्रेन्ड करें। वह इस पुस्तक को पढ़ सकते हैं और आप इन बातों को फ़ोन या वीडियो कॉलिंग के जरिए समझा सकते हैं।
- यह पुस्तक आपके लोगों को किसी नई जगह में भी ट्रेनिंग दे सकती है, जहां कोई ट्रेनिंग प्रोग्राम नहीं है।
- इस पुस्तक के जरिए आपके टीम के सदस्यों को तब भी ट्रेनिंग मिल सकती है, जब ट्रेनिंग का प्रोग्राम ख़त्म हो गया हो। अगर एक बार आपने यह किताब अपनी टीम के सभी साथियों के घर पहुंचवा दी तो समझिए कि आपने अपनी टीम में हज़ारों ट्रेनिंग सेंटर खोल दिए हैं।
- यह पुस्तक एक बड़ी निष्क्रिय/पैसिव आय पाने की एक अद्‌भुत कुंजी है। एक अच्छी तरह से ट्रेन्ड टीम बिना आपकी एक्टिव वर्किंग के भी सेल्स लेकर आ सकती है और यह नेटवर्क मार्केटिंग का सबसे बड़ा रिवॉर्ड है।

और कमाल की बात यह है कि ये सारे लाभ आपको मात्र एक पिज़्ज़ा की क़ीमत पर या एक फ़िल्म के टिकट या दो घंटे के बेसिक ट्रेनिंग प्रोग्राम की टिकट की क़ीमत में ही मिल रहे हैं।

यह सब लाभ पाने के लिए आपको यह सुनिश्चित करना होगा कि आपकी टीम के ज़्यादा से ज़्यादा डिस्ट्रिब्यूटर्स इस पुस्तक में दिए गए सिद्धांतों एवं तकनीक का इस्तेमाल कर रहे हैं। मेरे पास इन सबके लिए कुछ तरीक़े हैं जिसे बहुत सारे लीडरों ने इस्तेमाल किया है और फिर उससे उनकी आय में कई गुणा बढ़ोत्तरी हुई है।

- इस पुस्तक का उपयोग एक वर्कबुक की तरह करें और अपने टीम के सदस्यों को यह सिखाएं कि इस किताब को फ़ील्ड के हर मुद्दे में इस्तेमाल करें।
- भारत के प्रधानमंत्री श्री नरेंद्र मोदी ने एक बार एक इवेंट में कहा था कि हमें किसी को एक गुलदस्ता भेंट करने के बदले एक किताब भेंट करनी चाहिए। किसी गुलदस्ते का जीवनकाल 2-3 दिन होता है जबकि एक पुस्तक हमेशा के लिए होती है। आप अपनी टीम के सदस्यों में यह अभ्यास करा सकते हैं कि वह चीफ़ गेस्ट या अचीवर्स को गुलदस्ता भेंट करने से अच्छा यह किताब भेंट करें।
- यह पुस्तक आपके वेलकम किट का भाग हो सकती है। जब आपके नए डिस्ट्रिब्यूटर्स अपना बिज़नेस शुरू करते हैं तो उन्हें यह किताब दी जा सकती है।
- यह पुस्तक एक पुरस्कार के रूप में छोटी-छोटी प्रतियोगिताओं में दी जा सकती है। यह एक बेहतर गिफ़्ट हो सकता है जो आपको कम क़ीमत पर मिल सकता है।
- आप एक लीडरशिप ट्रेनिंग प्रोग्राम में या एक आवासीय ट्रेनिंग प्रोग्राम में सभी प्रतिभागियों को यह पुस्तक दे सकते हैं। अगर वो लोग ट्रेनिंग अटेंड करने के बाद ये किताब साथ में लेकर जाएंगे तो कई गुणा बेहतर रिज़ल्ट मिलेंगे।
- यह गिफ़्ट करने के लिए एक बहुत अच्छा आइडिया है। आप यह पुस्तक अपने प्रॉस्पेक्ट या टीम के सदस्यों को उनके जन्मदिन, नई उपलब्धियों, विशेष पल, त्यौहारों आदि के मौक़े पर गिफ़्ट कर सकते हैं, इसमें अपनी शुभकामनाओं का संदेश भी लिख सकते हैं।

  इस पुस्तक के जरिए नए डिस्ट्रिब्यूटर्स को सम्मानित किया जा सकता है, जब वह नया लेवल या कुछ साधारण टारगेट अचीव कर लें।

अगर आपको बहुत ज़्यादा मात्रा में इस पुस्तक की ज़रूरत है, तो आप विशिष्ट मूल्य पर यह पुस्तक www.deepakbajaj.biz से ऑर्डर कर सकते हैं।

इस पुस्तक का इस्तेमाल नेटवर्क मार्केटिंग की एक डिक्शनरी या विश्वकोश (encyclopaedia) के रूप में कर सकते हैं। इसे एक बार पूरी तरह पढ़ें और जब-जब आपको किसी समाधान की ज़रूरत लगे, तो आप इसे वापस पढ़ सकते हैं। हर किसी के पास घर में कम से कम एक किताब अवश्य होनी चाहिए। दुनिया के किसी भी कोने में कोई भी प्रोडक्ट, कोई भी कंपनी, किसी भी इनकम प्लान वाले लोगों को लिए यह पुस्तक जादू का काम करेगी।

मैं आपको मेरे लाइव इवेंट में शामिल होने का निमंत्रण भी देता हूं - नेटवर्क मार्केटिंग मिलियनेयर्स एकेडमी। यह एक जीवन परिवर्तन करने वाला इवेंट है जहां आप

और मैं दोनों मिलकर आपको मिलियनेयर बनाएंगे। दुनिया के सर्वश्रेष्ठ ट्रेनरों से सीखने में लाखों रुपये ख़र्च कर मैंने जो भी सीखा है, साथ ही पिछले कई सालों में लाखों लोगों के साथ काम करके जो कुछ भी मैंने सीखा है, वह सब कुछ मैं आप लोगों को सिखाऊंगा, जिससे आप अपने सपनों को जल्दी पूरा कर सकते हैं। यह एक बहुत अच्छा प्रोग्राम है जो आपको एवं आपके नेटवर्क मार्केटिंग की टीम के सदस्यों को करोड़पति बना देगा। अगले कुछ पन्नों में इस प्रोग्राम की विस्तृत व्याख्या की गई है।

उन बड़े सपने देखने वाले लोगों के लिए जो बड़ी सफलता एक रिकॉर्ड टाइम में हासिल करना चाहते हैं, मेरे पास विशिष्ट हाई परफ़ॉर्मेंस कोचिंग सेशन है। ये एक से एक सेशंस हैं जहां हम आपके लिए अनुकूल कार्ययोजना बनाएंगे और उन रणनीतियों के सफल निष्पादन में आपको सशक्त बनाएंगे। आप इन सत्रों के बाद एक अलग इंसान बनकर सामने आएंगे। और अधिक विवरण हमारी वेबसाइट पर उपलब्ध है।

उपरोक्त के अतिरिक्त, हमारे पास वर्ष भर में होने वाली बहुत-सी लाइव इवेंट्स हैं, जैसे अपनी ड्रीम लाइफ़ लॉन्च करें, अपना सर्वश्रेष्ठ जीवन जीएं, आदि। हमारे प्रतिभागियों ने इन लाइव इवेंट्स में अपने जीवन में पूर्ण परिवर्तन का अनुभव किया है। स्वास्थ्य, ख़ुशी, करियर, संबंध, पैसा या सफलता, जो भी आप खोज रहे हैं, ये लाइव इवेंट आपके सपनों को तेज़ी से हासिल करने में मदद करेंगी। कृपया हमारे स्टाफ़ से बात करें या www.deepakbajaj.biz पर ऑनलाइन बुकिंग करें।

आपकी प्रतिक्रिया (feedback) मेरे लिए महत्त्वपूर्ण है। कृपया समय निकालकर अपने फ़ीडबैक हमारी वेबसाइट पर दीजिए। अगर आप कुछ निदानों को खोज रहे हैं, जो इस पुस्तक में अभी उपलब्ध नहीं हैं, इसके लिए भी आप अपने सुझाव www.deepakbajaj.biz पर दे सकते हैं और हम सभी उपयुक्त सुझावों को अगले संस्करण में शामिल करेंगे।

अपने बिज़नेस को बढ़ाने के लिए मेरी वेबसाइट www.deepakbajaj.biz के मार्फ़त नए टूल्स एवं तकनीक की जानकारी के लिए हमसे संपर्क में रहें और इसके अलावा बहुत सारे सोशल मीडिया चैनल्स जैसे - फ़ेसबुक, यू-ट्यूब, इंस्टाग्राम, लिंक्डइन आदि पर आप मेरे द्वारा दी गई कमाल की जानकारी से लाभ उठा सकते हैं।

आप एक प्रतिबद्ध बिज़नेसमैन की तरह काम कीजिए और सिस्टम को 100% फ़ॉलो करते रहिए। काम में अपना ध्यान लगाए रखिए और अपने को हमेशा सुधारते रहिए। लंबी सफलता में समय लग सकता है। मैं आपको ऊंचाई पर देखना चाहता हूं। आपकी ख़ुशी एवं सफलता मेरे लिए बहुत बड़ा पुरस्कार है। एक मल्टी-मिलियनेयर बनिए और अपनी टीम में भी मिलियनेयर बनाइए। मुझे अपनी सफलता की कहानी लिखना न भूलें। आपको बहुत सारी सफलता की ढेरों शुभकामनाएं।

सफलता में आपका पार्टनर,

दीपक बजाज

DEEPAK BAJAJ'S

NETWORK MARKETING MILLIONAIRES ACADEMY

10x your Income. Create a Millionaire Mindset. Scale up your Skills & Strategies.

नेटवर्क मार्केटिंग मिलिनेयर्स अकेडमी हर नेटवर्क मार्केटर के लिए एक ऐसा कार्यक्रम है जिसमें उसकी उपस्थिति आवश्यक है। नेटवर्क मार्केटिंग/डायरेक्ट सेलिंग बिज़नेस में पूर्ण महारत हासिल करें और रिकॉर्ड गति से अपनी कंपनी में शीर्ष रैंक हासिल करें। इस जीवन में परिवर्तन लाने वाली, गहराई में उतरने वाली और ज़बर्दस्त ऊर्जा से भरी इवेंट में, दीपक आपको और आपकी टीम को नेटवर्क मार्केटिंग में करोड़पति बनाने के लिए आपके साथ काम करेंगे। यह लाइव इवेंट जीवन को बदलने वाले ज्ञान, टूल्स, अभ्यासों, वर्कशीट्स और गतिविधियों से भरी है जो वास्तव में आपको और आपके साथियों को आपके सभी सपनों को पूरा करने में सशक्त बनाती हैं।

दीपक ने दुनिया के सर्वश्रेष्ठ प्रशिक्षकों को लाखों रुपये का भुगतान करके जो कुछ भी सीखा है और जो कुछ भी उन्होंने एक दशक से अधिक समय तक लोगों के साथ काम करके सीखा है, वह आपको प्रदान करेंगे ताकि आप अपने सपनों को पूरा कर सकें। इस इवेंट में शामिल सिद्धांत, उपकरण और तकनीक सभी विभिन्न कंपनियों में विभिन्न उत्पादों और आय योजनाओं के साथ अद्‌भुत परिणाम देंगे।

इस इवेंट का उद्देश्य

एक मिलियनेयर की मानसिकता बनाकर, आपकी लीडरशिप का विकास कर और आपके कौशल एवं रणनीतियों को बढ़ाकर आपकी आमदनी को कई गुणा करना।

मुख्य लाभ

✓ यह सीखें कि सबसे ज़्यादा कमाने वाले एक रिकॉर्ड टाइम में अपनी टीम और आय को कैसे कई गुणा बढ़ाते हैं

✓ हो रही पैसिव आय को अर्जित करने के लिए सही नींव का निर्माण करना

✓ अपनी कंपनी में टॉप परफ़ॉर्मर बनने के लिए सही मानसिकता और बिलीफ़ सिस्टम विकसित करना

✓ ग्राहकों के छिपे हुए मनोविज्ञान के मास्टर बनें

✓ एक बड़ी और बढ़ती टीम के निर्माण के लिए सही डुप्लिकेशन प्रणाली बनाने में महारत हासिल करें
✓ अपनी टीम को नेताओं का निर्माण करने वाला कारख़ाना बनाएं
✓ अपने व्यक्तिगत ब्रांड का निर्माण करें ताकि आप श्रेष्ठ लोगों को आकर्षित कर सकें
✓ अपने व्यवसाय में बदलाव के लिए 90 दिनों का गेम प्लान
✓ बड़ी सफलता के लिए सोशल मीडिया के लिए रणनीति
✓ सर्वोत्तम परिणाम प्राप्त करने के लिए नई आयु समय प्रबंधन प्रणाली
✓ अपने व्यवसाय की निगरानी और बढ़ाने के लिए ट्रैकिंग प्रणाली सीखें
✓ प्रॉसपेक्ट्स की कभी न ख़त्म होने वाली सूची बनाएं
✓ हर बैठक को बिक्री में बदलने के लिए गुप्त तकनीक
✓ कैसे प्रोग्राम्स को बढ़ावा देना है और उनसे अधिकतम परिणाम कैसे मिलेंगे, सीखें।

यह सब दीपक बजाज से लाइव हासिल किया जा सकता है।

नेटवर्क मार्केटिंग में सफलता के लिए आपको स्थापित करने के लिहाज़ से दीपक बजाज सबसे अच्छे व्यक्ति हैं। 2019 में इस पुस्तक को लिखने से पहले दीपक ने पिछले 16 वर्षों में 7 लाख से अधिक लोगों को प्रशिक्षित और सशक्त बनाया है।

उनकी पुस्तक का नेटवर्क मार्केटिंग उद्योग की पाठ्यपुस्तक या गाइडबुक के रूप में अनुसरण किया जा रहा है और यह लगातार कई महीनों तक बेस्टसेलर सूची में रही है। दीपक एक अंतरराट्रीय एनएलपी मास्टर प्रेक्टिसनर हैं और उन्हें यूएसए, पुर्तगाल, सिंगापुर, बैंकॉक और भारत में दुनिया के सर्वश्रेष्ठ प्रशिक्षकों और प्रशिक्षकों से प्रशिक्षण मिला है। उनके वीडियो हर महीने 3 मिलियन से अधिक बार देखे जाते हैं और दुनिया भर के लोग उनका अनुसरण कर रहे हैं।

नेटवर्क मार्केटिंग मिलिनेयर्स अकेडमी किसी भी कंपनी या उत्पाद के नाम का उल्लेख किए बिना बिलकुल सुरक्षित वातावरण में चलाई जाती है। तो आप बिना किसी चिंता के इसमें अपनी टीम के साथ शामिल हो सकते हैं।

हमारे पास शून्य सहिष्णुता की नीति है और किसी को भी योजना की जानकारी देते हुए या अन्य किसी को उपस्थित कराते हुए मिलने पर, उसे तुरंत इवेंट से निष्कासित कर दिया जाता है।

हमारा लक्ष्य केवल नेटवर्क मार्केटिंग के पेशे का उत्थान करना है और वास्तव में दुनिया भर में नेटवर्क मार्केटर्स को सशक्त बनाना है। हम बेहतर लीडर्स का निर्माण करके दुनिया भर के नेटवर्क मार्केटर्स को सशक्त बनाना चाहते हैं।

हम बेहतर लीडर उत्पन्न कर दुनिया को सकारात्मक रूप से प्रभावित करना चाहते हैं। अपनी टीम के साथ आप भी इस मिशन में शामिल हों और हम दोनों मिलकर इस विश्व को बेहतरीन दुनिया बनाएंगे। दुनिया को आपकी प्रतिभा की आवश्यकता है।

www.deepakbajaj.biz से अपनी सीट आरक्षित करें।

DEEPAK BAJAJ'S
HIGH PERFORMANCE COACHING
Customized action plans. Flawless execution. Time linked Results

कुछ चुनिंदा लोग ऐसे होते हैं जिनके न सिर्फ़ बड़े सपने होते हैं, बल्कि वह उन सपनों को कम समय में पूरा करने के लिए प्रतिबद्ध होते हैं। ऐसे लोगों के लिए, जो अपने समय की क़ीमत समझते हैं और यह मानते हैं कि उन्हें सर्वोत्तम से कम कुछ भी नहीं चाहिए, उनके लिए दीपक बजाज की हाई परफ़ॉरमेंस कोचिंग है।

दीपक व्यवसाय विकास, जीवन और तनाव प्रबंधन, नेटवर्क मार्केटिंग, करियर विकास, पूर्णतावादी जीवन, आदि के क्षेत्र में व्यक्तियों और संगठनों के लिए अच्छा परिणाम देने वाले कोच हैं। उनकी कोचिंग लोगों और संगठनों को ख़ुश, स्वस्थ, लाभदायक और अधिक सफल होने में सशक्त बनाती है।

इन सेशन्स में दीपक आपके लक्ष्य एवं मौजूदा स्थिति का स्वयं मूल्यांकन करते हैं और फिर आपके लिए एक समयबद्ध कस्टमाइज़्ड एक्शन प्लान तैयार करते हैं। वह आपके प्लान को अमल में लाने के लिए आपको सशक्त बनाएंगे और आपकी प्रगति को मॉनिटर करेंगे। चूंकि नेटवर्क मार्केटिंग एक विशिष्ट बिज़नेस है और स्थितियां बहुत जल्दी-जल्दी बदलती रहती हैं, वह हर स्टेज में ज़रूरी बदलाव करते रहेंगे और आपको ट्रैक पर रखेंगे। निगरानी में जो भी काम होता है, वो सुधर जाता है। दीपक एवं उनकी टीम आपके प्रति उत्तरदायी पार्टनर की तरह काम करेगी जो समय-समय पर आपकी प्रगति की निगरानी एक सिद्ध प्रणाली के जरिए रखेंगे।

चूंकि कोचिंग के लिए दीपक के व्यक्तिगत समय एवं प्रतिबद्धता की ज़रूरत होगी, इसलिए 'पहले आएं-पहले पाएं' के आधार पर सीमित सीटें उपलब्ध होती हैं। आप इन हाई परफ़ॉरमेंस कोचिंग सेशन्स के बाद पूरी तरीक़े से बदल जाएंगे। यह यात्रा साथ-साथ चलनेवाली होगी। आप सीटों की उपलब्धता एवं अपना सेशन www.deepakbajaj.biz पर बुक कर सकते हैं।

आभार

वास्तव में यह पुस्तक उन हज़ारों लोगों के टीमवर्क का नतीजा है, जिन्होंने मेरी ज़िंदगी को विभिन्न तरीक़ों से प्रभावित किया है और मैं उन सबका तहेदिल से शुक्रगुज़ार हूं। मैं हर किसी को निजी रूप से धन्यवाद नहीं दे पाऊंगा, पर कुछ ऐसे ख़ास लोग हैं, जिन्होंने इस पुस्तक के निर्माण में महत्त्वपूर्ण भूमिका अदा की है।

मेरी सारी उपलब्धियों के पीछे मेरे परिवार की विशिष्ट भूमिका है। मैं तो यह सोचता हूं कि भगवान ने एक विशिष्ट काम के लिए मुझे चुना है और इसके लिए मुझे दूरदृष्टि दी है, इस दूरदृष्टि को सच बनाने के लिए अतुल्य एवं असीमित क्षमता दी है और एक परिवार दिया है जिसका सहयोग और योगदान बेमिसाल है। यह सब मेरे स्वर्गीय पिता श्री बसंत कुमार बजाज एवं मेरी नानी जी स्वर्गीय श्रीमती पुष्पावंती के कारण संभव हो पाया है। ये दोनों बेजोड़ इंसान स्वर्ग में बैठकर आज भी मेरा ख़याल रख रहे हैं। मुझे हमेशा वह असीमित शक्ति मिलती है मां एवं बाबू - स्वर्गीय डॉक्टर एसके बनर्जी एवं स्वर्गीय श्रीमती अंजली बनर्जी से।

मेरे लिए मेरी मां श्रीमती राजरानी बजाज ही मेरी ईश्वर हैं। वह मेरी प्रेरणा एवं ताक़त की स्रोत रही हैं। मेरी सारी सफलता उनकी प्रार्थनाओं एवं आशीर्वाद का असर है। मेरी प्यारी पत्नी डॉ. तनिमा मेरी इस पूरी परिवर्तन यात्रा में मेरी पार्टनर एवं मेरी शक्ति का आधार स्तंभ रही हैं। मैं गौरव का जितना भी धन्यवाद दूं, वह कम है क्योंकि वह मेरे लिए सब कुछ हैं। वह मेरे दोस्त, सलाहकार, पार्टनर, मेरा सबसे मजबूत सपोर्ट सिस्टम और मेरी जीवनरेखा हैं। वह इस दुनिया के सबसे अच्छे नेटवर्क मार्केटर हैं और यह पुस्तक उनके बिना शर्त सहयोग एवं योगदान के बिना संभव नहीं थी। मेरी छोटी बहन दिव्या हमारे घर में ख़ुशियों की चाबी है। एक संयुक्त परिवार होने के कारण हमें पांच बच्चों के साथ रहने का मौक़ा मिला है - सक्षम, निर्भय, प्रशंसा, चिरायु एवं देवांशी। मेरे बच्चे मेरे चियरलीडर्स हैं। वह मुझे हमेशा प्रेरित करते रहते हैं और वह घर पर मोमेंटोज़ एवं अन्य उपलब्धियों का इंतज़ार करते रहते हैं। वे मेरे पावर बैंक हैं और मुझे एक राजा की तरह महसूस कराते हैं।

मैं भगवान के द्वारा भेजे गए कुछ अन्य दूतों का भी धन्यवाद देना चाहूंगा जिन्होंने मेरे लिए बहुत कुछ किया है - डॉ. केएल खुराना, स्वर्गीय डॉ. श्रीमती सुशील खुराना, श्री दयालदास अरोड़ा, श्रीमती सीमा विज, श्री दीपक सतीजा, श्रीमती रीना सतीजा, श्रीमती अनिता मनचंदा, श्री गुलशन बजाज, श्रीमती पूनम बजाज, श्रीमती नरेश धीर, सुभाष श्रीवास्तव, चंद्रिमा बनर्जी, डॉ. विशेष धीर, बासुदेव नन्दी एवं स्वर्गीय डॉ. डीपी धीर का आशीर्वाद।

मेरे दोस्तों और शक्ति के इन स्तंभों को भी धन्यवाद - गौरव मेहरा, विकास गर्ग और संजय जिंदल। मैं हमेशा अपने अपलाइन्स का आभारी रहूंगा। मुझे धरती पर सबसे अच्छी टीम मिलने का आशीर्वाद प्राप्त है। मैं अपनी टीम में प्रत्येक और हर किसी के लिए अपना हार्दिक आभार प्रकट करना चाहूंगा जिसने मुझे अपने करियर के माध्यम से बिना शर्त समर्थन, अद्वितीय प्यार, स्नेह, प्रार्थना और समृद्ध अनुभव दिए हैं। आप सबसे मेरा जीवन धन्य हो गया है।

उस व्यक्ति के लिए लाखों आभार जो एक वट वृक्ष की तरह साथ खड़ा रहा और जो मेरी प्रेरणा है - श्री प्रवीण जे चंदन। मेरे 24x7 सपोर्ट सिस्टम, महापुरुष जो हमेशा बड़े भाइयों की तरह मेरा समर्थन करते हैं और जब कभी कुछ पूछता हूं तो कभी भी मना नहीं करते हैं, वे हैं - श्री कैलाश भट्टड़, श्री सलिल मैथ्यू, श्री आलोक पांडे, श्री सुनील सिंह और श्री केके राजेश।

मेरे प्रकाशक, मंजुल पब्लिशिंग हाउस और विशेष रूप से श्री विकास रखेजा के प्रति मेरी कृतज्ञता। मेरे पहले प्रकाशक, इन्वीसिवल पब्लिशर्स को धन्यवाद।

मेरे अनगिनत प्रशंसकों एवं सपोटर्स का शुक्रिया जिनके प्यार, दुलार एवं सहयोग से मुझे हमेशा मजबूती मिली है और वह मेरी प्रेरणा भी हैं। मैं आप सबसे बहुत प्यार करता हूं।

नेटवर्क मार्केटिंग उद्योग का शुक्रिया, जिसने मुझे आज यह व्यक्ति बनाया है। हर नेटवर्क मार्केटर का शुक्रिया, जो हर बाधा को पार कर अपने सपने पूरा करने में लगे हुए हैं। मैं आप सबके बीच का हूं और मुझे पता है कि हर दिन आप किन परिस्थितियों से होकर गुज़रते हैं। यह पुस्तक उस प्यार एवं तारीफ़ का पारितोषिक है, जो आपने मुझे दिया है। आप मेरी प्रेरणा हैं जो मुझे हमेशा आगे बढ़ने के लिए प्रेरित करते रहते हैं और मैं चिर जीवन आपको एक विजेता बनाने के लिए यथासंभव प्रयास करूंगा।

मेरी ज़िंदगी का एक ही मिशन है - आप सबको सशक्त करना और आपके सपनों को जल्दी पूरा करना। हमेशा आगे बढ़ते रहें।

– दीपक बजाज

दीपक बजाज के बारे में

बेस्टसेलिंग लेखक, प्रेरक वक्ता, ब्रेकथ्रू ट्रेनर और हाई परफ़ॉरमेंस कोच

पिछले 16 वर्षों में 7 लाख से अधिक लोगों को प्रशिक्षित करने के बाद, दीपक अपने सपनों को पूरा करने के लिए हर रोज़ लोगों को प्रेरित करने और उन्हें सशक्त बनाने के अपने मिशन में पूरे जुनून के साथ जुटे हुए हैं। दीपक एक अंतरराष्ट्रीय एनएलपी मास्टर प्रैक्टिसनर हैं और उन्हें यूएसए, पुर्तगाल, सिंगापुर, बैंकॉक और भारत में दुनिया के सर्वश्रेष्ठ प्रशिक्षकों और प्रशिक्षकों से प्रशिक्षण मिला है। एक शीर्ष प्रबंधन संस्थान से उनका एमबीए करना, 4 साल का रिकॉर्ड तोड़ कॉर्पोरेट अनुभव और 12 साल की ज़बर्दस्त सफल उद्यमशीलता जैसी बातें उन्हें सर्वश्रेष्ठ प्रशिक्षक, वक्ता और कोच बनाती हैं।

दीपक के प्रशिक्षण कार्यक्रमों को जेट गति से वांछित परिणाम पाने के लिए डिज़ाइन और डिलीवर किया जाता है। दीपक जीवन में बदलाव लाने वाले प्रशिक्षण कार्यक्रमों के लिए प्रसिद्ध हैं जो हमेशा भीड़-भाड़ से भरे होते हैं। वह बिक्री बढ़ाने, नेतृत्व, हाई परफ़ॉरमेंस टीमों के लिहाज से अनुकूलित कॉर्पोरेट प्रशिक्षण कार्यक्रम भी आयोजित करते हैं। वह एक सशक्त संगठनात्मक संस्कृति, संगठनात्मक उत्पादकता और लाभप्रदता को सृजित करने, तीव्र विकास और स्टार्टअप की स्थापना, आदि जैसे कार्य भी करते हैं।

दीपक व्यवसाय विकास, जीवन और तनाव प्रबंधन, नेटवर्क मार्केटिंग, करियर विकास, पूर्णतावादी जीवन, आदि क्षेत्रों में व्यक्तियों और संगठनों के लिए एक हाई परफ़ॉरमेंस कोच हैं। उनकी कोचिंग लोगों और संगठनों को खुश, स्वस्थ, लाभदायक और अधिक सफल होने के लिए सशक्त बनाती है।

वह एक शक्तिशाली वक्ता हैं जो अपने भाषण से अद्‌भुत परिवर्तन और स्थायी प्रभाव छोड़ते हैं। उनके सामग्री, वितरण, स्टेट और इंगेजमेंट जैसे अद्वितीय 6 घटकों वाले सूत्र से 16 वर्षों से अधिक समय से हर भाषण के मार्फ़त प्रेरणा, मनोरंजन और वांछित परिणाम मिल रहे हैं। वह कॉर्पोरेट्स, सरकारी निकायों, डीलर सम्मेलनों, सेल्स बैठकों, कॉलेजों, विश्वविद्यालयों और विभिन्न उद्यमिता प्रोत्साहन मंचों पर विभिन्न आयोजनों में नियमित रूप से मुख्य वक्ता के रूप में आमंत्रित रहते हैं।

दीपक सोशल मीडिया के एक प्रमुख प्रभावकारी व्यक्ति हैं और उनके वीडियो हर महीने 3 मिलियन से अधिक बार देखे जाते हैं। दीपक दो भाषाओं में एक सर्वश्रेष्ठ लेखक हैं और इस साल कई भाषाओं में उनकी पुस्तकों के अनुवाद का काम शुरू हो

चुका है। उन्हें सर्वश्रेष्ठ डेब्यू लेखक 2018 का पुरस्कार भी मिला है। हाल ही में उन्हें एक प्रमुख पत्रिका के कवर पर स्थान मिला और उनके लेख नियमित रूप से प्रमुख पत्रिकाओं में प्रकाशित होते हैं।

दीपक एक उत्सुक पाठक हैं, वह मैराथन में दौड़ते हैं और एडवेंचर स्पोर्ट्स में भाग लेते हैं। वह घूमना बहुत पसंद करते हैं और अभी तक क़रीब 25 देशों में अपने परिवार के साथ छुट्टियां बिता चुके हैं। वह गुड़गांव (दिल्ली एनसीआर) में अपनी पत्नी डॉ. तनिमा और तीन बच्चों के साथ रहते हैं।

उनकी वेबसाइट है : www.deepakbajaj.biz